N.O.
O.
SOPHIEN-K.
DOM. INT. K.
CIRK. BUSCH
BÖRSE
GARNIS. K.
NATION GALL.
BÖRSE.
MARIEN K.
DOM
RAT-HS.
LUST-GARTEN
KGL. SCHLOSS
OPERN-HS.
NICOLAI-K.
PAROCHIAL-K.
Land u. Amts Ger.
Land-Gericht
Kloster-K.
Kgl. Marstall
Kurfürsten
National-D.
WERDER-K.
PETRI-K.
Reichsbank
Kgl. Münze
SPREE
Waisen Br.
JANNOWITZ BR.
ALEXANDER Pl.
Alex.Th
Polizei Präs.
GEORGEN K.
BARTHO-LOMÄUS K.
Kais. Alexander Garde-Gr. Kas.
MARCUS K.
AUFERST. K.
Pius-K.
Fr. Wilh. Hosp.
Residenz Th.
Wallner Th.
Schiller Th.
Ostend-Th.
SCHLESISCHER BHF
ANDREAS-K.
Stralauer Pl.
SPREE
Pionier-Kas.
Abgeordneten-H.
Spittel-Markt
Donhoff Pl.
Thalia-Th.
MICHAEL K.
Grenadier-Pl.
Engel-Becken
Eichung-A.
LUISEN-K.
THOMAS K.
Reichsdruckerei
Central Th.
Waldeck Th.
Mariannen-Pl.
Kas. d. III. Gde. Reg. z.
Jerus. Hosp.
JACOBI-K.
EMMAUS K.
SIMEONS
Landsberger
Frankfurter Allee
Köpenicker Str.
Stralauer S.
Alexander Str.
Prenzlauer
Schönhauser
Linien Str.
Münz S.
Neue König
Georgen Kirch.
Gollnow S.
Pallisaden
Frieden
Blumen
Gruner Weg
Holzmarkt
Andreas
Koppen
Wallner Th. Str.
Mühlendamm
Gertrauden S.
Brücken
Insel S.
Wall
Neue Jacob S.
Kommandanten
Oranien
Seydel Str.
Stallschreiber
Dresdener Str.
Neander Str.
Michael-kirch
Engel-Ufer
Bethanien-U.
Mariannen-U.
Waldemar
Wrangel
Eisenbahn
Zeughof
Jacob
Ritter
Alte
Jerusalemer
Breite
Spandauer
Burg
Königs
Stadtbahn

Michael Hanisch

Auf den Spuren der Filmgeschichte

Leipziger, Ecke Friedrichstraße um 1906.
Foto: Max Missmann

Michael Hanisch

AUF DEN SPUREN DER FILMGESCHICHTE

Berliner Schauplätze

Henschel Verlag

ISBN 3-362-00263-3

1. Auflage · 21/91

Lektor: Jürgen Bretschneider
Buchgestaltung: Jörg Brosig
Satz und Druck: Interdruck
Leipzig GmbH

Schutzumschlagmotiv:
Der Alexanderplatz um 1903

Vorsatzpapier:
Monumentalplan von Berlin
um 1906 (Ausschnitt)

Inhalt

Vorbemerkung

Lieben Sie alte Filme? Nein, nicht jene schwarz-weißen aus den frühen Jahren des Tonfilms, die man noch hin und wieder im Fernsehen erleben kann, sondern die ganz alten aus den Tagen des Stummfilms, aus jener Zeit, da die Bilder gerade erst laufen lernten? Was fasziniert uns heute an diesen »uralten«, primitiven Filmen? Ist es nur die Patina der Zeit, die Ehrfurcht, wie man sie vor sehr alten Dokumenten hat? Ist es ihre Einfachheit, ihre Naivität und Unbeholfenheit, oder ist es ihre Schönheit, die sie uns bewundern lassen? Man kann sie heute in den Filmarchiven und Kinematheken sehen, wo sie sorgsam behütet und oftmals unter großen Mühen aufwendig restauriert werden. Vielleicht wird der eine oder andere Klassiker in einem Filmklub gezeigt, vielleicht verschafft auch das Fernsehen einigen Arbeiten breitere Resonanz. Leider ist die Auswahl zumeist jedoch recht einseitig; berücksichtigt werden fast ausschließlich die komischen Stummfilme – die Helden der amerikanischen Slapstick Comedy, Chaplin, Keaton, Lloyd, Laurel & Hardy. Doch die anderen Werke, die heute noch technisch vorführbar sind, die Melodramen, die Detektivgeschichten, die Possen – wer holt sie aus den Archiven ans Licht?

Freilich haben nur die wenigsten dieser Stummfilme aus den Anfangsjahren des Kinos die Zeiten überdauert. Wer hatte damals schon großes Interesse daran, sie für die Nachwelt zu bewahren, wer konnte sich vorstellen, daß man sie fünfzig, sechzig Jahre später noch einmal sehen möchte? Als die ersten Filmarchive eingerichtet wurden, gab es bereits den Tonfilm, die Anfänge des Kinos lagen dreißig Jahre zurück, und von der Produktion jener Frühzeit war nur noch außerordentlich wenig erhalten. Es ist nicht genau bekannt, wie viele Filme zwischen 1903 und 1920 entstanden. Vermutlich ist die Zahl sehr hoch. Doch nicht einmal zehn Prozent dieser Produktionen dürften wohl noch vorhanden sein.

Die Filmhistoriker, die sich mit dieser frühen Periode des Kinos befassen, stehen vor einem ähnlichen Dilemma wie die des Theaters. Der Gegenstand ihrer Forschungen, die Filme, existiert nicht mehr. Lediglich auf einige wenige, mehr durch den Zufall der Zeit ausgewählte Werke, einige Bruchstücke auch, läßt sich zurückgreifen. Im Gegensatz zur Theaterwissenschaft verfügt jedoch die Filmwissenschaft nicht einmal über genügend Kritiken, Beschreibungen oder Fotos, die es erlauben, sich wenigstens aus zweiter Hand ein Bild über diese Filme machen zu können. Inhaltsbeschreibungen gibt es zwar bereits seit dem Erscheinen der ersten Filmzeitschriften, seit 1907/08, aber von der Mehrzahl der Filme jener Zeit kennen wir nicht viel mehr als die Titel, vielleicht noch den Namen der Produktionsgesellschaft, vielleicht auch den des Hauptdarstellers oder sogar den des Regisseurs; viel mehr allerdings nicht.

Die Anfänge des deutschen Films – bis 1920 etwa, also bis zu »Das Cabinet des Dr. Caligari« – repräsentieren eine Epoche, deren Vorstellung uns um so verschwommener erscheint, je weiter wir von ihr entfernt leben. In der bisherigen Filmgeschichtsschreibung werden die Jahre bis 1913 schnell übergangen – mit Ausnahme solcher Filme wie »Der Andere« oder »Der Student von Prag« –, um sich auf die gewiß sehr reichen zwanziger Jahre, die sogenannte große Zeit des deutschen Stummfilms, zu konzentrieren. Die berühmten Schauspieler, die die Anfänge des deutschen Kinos miterlebt haben, Asta Nielsen, Henny Porten, Fritz Kortner, Eduard von Winterstein, gehen in ihren Memoiren zwar kurz auf ihre ersten Filme ein, in denen sie gespielt haben, doch zumeist kann ihr Urteil von uns heute nicht mehr nachgeprüft werden.

Als Basis für eine noch zu verfassende Geschichte des deutschen Stummfilms liegt bereits seit mehreren Jahren das Handbuch des deutschen Stummfilms von Gerhard Lamprecht vor, eine neunbändige Sammlung aller verfügbaren Titel von Filmen, die zwischen 1903 und 1931 in deutschen Ateliers gedreht wurden. Gerhard Lamprecht, der Regisseur vieler bedeutender Stumm- und auch Tonfilme, der schon als Schüler des Sophien-Gymnasiums in seiner Freizeit einem Filmvorführer in der Münzstraße half, der nach dem zweiten Weltkrieg mit »Irgendwo in Berlin« einen der interessantesten frühen DEFA-Filme drehte, hatte bereits seit dem ersten Weltkrieg alles gesammelt, was mit dem deutschen Stummfilm zusammenhing. Ein sehr brauchbares Ergebnis dieser Leidenschaft ist das Handbuch, das trotz aller Unvollständigkeit, trotz aller Lücken und auch Fehler ein großartiges Kompendium ist. Es hat einen ersten Pfad durch den Dschungel des frühen deutschen Stummfilms geschlagen, auf dem sich Filmhistoriker bewegen können, wenn sie sich an das Unternehmen wagen, künftig eine Geschichte des deutschen Stummfilms zu schreiben.

Auch dieses Buch hätte ohne Gerhard Lamprechts Arbeit nicht entstehen können. Bei ihm fand ich eine Fülle von Fakten, Namen, Filmtiteln, die mir wichtige Anhaltspunkte bei meiner Suche gaben. Lamprechts Werk informiert auch in vielen Fällen, wo die einzelnen Filme aufgenommen wurden. Es war eine faszinierende Entdeckung. Nicht wenige der berühmten Stummfilme – ob man sie kennt oder nicht – sind an Orten entstanden, an denen wir heute täglich vorbeikommen, die auf unserem ganz persönlichen Stadtplan liegen. Wer weiß denn schon, wenn er mit der Straßenbahnlinie 46 die Chausseestraße entlangfährt, daß dort, neben dem Brecht-Haus, vor vielen, vielen Jahren einmal Asta Nielsen und all die anderen »Stars« des frühen deutschen Stummfilms ein- und ausgingen? Wer weiß schon, daß der geheimnisvolle expressionistische Film »Das Cabinet des Dr. Caligari«, der uns wie ein Kunstwerk aus einer entfernten Zeit erscheint, nicht weit vom Weißen See in jener Straße gedreht wurde, die heute den Namen des großen Max Liebermann trägt?

Das Staunen darüber war ein Ansatz für die Arbeit an diesem Buch, und davon ausgehend, begann ich mich immer mehr für das »Umfeld« jener frühen Filme zu interessieren. Wer stand damals in den Berliner Glashäusern, den Dach-Ateliers, vor den »Kurbelkästen«? Was taten die Filmpioniere, wenn sie nicht »kientoppten«? Wo wurden ihre Filme dann aufgeführt? Wo die ersten großen Berliner Kinos eingerichtet?

Natürlich dürfen in einem Buch über die Anfänge des deutschen Films dessen wirkliche Pioniere, die Brüder Skladanowsky und Oskar Messter, nicht fehlen. Ihre Leistung, ihr Wirken ist in Umrissen heute bekannt, aber die Filmhistoriker der Vergangenheit hielten es offenbar für unwesentlich, zu erzählen, wo diese Pioniere arbeiteten, wo sie lebten, wo sie ihre Kameras aufstellten und wo sie ihre kleinen Filmchen vorführten. Oder aber Ernst Lubitsch, ohne den natürlich keine deutsche Filmgeschichte denkbar ist. Seine bedeutenden Filme werden heute gebührend gewürdigt und analysiert. Doch ist es nicht auch lohnenswert, zu verfolgen, wie dieser Ur-Berliner aus der Schönhauser Allee zum großen Lubitsch wurde?

Das Buch möchte einen imaginären Berliner Kino-Stadtplan zeichnen. Es ist ein erster, gewiß noch unvollständiger Versuch mit vielen Unbekannten. Vielleicht aber könnte dieser Plan als Anregung dienen, um immer mehr weiße Flecken auf ihm auszufüllen. Je weiter wir uns von dieser Zeit wegbewegen, um so schwerer wird es sein, diesen Plan zu vervollständigen.

Leser, die sich vor allem für Filmgeschichte interessieren, bitte ich allerdings im voraus wegen der vielen Abschweifungen um Nachsicht. Sie sind mir gerade wichtig gewesen. Nicht nur solche lokaler Art – denn wer sich mit dem Atelier in der Berliner Chausseestraße beschäftigt, stößt zwangsläufig auf den Namen des großen deutschen Filmpioniers und Kameramannes Guido Seeber, und wer sich mit ihm befaßt, muß wenigstens einmal die Reichshauptstadt verlassen und sich ins Sächsische begeben. Schließlich war Seeber dort das, was Messter für Berlin bedeutete.

Immer bin ich auch auf das neugierig gewesen, was außerhalb der Ateliers und Kinos vor sich ging. Ich wollte möglichst viel von der ganzen Zeit erfahren, einer Epoche der deutschen Geschichte, in der ein eitler Kaiser oft seine banausenhaften Ansichten über Kunst von sich gab und zum Maß aller Dinge machen wollte.

Es ist ein Zeitraum gewesen, in dem viel von dem, was wir heute noch an den für die Kunst in Berlin goldenen zwanziger Jahren bewundern, zumindest in Ansätzen schon vorhanden war.

Bald studierte ich nicht nur die ersten Seiten der Zeitungen und die Feuilletons, sondern auch die »Lokalnachrichten« der fünften Seite, die Rubrik »Vermischtes« und schließlich den Klatsch. Denn widerspiegelt dieser Klatsch nicht ebenfalls die Zeit? Möglicherweise finden Leser so manches, was hier erzählt wird, zu unbedeutend. Vielleicht aber gibt es auch einige, die diese sogenannten Nebensächlichkeiten als Mosaiksteine eines Bildes verstehen, das ich versucht habe, von dieser Epoche zu entwerfen, einer Epoche, die in einen Weltkrieg mündete...

Der eine oder andere Leser wird diesen oder jenen Film, den er kennt und der in den Filmgeschichten immer wieder beschrieben wird, vermissen. Doch das ist beabsichtigt, denn die Bedeutung eines Films wie »Der Student von Prag«, mit Paul Wegener, für die Geschichte des deutschen Films ist längst unumstritten. Ich will jedoch gerade an solche Filme erinnern, die heute vollkommen vergessen sind, seinerzeit aber das Panorama des Kinos wesentlich bestimmten. Die Konzentration auf einige wenige, herausragende Filme gibt fast immer ein schiefes Bild über das Kino in einer bestimmten Periode. Ich war und bin immer neugierig auf die Filme, die von den Filmhistorikern links liegengelassen wurden – sei es nun aus Unkenntnis oder auch aus einer gewissen Arroganz populären Filmen gegenüber.

Eine weitere Lücke, die ich bewußt offenließ, möchte ich nicht verschweigen: Wenngleich in den Kinderjahren des Kinos technische Probleme im Vordergrund standen, verzichte ich auf eine Auseinandersetzung damit, denn dieser Seite ist in nahezu allen Filmgeschichten Raum gegeben. Ebenso ausgespart habe ich aus dem Grund die Anstrengungen von Vorläufern der deutschen Filmpioniere – wie des Erfinders Ottomar Anschütz etwa.

Ein erklärendes Wort zur Uneinheitlichkeit der Schreibweise von Namen: Die Zitate aus alten Zeitungsbeiträgen und Dokumenten wurden in ihrer originalen Schreibweise beibehalten und nicht heutigem Sprachgebrauch oder der Grammatik angepaßt. Bis 1916 sprach man zum Beispiel von »Films« und nicht von Filmen – bis im Februar 1916 in der Zeitschrift DER KINEMATOGRAPH (Fach-Zeitung für die ges. Projektionskunst) darauf hingewiesen wurde, daß der Plural im Deutschen »Filme« heißen müsse. Die Anregung dazu kam von der Fotoindustrie. Oder hieß es nun Kientopp oder Kintopp oder gar Kientop? Manche Journalisten sprachen damals von der Kinematographie, andere von der Kinomatographie; heute schreiben wir üblicherweise Kinematographie und Fotografie.

Kritik provoziert vielleicht auch die mangelhafte chronologische Gliederung des Buches. Es ging mir jedoch nicht um eine zeitlich genau nachvollziehbare Beschreibung der ersten 25 Jahre des deutschen Films. Dieses Buch will und kann nicht die noch fehlende Filmgeschichte über diese Epoche ersetzen. Vielmehr wählte ich eine losere Form, die es mir ermöglicht – einem Spaziergang gleich –, an dem einen Punkt etwas länger zu verweilen, den anderen schnell zu übergehen, zu einem dritten später noch einmal zurückzukehren und ihn aus einer anderen Perspektive zu betrachten. Man hat sich ein Ziel vorgenommen, den Stadtplan konsultiert und ist losgegangen. Und dann, »vor Ort«, lenken plötzlich ein Haus, ein Friedhof, ein Biergarten, ein Denkmal mehr Aufmerksamkeit auf sich als das eigentlich angestrebte Ziel…

Schließlich bekenne ich mich in diesem Buch zu einer gehörigen Portion Nostalgie. Sei's drum! Vielleicht muß man erst in einem modernen Hochhaus aus Beton mit den Annehmlichkeiten der heutigen Technik leben, um mit einem Hauch von Wehmut an jene fernen Zeiten zurückzudenken. Ich jedenfalls begann mich dafür noch nicht zu interessieren, als ich mitten im alten Berlin in einer kleinen Hinterhauswohnung mit Außentoilette wohnte. Erst später entdeckte ich die Schönheit alter Häuser, auch jener, denen nicht die Aufmerksamkeit professioneller Denkmalschützer gehört. Erst da wurde mir bewußt, was die Kriege, kapitalistische Bau- und Abrißwut, aber auch spätere Sorglosigkeit angerichtet haben. Denn es wurde ja nicht nur Wohnraum vernichtet, auch unendlich viele Dokumente der alten Zeit gingen verloren. Ist es Nostalgie, wenn man nicht nur die alten Kirchen, die Brükken und Denkmäler schützen möchte, sondern auch die ganz normalen Mietshäuser oder technische Gebäude, wie zum Beispiel die alten Stellwerke der S-Bahn oder die Gasometer? Sind sie nicht ebenfalls wertvolle Dokumente, Zeugnisse einer vergangenen Zeit? Hat ein altes, vom vollkommenen Verfall bedrohtes Stellwerk nicht so manches »gesehen«? Wie viele Züge wurden von hier aus geleitet, fuhren hier vorbei? Ich habe vor alten Gemäuern genau solche Ehrfurcht wie vor den alten Zeitungen, die man mir aus den Archiven der Bibliotheken herausholte. Was haben diese verstaubten Bände alles »erlebt«! Zwei Weltkriege, eine verratene Revolution, die vielen Umlagerungen und die Zeiten, da man nicht weit von ihrem Standort Bücher und Zeitschriften öffentlich verbrannte.

Werfen wir einen Blick zurück in jene Zeiten, da die Bilder laufen lernten. Ergänzen wir den Besuch im dunklen Kino durch Berliner Spaziergänge im Tageslicht. Auf den Spuren der Filmpioniere und des Kinos …

Berlin im Januar 1989

CENTRAL

Die interessanteste Erfindung der Neuzeit

Das Central-Hotel am Bahnhof Friedrichstraße und sein Wintergarten · Ein Erfinder aus Pankow namens Skladanowsky · Berlin im Jahre 1895 · Mit Nebelbildern auf Tournee · Erste Aufnahmen im Pankower Feldschlößchen · Neubauten des Wilhelminischen Berlins · Theaterspielpläne · Bevölkerungsstatistiken · 1. November 1895: eine neue Erfindung erblickt das Licht der Welt · Das Bioscop im Wintergarten · Originalprogramm der Bioscopfilme · Das Echo in der Presse · Zwischenfall im Wintergarten · Der Erfolg des Bioscop · Vorläufer und Konkurrent der Skladanowskys: Edisons Kinetoscop in Berlin · Zwei deutsche Erfinder in Paris · Große Enttäuschung im Grand Café · Skladanowskys Neuheiten-Vertrieb · Filmleute bei der Berliner Feuerwehr · Skladanowskys letzte Aufnahmen · Kientopp auf den Rummelplätzen · Die ersten Berliner Kinos: Otto Pritzkow aus der Münzstraße · Von Handtuchkinos und Flohkisten · Alfred Döblin über die Kinos rund um den Alexanderplatz · Siegfried Jacobsohns »Schaubühne« im Kampf gegen das Kino

Seite 12
Das Central-Hotel am Bahnhof Friedrichstraße um 1895

Der Filmpionier
Max Skladanowsky

Es soll ein »wunderschöner, angenehm milder Tag« gewesen sein, dieser 1. November 1895; ein Freitag, und der Berliner Wintergarten, das neben dem Apollo-Theater berühmteste Berliner Varieté jener Jahre, präsentierte eine neue Erfindung.

Fünfzehn Jahre zuvor, am 16. Oktober 1880, war an dieser zentralen Stelle, einen Steinwurf vom Bahnhof Friedrichstraße und nicht viel weiter von der Straße Unter den Linden entfernt, Friedrich-, Ecke Dorotheen- (heute Clara-Zetkin-)Straße, eines der größten Berliner Hotels eröffnet worden, das Central-Hotel. Der von Deutschland siegreich beendete Krieg gegen Frankreich lag noch keine zehn Jahre zurück, die deutsche Wirtschaft blühte, es war die Zeit der sogenannten Gründerjahre. Vor allem die Hauptstadt des Deutschen Reiches wollte Größe und imperiale Macht ausstellen, aller Orten wurde gebaut. So auch das einen ganzen Häuserblock umfassende Hotel an der Friedrichstraße. Der zweite Weltkrieg hat dann aus dem einst strahlenden Hotel eine Ruine gemacht, die bald abgetragen wurde. (In den achtziger Jahren unseres Jahrhunderts plante man, im Rahmen der Neubebauung der Friedrichstraße, fast an derselben Stelle wieder einen Wintergarten zu errichten.)

In der ersten Zeit nach Eröffnung des Hotels wurde der Wintergarten als wirklicher Wintergarten mit vielen Palmen, Schlingpflanzen, Lorbeerbäumen und Blumen genutzt. 1886 hatten dann die beiden rührigen Unternehmer, der Ungar Julius Baron und sein Berliner Kollege Franz Dorn, die Idee, hier Varieté zu veranstalten, und ab 1888 gab es dann regelmäßige Vorstellungen. Nach anfänglichen Schwierigkeiten wurde der Wintergarten rasch eines der führenden europäischen Häuser, in dem fast alle damaligen Varietégrößen auftraten.

Man hatte keine Probleme, jeden Monat genügend neue Attraktionen, genügend »Zug-Nummern«, zu bekommen, und es gelang ohne Schwierigkeiten, den immerhin 2200 Personen Platz bietenden Saal zu füllen. Das Central-Hotel war bald ein Hotel neben vielen anderen, der Wintergarten jedoch blieb lange eine Berliner Institution – bis in die ersten drei Jahrzehnte unseres Jahrhunderts hinein. Das Innere – so wie es sich uns auf zeitgenössischen Fotos zeigt – war in einem charakteristischen, der Mode der Zeit entsprechenden Spätbarock gehalten, zahlreiche Logen wechselten mit dekorativ hingesetzten Figurinen, Säulen und Lampen. Einen Eindruck davon, wie es vielleicht einmal ausgesehen hat, könnte das Interieur des Berliner En-

Der Eingang zum Wintergarten des Central-Hotels

Der Wintergarten des Central-Hotels um 1890

sembles vermitteln, das 1891/92 als Neues Theater am Schiffbauerdamm errichtet wurde. Und einen weiteren, heute noch existierenden Saal habe ich vor Augen, wenn ich mir den Wintergarten von damals vorstelle. Den großen Saal des Grand-Hotels Moskva (ehemals Pupp) in Karlovy Vary (ČSFR), in dem bis Mitte der siebziger Jahre die Internationalen Filmfestspiele stattfanden. Hier ist ein ähnlicher Stil zu finden, ein überladenes Dekor, das einerseits wie Kitsch wirkt, andererseits aber auf einen Menschen, der in der nüchternen Zeit Ende des 20. Jahrhunderts lebt, dennoch einen tiefen Eindruck macht.

Im Parkett des Wintergartens gab es elf Sessel-Reihen, davor zwei Orchester-Logen, rechts und links daneben saßen die Zuschauer an Tischen. Hinter dem Parkett befanden sich die Terrassen mit zahlreichen Logen. Die Eintrittspreise lagen – dem Renommee des Hauses entsprechend – recht hoch. Die einfache Eintrittskarte, das heißt ein Stehplatz, kostete eine Mark, ein reservierter Platz 2,35 Mark. Für den Parkett-Sessel (Parquet-Fauteuil) waren 4,85 Mark zu zahlen, für die Logen 6,50 Mark.

1888 wartete der Wintergarten mit einer zusätzlichen Attraktion auf: Mußten bis dahin 1000 Gasflammen aufgeboten werden, um vier riesige Kandelaber, fünf sogenannte »Sonnenbrenner« und 56 Ampeln zu erleuchten, so wurde nun das Central-Hotel (gemeinsam mit dem Café Bauer an der Kreuzung Friedrichstraße/Unter den Linden) an das Zweite Berliner Kraftwerk angeschlossen. Der Wintergarten war somit eines der ersten Berliner Etablissements, das von den Segnungen der Elektrizität profitierte und als Lichtpalast noch mehr Anziehungskraft erhielt. Die Elektrizität war aber auch eine wichtige Grundlage für das bewegte Bild, die »lebenden Photographien«.

Im Juli des Jahres 1895 bestiegen die beiden Direktoren des Wintergartens eine Pferdedroschke I. Klasse und fuhren damit j. w. d., vor die Tore der Stadt, in das kleine Dörfchen Pankow. Sie hatten gehört, wer weiß woher, daß dort im Saal des Feldschlößchens, einem Gartenlokal des Gastwirts Sello in der Berliner Straße 27, ein Mann namens Max Skladanowsky mit »lebenden Photographien« experimentiert.

Max Skladanowsky – 1895 bereits 32 Jahre alt – arbeitete schon längere Zeit an seiner Erfindung. Er kam, wie fast alle, die bei den ersten Schritten der Kinematographie dabei waren, von der Fotografie und der Optik. Im Fotografischen Atelier von Werner, Alte Schönhauser Straße 24, war er als Fotograf und beim Glasmaler und Lithographen Den, Schönhauser Allee 48a, als Glasmaler ausgebildet worden. Schließlich absolvierte er noch eine Lehre in der Theaterapparatefabrik von Willy Hagedorn, Ritterstraße 75. Der auf diese Weise qualifizierte Jüngling interessierte sich besonders für die Herstellung sogenannter Nebelbilder. Sein Vater, Carl Skladanowsky, war ein talentierter Redner, und so begannen am 18. November 1879 Vater und Sohn, im großen Saal der Berliner Flora in der unteren Friedrichstraße 218 – dem späteren Apollo-Theater – mechanisch bewegte Nebelbilder vorzuführen. Der

Seite 17
Der Lichthof
des Wintergartens

SALON

sechzehn Jahre alte Max bediente den Apparat, der Vater hielt den »erläuternden Vortrag« ...

Friedrichstraße 218, das Apollo-Theater, war nicht nur ein Ort der Vorgeschichte des deutschen Kinos, auch später fanden hier immer wieder wichtige Filmereignisse statt: Die ersten Messter-Vorführungen und seine Tonbilder, der letzte Auftritt Ernst Lubitschs auf einer Berliner Bühne bis hin zur deutschen Erstaufführung von Sergej Eisensteins »Panzerkreuzer Potemkin« ...

Was in der Flora begann, führte Carl Skladanowsky mit seinen beiden Söhnen Max und Emil alsbald auf zahlreiche Tourneen durch Europa. Sie zogen über die Jahrmärkte, Rummelplätze, Kirmesfeste und Vogelwiesen, sie nannten ihre Nebelbilder-Vorführungen »Elektro-Mechanische, pyrotechnische Wasserschauspiele«, tauften ihr Theater »Hamilton-Theater« und präsentierten die Show »From New York to San Francisco«. Sie waren die perfekten, erfolgreichen Schausteller und Rummelplatz-Unternehmer.

1884 zog die Familie Skladanowsky in den kleinen Berliner Vorort Pankow, in die Berliner Straße 40, Ecke Maximilianstraße, nicht allzuweit vom Gartenlokal des Herrn Sello entfernt. Max tüftelte weiter an seiner Erfindung der »lebenden Bilder«, denn die Qualität der Nebelbilder war nicht sonderlich gut, die Bewegungen noch sehr steif. Ein sogenanntes Lebensrad brachte ihn auf den richtigen Weg. Später entdeckte er auf einer Auslandsreise die von der Firma Kodak angebotenen Rollfilme. Mit diesem Zelluloidmaterial hatte er endlich einen flexiblen Bildträger, und damit konnte er weiter experimentieren. Mitte des Jahres 1892 war dann seine erste »Filmkamera« fertig.

Der erste Test dieses Apparates erfolgte am 20. August 1892: Im Dachatelier des befreundeten Fotografen Wilhelm Fenz, im Haus Schönhauser Allee 146, Ecke Kastanienallee, drehte Vater Skladanowsky die erste Aufnahme. Obwohl es damals weder U- noch Straßenbahnen gab, keine Ampeln den Autoverkehr regelten, war die Kreuzung Schönhauser Allee/Danziger (heute Dimitroff-) Straße schon ein belebter Berliner Knotenpunkt, und das Eckhaus bot eine vorzügliche Sicht in die Pappelallee, die Schönhauser Allee hinauf nach Pankow sowie hinab ins Zentrum der Stadt.

Die Häuser in dieser Gegend sind um 1880 gebaut worden, jenes mit der Nummer 146, Schönhauser, Ecke Kastanienallee, steht heute noch, aber nichts erinnert mehr daran, daß hier einmal ein Filmpionier am Werke war. Anders als früher, ist heute kein Kino mehr hier zu finden. Um 1909 hatte ein Robert Müller im Haus gegenüber, in der Schönhauser Allee 144, Ecke Eberswalder Straße, sein »Welt-Theater Das lebende Bild« eingerichtet. Gewiß versprach die Gegend, wo tagtäglich viele tausend Menschen vorbeikamen, ein gutes Geschäft. Vorn im Haus war eine Depositenkasse der Dresdner Bank, hinten das Welt-Theater. Noch heute hat eine Sparkasse in diesem Gebäude ihre Filiale, doch ein Kino gibt es nicht mehr an dieser sehr belebten Stelle Berlins ...

Max Skladanowsky interessierte sich allerdings 1892 nicht für den schönen Aus-

Das Haus Schönhauser Allee 146, Ecke Kastanienallee heute (Bildmitte)

blick, den ihm dieses Haus bot, er fotografierte nicht das imposante Panorama des Berliner Nordens, sondern stellte seinen Bruder Emil vor die Kamera, ließ ihn grüßen, den Hut abnehmen und einige gymnastische Übungen ausführen. Der erste deutsche »Film« war gedreht!

Doch es dauerte noch seine Zeit, bis er von einem Publikum gesehen werden konnte. Es gab noch keinen Projektor, kein Vorführungsgerät, und die »Kamera« war ein Apparat im Experimentier-Stadium. In Kristiania, dem heutigen Oslo, soll Max Skladanowsky dann bei einem Nebelbilder-Vortrag vor Henrik Ibsen die Idee gekommen sein, seinen Film mit zwei Projektoren vorzuführen. Er zerschnitt den Film, numerierte die einzelnen Bilder und klebte einen Streifen mit allen geraden, einen zweiten mit allen ungeraden Aufnahmen zusammen. Auch der Name für dieses Gerät – »Bioscop« – soll ihm damals in Kristiania eingefallen sein.

Das Prinzip war also gefunden, nun bedurfte es der nötigen Mittel, um die Idee zu verwirklichen. Der Familie Skladanowsky fehlte die sichere finanzielle Basis. Sie hatte keine optische Werkstatt, kein Fotografen-Atelier, keine Rohfilmfabrik. Vater Carl reiste mit den Nebelbildern noch immer durch Europa, arbeitete hier und da als Glasmaler; sein Bruder Eugen verdingte sich als Schauspieler und Artist im Zirkus Renz. Die Einkünfte waren jedoch nicht allzu üppig. Einem Rat von Freunden folgend, versuchte Max Skladanowsky, bei der Deutschen Bank einen Kredit aufzunehmen, aber dieses Geldinstitut zeigte 1893/94 noch keinerlei Interesse für derartige »Hirngespinste«. 25 Jahre später war das ganz anders. 1917, bei der Gründung der Ufa durch die Oberste Heeresleitung des Deutschen Reiches, war vor allem die Deutsche Bank hauptbeteiligt und bot Millionen auf, um den deutschen Film zu einem wirksamen Propagandamittel für eine Politik zu machen, die bereits kurz darauf vor dem – leider noch nicht endgültigen – Bankrott stand.

Doch wie hätte Direktor Mankiewicz damals jene Entwicklung vorausahnen sollen, als Max Skladanowsky bei ihm vorstellig wurde und um ein paar lächerliche hundert Mark Kredit bat... Dennoch war es im Frühjahr 1895 soweit, daß die Skladanowskys mehrere Filme drehen konnten. Das »Atelier« für diese Aufnahmen befand sich in eben jener Gaststätte Feldschlößchen in der Pankower Berliner Straße 27, genau dort, wo noch heute das Kino Tivoli einlädt. Zu jener Zeit gab es eine große Anzahl von Gartenlokalen, in denen Familien Kaffee kochen konnten, und viele Biergärten, in denen man eine oder auch mehrere Mollen zischte.

Isidor Kastan, der bekannte Berliner Feuilletonist, Mitarbeiter des BERLINER TAGEBLATTS, schrieb schon 1919 mit einem leicht nostalgischen Ton über diese Altberliner Biergärten:

Wohlhabende Bürgerfamilien wanderten mit Kind und Kegel in die Vororte Niederschönhausen, Pankow, Gesundbrunnen, um dort in einfachster Ländlichkeit ihren Sommeraufenthalt zu nehmen. Das notwendige Haus- und Wirtschaftsgerät, Bettzeug wurde hinausgeschickt. (...)

Wem aber das Glück solch einer Sommerfrische nicht beschieden war, der fand sich bescheiden mit einem Abendaufenthalt in einem der zahllosen Biergärten ab, die eine Eigentümlichkeit des damaligen Berlin bildeten. Mit einem Garten hatten diese Hofräume wenig oder gar nichts gemein. Einige Kübel mit blühenden Oleanderbäumen, einige Kästen mit Ephen oder wildem Wein, daraus bestand die ganze Herrlichkeit, die überdies den Vorteil der Beweglichkeit besaß. Je nach Bedarf wurde der »Jarten« in das »Lokal« hinein- oder wieder hinausbefördert, und sobald der Wirt eine andere Schänke bezog, konnte er ganz einfach dorthin verlegt werden. Darauf bezügliche Anzeigen waren in den damaligen Zeitungen keinesfalls selten zu lesen. Diese tragbaren Gärten wurden mit Vorliebe »Jardin« benannt, zum Unterschied von den Naturgärten, in denen sich bodenständige Bäume befanden. Das waren dann die herrlichen schattigen Berliner Naturgärten, in denen der Berliner Klein- und Mittelbürger »freie« Luft schöpfte, bei einer kühlen »Weißen« Puff spielte oder nach Herzenslust über den Magistrat herzog.[1]

In einem derartigen Etablissement drehten die Brüder Skladanowsky. Hatte das Lokal gerade Ruhetag oder stellte der kooperative Wirt ein Schild mit der Aufschrift: »Heute wegen Filmaufnahmen geschlossen!« heraus? »Filmaufnahmen« – was mögen sich die Leute 1895 darunter wohl vorgestellt haben!

Wie diese Dreharbeiten vor sich gingen, hat der Sohn Max Skladanowskys später in seinem noch unveröffentlichten Manuskript »Vom bunten Nebelbild zum weltumspannenden Zelluloid. Das Leben und Wirken von Max Skladanowsky an Hand der Tatsachen und auf Grund des umfangreichen Archivmaterials bearbeitet und zusammengestellt von Diplom-Kaufmann Erich Skladanowsky.« beschrieben. In dieser Arbeit schildert er sehr anschaulich und mit vielen Anekdoten die Geschichte seines Vaters und des Bioscops. Unter der Überschrift »Das erste Programm wird gedreht« ist zu lesen:

Im großen Garten der Gastwirtschaft, wo noch der alte Brauch galt »Hier können Familien Kaffee kochen«, wurde sozusagen das erste Freilicht-Atelier eröffnet, und zwar Anfang Mai 1895.

Das Gebäude der Deutschen Bank, Behrenstraße 8–13 um 1907

Ein großer weißer Vorhang wurde aufgestellt, vor dem bekannte Varieté-Kräfte ihre charakteristischen Künste ausführten, und von der Bioscop-Kamera für die Ewigkeit auf den Film gebannt wurden. Die erste Szene war »Italienischer Bauerntanz der Kinder Ploetz-Larella«, die später als mondänes Tanzpaar die Varietés der Welt bereisten. Die Jongleurszene wurde von dem bekannten Jongleur Paul Petras dargestellt. Brother Miltons produzierten sich komisch am Reck. Im Garten des Friedrich Wilhelmstädtischen Theaters, Chausseestraße 25/26, dem späteren Filmtheater Metro-Palast, vollführten die 3 Tscherpanoffs ihre Original Russischen Tänze Kamarinskaja vor der Bioscop-Kamera. Die Gymnastikerfamilie Grunato und die bekannten Ringer Grainer und Sandow wurden im Garten des vormaligen Stadttheaters Moabit, dem heutigen Filmpalast Hansa, Alt Moabit 47/48 aufgenommen. »Mister Delaware mit seinem boxenden Känguruh« wurde vor dem Zirkus Busch gedreht.

Das war damals noch nett und gemütlich. Freiwillig und uneigennützig stellten sich die ausübenden Künstler im Interesse der Sache zur Verfügung. Der alte Gastwirt Sello und seine Kollegen verlangten nicht die geringste »Ateliermiete«, sondern halfen bei den Vorbereitungen der Aufnahmen noch wacker mit.

Zur alleinigen Beleuchtung und Aufhellung diente die größte Jupiterlampe der Welt, unsere liebe Sonne, die gewöhnlich sich dann immer hinter den Wolken versteckte, wenn man sie brauchte. Das Kameraobjektiv war durch den Ankauf zweier Achromaten für – sage und schreibe – drei Mark von dem bekannten Optiker Obenaus jr., Am Köllnischen Park, verbessert worden.

Die aufgenommenen Szenen waren ungefähr 6 Meter lang.[2]

Im Feldschlößchen fanden kurz darauf auch die Probevorführungen mit den ersten »Mustern« statt. Doch die Skladanowskys arbeiteten nicht nur in Pankow, sondern auch in Moabit und in der Chausseestraße. Sie drehten genau dort, wo später Kinos in ehemaligen Varietés und Theatern eingerichtet wurden. Aber nicht die Reiselust dürfte sie zu den verschiedenen Aufnahmeorten geführt haben, und auch nicht der Wunsch, für ihre Aufnahmen einen abwechslungsreichen Hintergrund zu finden (den sah man ohnehin nicht), vielmehr haben sie wohl Höflichkeit und Zuvorkommenheit den »Stars«, den Varieté-Künstlern, gegenüber dazu gezwungen. Wahrscheinlich wären die Grunatos oder die beiden Ringer Grainer und Sandow nur schwer zu bewegen gewesen, »nach draußen«, nach Pankow zu kommen, um dort ihre Künste vor solch einem obskuren Apparat wie dem Bioscop zu demonstrieren. Im Stadttheater Moabit aber mußten sie ohnehin täglich zur Vorstellung erscheinen.

Doch wie kam Meister Skladanowsky mit seinem Aufnahmeapparat von Pankow nach Moabit? Mit der dampfbetriebenen Stadtbahn, mit der Pferdebahn, dem Pferdeomnibus oder einer Droschke? Konnte er sich eine Droschke II. Klasse für den relativ weiten Weg leisten? Die »Elektrische« gab es im Mai 1895 noch nicht. Erst vier Monate später, am 10. September 1895, eröffneten Siemens & Halske die erste elektrisch betriebene Berliner Straßenbahnlinie von der Badstraße am Gesundbrunnen nach Pankow.

Zirkus Busch am Bahnhof Börse um 1900

In jener Zeit wurde in Berlin sehr viel gebaut und eingeweiht. Am 24. Oktober 1895 begrüßte der später berühmte Zirkus Busch am Bahnhof Börse (heute Marx-Engels-Platz) mit seinen aufwendigen Wasserspielen und Ausstattungsrevuen erstmals seine Gäste. Wenn die Arbeiter, die am Zirkus beschäftigt waren, über die Spree blickten, konnten sie ihre Kollegen sehen, die dort in großer Zahl den monumentalen Dom errichteten. Ein Jahr zuvor hatten sie damit begonnen, und die meisten waren sicherlich von einem anderen Objekt wilhelminischer Architektur gekommen, dem 1894 eingeweihten Deutschen Reichstag.

Am 18. August 1895 erfolgte die Grundsteinlegung für das »Nationaldenkmal des Hochseligen Kaisers Wilhelm I.« gegenüber dem Berliner Stadtschloß der Hohenzollern (bei der Einweihung einige Zeit später wurde bereits ein Filmkameramann mißtrauisch beäugt).

Am 3. September war Baubeginn für das Theater des Westens im bisher theaterlosen Charlottenburg. Und am Vorabend des Sedan-Tages, am 1. September 1895, wurde mit großem Pomp am Kurfürstendamm die Kaiser-Wilhelm-Gedächtniskirche eingeweiht.

Feiern anläßlich der 25jährigen Wiederkehr der Schlacht von Sedan gab es überall im Land am 1. und 2. September 1895. Die Sozialdemokraten lehnten sie wegen ihres chauvinistischen Charakters ab; die Theater aber führten Sedan-Vorstellungen durch. Am 2. September spielte sowohl das Königliche Schauspielhaus am Gendarmenmarkt als auch das Deutsche Theater Kleists »Prinz Friedrich von Homburg«. Und der Berliner Lokal-Anzeiger veröffentlichte im Herbst 1895 mehrere Wochen lang eine Rubrik »Zur Erinnerung an Deutschlands große Zeit« – worunter man 1895 den Krieg gegen Frankreich 1870/71 verstand ... Genüßlich wurde ein Krieg mit seinen Schlachten noch einmal nachvollzogen, wurden die Kriegsdepeschen von damals publiziert. Eigentlich waren schon 1895 all die Anzeichen für eine Entwicklung zu finden, die dann zu den Ereignissen der Jahre von 1914 bis 1918 und von 1939 bis 1945 führte...

Was spielte man ansonsten in den 24 Berliner Theatern, auf den führenden beiden Bühnen, im Königlichen Schauspielhaus und im Deutschen Theater? Am Gendarmenmarkt wurden zum Beispiel Lustspiele von Adolph L'Arronge, dem Mitbegründer des Deutschen Theaters, aufgeführt, aber auch das patriotische Schauspiel »1812« von Otto von der Pfordten, Dramen von Sudermann und die klassischen Stücke »Othello«, »Das Käthchen von Heilbronn«, »Der Diener zweier Herren«, »Mirandolina« und »Das Leben ein Traum«. Im Parkett, auf Platz Nr. 23, saß schon längst nicht mehr der bekannte Theaterkritiker der Vossischen Zeitung; der veröffentlichte 1895 seinen Roman »Effie Briest«...

Das Deutsche Theater wurde damals im zweiten Jahr von Otto Brahm geleitet. Die Stars der Bühne hießen Rudolf Rittner, Agnes Sorma, Josef Kainz, Else Lehmann, Emanuel Reicher, und neben ihnen stand ein junger Schauspieler aus Wien: Max Reinhardt. Man spielte die großen Shakespeare-Stücke »Hamlet«, »Der Kaufmann von Venedig«, »Romeo und Julia«, aber auch Ludwig Fuldas Komödie »Robinsons Eiland« und das Schauspiel »Die Mütter« von Georg Hirschfeld. Immer wieder wurde Gerhart Hauptmanns Drama »Die Weber« aufgeführt, »ein Stück aus den vierziger Jahren« – wie es damals stets hieß. Die Hohenzollern kündigten daraufhin demonstrativ ihre Plätze im Deutschen Theater.

Unter den vielen tausend Zuschauern, die »Die Weber« 1895 im Deutschen Theater sahen, war auch ein Russe, der sich besuchsweise in Berlin aufhielt, der in der alten Königlichen Bibliothek Unter den Linden arbeitete und der unter dem Namen Lenin bald Weltgeschichte machen sollte.

Im Juni 1895 kam auch ein vierundzwanzigjähriger Schauspieler in die Reichshauptstadt, um am Schiller-Theater (Ost), im Haus des Wallner-Theaters, sein erstes Berliner Engagement anzutreten: Eduard von Winterstein, der ein vier Monate altes Baby mitbrachte – seinen Sohn Gustav von Wangenheim. Alles strömte nach Berlin, und auch jene zog es in die Deutsche Reichshauptstadt, die bald darauf mit der neuen Erfindung in Berührung kommen sollten, mit der sich Max Skladanowsky beschäftigte.

Die Skladanowskys, zwar in Berlin geboren, waren 1895 eigentlich gar keine Berliner mehr, denn sie lebten außerhalb der Stadt, in Pankow, Kreis Niederbarnim. Berlin und seine Vororte wuchsen jedoch außerordentlich schnell immer weiter zusammen. Die Zeitungen informierten wöchentlich detailliert über die Einwohnerbewegung; als die Skladanowskys im Wintergarten auftraten, zeigte sich folgendes:

In der Woche vom 27. October bis 2. November 1895 fanden 462 Eheschließungen statt. Lebendgeboren wurden 394 Knaben, 400 Mädchen, zusammen 794 Kinder, darunter 102 außerehelich, todtgeboren waren 12 Knaben, 6 Mädchen, zusammen 18 Kinder, mit 5 außerehelichen. Die Lebendgeborenen sind 23.6, die Todtgeborenen 0.5 pro Mille der Bevölkerung, die außerehelich Geborenen 23.9 Procent. Die Zahl der gemeldeten Sterbefälle betrug 538 (286 männliche, 252 weibliche), die sich auf die Wochentage wie folgt vertheilen: Sonntag 79, Montag 60, Dienstag 83, Mittwoch 70, Donnerstag 83, Freitag 62, Sonnabend 101. Von den Gestorbenen erlagen an Masern 7, Scharlach 18, Pocken 1, Rose 1, Diphterie 30, Bräune 3, Keuchhusten 13, Kindbettfieber 6, Typhus 4, Influenza 1, Gelenkrheumatismus 0, Ruhr 0, Syphilis 2, Altersschwäche 17, Gehirnschlag 19, Lungenentzündung 37, Lungenschwindsucht 70, Diarrhöe 16, Brechdurchfall 3, Magen-Darmkatarrh 19. Durch Vergiftung kamen 2 Personen um, hiervon 1 durch Selbstmord, 0 durch Alkoholvergiftung (Delirium tremens). Eines gewaltsamen Todes starben 12 Personen, und zwar durch Verbrennung und Verbrühung 0, Ertrinken 0, Erhängen 4, Ersticken 0, Ueberfahren 0, Sturz oder Schlag 5, Schußwunde 3, Stich-, Schnitt- oder Bißwunde 0, Operation 0. Hierunter sind 9 Todesfälle durch Selbstmord herbeigeführt. Dem Alter nach sind die Gestorbenen: unter 1 Jahr alt 128 (23.8 pCt, der Gesamt-Sterblichkeit), 1–5 Jahre 78, 5–15 Jahre 43, 15–20 Jahre 13, 20–30 Jahre 29, 30–40 Jahre 45, 40–60 Jahre 102, 60–80 Jahre 86, über 80 Jahre 14 Personen. In hiesigen Krankenhäusern starben 154, einschließlich 25 Auswärtige, welche zur Behandlung hierher gebracht waren. Auf die Standesämter vertheilten sich die Todesfälle folgendermaßen: Berlin-Kölln-Dorotheenstadt (I.) 5, Friedrichstadt (II.) 18, Friedrich- und Schöneberger Vorstadt (III.) 27, Friedrich- und Tempelhofer Vorstadt, westlich (IVa.) 13, Tempelhofer Vorstadt, östlich (IVb.) 22, Luisenstadt jenseits, westlich (Va.) 40, Luisenstadt jenseits, östlich (Vb.) 25, Luisenstadt diesseits und Neu-Kölln (VI.) 29, Stralauer Viertel, westlich (VIIa.) 26, Stralauer Viertel, östlich (VIIb.) 40, Königstadt (VIII.) 39, Spandauer Viertel (IX.) 23, Rosenthaler Vorstadt, südlich (Xa.) 25, Rosenthaler Vorstadt, nördlich (Xb.) 59, Oranienburger Vorstadt (XI.) 45, Friedrich-Wilhelmstadt und Moabit, östlich (XIIa.) 34, Moabit westlich (XIIb.) 23, Wedding (XIII.) 45. Die Sterbefälle sind 16.0 pro Mille der fortgeschriebenen Bevölkerungszahl (1 753 199). Es wurden 4623 Zugezogene, 2918 Weggezogene gemeldet, so daß sich die Bevölkerung mit Einrechnung der nachträglich gemeldeten Geborenen und des Zuschlags, der den Weggezogenen erfahrungsgemäß zugerechnet werden muß, um 1727 vermehrt hat. Die Einwohnerzahl beträgt sonach am Schluße der Berichtswoche 1 754 926. In der Woche vom 3. bis 9. November 1895 kamen zur Meldung Infections-Erkrankungsfälle an Typhus 8, Pocken 6, Masern 32, Scharlach 107, Diphterie 168, Kindbettfieber 4.[3]

1885 wurden in Berlin 1315287 Einwohner gezählt, innerhalb von nur zehn Jahren also eine Zunahme von reichlich dreißig Prozent.

Was passierte sonst noch in jenem Jahr 1895 in Berlin? Zum Beispiel erließ im November Seine Majestät eine »Kleiderordnung der Officiere für Besuche der Königlichen Theater«, und am 30. November verschwanden die letzten Berliner Nachtwächter. Im März bzw. Dezember 1895 erlebte Gustav Mahlers 2. Sinfonie, die Auferstehungssinfonie, in Berlin ihre Uraufführung. Im März wurden – unter Leitung von Richard Strauss – nur die ersten drei (instrumentalen) Sätze gespielt; im Dezember dirigierte der Komponist selbst das vollständige Werk. Der Rezensent des Berliner Lokal-Anzeigers hatte allerdings auch nach zweimaligem Hören nicht begriffen, was der Komponist mit dieser »Symphonie genannten Composition« eigentlich wollte, er schalt Mahler wegen seiner »ausschweifenden Phantasie« und behauptete, hier sei gegen »alle Regeln des Schönen, ja des für die Ohren Erträglichen« komponiert worden! Die Regeln des Schönen, wie genau wußte man im Reich von S. M. Wilhelm II. doch darüber Bescheid!

Kehren wir zu unserem Ausgangspunkt zurück. Im Juli 1895 »bauten« die beiden Direktoren des Wintergartens bereits die nächsten Programme für die Herbst- und Wintermonate. Sie suchten nach neuen Attraktionen, und so ließen sie sich in einer Droschke auch ins Pankower Feldschlößchen fahren, um sich dort das anzusehen, was Max Skladanowsky ausgetüftelt hatte. Von der Attraktivität der »lebenden Bilder« müssen Julius Baron und Franz Dorn schnell überzeugt gewesen sein, denn bereits im Sommer engagierten sie den Erfinder mit seinen Filmen. Die enorme Summe von 2500 Mark – aber wahrscheinlich die übliche Gage für ein Weltstadtvarieté – sollte dem Wintergarten die alleinige Auswertung der Erfindung sichern. Max Skladanowsky wurde angehalten, seine Filme nirgend woanders als im Wintergarten zu zeigen.

Während Skladanowsky weiter an seinen »lebenden Bildern« arbeitete, konnte der Wintergarten in aller Ruhe für diese »interessanteste Erfindung der Neuzeit« die Werbetrommel rühren. Bereits im Oktober fanden sich in Berliner Zeitungen Meldungen über die Vorbereitungen auf das große Ereignis. Sicher gab es keine vorherigen Pressevorführungen, durften die Reporter nicht vor dem Publikum das Bioscop in Augenschein nehmen. Die Ankündigungen – die übrigens auch in französischen Zeitungen auftauchten – waren wohl eher vom Wintergarten selbst lancierte Werbezeilen. So hieß es zum Beispiel am 27. Oktober in der National-Zeitung:

Im Wintergarten werden bereits die umfassendsten Vorbereitungen für ein glänzendes November-Programm getroffen. Besondere Heiterkeit dürften darin Mr. Thompsons 5 dressierte Elephanten erregen, die auf der Bühne eine regelrechte vollständige Kegelpartie absolvieren. Auch Skladanowskys bereits erwähntes »Bioskop« ist nahezu vollendet. Dasselbe wird einen ausnehmend originellen Charakter dadurch erhalten, daß es die Wintergarten-Produktionen selbst in verblüffend echten lebensgroßen Kopien wiedergibt.[4]

Und dann war es soweit. Am 1. November 1895 erfolgte im Wintergarten Pro-

Wintergarten.

Direction: Dorn & Baron.

Neues Programm. 12 Debuts. Neues Programm.

Mlle. Gabriele Juniori

vom Empire-Theater in London.

The Eugens, die berühmten Hochturner. Mr. Tompson mit seinen drei Elephanten. Die Wüstensöhne, 8 Araber. Brüder Marko, die sonderbaren „Zwillinge“.

Griffin u. Dubois, Excentriques. Rheingold-Trio, Komisches Gesangs-Terzett. Egger-Rieser, Tyroler National-Sänger u. Tänzer. Pettenati, Italienisches Quartett.

Neu! Das Bioskop. Neu!

Die interessanteste Erfindung der Neuzeit.

Maisanos, musikalische Excentriques. Valentine Petit, Kaleidoskop-Tänzerin.

Ferner: Familie Sylvester Schäffer in ihren unerreichten ikarischen Spielen. Iwan Tschernoff mit seiner Hinderniss-Jagd.

Lona Barrison, singende Schulreiterin. Siegmund Steiner, Tenorist. Sylvester u. Sohn, Jongleure.

Anfang 7½ – Sonntags 7 Uhr. – Vorverkauf von 10 bis 1 Uhr an der Tagescassa.

Annonce des Wintergartens im Berliner Lokal-Anzeiger

Der Sitzplan des Wintergartens aus dem Berliner Adreßbuch.
Eintrittspreise:
Terrasse 6,50 M
Seite-Terrasse 4,35 M
Reserv. Platz 2,35 M
Loge 6,50 M
Parkett-Fauteuil 4,85 M
Entree 1,– M
Fauteuil 3,85 M
Für Seitenterrasse, Reservierter Platz und Entree erhöhen sich die Preise an Sonn- und Festtagen um 50 Pf.

grammwechsel. Ob die Direktoren ahnten, mit welch folgenreichem Debüt sie dieses Mal aufwarteten? Vielleicht, denn ganz entgegen bisherigen Gewohnheiten propagierte der Wintergarten sein neues Programm am 1. November in mehreren Berliner Tageszeitungen gleich auf einer halben Seite! Solch riesige Annoncen brachte kein anderer Vergnügungs-Palast, kein Varieté, auch nicht das Apollo- oder das Metropol-Theater in der Behrenstraße (das damals Theater Unter den Linden hieß). Mit Anzeigen von dieser Größe warben ansonsten die großen Geschäfte, die Kaufhäuser von Herrmann Gerson (»Hoflieferant Sr. Majestät des Kaisers und Königs«), von Rudolph Hertzog in der Breiten Straße oder von A. Wertheim.

Die Direktion muß von der Anziehungskraft dieses November-Programms sehr überzeugt gewesen sein. Das Bioscop war allerdings nicht die herausragende Sensation, sondern nur eine Attraktion neben anderen. Im Zentrum der Aufmerksamkeit standen zunächst einmal Mademoiselle Gabriele Juniori vom Londoner Empire Theatre, die Familie Sylvester Schäffer mit ihren ikarischen Spielen (diese Artistentruppe trat bereits seit September im Wintergarten auf) und auch Mister Thompson mit seinen fünf Elefanten. Hinzu kamen zwölf »Debüts«, deren letztes, gewissermaßen als »Rausschmeißer«, das Bioscop mit seinem fünfzehnminütigen Programm war, begleitet vom Wintergarten-Orchester.

Friedrich-, Ecke Georgenstraße, mit Eingang Wintergarten um 1930

Originalprogramm
Bioskopfilme
am 1. November 1895
im Wintergarten zu Berlin

1. Musikalische Einleitung — Introduktion
   Titel: Italienischer Bauerntanz der Kinder Ploetz-Larella
   Musik: Polka
   Aufnahme: Mai 1895 bei Sello in Pankow bei Berlin — M. Skl.
2. Titel: Brothers Milton · Komisches Reck
   Musik: Galopp
   Aufnahme: Mai 1895 bei Sello in Pankow bei Berlin — M. Skl.
3. Titel: Der Jongleur Paul Petras
   Musik: Galopp
   Aufnahme: Mai 1895 bei Sello in Pankow bei Berlin — M. Skl.
4. Titel: Das boxende Känguruh · Mister Delaware
   Musik: Marsch – Der Stierkämpfer
   Aufnahme: Mai 1895 vor dem Zirkus Busch — M. Skl.
5. Titel: Die Gymnastikerfamilie Grunato
   Musik: Maskengalopp
   Aufnahme: Mai 1895 im Garten des Stadttheaters Alt-Moabit — M. Skl.
6. Titel: Kamarinskaja
   Russ. Nat.-Tanz, getanzt v. d. 3 Tscherpanoffs
   Musik: Kamarinskaja
   Aufnahme: Mai 1895 im Garten des Friedrich-Wilhelmstädtischen Theaters in der Chausseestraße zu Berlin — M. Skl.
7. Titel: Ringkampf zwischen Grainer und Sandow
   Musik: Marsch
   Aufnahme: Mai 1895 im Garten des Stadttheaters Alt-Moabit — M. Skl.
8. Titel: Max und Emil Skladanowsky verbeugen sich · Schlußszene
   Musik: Finale
   Aufnahme: Mai 1895 im Garten bei Sello in Pankow bei Berlin. Aufnahme wurde durch Wilhelm Fenz gedreht.

Vertragsmäßige Dauer der Vorführung 15 Minuten.
Musikalische Begleitung durch das Große Wintergartenorchester.
Vorführapparat: Doppelprojektor »Bioscop« DRP 88 599.[5]

Erich Skladanowsky hat das Wintergarten-Entree seines Vaters detailliert überliefert

Nach der anfänglichen Verwunderung über das Verlöschen der Lichter im Saal soll das Publikum bei dieser ersten öffentlichen Filmvorführung im Berliner Wintergarten nicht mit Zustimmung gespart haben. Jede einzelne Nummer, jeder einzelne »Film« wurde mit großem Applaus bedacht. Immer wieder mußten sich Max und Emil Skladanowsky vor dem roten Moltonvorhang verbeugen; der Beifall wollte kein Ende nehmen.

Mit einiger Phantasie läßt es sich lebhaft vorstellen: Direktor Baron stand am Bühneneingang und drehte voller Nervosität an den Knöpfen seiner Jacke. Hinter der kleinen Bühne bedienten Max und Emil Skladanowsky ihren Doppelprojektor. Um sie herum dann noch jene Männer, die dafür sorgen mußten, daß die Leinwand stets feucht blieb, damit der Projektor dahinter nicht gesehen wurde. Für diese komische, profane Tätigkeit hatte man jedoch nicht irgendwelche Bühnenarbeiter verpflichtet, nein, die Leinwand wurde vom brüderlichen Gesangs-Duo Philipp und Robert Nickel naßgespritzt! Wie all die anderen Artisten des November-Programms hielten sie sich nach ihrem Auftritt nicht in den Garderoben auf, sondern gleich neben der Bühne, denn sie wollten ebenfalls mit dabei sein und »die interessanteste Erfindung der Neuzeit« in Aktion sehen …

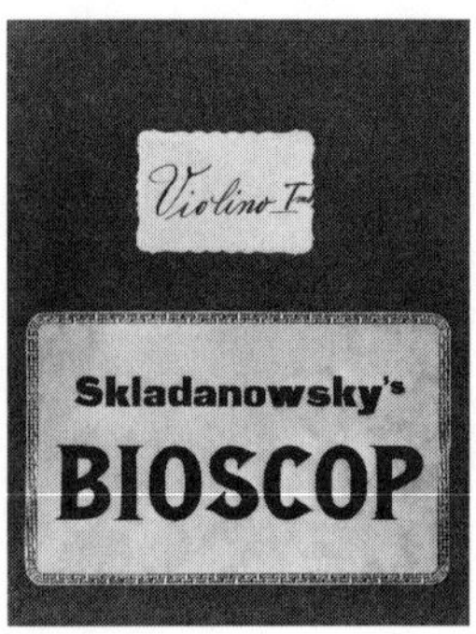

Notenmappe der Musikbegleitung des Wintergarten-Programms

Im Theater Unter den Linden, dem späteren Metropol-Theater, spielte man an jenem Freitagabend die Operette »Die Karlsschüler« von Carl Weinberger, in der Königlichen Oper erklang »Carmen«, im Schauspielhaus am Gendarmenmarkt wurde das patriotische Schauspiel »1812«, aufgeführt, und im Hause Unter den Linden 21 trat Ben-Ali-Bey, der orientalische Zauberer und Märchenerzähler, auf. Die Blumenhändler der Straße Unter den Linden sollen jedoch all ihre Blumen in die Dorotheenstraße 18–21 gebracht haben – die Adresse des Wintergartens.

Zwei Tage später erschienen dann in den Sonntagsausgaben der Zeitungen die »Rezensionen« des Programms. Aber anders als zu erwarten, erfuhr das Bioscop keine besondere, herausgehobene Würdigung. Die »Kritiker« widmeten Mademoiselle Juniori oder der Familie Schäffer weit mehr Aufmerksamkeit als Skladanowskys Erfindung. Keine Zeile auf Seite 1 der Zeitungen – die beschäftigten sich mit dem Besuch des Königs von Portugal in Berlin –, und auch das Feuilleton schenkte dem Bioscop keine Beachtung. Lediglich ein paar versteckte Bemerkungen zwischen den Programmbesprechungen der Tanzpaläste, Kabaretts und Varietés. Dort meldeten sich fast immer anonym schreibende Journalisten mit ein, zwei Sätzen zu Wort, und im Berliner Lokal-Anzeiger stand am Ende der Rezension zu lesen:

Lehrreich und amüsant ist auch die Schlußnummer des Programms, das »Bioscop«. Anschütz hat schon vor Jahren von Personen und Thieren in den einzelnen Phasen ihrer Bewegung photographische Momentaufnahmen gemacht, die er dann auf einem rasch rotirenden Rade vereinte, so daß das Auge Person oder Thier in der jeweiligen photographischen Bewegung sah. Edison hat Anschütz' Apparat, den »elektrischen Schnellseher«, in seinem »Kinetoskop« ausgestaltet. Hunderte von rasch bewegten und beleuchteten Bildchen setzen sich zu le-

Notenblatt für die Musikbegleitung des Bioscop-Programms

bendigen Scenen aus dem Leben zusammen. Diese letztere Erfindung Edisons ist in dem Bioskop mit vielem Geschick verwerthet. Eine kinetoskopische Scene wird auf eine beleuchtete, helle Fläche reflectiert, so daß sie den Eindruck von Schattenspielen macht. Nur das Zittern der einzelnen Figuren erinnert an die Zusammensetzung aus vielen kleinen durch Elektricität rasch bewegten und beleuchteten Bildchen.[6]

Welch schöne Beschreibung des Geheimnisses der bewegten Bilder!

Der Rezensent des Berliner Lokal-Anzeigers stellt die Versuche der Brüder Skladanowsky bereits in eine Traditionslinie. Die zu erkennen fiel damals nicht schwer, auch wenn das Bioskop gegenüber Edisons Erfindung etwas ganz anderes darstellte.

Der erfolgreiche amerikanische Unternehmer Thomas Alva Edison hatte am 26. Mai 1895 in der Friedrichstraße 65, Ecke Mohrenstraße, das Edison-Kinetoscop eröffnet. Einige Wochen später, im Oktober, siedelte es weiter nördlich, in die Nähe des Wintergartens, über – gleich neben das Panopticum in der Friedrichstraße. Edisons Werbung pries die Neuheit mit den Worten an: »Alle 14 Tage wechseln die Scenen. Alle Bild. voll. Bewegung und natürl. Leben. Elektrisch bewegte, lebend. erscheinende Darstellungen.« Bis abends 22 Uhr empfing das Kinetoscop Neugierige. Zwei Tage vor der Besprechung des Wintergarten-Novemberprogramms wies auch der BERLINER LOKAL-ANZEIGER in seiner Rubrik »Vergnügungen, Sehenswürdigkeiten« auf die Attraktion hin:

Um eine neue Sehenswürdigkeit ist Berlin wieder reicher geworden. In der Passage nahe der Behrenstraße ist das Edison-Kinetoskop-Panorama eröffnet und möchten wir unseren Lesern bestens empfehlen. Bei dem mäßigen Eintrittspreis von 25 Pf. ist ein sehr zahlreicher Besuch zu erwarten. Auch der Kaiser hat von der neuen Erfindung Edison's Kenntnis genommen und sich sehr anerkennend darüber geäußert.[7]

Dreizehn Monate früher, im April 1894, war am New-Yorker Broadway erstmals

Der amerikanische Erfinder Thomas Alva Edison

Werbung für Edisons Kinetoskop-Panorama im Berliner Lokal-Anzeiger vom 7.12.1895

solch ein »Kinetoscope-Parlor« eingerichtet worden. Dort standen einige Apparate, in die man eine Münze einwerfen mußte, um sodann einen niesenden Mann, ein Heu fressendes Pferd, ein Baby in der Badewanne oder aber auch den echten Buffalo Bill zu bewundern. Beim Bioscop sahen gleichzeitig mehrere Menschen einen Film auf der Leinwand; Edisons Kinetoscop dagegen war eine Art Peep-Show, bei der immer nur ein Zuschauer einen im Innern des Apparats über eine Rolle laufenden Zelluloidstreifen betrachten konnte. Das Bioscop war also durchaus eine Weiterentwicklung, ein wesentlicher Schritt nach vorn …

Die Volks-Zeitung (Organ für Jedermann aus dem Volke) schrieb:

Zu den interessantesten Darbietungen gehörte unstreitig das Bioskop, ein in Lebensgröße übertragenes Edisonsches Kinetoskop, das mit minutiöser Genauigkeit die Bewegungen tanzender, turnender und ringender Menschen wiedergab. – Das ist das Neue vom Tage – pardon! »Abend« muß man beim Wintergarten sagen.[8]

Und auch der Rezensent der Staatsbürger-Zeitung staunte über die »interessanteste Erfindung der Neuzeit«:

Das Finale der Vorstellung springt auf die kleinere Bühne des Bioskop über. Der inveniöse Techniker benutzt hier ergötzliche Momentphotogramme und bringt sie in vergrößerter Form zur Darstellung, aber nicht starr, sondern lebendig. Wie er das macht, das soll der Teufel wissen.[9]

Ein paar Tage später allerdings war der Reiz des Neuen schon wieder abgeklungen. Am Sonntag, dem 10. November, wies der Berliner Lokal-Anzeiger noch einmal auf Mademoiselle Juniori, auf die Familie Schäffer und auf die Kegel schiebenden Elefanten hin, aber nicht mehr auf das Bioscop …

Dennoch schien es auch weiterhin eine Attraktion zu sein. Die Skladanowskys erhielten Angebote aus dem Reich und aus dem Ausland, wo man ebenfalls Vorführungen ihres Apparates erleben wollte. Und man erregte das Interesse von Leuten, um die man lieber einen Bogen machte. Es war die Zeit der großen Erfindungen und damit zwangsläufig verbunden die der Patentkriege. Sobald man etwas erfunden hatte, mußte man seine Idee schützen lassen. Max Skladanowsky meldete daher sein Bioscop im Patentamt an, und sein Doppelprojektor wurde mit der Nummer 88599 als Reichspatent eingetragen.

Im Wintergarten tauchten indes bald mehr oder weniger friedliche und freundliche Späher auf, die hinter das Geheimnis des Bioscops kommen wollten. Zwar hatten die Skladanowskys aus Furcht vor Spionen andere Vorrichtungen zur Täuschung an ihren Apparat angeklemmt, aber eines Abends mußten sie entdecken, daß sich während ihrer Abwesenheit sehr gerissene Kiebitze auf die Filmrollen gestürzt hatten. Alles lag, teilweise beschädigt, auf dem Boden herum. Doch auch für diesen Fall war vorgesorgt: Emil Skladanowsky rannte zum Droschkenplatz in der Georgenstraße am Bahnhof Friedrichstraße, bestieg dort ein Fuhrwerk und ließ die Pferde nach Pankow eilen, um Reservekopien zu holen. Immerhin warteten nahezu 2000 Zuschauer im Wintergarten auf die »interessanteste Erfindung der Neuzeit«. Die armen Tiere mußten auf ihrem Trab nach Pankow auch noch Umwege machen, denn in Berlin wurde ja viel gebaut, so auch an der Weidendammer Brücke, der gerade einige Häuser hatten weichen müssen. Wie gelangte man also am schnellsten von der Friedrichstraße nach Norden? Über den Schloßplatz? Immerhin waren die Bauarbeiten am Dom in vollem Gange. Noch eine Umleitung, oder ließ man die schmale Pferdedroschke mit einem eiligen Erfinder passieren?

Einen Monat lang wurde das Bioscop im Wintergarten vorgestellt, danach wechselte – wie üblich – das Programm. Hatte die Schöpfung der Skladanowskys doch nicht den überwältigenden Erfolg gehabt, wie sie ihn später selbst beschrieben? Es wäre ja immerhin möglich gewesen, das Gastspiel der beiden Pankower um einen Monat zu verlängern, denn der Wintergarten verpflichtete besonders erfolgreiche Nummern – wie zum Beispiel Sylvester Schäffer mit seiner Familie – für weitere Monate. Oder hatten Max und Emil Skladanowsky kein großes Interesse mehr an neuen Auftritten im Wintergarten? Schwebte ihnen Höheres vor? Alles, was den Ereignissen im Wintergarten vom November 1895 folgte, ist bis heute ins Dunkle gehüllt. Es gibt nur eine Quelle, die über die Zeit danach Auskunft gibt: eben jenes Manuskript von Erich Skladanowsky, »Vom bunten Nebelbild zum weltumspannenden Zelluloid«, in dem der Autor seiner Vorliebe für die effektvolle Anekdote sehr oft allzu freien Lauf ließ. Möglicherweise war die Wahrheit weniger interessant.

Erich Skladanowsky schreibt, daß Vater und Onkel nach ihrem Triumph im Wintergarten nach Paris eingeladen wurden, um dort in den weltberühmten Folies Bergères das Bioscop vorzuführen. Schon im Januar-Programm sollten die beiden Deutschen in der französischen Hauptstadt ihre Sensation demonstrieren. Zuvor hatten sie allerdings noch ein Erlebnis, das Erich Skladanowsky bei seiner Vorliebe für Anekdoten natürlich nicht übergehen konnte. Am 27. Dezember 1895 bestiegen die Brüder Skladanowsky in Berlin den Nord-Express in Richtung Paris. Als der Zug die Grenzstation Maubeuge erreicht, die übliche Frage:

Seite 35
Skladanowskys Bioscop-Filmstreifen »Berlin Alexanderplatz« und »Straßenszene in Stockholm«

Die Erfinder und Unternehmer Auguste und Louis Lumière

»Haben Sie etwas Verzollbares?« »Nein, nur Arbeitsgeräte, bzw. Artistengepäck. Bitte, hier ein Doppelprojektor Marke Bioscop.« Na, der konnte gleich im Zolltarif eingestuft werden. Aber die Bioscopfilme, die machten unvorstellbare Schwierigkeiten! Erstaunt und zugleich betont mißtrauisch betrachteten die »Douaniers« die biegsamen Celluloidstreifen, versuchten krampfhaft die vielen Einzelbilder zu enträtseln. Jedenfalls waren im Zolltarif solche neuartigen Laufbilder in keiner Rubrik unterzubringen. Ärgerlich fragte ein etwas mehr betresster Beamter: »Was soll das überhaupt vorstellen?« »Bioscopfilme – Lebende Photographien«, antwortete Bruder Max und versuchte, dem schon ganz nervös gewordenen Zöllner fachmännisch den Begriff klarzumachen. Ach, das war ganz vergebliche Mühe. Unentwegt blätterte der Brave in seinem dicken Zollbuch herum und fand keinerlei Handhabe.

Damals konnte man sonst nach der minutiösen Pünktlichkeit des Pariser Nachtexpress die Uhren stellen. Nun stand dieses Vorbild aller Pünktlichkeit bereits 8 Minuten über die zulässige Zeit auf dem Zollabfertigungsgleis, und das Zugpersonal wurde sehr, sehr böse. Der Aufsichtsbeamte tobte. Was blieb dem diensttuenden Zollbeamten anders übrig, als den letzten rettenden Gedanken in die Tat umzusetzen, ergo den erkrankten Zollchef wecken zu lassen. Nach weiteren 5 Minuten stürzte der Herr Zollinspektor mit Dienstmütze, Schlafrock und Pantoffeln herbei. Asthmatisch röchelnd schnauzte er seine Beamten und die Skladanowskys an und wußte noch viel weniger ein und aus. Wieder verstrichen kostbare Minuten. Immer verwickelter wurde das Ganze anstatt klarer.

Endlich platzte dem erbosten Zugführer der Kragen. Mit einem nicht wiederzugebenden Fluch drängte er den wild gestikulierenden Inspektor samt seinen Zöllnern aus dem Packwagen. Ein Ruck – und mit erheblicher Verspätung setzte sich der Schnellzug in Bewegung, während auf dem Bahnsteig die hohe Zollobrigkeit mit geschwollenen Stirnadern dem entschwindenden Packwagen nachdrohte. [10]

Die zweite Überraschung wartete auf die deutschen Erfinder dann in Paris. Dort kamen sie genau an dem Tage an, als das Grand Café vom Boulevard des Capucines in seinen Salon Indien zu einer Vorführung der Brüder Lumière einlud …

Erich Skladanowsky zufolge nahmen die beiden Deutschen zusammen mit dem Direktor der Folies Bergères an dieser Filmvorführung im Grand Café teil. Sie waren nach Paris gekommen, um die »interessanteste Erfindung der Neuzeit« zu zeigen, sie hatten einen Vertrag mit den Folies Bergères in der Tasche, und sie mußten nun erleben, wie zwei ihnen bis dato Unbekannte »die Show« stahlen. Gewiß ein tragischer Vorgang für Max und Emil Skladanowsky.

Was war zu tun? Die Lumières wurden in Paris als die großen Erfinder gefeiert. Die Skladanowskys hätten die Folies Bergères zur Erfüllung des rechtskräftigen Vertrages zwingen können. Doch sie beharrten nicht darauf, ließen sich die ihnen zustehende Gage von 4500 Francs plus Spesen, Fahrt- und Hotelkosten auszahlen und kehrten enttäuscht nach Berlin zurück. Erich Skladanowsky stellt es folgendermaßen dar: Der konsultierte Rechtsanwalt habe den Deutschen die Lösung empfohlen, denn auch im Jahre 1895 waren die Beziehungen zwischen Deutschland und Frankreich alles andere als freundschaftlich. Französische Zeitungen hatten kurz zuvor

Der Erfinder des Bioscop

noch lautstark gegen einen Wintergarten-Auftritt des französischen Sängers Paulus protestiert, und so wäre eine Attraktion aus dem Berliner Varieté in Paris sicher nicht sehr begrüßt worden. Auch Lumière selbst soll gebeten haben, von einer Vorstellung des Bioscop in Paris Abstand zu nehmen.

Enttäuscht gewiß, aber nicht allzu niedergeschlagen müssen die Skladanowskys nach Berlin zurückgefahren sein. Sie hatten genügend andere Verträge abgeschlossen. Zunächst blieben sie im Lande, traten in Magdeburg, Halle und am 8. März 1896 in Köthen (Anhalt) auf, wo sie im Konzerthaus der Stadt zu sehen waren. Sehr oft kannten die Skladanowskys die Städte und Säle, in denen sie jetzt spielten, bereits von ihren Tourneen mit den Nebelbildern. Im April gastierten sie in Kristiania, im Mai weilten sie in verschiedenen niederländischen Städten, im Juni/Juli waren sie im Kopenhagener Tivoli engagiert. Vom 1. August bis Mitte September 1896 dauerte ihr Gastspiel in Stockholm, wo auch wieder einige Filme entstanden. Eigentlich konnten sich die Gebrüder Skladanowsky über den Erfolg des Bioscop in Europa nicht beklagen.

Einem Zug der Zeit folgend, war Max am 1. April 1896 nach Berlin gezogen, in die Buchholzer Straße 14, eine Querstraße der Schönhauser Allee. Im Adreßbuch des Jahres 1897 ist er dort als »Photograph« verzeichnet, doch als solcher zu arbeiten hatte er gewiß nicht vor. Die Übersiedlung nach Berlin schaffte ihm freilich ein großes Problem: Jetzt war er Berliner und mußte seinen Antrag auf Gewerbeerlaubnis nicht mehr – wie zuvor – bei den Behörden des Landkreises Niederbarnim stellen, sondern bei der Gewerbepolizei des Königlichen Polizeipräsidiums. Und diese preußische Behörde lehnte den Antrag ab. Die Zahl der erteilten Gewerbegenehmigungen wäre bereits überschritten gewesen. Weder die Demonstration der Erfindung noch die Beschwerden Max Skladanowskys änderten etwas an der Entscheidung. Die letzte Bioscop-Vorführung fand im März 1897 in Stettin statt, und am 30. des Monats lief die Zulassung endgültig ab.

Doch so weit sind wir noch nicht. Mitte 1896 hatte Skladanowsky noch eine zweite Bioscop-Kamera konstruiert, mit der weitere Filme gedreht werden sollten. Die Küche im I. Stock der Buchholzer Straße 14 diente als Dunkelkammer und Labor. Der Umzug nach Berlin brachte sowohl Schwierigkeiten als auch Verbesserungen mit sich. In Pankow war man 1896 noch nicht an die Wasserleitung angeschlossen; das für die Filmentwicklung notwendige Wasser mußte also noch vom Brunnen geholt werden. In der Buchholzer Straße dagegen gab es schon eine Wasserleitung. Und die Skladanowskys wohnten jetzt gar nicht mehr weit entfernt von dem befreundeten Fotografen Wilhelm Fenz. Noch einmal stiegen sie in dessen Dachatelier hinauf, um dort einen Film zu machen. Doch dieses Mal ließen sie die Kamera auch aus dem Fenster des Ateliers hinausblicken, und es entstand eine sogenannte Panorama-Aufnahme, die das bewegte Treiben in der Schönhauser Allee und in der Pappelallee festhielt. Mitte 1896 begann Skladanowsky auch erste Berliner Stadtansichten zu filmen. Im ersten Bioscop-Programm waren vor allem Artisten zu sehen gewesen. Inspiriert vielleicht durch die Vorführung in Paris, drehte der Filmpionier jetzt einige Aufnahmen, die »Berliner Leben« zeigten. So filmte er aus einem Fenster im I. Stock des Zeughauses die Ablösung an der Neuen Wache Unter den Linden. Danach fotografierte er vom Balkon des Café Bauer an der Kreuzung Unter den Linden / Friedrichstraße den Verkehr auf diesem zentralen Berliner Platz.

In Paris hatten Max und Emil Skladanowsky den Lumière-Film »Die Ankunft eines Zuges« gesehen. Wahrscheinlich diente er ihnen als Anregung für ihren Bahnhofs-Film, den sie in Schönholz bei Berlin drehten. Diese relativ kleine, unbekannte Vorort-Station an der Strecke Schönholz–Reinickendorf hatten sie gewählt, weil hier keine Halle, kein Dach das Sonnenlicht verdunkelte. Erich Skladanowsky beschreibt die »Handlung« dieses Films:

Langsam fährt der Zug in den Bahnhof ein. Die Bahnhofsbeamten gehen ihm auf dem Bahnsteig entgegen. Im schnellen Schritt eilen die Reisenden herbei, die den Zug besteigen wollen. Der Zug kommt zum Stehen. Geschäftig steigen viele Reisende aus und kommen auf den Aufnahmeapparat zu. Deutlich kann man aus den veränderten Mienen das Erstaunen sehen,

Panorama Schönhauser Allee/Pappelallee von Skladanowsky gesehen und heute

denn einen Photographen, der an seinem Apparat eine Kurbel fortgesetzt dreht, haben sie alle noch nicht gesehen.[11]

Eine immense Anziehungskraft auf alle Filmpioniere übte auch die Feuerwehr aus. Die Feuerwehr – das war Sensation, Nervenkitzel, Bewegung, Schnelligkeit. Und so begaben sich die beiden Skladanowskys in die Lindenstraße, um dort die Ausfahrt aus der Hauptwache zu filmen. Das ist, wie sich Max erinnerte, gar nicht so einfach gewesen:

Ich möchte hier ein kleines Beispiel schildern, auf welche Weise es mir möglich wurde, die Berliner Feuerwehr sowohl während des Alarms als auch bei der Ausfahrt aus der Hauptwache in der Lindenstraße aufzunehmen.

Zuerst hatte ich die Absicht, dies gewaltsam zu erreichen, indem ich mit meinem Kinoaufnahme-Apparat auf der anderen Seite des Hauptdepots in der Lindenstraße mich hinstellen wollte. Mein jüngerer Bruder sollte dann an einem Feuermelder die Scheibe einschlagen und sich stillstehend kriegen lassen. Die Feuerwehr mußte dann ja sofort herausfahren – und die Aufnahme war gemacht.

Die Sache kam mir aber doch ein bißchen riskant vor. Ich ging deshalb erst einmal zu meinem Rechtsanwalt und legte ihm die Sache vor. Dieser warnte mich aber sofort und sagte: »Das kann vielleicht nicht mit Geld abzumachen sein, sondern unter Umständen eine höhere Gefängnisstrafe nach sich ziehen. Gehen Sie lieber persönlich zum Herrn Branddirektor, sagen Sie, was Sie möchten, und Sie werden ja hören, ob Sie Glück haben.« Das tat ich dann auch. Dem Herrn Branddirektor trug ich meine Wünsche vor, sagte ihm, daß ich bereits vom General Ising, dem Gouverneur des Zeughauses, die Erlaubnis erhalten habe, das Aufziehen der Wache aus einem Fenster des Zeughauses in der ersten Etage kinematographisch aufzunehmen. Die mitgenommenen Probephotographien erregten sein Interesse, und er fragte mich, was ich denn eigentlich aufnehmen wolle. Ich meinte darauf, es kämen zwei Aufnahmen in Betracht.

Skladanowskys Bioscop-Filmstreifen »Ausfahrt der Berliner Feuerwehr«

Erstens der Alarm im Hofe, und dann die Ausfahrt. »Das können Sie machen«, meinte er, »bestimmen Sie die Zeit, und wenn wir hier in Ruhe sind, stellen Sie Ihren Apparat im Hofe auf und geben mir, wenn Sie fertig sind, ein Zeichen.«

An einem der nächsten hellen Sonnenscheintage baute ich meinen Apparat in der Hofecke auf und gab das verabredete Zeichen. Sofort erklangen in allen Zimmern die Alarmglocken. Beim Erscheinen des ersten Mannes begann ich meine Tätigkeit am Aufnahme-Apparat. Leute rannten am Apparat vorbei, während dem sie sich noch die fehlenden Kleidungsstücke anzogen. Pferde wurden vorübergeführt, und nach 40 Sekunden war mein Film abgelaufen, die Feuerwehrwagen herausgezogen und bespannt, aber noch nicht zum Ausrücken fertig.

Nach Fertigstellung kopierte ich die Bilder auf Papier, klebte sie reihenweise je Sekunde nebeneinander auf große Tafeln und ging wieder zum Herrn Branddirektor mit meinem Resultat. Mit großem Interesse konnte er nun jede Sekunde verfolgen, wie weit der Alarm in 10, 20, 30 und 40 Sekunden fortgeschritten war.

Plötzlich wurde er ernst. »Das sind 40 Sekunden?« fragte er mich. Als ich seine Frage bejahte, schritt er zu einem großen Knopf und drückte darauf. Sofort ertönten einige Alarmglokken, und die Offiziere stürzten in das Zimmer.

»Herr Skladanowsky«, sagte der Herr Branddirektor zu den Offizieren gewandt, »legte mir soeben das Resultat seiner Aufnahmen vor, die 40 Sekunden in Anspruch nahmen. Ich sehe, daß der Alarm in 40 Sekunden noch nicht fertig war, und ersuche, daß darauf geachtet wird, daß die Ausfahrt in 40 Sekunden geschehen muß.«

Zu mir gewandt, sagte er dann, daß ihn diese Aufnahmen sehr interessiert haben, wenn ich nun die Ausfahrt gelegentlich kinematographisch aufnehmen will, so stehe er gern jederzeit zur Verfügung. Die zweite Aufnahme machte ich dann einige Tage später, die Feuerwehr fuhr nun für mich mit Mannschafts-, Leiter-, Wasserwagen und Dampfspritze aus.

Das ist die Geschichte der heute noch erhaltenen Filme von der Berliner Feuerwehr.[12]

Max Skladanowsky blieb jedoch nicht bei diesen Dokumentaraufnahmen stehen. Er interessierte sich schon bald für die andere Seite des Mediums, für die inszenierte Geschichte, für die Fiktion. Die Anregungen dafür erhielt er von seinem Bruder Eugen, zu jener Zeit ein vielbeschäftigter Akteur in den verschiedenen Berliner Zirkusunternehmen. In den Adreßbüchern jener Jahre nannte sich Eugen Skladanowsky mal Artist, mal Komiker und auch mal stolz Mimiker. Kein Schauspieler von Rang und Namen hätte sich damals bereit gefunden, vor eine Filmkamera zu treten. Einige lehnten es sogar ab, sich fotografieren zu lassen. Und so nahmen sich die Filmpioniere, ob sie nun Skladanowsky, Messter oder Lumière hießen, die Mitglieder ihrer Familien als »Darsteller«.

Einer der ersten deutschen »Spielfilme« wurde von den Skladanowskys »Der nächtliche Freier« genannt. Da lag ein als Frau verkleideter Kollege von Eugen im Bett, stand auf, knackte einen Floh und ging zur Tür. Plötzlich trat Eugen Skladanowsky in das Schlafgemach der »Frau«. Sogleich erhielt er einen Hieb über den Zylinder, wurde zur Tür hinaus- und dann die Treppe hinuntergeworfen …

»Eine Fliegenjagd oder Die Rache der Frau Schulze« ist einer der längsten und

Alarm in der Feuerwehr-Hauptwache Lindenstraße um 1910

Die Mitwirkenden eines Spielfilms von Max Skladanowsky

aufwendigsten »Spielfilme« der Brüder Skladanowsky. Das Rache-Opfer von Frau Schulze war ein Untermieter – verkörpert von Eugen Skladanowsky. Eine weitere Hauptrolle spielte eine Fliege und die dazu gehörende Fliegenklatsche.

Die Skladanowskys drehten Trickfilme (»Expreß über die Ohiobrücke, USA«) – sie experimentierten also fast zur gleichen Zeit auf diesem Gebiet wie der große Zauberer Georges Méliès in Paris –, und sie drehten die ersten Werbefilme. Im September 1896 zog Meister Skladanowsky mit seiner Kamera über die Schönhauser Allee zur Gneiststraße in die Kneipe von Herrn Matz. Wie fünfzehn Monate zuvor draußen in Pankow, in der Gastwirtschaft von Sello, diente wiederum ein Gartenlokal als Freiluftaufnahmegelände. Auf einem Gartentisch – vor einem weißen Vorhang – stellte »die Requisite« einen Kochherd aus der Puppenstube, eine Büchse mit »Liebig's Fleischextrakt«, eine Salzdose, einen Quirl aus Porzellan und eine Tasse samt Untertasse. Dann erschien die fünfjährige »Köchin« (Max Skladanowskys Tochter Gertrud), gab einen Löffel »Liebig's Fleischextrakt« in den Topf, rührte um, kostete und genoß das köstliche Mahl! Die Liebig A. G. muß von der Werbewirksamkeit eines Films überzeugt gewesen sein, denn das Werk war ein Auftrag. Allerdings kaufte die Firma schon nicht mehr den Film, sondern »Max Skladanowskys Lebende Photographien in Buchform«.

Eigentlich war Anfang 1897 die Laufbahn des Filmemachers und Filmpioniers Skladanowsky schon wieder beendet. Wie schnell hatten sich die Zeiten geändert! Jetzt beherrschten bereits Oskar Messter und Louis Lumière das Feld. Lumière schickte seine Kameramänner durch die ganze Welt; sie drehten in den verschiedensten Ländern und richteten dort Kinos ein, auch in Berlin. Unter den Linden 21 hatte Oskar Messter einen Saal übernommen, in dem er Filme vorführen ließ, zuerst importierte, später eigene. Und er zeigte Filme in den Programmen des Apollo-Theaters. Er verkaufte seine Projektoren an ausländische und deutsche Interessenten. Die Apparate von Lumière und Messter waren technisch weiter ausgereift. Beide, Lumière und Messter, erwiesen sich, anders als die Skladanowskys, als kluge Geschäftsmänner, sie wußten ihre Firmen zu leiten und zu vergrößern, sie verstanden etwas von den Gesetzen und der Erforschung des Marktes. Die Erfinder und eigentlichen Pioniere wurden in den Hintergrund gedrängt und mußten langsam den Kaufleuten das Feld räumen. Sie und auch die Banken hatten inzwischen entdeckt, daß es sich bei den »lebendigen Photographien« keineswegs um »Hirngespinste« und Phantastereien handelte, sondern daß man damit viel Geld verdienen konnte.

Die letzte Bioscop-Vorführung fand, wir wissen es bereits, im März 1897 in den Stettiner Centralhallen statt. Skladanowsky präsentierte ein technisch verbessertes Bioscop mit Malteserkreuz, dessen Projektionsbild immerhin vier mal sechs Meter groß war. Am Abend wurden Filme gezeigt, und am Tage drehte man in Stettin verschiedene Straßenbilder, die natürlich gleich darauf ebenfalls vorgeführt wurden. Zwei Monate später filmte fast am selben Ort – auf der Stettiner Vulkanwerft – Oskar Messter »seinen« Kaiser, S.M. Wilhelm II., beim Betreten der Landungsbrücke eines neuen Schiffes … Max Skladanowsky aber durfte zu jener Zeit schon keine Filme mehr vorführen, weil er keinen Gewerbeschein mehr besaß. In Oskar Messters Erinnerungen findet sich kein Hinweis auf eine Postkarte, die er (so steht es im Manuskript von Erich Skladanowsky) am 26. Mai 1896 an Max Skladanowsky schickte, um anzufragen, wo man das Bioscop käuflich erwerben könne. »Ein Bekannter« hätte sein Interesse daran bekundet …

Messter entwickelte bald eine gewaltige Aktivität. Er kümmerte sich um den Apparatebau, um die Filmproduktion und die Vorführung. Für die Skladanowskys dagegen gab es in der Filmindustrie, der »Branche«, bald keinen Platz mehr. Emil ließ sich in Rixdorf, Jonasstraße 1, II. Stock, nieder (Adreßbuch-Eintragung: »Physiker«). Max richtete 1899 im I. Stock des Hauses Linienstraße 32 seinen – wie es im Adreßbuch jenes Jahres heißt – »Neuheiten-Vertrieb« ein. Die »Neuheiten«, die da ver-

Der Schauspieler Eugen Skladanowsky in »Die Rache der Frau Schulze«

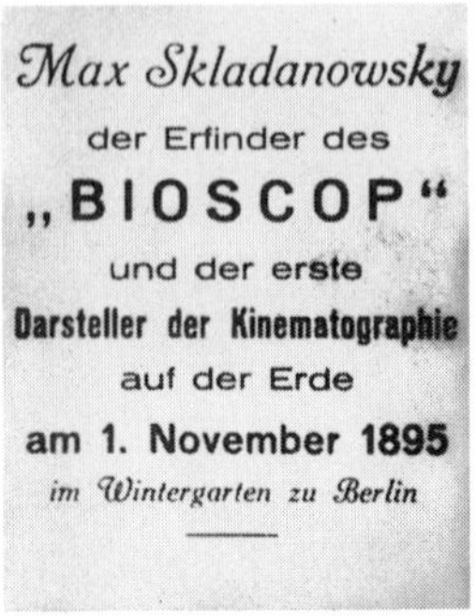

Die Visitenkarte eines stolzen Erfinders

trieben wurden, waren »Max Skladanowskys lebende Photographien in Buchform«. Blätterte man die zumeist 48 Seiten schnell hintereinander mit dem Daumen durch, hatte man den Eindruck, daß sich die abgebildeten Figuren bewegen – das Prinzip des Films auf Papier übertragen. Das Kino im Hause! Diese Blätterbücher schickte Skladanowsky in alle Welt; stolz vermerkt Sohn Erich, daß sein Vater mit dieser »Neuheit« auch auf der Leipziger Messe vertreten war. Tausende Stück wurden davon hergestellt, man produzierte sie als Werbung für bestimmte Firmen – unter anderem für die Liebig A. G. –, aber auch für Jubiläen, Hochzeiten, Geburtstage und andere Anlässe. Das Kino entwickelte sich, und Max Skladanowsky gab in der Linienstraße 32 »Neuheiten« heraus ... 1900 richtete der Erfinder hier die »Fabrik photographischer Apparate und Bedarfsartikel« ein. Er stellte weiterhin Blätterbücher her, experimentierte mit der Stereoskopie und verkaufte Kameras mit der Schutzmarke »Photographiere dich selbst!« Er beschäftigte sich mit Farbfotografie, baute Projektoren und spezialisierte sich auf die Produktion von Lichtbildern.

Die Brüder Skladanowsky zogen oft um in jenen Jahren. 1901 übersiedelte die »Fabrik photographischer Apparate und Bedarfsartikel« in den Norden, in die Schwedter Straße 35a. Im III. Stock des Hauses befand sich die Fabrik, im II. die Wohnung. 1904 verlegte der Physiker Emil Skladanowsky seinen Wohnsitz nach Lichtenberg in die Friedrichstraße 66, I. Stock. Und auch der dritte Skladanowsky, Eugen, der Artist, wechselte 1906 von der Mariendorfer Ackerstraße 22 nach O 34 in die Libauer Straße 21. Max Skladanowsky nahm am 1. April 1908 wieder Wohnung in seiner alten Heimat, in Niederschönhausen, Waldowstraße 28 E. Die Fabrik befand sich zu dieser Zeit in der Schönhauser Allee 56 ...

1910 wurde Max Skladanowsky auch wieder als Filmvorführer aktiv. Auf der Festwiese von Schönholz, in der Nähe seiner Wohnung, zeigte er in einem Kinematographen-Theater seine Filme. Aber zu der Zeit hatte der Film seine Rummelplatz-Periode schon weitestgehend hinter sich gebracht, und in Berlin wurden immer mehr repräsentative Kinos eingerichtet.

Bereits um 1897/98 hatten sich verschiedene Schausteller um Filmvorführungen bemüht. Filme wurden damals fast ausschließlich in den großen Varieté-Theatern gezeigt; die Beispiele des Wintergartens und des Apollo-Theaters machten schnell Schule. Zu einem der ersten, dem es in Deutschland gelang, auch auf einem Jahrmarkt kinematographische Vorstellungen zu veranstalten, gehörte der Unternehmer Theodor Scherff. Es ist für einen Schausteller damals nicht leicht gewesen, mit den Filmpionieren handelseinig zu werden. Skladanowskys Bioscop war für die Serienproduktion ungeeignet. Lumière verlangte gewaltige Summen für seinen Cinématographen, und er hatte wenig Interesse daran, daß sich andere Unternehmer seines Apparates bedienten. Von einem Leipziger Mechaniker namens Bartling erhielt Scherff 1898 einen Projektor, mit dem er noch im selben Jahr Filme auf der Leipziger Messe vorführte. Im Herbst tauchte er dann auch auf verschiedenen Berliner Rummelplätzen auf.

Photographie-Postkarten-Gesellschaft m. b. H., NW Friedrichstr. 143—149.

Prager & Lojda,
SW Hagelsbergerstr. 53. 54 T.
Photographie-Karten mit Lithographie und Goldprägung.

Puder, W., W Potsdamerstr. 41a.
Schippang & Co., J. F., S Prinzenstr. 24. T.
Trapp & Münch, W Culmstr. 20a. T.
Unger & Hoffmann, SW Jerusalemerstr. 6 I. T.
Wolter, W., S Alexandrinenstr. 93. 94. T.

Photographie-Rahmen
s. Rahmen.

Photograph. Apparate.
Fabriken u. Handlungen.

Amuel Nachf. W. Teschner, J., W Markgrafenstr. 60.

Ottomar Anschütz, G. m. b. H.,
W Leipzigerstr. 116 (Tel. I. 4381). Lager photographischer Apparate und sämmtl. Bedarfsartikel. Anschütz' Moment- und Projections-Apparate. Photogr. Unterricht.

Aumann, Luise, N Gartenstr. 172.

Paul Bonatz,
N Invalidenstraße 108.

Brack & Cie. G. m. b. H.,
Specialhaus f. photogr. Bedarf,
W Friedrichstr. 59. 60. T.

Czempin & Krug, SW Ritterstr. 44. T.
Deutsche Kromoskop-Gesellschaft Robert Krayn & Co., N Friedrichstr. 131d. T. Specialität: Apparate für Photographie in natürlichen Farben.
Diepow, W., NW Wilsnackerstr. 59. T.
Dieskau & Co., Charlottenburg, Berlinerstr. 12. T.

Rudolf Dietrich,
SW Ritterstraße 46 (Tel. IV. 476).

Eggert, Richard, C Rosenthalerstr. 24.
Fabrik photograph. Apparate auf Aktien vorm. R. Hüttig & Sohn, Vertr. Wilhelm Becher, C Neue Grünstr. 29. T.

Ad. Fischl jr.,
W Friedrichstr. 175. T.
Special-Haus f. Amateur-Photographie.

Friede, E. H., NO Pallisadenstr. 26. T.
Frieße, Eugen, Schöneberg., Apostel Paulusstr. 27.
Gaedicke, R., SW Ritterstr. 65. T.
Gareis, F. A., SO Skalitzerstr. 67. Inh. Lindau & Fritsch. Fabrk. photogr. Apparate.
Goltz, M., C An der Spandauer Brücke Nr. 11.
— & Breutmann, O Holzmarktstr. 11.

C. P. Goerz,
Friedenau, Rheinstr. 45. 46 (Tel. Fr. 97). Comptoirstunden von 8—4 Uhr.
Optische Anstalt, Specialität: Fabrikation von photographischen Objectiven (Doppel-Anastigmate, Lynkeioskope) und Ferngläsern

Dr. Adolf Hesekiel & Co.,
Fabrik: NO Landsbergerstr. 32. T.
vom April ab: W Lützowstraße 2.
Verkaufsfiliale: W Leipzigerstr. 105. T.

Holtz & Herold
Inh.: G. Bergmann
C Neue Promenade 4
(Tel. III. 3290).
Engros-Haus für photographische Apparate u. Zubehör. Objective.
Bedeutendes Muster- und Engros-Lager.

August Kath,
S Alte Jacobstr. 65, 3. H. III.

W. Reungott, Paris
liefert als Specialität:
Hand-Cameras, Objectife,
Metall-Stative, Projections-
u. Vergrösserungs-Apparate.
Vertreter für Berlin:
W. Cornehls, Ritterstr. 102.

Kirsch, Paul, S Ritterstr. 103. T. Reise-Taschen u. -Koffer für photographische Apparate.

Eugen Klein,
SO Köpenickerstr. 72 (Tel. VII. 1159).

KODAK
Ges. m. b. H.
SW Friedrichstr. 16 u. Nr. 191. T.

König, Herm., O Rüdersdorferstr. 42.

Fritz Kricheldorff jun.,
NW Karlstraße 26 (Tel. III. 1240).

Dr. Lüttke & Arndt
SW Friedrichstr. 12 (Tel. VI. 4634).

Marx, Heinrich, S Dresdenerstr. 79.
May, Hans, Tempelhof, Berlinerstr. 117. T.
Meier, Hugo, W Potsdamerstr. 29.

Julius Metzer,
SO Wienerstr. 18 (Tel. IV. 2274).

Moock, B., C Alte Schönhauserstr. 42. T
Mühlenbruch, J., SW Krausenstr. 21. T.
Müller, C., S Ritterstr. 14.
— J., W Nürnbergerstr. 43. T.
Rentwig, Georg, NW Dorotheenstr. 57. T.
Nitsche & Günther, SW Kochstr. 58. Projections-Linsen.
„Photofix" Carl Böhme, S Baerwaldstr. 4. T.
Pollack, A., W Kurfürstenstr. 89. T.
Rau, Albert, Charlottenburg, Wilmersdorferstr. 115. 116. Reparat. Werkst.

Paul Reichardt,
W Mohrenstr. 47. Tel. I. 5555.
Handlung photographischer Apparate und sämmtlicher Bedarfsartikel.

H. Richter, Optiker,
C Wallstraße 1, T. Ecke Spittelmarkt.
Optische Centrale.
Special-Haus für Photographie.

Rothenwald, H., S Oranienstr. 150.
Schem, M., S Prinzenstr. 85.
Schickerra, W., Charlottenburg, Kaiser-Friedrichstr. 50a. T.
Schippang & Co., J. F., S Prinzenstr. 24. T.
Schlewinsky, Carl, SO Elisabeth-Ufer 40. T.
Schneider, Paul, N Lothringerstr. 31. T.

Otto Schroeder,
Fabrik u. Handlung sämmtlicher photogr. Apparate u. Bedarfsartikel, S Oranienstr. 71 (Tel. IV. 239).

Schultz, Hugo, N Müllerstr. 166a. T.

Max Skladanowsky,
Fabrik billiger photographischer Apparate u. Bedarfsartikel.
N Schwedterstr. 35a (T. III. 683).

Spitzer, Otto, SO Kaiser Franz Grenadier-Platz 8. Fabrk. photogr. Appar. u. Bedarfsart.
Steckelmann, Max, W Markgrafenstr. 35. T. Spieg. Refl. Klapp-Camera (eig. Pat.)

A. Stegemann,
S Oranienstr. 151 (T. IV. 3276),
Fabrik photogr. Apparate,
Spec. Handapparate, Tropenausrüstung.

C. Suck Nachf. Alfred Krause,
SW Großbeerenstr. 47 (Tel. VIa. 12086)

Romain Talbot,
C Kaiser Wilhelmstr. 46 (Tel. I. 4202).

Unger & Hoffmann, SW Jerusalemerstr. 6 I. T.
Verwaltung des Heliodor-Syndikats Hermann Jerosch, SW Charlottenstr. 1. T.
Voß, Joh., W Potsdamerstr. 26.
Waechter, Paul, Friedenau, Albestr. 21. T.
Walter, Ph., SO Brückenstr. 2.
Wiehan, Franz, S Wassertorstr. 8.

„Wizard"
Max Schem,
S 42. Prinzenstr. 85.

Wünsche, Emil, W Charlottenstr. 50. 51. T.
Zobel, Georg, N Ackerstr. 135. T.
Zoller & Steinicke, C Kaiser Wilhelmstr. 39.

Exportgesch.

Schippang & Co., J. F., S Prinzenstr. 24. T.
Talbot, Romain, C Kaiser Wilhelmstr. 46. T.
Unger & Hoffmann, SW Jerusalemerstr. 6 I. T.

Agenturgesch.

Holtz & Herold
Inh.: G. Bergmann
C Neue Promenade 4
(Tel. III 3290).
Engros-Haus für photographische Apparate u. Zubehör. Objective.
Bedeutendes Muster- und Engros-Lager.

Holtzmann, H., W Kurfürstenstr. 171.
Talbot, Romain, C Kaiser Wilhelmstr. 46. T. Projections-Apparate.

Photograph. Ateliers.

Angerer, L., S Wassertorstr. 59. T.

Atelier Mme. Lili,
W Leipzigerstraße 40 (Tel. I. 3179).
Inh. Frau Lili Strauß.

Atelier Hugo Wilde
früher: Pflaum & Co., Königstr
SW Leipzigerstr. 73 (T. I. 8921)
Fahrstuhl direct vom Laden zu den Arbeitsräumen.
— Permanente Ausstellung. —
Inhaber des „Grossen goldenen Ehrenpreises" von Stuttgart 1899, der grossen silbernen Medaille Stuttgart, der Silbernen Medaille von Baden-Baden, der Bronzenen Medaille Frankfurt a. M., der Bronzenen Medaille, Hannover.
Moderne künstler. Photographie. Spec.: Portraits in Aquarell, Oel, Pastell; Elfenbeins, Medaillons etc.; Vergrösserungen auch nach kleinen, verblassten Bildern bis Lebensgrösse, Reproductionen für alle Zwecke, Verkleinerungen bis Miniaturformat. Eigen. Vergrösserungs- und Reproductions-Anstalt in Halensee-Berlin.

Awe, F., C Dragonerstr. 7.
Bahn, W., C Alte Schönhauserstr. 1.
Balg, M., C Am Königsgraben 20.
Baruch, Photographischer Kunstverlag, J., NW Friedrichstr. 138. T.
Bartel, G., SW Oranienstr. 81. 82 IV.
Becker & Maaß, photogr. art. Atelier, Heinr. Maaß, Otto, W Leipzigerstr. 94. T.
Benecke, G., SO Reichenbergerstr. 73.
Bergknecht, W., NW Siegmundshof 6
Beß, Emil, SW Lindenstr. 38 IV.
Beisteher, H., NO Landsbergerstr. 46. 47

E. Bieber,
W Leipzigerstr. 128 (Tel. VI. 2106), Eingang im Laden, Fahrstuhl direct in die Ateliers. Königl. Bayerischer, Großherzogl. Mecklenburgischer und Herzogl. Sächs. Hof-Photograph. Inh. d. Medaille f. Kunst u. Wissenschaft. Spec. Portrait-Photographie u. Vergrößerungen vom kleinsten Bilde bis Lebensgröße, Künstlerische Ausführung im photographischen Ton, wie auch in Oel-, Pastell- u. Aquarell-Malerei. Aufnahmen auch außer dem Hause, Gruppen-Arrangements. Großes Rahmen-Lager. — Permanente Bilder-Ausstellung.

Biereupp, G., Frau, C Neue Friedrichstr. 70 IV.
Birkholz, A., O Weidenweg 35.
Bock, Hermann, S Neue Roßstr. 5.
Bode, H., Ww., SW Fidicinstr. 25.
Bohm, O., O Heidenfeldstr. 10.
Boll, Photogr. Reproductions- und Verlags-Anstalt, Hermann, W Mohrenstr. 59. T.
Boettcher, Emil, SO Skalitzerstr. 62.
Braatz, Jul., NW Unter den Linden 62. 63.
Brandt, E., NW Siemensstr. 3.

C. Brasch,
Hof-Photograph und Portrait-Maler, W Leipzigerstr. 9. (Tel. I. 1228.)
Natural-Photographie, Vergrößerungen, Oel-, Aquarell- und Pastellmalerei
Architektur- und gewerbl. Aufnahmen.

Brendel, H., NW Lübeckerstr. 38.
Briese, F. W., NO Weberstr. 66 III.
Brusendorf, O., N Bergstr. 62.
Büsing, W., W Bendlerstr. 13.
Busse, Georg, N Chausseestr. 116. T. Photograph f. Illustrationen.
— Rosa, W Dennewitzstr. 7.
Conrad, Ad., SW Markgrafenstr. 83.
— Rudolph, C Königstr. 34—36. T.

François Cornand,
W Leipzigerstr. 115. 116.

Delank, O., W Friedrichstr. 190.
van Delden, W., SW Lindenstr. 101. 102
Detleis, J., S Prinzenstr. 86. T.

Dienstbach, Martin,

Max Skladanowsky im Berliner Adreßbuch von 1902 (dritte Spalte oben)

Briefkopf von Max Skladanowsky um 1911

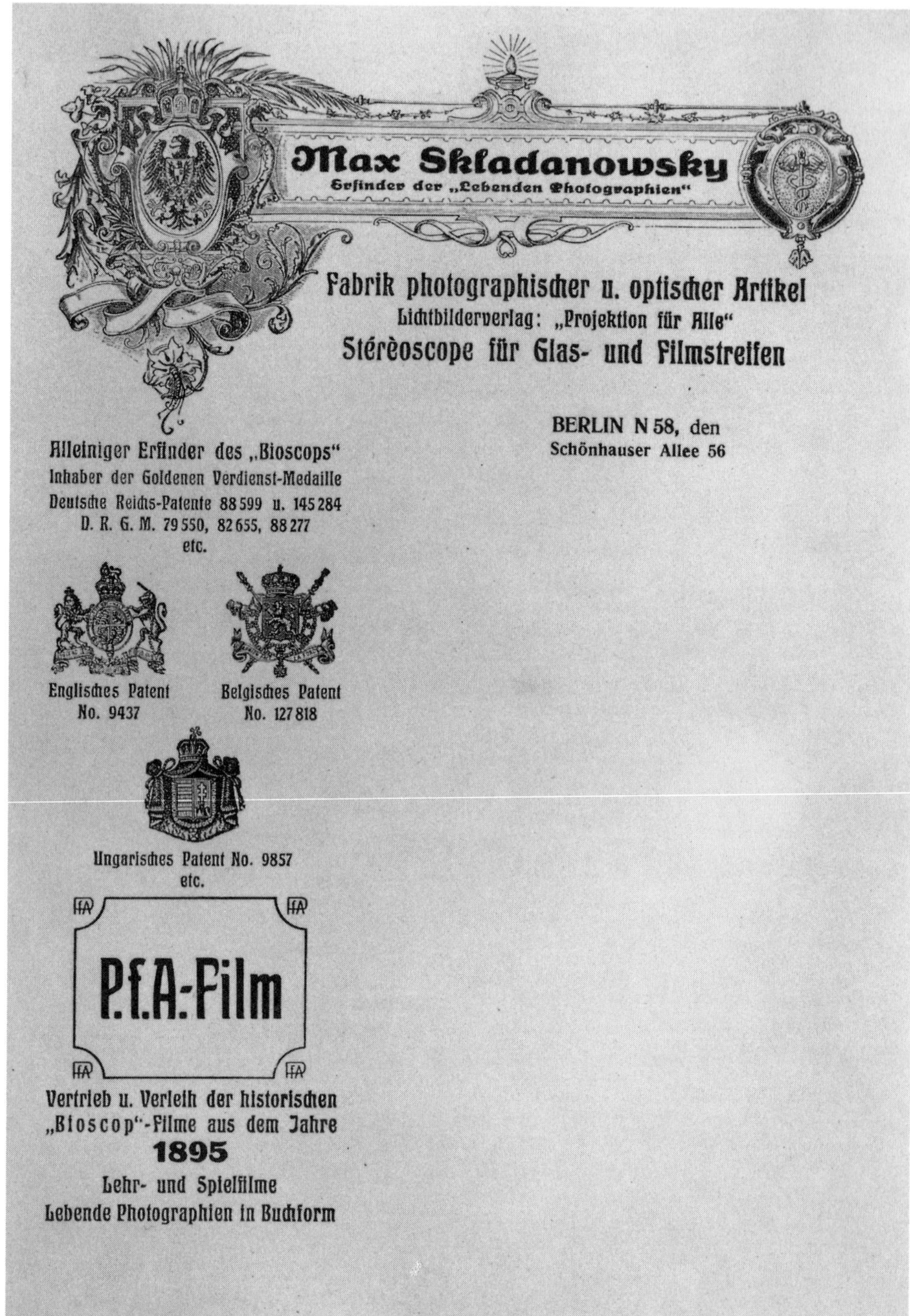

Max Skladanowsky
Erfinder der „Lebenden Photographien"

Fabrik photographischer u. optischer Artikel
Lichtbilderverlag: „Projektion für Alle"
Stéréoscope für Glas- und Filmstreifen

BERLIN N 58, den
Schönhauser Allee 56

Alleiniger Erfinder des „Bioscops"
Inhaber der Goldenen Verdienst-Medaille
Deutsche Reichs-Patente 88 599 u. 145 284
D. R. G. M. 79 550, 82 655, 88 277
etc.

Englisches Patent No. 9437

Belgisches Patent No. 127 818

Ungarisches Patent No. 9857
etc.

P.f.A.-Film

Vertrieb u. Verleih der historischen „Bioscop"-Filme aus dem Jahre
1895
Lehr- und Spielfilme
Lebende Photographien in Buchform

1899 schaffte sich Scherff schon einen Petroleummotor mit Dynamo an, 1901 eine große Dampflokomotive von Lanz, dazu eine elektrische Prachtorgel! In seinem Wohnwagen hatte er seinen Vorrat: 100 Filmrollen von je 300 Meter = je ein vollständiges Programm; die einzelnen Filme waren auch nur 20–30 m lang.[13]

Bereits 1897 soll es einem Wilhelm Wiedau aus Witten/Westfalen allerdings gelungen sein, mit Louis Lumière in Paris einig zu werden, so daß er am 28. Mai 1897 in Blankenstein/Westfalen erstmals mit einer Filmvorführung beginnen konnte. Ein Deutzer Benzinmotor und ein Dynamo sorgten für »unerhörte Lichteffekte« ...

Zwanzig Jahre später, nach dem ersten Weltkrieg, warf man schon wieder einen leicht nostalgischen Blick auf die Zeit der Rummelplatz-Kinos:

Achtzehn bis zwanzig Jahre können es jetzt her sein, seitdem die alten Schaustellerfamilien Gabriel, Mehlich und Bläser mit ihren großen bunten phantastischen Zelttheatern die Jahrmärkte und ihr Publikum mit lebendigen Bildern in Erstaunen setzten. Bei Eisenlocher in Höchst am Main hatten sie ihre Schaubude nach eigenen Ideen bauen lassen, nachdem sie in Paris gesehen hatten, wie das Volk die Cinemas stürmte. Ein Benzinmotor von acht Pferdestärken sorgte für Licht und Kraft, Tausende von kleinen farbigen Glühlämpchen lockten das Publikum, das für verhältnismäßig viel Geld – man nahm sechzig, achtzig und hundertzwanzig Pfennig – erstaunt fünfzehn bis zwanzig Minuten ganz kurze Naturaufnahmen und derbburleske Humoresken rasend schnell an sich vorüberziehen sah. Es klingt legendar, wenn man von alten Schaustellern hört, daß sie es sonntags auf fünfzehn bis zwanzig Vorstellungen gebracht haben. An Apparaten aus jener Zeit hört man Buderus und Rien und Beckmann preisen, hier und da zeigte man als Zugstück eigene aktuelle Aufnahmen. Zensur usw. waren unbekannte Dinge.

Allmählich brachte das gute Geschäft immer mehr Konkurrenz, die Filmauswahl wurde größer, das Publikum anspruchsvoller, und es kam, wie es nachher auch bei den festen Theatern kam, man baute die bestehenden Unternehmen immer mehr und prachtvoller aus. Bei den Firmen Konrad Ochs in Ricklingen bei Hannover oder bei Robert Pape in Hannover entstanden Prachtbauten, die siebzig bis achtzigtausend Mark kosteten und neben samtgepolsterten Sperrsitzen richtige vornehme Logen mit Sesseln enthielten, auf denen hie und da in kleinen Residenzen neugierige Fürsten mit ihrem Hof Platz nahmen, um die vielbesprochene Erfindung, die ja umwälzende Bedeutung hatte, auch einmal zu bewundern. Von acht Pferdekräften war man auf fünfzig bis sechzig gekommen, die auch restlos für die vervollkommnete Vorführung und Beleuchtung draufgingen.[14]

Sie hatten es nicht leicht, die Schausteller mit ihren Wanderkinos, in denen sie »lebende Bilder« vorführten. Sie fühlten sich wie Pioniere, die eine ganz neue Attraktion bekannt machten, und wurden doch mit den Zigeunern auf eine Stufe gestellt. Sie reisten durch das Land, waren auf den Jahrmärkten, Vogelwiesen, Kirmes- und Schützenfesten, auf den Rummelplätzen, der Leipziger Messe und dem Münchner Oktoberfest zu finden. Neben der Geisterbahn und dem Hippodrom stand das Biograph-Theater. Man errichtete kleine Bretterbuden oder Zelte von beachtlichen Ausmaßen. In jenen Jahren gab es selten Platzschwierigkeiten. Damals war zum Bei-

Ein Kino auf dem Rummelplatz um 1913

spiel der Berliner Nollendorfplatz noch kein lückenlos umbauter, belebter Knotenpunkt, sondern eine Holz- und Kohlen-Lagerstätte, neben der noch Raum blieb für das »Riesen-Palast-Theater« von Schausteller Ohlig sen. – das erste Kino in dieser Gegend, noch weit vor dem Mozartsaal, dem Cines-Palast oder dem U. T. am Nollendorfplatz.

Das Hauptproblem der Schausteller war damals der Wandergewerbeschein. Skladanowsky hatte um ihn zu kämpfen und noch viele andere. 48 Mark mußte man für die ein Jahr gültige Genehmigung zahlen. Kam man aber in einen Ort, dessen Polizeichef ein allzu strenger Sittenwächter war, nützte der Gewerbeschein gar nichts, die Behörden konnten die Vorführung unterbinden. Die zusätzlich benötigte, polizeilich erteilte »vorgängige Erlaubnis« wurde verweigert, und so mußte der Schausteller sein Zelt wieder einpacken und es im nächsten Ort versuchen, wo vielleicht weniger despotische Stadtväter regierten. Sie hatten damals viele Feinde, die Besitzer von Wanderkinos: die Lehrer und die Männer der Kirche, die Moralapostel, die Damen der sittlichen Aufrüstung, die Polizei und auch schon die Konkurrenz, die Intendanten der Stadttheater, denen das Interesse, auf das die Kinos stießen, gar nicht sehr gefiel.

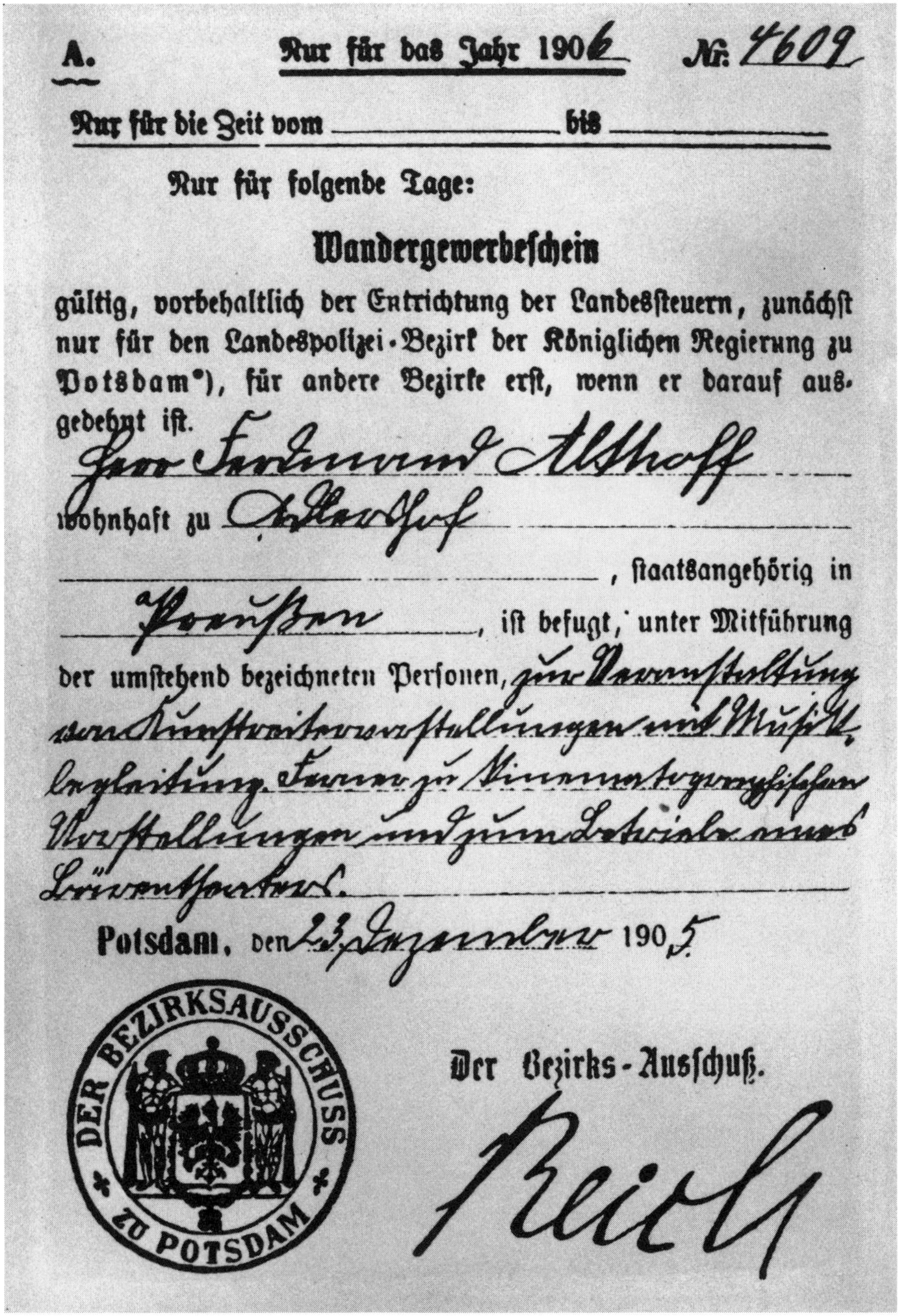

A. Nur für das Jahr 1906 №: 4609

Nur für die Zeit vom ______ bis ______

Nur für folgende Tage:

Wandergewerbeschein

gültig, vorbehaltlich der Entrichtung der Landessteuern, zunächst nur für den Landespolizei-Bezirk der Königlichen Regierung zu Potsdam*), für andere Bezirke erst, wenn er darauf ausgedehnt ist.

Herrn Ferdinand Althoff

wohnhaft zu Adlershof

______, staatsangehörig in

Preußen, ist befugt, unter Mitführung der umstehend bezeichneten Personen, zur Veranstaltung von Kunstreitervorstellungen mit Musikbegleitung, ferner zu kinematographischen Vorstellungen und zum Betriebe eines Löwentheaters.

Potsdam, den 23. Dezember 1905.

DER BEZIRKSAUSSCHUSS ZU POTSDAM

Der Bezirks-Ausschuß.

Reich

Wandergewerbeschein eines Wanderkino-Besitzers um 1905

Der Hinweis eines Kinematographen-Theaters

1907 schilderte ein Rudolf Rotheit in einem »Kasperle und Kinematograph« betitelten Aufsatz das Wanderkino:

Die Budenbesitzer, die mit ihren Herrlichkeiten im Sommer von Ort zu Ort ziehen, überwintern vielfach in der Haupt- und Residenzstadt. Wo mitten in der Häuserflut ein unbebauter Platz eine Lücke öffnet, suchen und finden sie ihren Unterschlupf. Die Mieten sind freilich hoch – es ist mir ein Fall bekannt, wo ein Kinematograph eine monatliche Platzmiete von 1 800 Mark zahlt – aber das Geschäft rentiert sich trotzdem. Wenn der Abend niedersinkt, erstrahlt die Bude im Glanz von vielen Dutzend elektrischen Lampen. Schon von weitem gewahrt man das Lichtmeer, das die Gebäude der Umgebung überflutet. Der Motor stößt gewaltige Massen Wasserdampfes in die Luft, hin und wieder läßt das Musikwerk seine Weisen ertönen. Vor dem Eingang, wo brillantengeschmückte Damen gegen Erlag der entsprechenden Nickel würdevoll die Eintrittskarten spenden, drängen sich Kinder, Dienstmädchen, Soldaten, Arbeiter und kleine Bürgersleute. Mütter bringen ihre Zwei- und Dreijährigen herbei, der Kommis verehrt seiner Flamme schmachtenden Blickes ein Billett, Schulknaben studieren das mit Kreide auf schwarzer Tafel kundgemachte Aufführungsprogramm oder lassen sich von einem Kameraden, der soeben aus der Bude gekommen ist, die Wunder erzählen, die er erschaut hat.[15]

Bereits zu jener Zeit aber gab es Bemühungen, das Kino seßhaft zu machen. Man richtete natürlich noch keine Filmpaläste ein, in denen mehrere hundert Zuschauer Platz fanden, doch erste stationäre Kinos, die nicht viel größer waren als eine Wohnung oder ein Laden; schmale und enge Räume, für die der Berliner Volksmund schnell die entsprechenden Namen fand: Handtuchkinos, Flohkisten, Kinoschläuche oder eben einfach Kientopp ... Eröffnet wurden diese Kinos vor allem dort, wo die Stadt am dichtesten besiedelt war, in den Arbeiterbezirken des Berliner Nordens und Ostens und in der Gegend um den Alexanderplatz.

Welches wirklich das erste Berliner Kino war, ist genausowenig bekannt wie die Tatsache, wer als erster in der Welt »lebende Bilder« vorführte. Wie es mehrere Erfinder des Films gibt, gibt es mehrere erste Berliner Kinos. Nach der Aufführung im Berliner Wintergarten flimmerten sechs Monate später auch in einem kleinen Saal im Hause Unter den Linden 21 Filme über eine Leinwand.

Berliner Kinogeschichte der ganz frühen Jahre ist sehr eng mit dem Namen Otto Pritzkow verbunden. Schon am 1. November 1899 – also auf den Tag genau vier Jahre nach Max und Emil Skladanowskys Wintergarten-Premiere – will Otto Pritzkow in der Münzstraße 16 (später Memhardtstraße 17) Filme gezeigt haben. Im Berliner Adreßbuch taucht der Name Pritzkow jedoch erst im Jahre 1905 auf, und zwar als »Automat. Restaurant«. 1906 verzeichnete das Berliner Adreßbuch unter Pritzkow, Otto: »Abnormitäten-Theater und Automaten-Palast«, 1907 zusätzlich »Fabrik für Kinematographen, Film- Verleih und Verkauf«. 1939 – als man in Berlin vierzig Jahre Kino feiert – berichtet Pritzkow in den Zeitungen über jene Zeit:

Ich hatte festgestellt, daß beim Publikum ein unerhörtes Bedürfnis für Neuheiten bestand. Also etablierte ich mich gewissermaßen als Neuheitenversorger. So kam ich zwangsläufig zunächst zum Automatengeschäft. Ich brachte z. B. den ersten Brötchen-Automaten heraus, den Vorläufer des heutigen Automaten-Schnellbüfetts. Auch das erste elektrische Klavier habe ich in Berlin aufgestellt. Es war von der Firma Kühl & Klatt und spielte Schlager der damaligen Zeit wie »Hochzeit machen, das ist wunderschön« und ähnliche Sachen. Das Klavier kostete 800 M. Dafür hatte es aber auch einen ganz großen Erfolg. Die Kosten waren in kaum acht Wochen schon wieder herausgewirtschaftet, weil sich die Leute mit den Groschen anstellten, um das Wunderding unaufhörlich spielen zu lassen.

Nebenbei hatte ich meine Spezialitäten und Abnormitäten. Zu meinen ersten Automaten zählten auch die Filmapparate. Ich zeigte zuerst kleine Filmstreifen von 15 Metern. Das waren entweder Mutoskop-Bilder, die man mit einer Kurbel am Auge vorüberdrehte, oder Lumière-Bilder, die als erste schon mit Motorkraft projiziert wurden. Sie zeigten nicht viel. Man sah beispielsweise, wie ein Reiter über eine Hürde setzt.

Dann machte die »lebende Photographie« Fortschritte. Die ersten kleinen Scherzfilme kamen heraus. Soweit ich mich erinnern kann, hieß der erste »Die erste Zigarette«. Er zeigte einen Primaner, der eine Zigarette raucht und dabei Leibweh bekommt. Ein anderer Film aus diesen Tagen hieß »Der Kuß im Tunnel« (ebenfalls 15 Meter lang). Nach dem Erfolg dieser Bildstreifen stellte ich mich ganz auf die Lichtspiele um, zumal jetzt Messter seine ersten Filme mit richtigen dramatischen Handlungen herstellte. Ich führte die Bestuhlung meines Theaters durch. Die Vorstellungen konnten beginnen. Der Vorführer stellte seinen Apparat auf, ließ den Film abrollen und – rauchte dabei seelenruhig eine Zigarette! Das feuergefährliche Zelluloidband fiel daneben, abgespielt, in einen Waschkorb.[16]

»Abnormitäten- und Biograph-Theater« stand über dem Eingang des Etablissements in der Münzstraße. Hier fehlte es auch nicht an Konkurrenz, denn in dieser engen Straße gab es gleich mehrere Kinematographentheater. Einst befand sich hier das Viktoria-Theater, wo man erstmals in Berlin Opern von Richard Wagner aufführte. Die Grenadier- und die Dragonerstraße mündeten in die Münzstraße, ganz in der Nähe lagen der Alexanderplatz und das Scheunenviertel. Viele tausend Berliner, sehr oft gerade erst Zugezogene aus dem Osten, wohnten in dieser Gegend. Es waren nicht gerade die zahlungskräftigsten Zeitgenossen, aber im »Theater der kleinen Leute« lagen die Eintrittspreise nicht allzuhoch.

Zu einem der vielen Besucher jener rund um den Alexanderplatz entstehenden Kientöppe gehörte auch Alfred Döblin, der damals noch als Assistenzarzt in der Psychiatrie von Berlin-Buch arbeitete und der sich dann 1911 als Nervenarzt dort niederließ, wo sein bekanntester Roman, »Berlin-Alexanderplatz«, spielen sollte. In der Zeitschrift Das Theater hatte Döblin schon 1909 dieses »Theater der kleinen Leute«, jene Ladenkinos rund um den Alexanderplatz, beschrieben:

Der kleine Mann, die kleine Frau kennen keine Literatur, keine Entwicklung, keine Richtung. Sie pendeln abends durch die Straßen, stehen schwatzend unter den Eisenbahnbrücken, sehen sich einen gestürzten Gaul an; sie wollen gerührt, erregt, entsetzt sein; mit Gelächter losplatzen. Der stärkste Toback steht bereit. Es handelt sich um die Erreichung von Folterkammern, Seetieren, eventuell um Beteiligung an Revolutionen.

Gegeben sind die Anatomietheater, Panoptika, Kinematographen. Sie pflegen das höchst Verwunderliche und durchaus Gräßliche. (...)

Nunmehr schwärmt er in die Kientopps. Im Norden, Süden, Osten, Westen der Stadt liegen sie; in verräucherten Stuben, Ställen, unbrauchbaren Läden, in großen Sälen, weiten Theatern. Die feinsten geben die Möglichkeiten dieser Photographentechnik zu genießen, die fabelhafte Naturtreue, optische Täuschungen, dazu kleine Spaßdramen, Romane von Manzoni: sehr delikat. Oh diese Technik ist sehr entwicklungsfähig, fast reif zur Kunst. – In den mittleren Theatern leuchtet schon der »Brand Roms«, hetzen schon Verfolger Menschenwild über Dächer, Straßen, Bäume.

Erst die kaschemmenartigen im Norden haben aber ihr besonderes Genre, sind weit über dem Niveau des bloß Künstlerischen. Grelle Lampen locken über die Straße; in ihrem Licht sieht man meterhohe bunte Plakate vor der Türe hängen, eine Riesenorgel tobt: »Eine Mordtat ist geschehen.« Den Korridor zum Saale füllen ausgestopfte Untiere hinter Glas, Vergnügungsautomaten. – Drin in dem stockdunklen, niedrigen Raum glänzt ein mannshohes Leinewandviereck über ein Monstrum von Publikum, über eine Masse, welche dieses weiße Auge mit seinem stieren Blick zusammenbannt. In den Ecken drücken sich Pärchen und lassen entrückt mit den unzüchtigen Fingern von einander. Phthisische Kinder atmen flach und schütteln sich leise

»Abnormitäten-Welt-Biograph-Theater Pritzkow« um 1913

in ihrem Abendfieber; den übelriechenden Arbeitern treten die Augen fast aus den Höhlen; die Frauen mit den muffigen Kleidern, die bemalten Straßendirnen beugen sich vornüber und vergessen das Kopftuch hochzuziehen. Panem et circenses sieht man erfüllt: Das Vergnügen notwendig wie Brot; der Stierkampf ein Volksbedürfnis. (...)

Deutlich erhellt: der Kientopp ein vorzügliches Mittel gegen den Alkoholismus, schärfste Konkurrenz der Sechserdestillen; man achte, ob die Lebercirrhose und die Geburten epileptischer Kinder nicht in den nächsten zehn Jahren zurückgehen. Man nehme dem Volk und der Jugend nicht die Schundliteratur noch den Kientopp; sie brauchen die sehr blutige Kost ohne die breite Mehlpampe der volkstümlichen Literatur und die wässerigen Aufgüsse der Moral.

Der Höhergebildete aber verläßt das Lokal, vor allem froh, daß das Kinema – schweigt.[17]

Ein weiterer Zeuge sei zitiert, der sich damals in den engen Kientöppen rund um den Alexanderplatz Filme, vor allem aber das Publikum betrachtete: Ulrich Rauscher; er beschäftigte sich später auch in Siegfried Jacobsohns SCHAUBÜHNE, dem Vorläufer der WELTBÜHNE, mit dem Kino. 1912 schrieb er:

Da war ein Kintopp, ganz beim Alexanderplatz. Ein langer Riemen, gesteckt voll, eine schaudervolle Luft, ein atemloses Publikum. Arbeiter, Straßendirnen, Zuhälter, über allem

Pritzkow-Theater
Münzstraße
im Jahre 1929

klang die schmalzige, gefühlvolle, in jedem Wort verlogene Begleitrede des Erklärers. Der Film war eigentlich fürchterlich langweilig, die banale Geschichte eines »Mädchens aus dem Volk«, genannt die Frau ohne Herz, die mit einem vornehmen jungen Mann verlobt ist, in ihrer Verderbtheit entlarvt wird, zu dem Geliebten ihrer Jugend, einem Arbeiter, zurückflieht und von diesem verachtet und verstoßen wird. Langweilig, nicht? Aber was wurde daraus! Der Erklärer dampfte vor reinem sittlichen Empfinden, er brachte die Worte vom Abschaum der Großstadt wie eine große Delikatesse langsam und geschmalzt über die Lippen, er erläuterte das Seelenleben dieser Personen, er nahm selbst mich, oder meine Gedankentätigkeit, ganz gefangen. (...)

Der Erklärer schluchzte, das Publikum ballte die Fäuste, eine ganz, ganz andere Tragödie, als der Filmfabrikant gesehen hatte, raste vorüber, und als der ehrbare Arbeiter die Dirne, die sich denen da droben verkauft hat, zurückstieß, waren in dieser Bewegung die beiden Notwendigkeiten: hohe Gesinnung und brutale Handlung. »Er will es nicht, der Mann der Arbeit, was in den Palästen hinausgeworfen wurde, das Weib ohne Herz, er stößt es aus seiner einfachen Kammer ...« beschwor der Erklärer. Die Hörer kochten.

Aus dem Kintopp werden die Revolutionen der Zukunft kommen. Jeder schmierige, ausrangierte Komödiant, der diesen einträglichen Mischmasch von Roheit und Ehrbarkeitsprotzerei vortremoliert, ist Robespierre.[18]

Pritzkow-Theater
im Jahre 1939

Pritzkow-Theater im Jahre 1957

Doch das war fast schon ein Abgesang auf eine zu Ende gehende Epoche, denn 1912 hatte bereits die Zeit der Kinopaläste begonnen, und die brauchten keinen Erklärer mehr. 1912 dominierte am Alexanderplatz das U. T. mit seinen 600 Sitzen; Pritzkow dagegen bot in seinem Saal nur 200 Zuschauern Platz. Und dennoch sollte sein Kino, eines der ersten in Berlin, auch eines der ältesten werden.

Als längst das Fernsehen die Menschen ans Haus fesselte, als es auch längst keine U.T., überhaupt kein Kino mehr am Alexanderplatz gab, existierten die Lichtspiele von Otto Pritzkow immer noch. Seine Witwe führte den Betrieb gemeinsam mit der Tochter als Tageskino weiter – bis zum Oktober 1959. Erst im Alter von 75 zog sich Frau Pritzkow vom Kinogeschäft zurück; da war das Familienunternehmen genau sechzig Jahre alt geworden. Die Presse des Jahres 1959 erinnerte daran, und die satirische Zeitschrift Eulenspiegel plädierte für einen gewissen Denkmalschutz dieses Etablissements[19], das einst als »Abnormitäten-Theater und Automaten-Palast« begonnen hatte. Doch wer hört schon auf die Kino-Eule? Kein Denkmalschützer fühlte sich angesprochen, niemand bewahrte dieses für die Berliner Kinogeschichte außerordentlich bedeutsame Gebäude.

Aber blenden wir noch einmal fünfzig Jahre zurück. Wie ging es mit dem Wintergarten weiter? Ist die Bioscop-Aufführung vom November 1895 nur eine Episode in der Geschichte dieses Hauses gewesen? Die Herren Dorn und Baron waren viel zu erfahrene Geschäftsleute, als daß sie nicht die Möglichkeiten des Kinos im Varieté erkannt hätten. Schließlich erzielte das Apollo-Theater in der unteren Friedrichstraße mit den Filmen von Oskar Messter beachtliche Erfolge. Obwohl dessen Geschäft genau gegenüber vom Wintergarten am Bahnhof Friedrichstraße lag, ging er zur Konkurrenz – eine Niederlage für den Wintergarten?

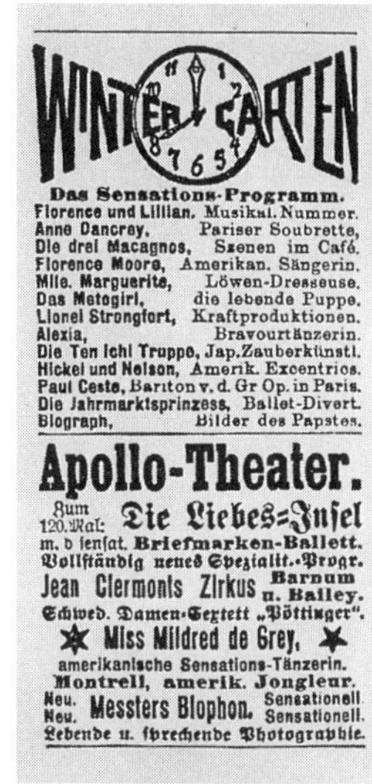
WINTERGARTEN
Das Sensations-Programm.
Florence und Lillian, Musikal. Nummer.
Anne Dancrey, Pariser Soubrette,
Die drei Macagnos, Szenen im Café.
Florence Moore, Amerikan. Sängerin.
Mlle. Marguerite, Löwen-Dresseuse.
Das Metogirl, die lebende Puppe.
Lionel Strongfort, Kraftproduktionen.
Alexia, Bravourtänzerin.
Die Ten Ichi Truppe, Jap. Zauberkünstl.
Hickel und Nelson, Amerik. Excentrics.
Paul Ceste, Bariton v. d. Gr Op. in Paris.
Die Jahrmarktsprinzess, Ballet-Divert.
Biograph, Bilder des Papstes.

Apollo-Theater.
Zum 120. Mal: Die Liebes-Insel
m. d. sensat. Briefmarken-Ballett.
Vollständig neues Spezialit.-Progr.
Jean Clermonts Zirkus Barnum u. Bailey.
Schwed. Damen-Sextett „Pöttinger".
Miss Mildred de Grey,
amerikanische Sensations-Tänzerin.
Montrell, amerik. Jongleur.
Neu. Messters Biophon. Sensationell.
Neu. Sensationell.
Lebende u. sprechende Photographie.

Filme im Wintergarten und im Apollo-Theater. Annonce im Berliner Lokal-Anzeiger vom 3.9.1903

Je stärker sich die Filmindustrie entwickelte, je mehr Produktionsgesellschaften und bald auch Verleihe in Berlin ihre Büros eröffneten, um so interessanter wurden die Filme für die Varietés. Auch der Wintergarten führte in den ersten beiden Jahrzehnten dieses Jahrhunderts regelmäßig Filme vor, zumeist – wie einst im November 1895 – am Schluß der Programme gewissermaßen als »Rausschmeißer«. »Biograph – Neueste Aufnahmen« gehörten zum allmonatlichen Angebot genauso wie hervorragende Artistik oder exzellente Tierdressuren. Bei den Filmen handelte es sich allerdings nicht um Produktionen der American Biograph, die in den Jahren 1908 bis 1911 in den USA entstanden und von denen bald darauf auch in Deutschland einige gezeigt wurden (darunter Meisterwerke von David Wark Griffith), sondern vermutlich waren es in Berlin-Lankwitz gefertigte Produktionen der Deutschen Mutoskop- und Biograph GmbH. »Biograph – Neueste Aufnahmen« zeigten wahrscheinlich sowohl kurze Spielfilme als auch Dokumentarszenen. Neben anderen Künstlern trat als Star in mehreren dieser Filme Rosa Porten auf.

Vorgeführt wurden sie im Wintergarten in den Jahren 1908/09 von Karl Hasselmann, einem der später bekanntesten Kameramänner des deutschen Stummfilms, der im Dezember 1908 aus Hannover nach Berlin gekommen war und der tagsüber im Büro der Deutschen Mutoskop- und Biograph GmbH. in der Friedrichstraße und abends im Wintergarten tätig war.

Außer für »Biograph – Neueste Aufnahmen« warb das Varieté im Winter 1909/10 noch für »Kinemacolor, lebend. Photographien in natürlichen Farben«! Und für Dezember 1912 verpflichtete es den »teuersten Filmschauspieler der Welt«, den französischen Komiker Max Linder. Es war ein Ereignis, eine Sensation, die ganz Berlin beschäftigte. Der große Max Linder aus Paris trat persönlich im Berliner Wintergarten auf!

Max Linder Gast im Wintergarten

Welche Entwicklung hatten die »lebend. Photographien« inzwischen genommen! Vor siebzehn Jahren waren sie unter anderem auch im Berliner Wintergarten erstmals einem interessierten Publikum gezeigt worden. Damals beherrschten die Erfinder das Feld, doch 1912 hatte man sie fast schon wieder vergessen, es sei denn, die Pioniere wurden geschickte Geschäftsleute wie die Lumières oder Oskar Messter. Jene, die es lediglich zum Kleinunternehmer brachten, sahen sich bald vollkommen an den Rand gedrängt.

Längst war das Kino weltweit eine Industrie mit Millionenumsätzen, denn der

Plakate zu Spielfilmen der Deutschen Mutoskop- und Biograph GmbH

neue Wirtschaftszweig hatte bereits seine Stars, die überall die Massen in die dunklen Säle strömen ließen.

Der Berliner Filmpionier Max Skladanowsky stritt bis zu seinem Lebensende publizistisch um seine Anerkennung, um seinen Platz in der deutschen Filmgeschichte, der ihm vor allem von Oskar Messter und Guido Seeber streitig gemacht wurde.

Max Skladanowsky starb am 30. November 1939 in Berlin. Er fand seine letzte Ruhe auf einem Friedhof, auf dem anderthalb Jahre zuvor die Asche des Friedensnobelpreisträgers und ehemaligen Herausgebers der Weltbühne, Carl von Ossietzky, unter Aufsicht der Gestapo beigesetzt worden war. Auf dem kleinen Friedhof in der Buchholzer Straße in Berlin-Niederschönhausen liegt, links an der Mauer, das sorgfältig gepflegte Grab Max Skladanowskys. Auf dem Stein steht geschrieben:

Max Skladanowskys Grab in Berlin-Niederschönhausen

»Wegbereiter des Films in Deutschland«. Die Pflege der Stelle hat der Berliner Magistrat übernommen, und zu Ehren des Filmpioniers wurde die Niederschönhausener Wrangel- in Skladanowskystraße umbenannt.

Die Kreuzung Friedrichstraße/Unter den Linden 1907 (Foto: Max Missmann)

Eine preußische Karriere: Oskar Messter

»Die Prachtstraße der Welt« · Die Linden-Passage mit Cabaret, Panoptikum und Bierhallen · Große Gewerbeausstellung in Treptow · Kino in den Wilhelmshallen · Die Sensation des Isolargraph · Von Regisseuren, Filmerklärern und Kurbeldrehern · Ein junger, ideenreicher Unternehmer: Oskar Messter · Filmaufnahmen am Brandenburger Tor zu Berlin · Kaiser Wilhelm II. als Filmstar · Das Apollo-Theater in der Friedrichstraße: Zentrum früher Berliner Filmgeschichte · Attraktion von 1903: Messters Tonbilder · Sänger, Komiker und Soubretten posieren vor der Kamera · Erster deutscher Kinostar: Henny Porten · »Das Liebesglück einer Blinden« · Adele Sandrocks Filmdebüt · Anna Pawlowa in Messters Filmvorführung · Messters Projections GmbH in der Blücherstraße · Der erste Weltkrieg bricht aus · Die Welle »feldgrauen Kitsches« rollt über die Leinwand · Große Gelegenheit für Unternehmer Messter: »Patriotische Dramen« und Aufnahmen von der Front · Die »Messter-Woche« wird geboren · Flut von Kriegsanleihe-Werbefilmen · Generalfeldmarschall von Hindenburg als Förderer der Lichtbildkunst · Gründung der Ufa ...

Kennen Sie »die Prachtstraße der Welt«, wissen Sie, wo das Zentrum Berlins liegt? Man wird heute bei der Suche nach *der* Prachtstraße der Welt Schwierigkeiten haben, es dürfte auch nicht so einfach sein, das – nicht nur geographische – Zentrum Berlins zu finden. Ganz anders um die Jahrhundertwende: Berlin, Hauptstadt Preußens und des Deutschen Reiches, war »Kaiserstadt«, hier regierte das Großkapital, breitete sich eine starke Wirtschaft aus, besonders der Maschinenbau und die Elektroindustrie. Imperiale Stärke und Größe, die man immer wieder demonstrieren wollte. In Berlin vor allem, aber auch anderswo.

Natürlich war für die so sehr von sich selbst und ihrer Macht überzeugten Preußen die Straße Unter den Linden *die* Prachtstraße der Welt. Hier gab es die teuersten Geschäfte und Hotels, hier konnte man eventuell den Kaiser sehen, hier fanden Paraden und Aufmärsche statt … Und als Zentrum Berlins galt die Ecke Friedrichstraße/Unter den Linden; neben der Kreuzung Leipziger/Friedrichstraße war es ohne jeden Zweifel der belebteste Treffpunkt der Metropole. Ende April 1908 wurden an einem Tag in der Zeit von 6 bis 22 Uhr die Fußgänger registriert, die diese Stelle passierten, und man kam auf die imposante Zahl von 350 000!

Berlin wurde ständig größer. Immer dichter wuchsen die Vororte und die eigentliche Stadt aneinander. Am 15. April 1896 zählte Berlin (ohne Vororte) genau 1 685 396 Einwohner. Zu der Zeit, im Frühjahr 1896, hatte ein Baron von Prittwitz eine gute Idee. In unmittelbarer Nähe der Kreuzung Friedrichstraße/Unter den Linden, einen Sprung nur vom Café Bauer und Café Kranzler entfernt, mietete er im Restaurant Wilhelmshallen einen Raum, um dort »lebende Photographien« vorzuführen.

Unter den Linden 21 – das war eine sehr gute Adresse im Berlin des Jahres 1896. Dort, wo heute das Französische Kulturzentrum eingerichtet ist, befand sich damals die berühmte Linden-Passage. Sie war zirka 130 Meter lang und führte vom Haus Unter den Linden 22 hindurch zur Friedrich-, Ecke Behrenstraße (heute ginge sie quer durch das Grand-Hotel). In dieser Passage – auch Kaiserpassage genannt – gab es 49 Läden, das Kaiser-Panorama, das Linden-Cabaret (viele Jahre lang der »Stammsitz« von Claire Waldoff), das Passage-Panoptikum, das Passage-Theater, die Passage-Bierhallen, das Weltreisebüro und ein schwedisches Reisebüro. Besitzer der Häuser Unter den Linden 19 und 20 war ein Dr. jur. W. Felsing. Conrad Felsing, Uhrmacher und Hoflieferant, hatte hier sein Geschäft. Später gehörte es der Haupt-

Die Häuser Unter den Linden 19 bis 21 um 1901

manns-Witwe Josefine von Losch, geborene Felsing (wohnhaft Kaiserallee 219/220), die es dann einer gewissen Marlene Dietrich vererbte. Doch zu der Zeit suchte man die Passage vergeblich; von den Häusern Unter den Linden 19 und 20 blieben nach dem Krieg nur noch Ruinen übrig.

Als Besitzer des Hauses Unter den Linden 21 war 1896 ein Rentier Geber (Paris) eingetragen, als Verwalter der Gastwirt Diwischofski. Es beherbergte den »Club von 1880«, die Lederwarenfabrik Achermann, den Kaufmann Alfermann, den Zauberkünstler Anzinger, den Gastwirt Cerman, die Werkstatt für Damenkonfektion Strauß-Alfermann, das Versandhaus Germania N. Dresdener & Co. und die Schneiderwerkstatt für Uniformen Noe & Schulze. Diese Firma hatte offenbar jahrzehntelang Hochkonjunktur. Bis in den ersten Weltkrieg hinein arbeitete sie Unter den Linden 21. Quer über die Straße, in der Neustädtischen Kirchstraße 4/5, existierte von 1887 bis 1906 das »Warenhaus für Armee und Marine« ...

Baron von Prittwitz hatte für seinen Plan also einen vorzüglichen Ort gewählt, doch der Zeitpunkt schien nicht sonderlich günstig zu sein. Denn Ende April, Anfang Mai 1896 sprach ganz Berlin weniger von den »lebenden Photographien«, sondern mehr von der Großen Gewerbeausstellung im Treptower Park. Dreieinhalb Millionen Besucher sahen vom 1. Mai bis 15. Oktober diese gigantische Schau der Berliner Industrie. Halb Rummelplatz, halb Demonstration imperialer Macht und Träume, sollte es eine deutsche Variante der großen Weltausstellungen sein. Mit ihren Sonderabteilungen Alt-Berlin, Kairo, Deutsche Colonial-Abteilung und Marine-Schauspiele mit Riesenfernrohr war sie jedenfalls *das* Ereignis, das die Berliner und deren Gäste vollauf beschäftigte. Da blieb wenig Raum für alle anderen »Sensationen«.

Dennoch konnte das Unternehmen des Barons von Prittwitz einiges Interesse beanspruchen – trotz des fehlenden Neuwertes, denn schließlich hatte ja knapp ein halbes Jahr zuvor Max Skladanowsky im Wintergarten bereits »lebende Photographien« gezeigt. Am 26. April, einem Sonntag, ließ der Baron in einem Raum des Restaurants Wilhelmshallen ein Programm von fünf französischen Filmen vorführen. Leo Leipziger, ein Berliner Schriftsteller und Herausgeber der Zeitschrift DER ROLAND VON BERLIN, der sich in den folgenden zwei Jahrzehnten sehr aktiv für das Kino einsetzte (sein 1911 und 1920 verfilmter Roman – auch Theaterstück – »Die Ballhaus-Anna« war einer der großen Publikumserfolge des deutschen Stummfilms), hatte in Paris eine Vorstellung der Brüder Lumière erlebt und versucht, eine solche auch in Berlin zu organisieren. Doch da man sich nicht über das Finanzielle einigen konnte, ging Baron von Prittwitz zur Konkurrenz, zur Pariser Firma der Brüder Isolar. Dort wurde er mit einem Mechaniker und Vorführer handelseinig, und zusammen mit ihm und einem kleinen Handkoffer, in dem mehrere Büchsen mit 15 bis 18 Meter langen Filmen lagen, reiste er nach Berlin. Als Geschäftsführer der Gesellschaft, die Unter den Linden 21 den »Isolargraph« eröffnete, fungierte der Baron; ein Herr Kuchel hatte die »Kassenführung« inne, die Elektrizitätsfirma Dr. Lehmann & Mann installierte – unter Anleitung des Monteurs Pahl – die elektrische Anlage, und am Nachmittag des 26. April 1896 begann vor geladenen Gästen die erste Vorführung.[20]

Das erste deutsche Kinoprogramm brachte folgende Spielfolge: 1. Serpentinentanz, 2. Ein Boxkampf, 3. Ein Schlangenmensch, 4. Ein Pariser Vorortzug, 5. Eine Pariser Straßenszene.

Die Spielzeit aller fünf Filme zusammen wickelte sich in zehn Minuten ab. Aber das ging nicht so glatt! Der Vorführungsapparat wollte oftmals nicht funktionieren, und der Zuschauerraum tauchte immer wieder – zur Erheiterung seiner Insassen – in völliges Dunkel. Herr Pahl, dem ersten deutschen Vorführer, lag es immer wieder ob, diese Pannen zu überbrücken, und seine wiederholten Rufe: »Einen Augenblick, meine Herrschaften, gleich geht es weiter, es hackt schon wieder« lösten unfehlbar laute Heiterkeit aus. Und trotzdem: der Erfolg war verblüffend, der Eindruck lebendiger, bewegter Aufnahmen der Wirklichkeit wirkte wie ein wahres Wunder.

Mit jenem Tage also war das erste Kino Deutschlands der Öffentlichkeit übergeben worden.

Seite 65
Konkurrenz der Kinematographen: Werbung für Lumière und Messter im Berliner Lokal-Anzeiger vom 3.5.1896

Lebende Photographien, dargestellt durch Cinematograph Lumière.
Die Vorführungen finden täglich statt: Friedrichstr. 65a, I., Ecke Mohrenstraße, um 11, 12, 1 Uhr, 4 bis 9½ Uhr jede halbe Stunde. Das Programm wird häufig gewechselt.
Eintritt 50 Pf. [14422a*

Wo ist der größte Bock=Jubel u. Trubel??
Wo amusirt man sich am billigsten und besten!!
In den weltbekannten
Deutschen Concerthallen an der Spandauer Brücke 3.
Größtes Vergnügungslokal der Reichshauptstadt.
Eintritt frei.
7 internationale Orchester, darunter die beste Neapolitanische Tarantella=Tänzerinnen=Truppe „Tonti".
Theater=Abtheilung:
Auftreten der bedeut. Specialitäten 2c.

Flora, Charlottenburg. Gr. Palmengarten
Sehenswürdigkeit I. Ranges.
Sonntag, den 3. Mai cr., v. 4 Uhr ab:
Gr. Doppel=Concert,
Gastspiel d. berühmten Schwed. Marine=Kapelle (in Parade=Uniform). Dir. Carlson.
Im Kaisersaal: Elite-Variété-Vorstellung.
Neues Programm. — Entree 50 Pf. incl. Vorst. Pferdebahn=Hin= u. Rückf.=Billets incl. Entree 75 Pf. [14631a

Königstadt-Casino,
Holzmarktstr. 72. Alexanderstr. 21.
Täglich Specialitäten.
Um 10 Uhr Auftret. d. Reformdichters
Mathias Weber.
Anfang 7 Uhr. Sonntags 6 Uhr.
Entree Wochent. frei b. Entnahme eines Programms à Perf. 10 Pf.

Quarg's Vaudeville-Theater.
Grand Hôtel Alexanderplatz.

Zoologischer Garten.
Sonntag, den 3. Mai 1896.
Erster Sonntag im Monat.
Eintrittspreis 25 Pf. pr. Person.
Nachmittags 4 Uhr:
Gr. Militair-Doppel-Concert
Musikcorps des 1. Garde-Feld-Art.- und 2. Garde-Dragoner-Regts., Kgl. Musikdir. Baumgarten u. Rosin.
Morgen (Montag) Nachm. 4½ Uhr:
Militair-Doppel-Concert. [14657a

Ostbahn-Park,
Am Küstriner Platz. Herm. Imbs.
Täglich: [14427a*
Concert, Theater und Specialität.=Vorstellg.
Anfang Sonntags 4 Uhr. Entree 20 Pf.
" Wochentags 5 Uhr. Entree 15 Pf.
wofür ein Glas Bier verabreicht wird.

Berliner Bock-Brauerei,
Tempelhofer Berg. [14595a
Jeden Sonntag:
Großes Militair=Concert.
Anfang 4 Uhr. Entree 30 Pf.
Im Hohenzollern=Saal: Gr. Ball.

Buggenhagen.
Etablissement am Moritzplatz.
Sonntag und Montag [13789a
Lehmann=Concert.
Sonntag Anf. 6 Uhr. Montag 7½ Uhr.
Von 10 Uhr ab
Familien=Kränzchen.

Schützenhaus-Charlottenburg.
Vom 26. April bis 10. Mai 1896:
Grösstes
Volks- und Jubelfest!
Heute 1. Mai 1896:
Extra-Concert u. Feuerwerk.

Malepartus.

Prater-Theater.
Kastanien=Allee 7=9.
Sonntag, den 3. Mai:
Theater=Vorstellung.
Auftreten der Costümsoubrette Bernardi. Paul Krugler, Gesangs= u. Tanzhumorist. Mr. Carlo, Jongleur. Truppe Dickhöhner, Parterre=Gymnastiker. [75762
Concert und Ball. Anfang 4½ Uhr.
Eintritt 30 Pf. Num. Platz 50 Pf.
Sonntag, den 24. Mai: Vollständige Eröffnung der Sommersaison. Kalbo.

Kinematograph
(Lebende Photographien).
Entrée 50 Pfg.
Von Morg. 10 bis Abds. 10 Uhr.
Unter den Linden 21.

Castan's Panopticum.
165, Friedrichstr. 165.
Das
Bärenweib
! phänomenales Naturspiel aus den Felsenbergen New-Mexicos !
Illusionen. — Kasperletheater. — Damenkapelle. — Irrgarten.

Neu! Restaurant amusant
Sanssouci.
21. Luisenstr. 21.
Täglich: Freiconcert täglich.
Glas Bier 15 Pf.

Urania, Invalidenstrasse 57-62.
Hr. G. Witt:
Ueber die Sonne.
Taubenstrasse: Durch den Gotthard.
Montag. Invalidenstrasse: Herr Dr. Schwahn: Ueber Gebirgsbildung.
Taubenstrasse: Durch den Gotthard.

Kaiser-Panorama.*
Vierte Reise d. d. Harz.
Neu! Hochint. Reise d.

Kinematograph.

(Lebende Photographien.)

Entrée 1 Mark

Von Morgen 10 –

Abends 10 Uhr

Unter den Linden 21

Gespielt wurde darin den ganzen Tag über, von 11 Uhr vormittags bis 10 Uhr abends. Der Eintrittspreis war, der umwälzenden Neuigkeit des Dargebotenen entsprechend, hoch, und zwar 1 RM. Was konnte man in jenen Zeiten für 1 RM. nicht alles kaufen? So kamen nur vereinzelte Besucher. Oft mußte eine Vorstellung vor 2 oder 3 Personen stattfinden. Schließlich sah man sich genötigt, den Eintrittspreis auf 50 Pf. herabzusetzen.[21]

Das geschah nur allzubald. Am Sonntag, dem 26. April, hatten die Zeitungen noch nebenstehende Annonce gebracht.[22]

Zwei Tage später, am Dienstag, betrug das Entrée nur noch 50 Pfennig. Am Freitag öffnete dann die Gewerbeausstellung, doch auch ohne sie gab es an einem ganz normalen Tag im Jahre 1896 vielfältige Möglichkeiten, um die Menschen, die sich für Neuheiten aller Art interessierten, von der Sensation der »lebenden Photographien« abzulenken. Allein das Angebot der Theater! Fast alle großen Bühnen spielten am Wochenende täglich mindestens zwei Vorstellungen. Am 26. April führte zum Beispiel das Deutsche Theater nachmittags Shakespeares »Richard III.« auf, abends Schnitzlers »Liebelei«. Das Theater Unter den Linden – nur wenige Schritte von den Wilhelmshallen entfernt – brachte nachmittags den »Bettelstudenten«, abends die Operette »La Cigale«. Die Karten im Passage-Theater Unter den Linden 22 kosteten zwischen siebzig Pfennigen und 5,50 Mark; Preise, an denen sich Baron von Prittwitz offenbar orientierte. Doch hatte er damit den Wert seiner Sensation überschätzt?

Nicht nur die Gewerbeausstellung, auch ein direkter Konkurrent bedrängte ab 1. Mai den »Isolargraph«: Louis Lumière. Der hatte zwar mit Leo Leipziger keinen Vertrag über den Verkauf von Apparaten nach Berlin abgeschlossen, aber als Geschäftsmann wahrscheinlich schon damals die Absicht, selbst Vorführungen in Berlin zu veranstalten. Und das passierte ab 1. Mai in einem Raum Friedrichstraße 65a, Ecke Mohrenstraße, fast am gleichen Ort, wo ein Jahr zuvor Edison sein Kinetoscop erstmals in Berlin präsentierte. Lumière erzielte offenbar mit seinem Cinématographen dort auch nicht den erhofften, überwältigenden Erfolg, so daß er bald an jenen Ort zog, wo damals wirklich »Sensationen« zu erleben waren: in Treptow auf der Gewerbeausstellung. Allerdings traf er auch hier schon auf Konkurrenz: Ein findiger Unternehmer, ein Herr Bartling, betrieb bereits ein Theater der lebenden Bilder. Wahrscheinlich waren die Bühnen im Gebäude für Chemie, Optik, Mechanik und Photographie direkt hinter dem Eingang I, an der Dampferanlegestelle, untergebracht. Oder wurden die »lebenden Photographien« bereits im Vergnügungspark gezeigt, der sich neben der Deutschen Colonial-Ausstellung rechts an der Parkallee (heute Bulgarische Straße) in nördlicher Richtung erstreckte?

Jedenfalls unterlag der »Isolargraph« bald dieser doppelten Konkurrenz. Sehr schnell fand sich aber ein neuer Besitzer: Ein russischer Geschäftsmann, ein Herr Jussup, übernahm für 7000 Mark das Geschäft und setzte einen technisch verbesserten Vorführapparat ein. Bereits zu Pfingsten 1896 öffnete dieses »Kino« unter dem

Plakat von Edmund Edel für das Wintergarten-Programm 1896 – in Anlehnung an das Plakat der Großen Gewerbeausstellung in Treptow

Namen »Kinematographie« erneut seine Pforten. Mit der Geschäftsführung wurde Gustav Schönwald betraut, später einer der ersten deutschen Filmregisseure. Zwischen 1905 und 1908 drehte er für die Internationale Kinematographen- und Lichteffekt-GmbH Filme wie »Die Flucht und Verfolgung des Raubmörders Rudolf Hennig über die Dächer von Berlin«, »Wie Fritzchen sich die Reichstags-Kämpfe und Neu-Wahlen denkt« und »Das Schürzen-Regiment oder Das Weiber-Heer im Gefecht!!«, ehe er 1916 seine Laufbahn als Regisseur mit der Filmoper »Martha« abschloß. Gustav Schönwald war auch der erste deutsche Filmerklärer, der die Vorführungen lautstark begleitete. 1916 – zum 20. Jahrestag des ersten Berliner Kinos – schilderte er seine Erfahrungen von 1896:

Die Vorführungen fanden in einem kleinen Saale statt. Mehrere Reihen Stühle waren das ganze Mobiliar. An der einen Schmalseite sah das Publikum, wenn es mißtrauisch den geheimnisvollen Raum betreten hatte, nachdem eine Mark Eintrittsgeld hinterlegt war, an der Wand eine mit einem schwarzen Rahmen eingefaßte weiße Leinwand. Und an der anderen Schmalseite des Saales stand ein Etwas, das sich der Zuschauer nicht erklären konnte. Es war ein mit resedagrünem Stoff ausgeschlagener viereckiger Kasten, der vorn zwei »Löcher« hatte. Wenn man den Herrn Geschäftsführer, der stolz durch sein Reich ging, fragte, was denn nun eigentlich hier zu sehen sei, dann gab er zum tausendsten Male die Antwort: »Lebende Photographien«. Nachdem man ungefähr eine gute halbe Stunde gewartet hatte, wurde es plötzlich dunkel im Saal, und damit die Sache noch unheimlicher. Da flimmerte es mit einem Male auf der weißen Leinwand auf, und die lebenden Photographien wurden sichtbar. Als da: Spielende Kinder mit Ziegengespann, der Bois de Boulogne. Einfahrt eines Eisenbahnzuges in die Station, und als Schlußeffekt kam dann Loie Fuller in ihren Serpentinentänzen. Dieser letzte Film war sogar koloriert. Es wurden in jeder Vorstellung, die nur eine halbe Stunde dauerte, zehn bis zwölf Bilder vorgeführt. Jedes Bild war ungefähr 18 Meter lang und lief eine dreiviertel Minute. Die Leute bekamen also recht wenig für ihr Geld zu sehen. Um vier Uhr nachmittags wurde das Theater geöffnet, und man spielte bis 11 Uhr, eine halbe Stunde Vorstellung, eine halbe Stunde Pause. Man hätte ja bei weitem mehr Vorstellungen während dieser sieben Stunden veranstalten können, doch mußte Rücksicht auf die beiden Männer genommen werden, die den Vorführungsapparat bedienten. Der eine drehte die Kurbel, denn damals ging die Sache noch nicht von allein, und der andere bediente die Projektionslampe. Wenn die Tätigkeit beider auch gar nicht so aufreibend war, so mußte doch auf die Nerven dieser Bedacht genommen werden, denn der Apparat machte während seiner Tätigkeit einen derartigen Krach, daß man sich in ein Eisenwalzwerk versetzt glaubte. Daher gab es auch zu den Filmen keine Musikbegleitung.[23]

Im Mai 1896 trat jedoch auch ein Mann auf den Plan, der fortan die Entwicklung der deutschen Filmindustrie wesentlich mitbestimmen sollte. Es war ein 29jähriger Unternehmer, der vor drei Jahren vom Vater das »Mechan. und optische Institut – Spez. ärztliche Instrumente und Apparate Eduard Messter, Berlin NW, Friedrichstraße 95 pt.« übernommen hatte. In seiner Autobiographie »Mein Weg mit dem Film« erzählt Messter 1936 von seinem Besuch im Kino Unter den Linden 21:

Oskar Messter,
der geschäftstüchtige
Filmpionier

Mitte Mai erfuhr ich, daß in einem kleinen Saal des Hauses Unter den Linden 21 zu Berlin »Lebende Photographien« vorgeführt würden. Selbstverständlich wollte ich einer solchen Vorführung beiwohnen. Mehrmals mußte ich vor verschlossenen Türen umkehren, weil das Lokal »wegen Reparatur des Apparates geschlossen« war. Nach einigen Tagen gelang es mir doch, Einlaß zu erhalten, und einer an Unterbrechungen reichen Vorstellung beizuwohnen. Der Apparat und die Bilder wurden selbstverständlich geheimgehalten, und aus den mangelhaften Vorführungen konnte ich nicht auf seine Einrichtungen schließen.[24]

Oskar Messter arbeitete zu jener Zeit bereits selbst an der Konstruktion von Filmprojektoren. Er hatte einen Versuchsprojektor gebaut, mit dem er einem russischen Kaufmann einige Edison-Filme zeigte. Dann vollzog sich alles mit einer außerordentlichen Schnelligkeit: Der Russe war von den Filmveranstaltungen Unter den Linden 21 und bei Lumière in der Friedrichstraße 65a derart begeistert, daß er sofort einen solchen Vorführapparat kaufen wollte. Am 3. Juni schloß Messter mit ihm einen Vertrag in Höhe von 1900 Mark ab, erhielt einen Vorschuß, fuhr mit diesem Geld nach London, um dort Edison-Filme zu erwerben, und baute einen Projektor, der fristgemäß am 15. Juni geliefert wurde.

Messters Apparat hatte anderen gegenüber – vor allem auch dem der Brüder Isolar – den Vorteil, daß er das Problem des Filmtransports nahezu löste. Das französische Gerät arbeitete mit einem Schneckentransport, der oft streikte. Es kam zu Stokkungen und Filmrissen, und Vorführer Pahl mußte sein Publikum immer wieder beruhigen, daß es gleich weitergehe ... Messter indes führte das Malteserkreuz ein – seine für die Filmtechnik wesentlichste Erfindung. Er konstruierte auch weiterhin Projektoren; in der Zeit vom 15. Juni bis zum 31. Dezember 1896 wurden – wie aus den Geschäftsbüchern der Firma Ed. Messter hervorgeht – 64 Stück an in- und ausländische Kunden geliefert. Er interessierte sich gleichermaßen für Aufnahmegeräte, drehte erste kleine Filme und wurde Kinounternehmer. Und das alles im zweiten Halbjahr 1896 ...

Wie es sich seinerzeit für einen erfolgreichen Geschäftsmann gehörte, wohnte Oskar Messter im Westen, in Westend, Nußbaumallee 11–13, doch seine Werkstatt und das Geschäft befanden sich unmittelbar am Bahnhof Friedrichstraße, in der Georgenstraße 29, II. Stock. Das Geschäft des Vaters, das er übernommen hatte, war im Erdgeschoß des Hauses Friedrichstraße 95 untergebracht. Beide Gebäude standen auf einem Grundstück, das heute vom Internationalen Handelszentrum am Bahnhof Friedrichstraße eingenommen wird.

Sein erstes Geschäft hatte Vater Eduard Messter bereits im Jahre 1870 in der Friedrichstraße 99 aufgemacht. Er war Optiker und Erfinder, und ein geschäftstüchtiger Unternehmer dazu. Wie später sein Sohn dachte er sich allerlei aus, und er entwickelte immer auch gleich die passenden Vorstellungen, auf welche Weise seine Ideen im großen Ausmaß nutzbar gemacht werden konnten. Die Erfindungen hatten mit den Aktivitäten eines Optikers – so wie wir ihn heute kennen – freilich nur wenig zu tun. So konstruierte er bereits zu einer Zeit, da es noch keinen Strom »aus

Das Krollsche Etablissement im Tiergarten

der Steckdose« gab, Bühnenbeleuchtungen für verschiedene Berliner Theater. Aus Batterien, die teilweise aus über hundert Elementen bestanden und jeden Abend erneut mit Schwefel- und Salpetersäure aufgefüllt werden mußten, holte er sich den Strom für seine Bogenlampen, die die Ausstattungsstücke im Viktoria-Theater in der Münzstraße und im bekannten Krollschen Etablissement im Tiergarten erhellten. Meister Messter war auch für die Beleuchtung des Königsplatzes verantwortlich, als 1871 die siegreichen preußischen Truppen aus dem Krieg gegen Frankreich heimkehrten. 120 Batterien lieferten den Strom für die Scheinwerfer, die vom Krollschen Etablissement auf den Platz strahlten ...

Es war – ganz allgemein – die Zeit der großen Erfindungen. In jenen Jahren wurden zum Beispiel die Trichinen entdeckt, und sofort ließ der alte Messter im Schaufenster seines Geschäfts in der Friedrichstraße Trichinen-Präparate aufstellen, die man durch seine Mikroskope betrachten konnte. Einen großen Aufschwung erlebte das Geschäft des Eduard Messter durch die Erfindungen von Robert Koch. Das, was die Firma in ihrem Briefkopf als »Spez. ärztl. Instrumente und Apparate« ausgab, waren in der Hauptsache Mikroskope. Sohn Oskar, der seit 1884 im Geschäft

Blick von der
Georgenstraße
auf den Bahnhof
Friedrichstraße

des Vaters arbeitete, nennt die Zahl von 40 000 Bakterien-Mikroskopen, die man hergestellt habe. Oskar fuhr damit zu Ärzten, Apothekern und Wissenschaftlern, um sie im Mikroskopieren zu unterweisen.

Oskar Messter, der als aufrechter Preuße das 1. Kapitel seiner Memoiren mit den Worten »Mein Vater – mein Vorbild« überschrieb, war außerordentlich vielseitig interessiert. Er beschäftigte sich keineswegs nur mit dem Kinematographen. Der Film war ein Gebiet neben anderen. Es gibt keinen Hinweis darauf, daß Messter eine Vorführung der Skladanowskys im nahen Wintergarten miterlebt hat. Vielleicht galt sein Hauptaugenmerk in jenen Wochen Ende des Jahres 1895, Anfang 1896 einer ganz anderen Erfindung. Im selben Monat, da die Skladanowskys im Wintergarten auftraten, entdeckte Wilhelm Conrad Röntgen die X-Strahlen. Daraufhin begann der junge Messter sofort mit seinen Experimenten auf diesem Gebiet. Auch er wollte solche Röntgen-Bilder herstellen, und schon im März 1896 konnte er sein erstes Patent – Aufnahmen mit Hilfe von X-Strahlen – anmelden. Im Mai verkaufte er bereits eine Röntgeneinrichtung nach Rußland. In jenem Monat begab er sich aber auch in den kleinen Saal Unter den Linden 21 …

Es ist erstaunlich, welche Aktivität dieser Mann in dem für das Kino außerordentlich wichtigen Jahr 1896 an den Tag legte! Er konstruierte ja nicht nur Röntgeneinrichtungen und Filmprojektoren, sondern besorgte sich in London auch Edison-Filme und unbelichtetes Material, um eigene Filme zu drehen! Gustav Schönwald berichtete über diese Experimente:

Messter wohnte damals in der Georgenstraße gegenüber dem »Bahnhof Friedrichstraße«. Einen Aufnahmeapparat hatte er nicht, ein solcher war auch nicht zu haben. Da kam er auf folgende Idee: Er verdunkelte eines seiner Zimmer, das nach dem Bahnkörper zu lag. Am Fenster ließ er eine ganz kleine Öffnung frei, und vor diese Öffnung stellte er seinen Vorführungsapparat. Er setzte einen Negativfilm ein, und während nun ein Zug vorüberfuhr, ließ er den Apparat arbeiten. Was dabei herauskam, war ganz befriedigend, wenn auch nicht verwendbar. Der Film existiert heute noch. Immerhin war dieses Experiment die Veranlassung, daß Messter sich mit dem Bau eines Aufnahmeapparates befaßte.[25]

Haben sich die Nachbarn, die Witwe M. Förster, der Gewehrfabrikant A. Frank, der Hotelportier V. Glock und die Mitarbeiter des Agenturgeschäfts F. Zimmermann & Co. über die Experimente des seriösen Herrn aus dem II. Stock gewundert?

Oskar Messter hielt es nicht lange aus in der Georgenstraße 29, in der Wohnung mit dem guten Ausblick auf die Gleise der Stadtbahn. Schon im November 1896 zog er um die Ecke in das Haus Friedrichstraße 94. In der Nummer 95 war das »Mechan. u. Optisch. Institut Ed. Messter, Kinematographenfbrk., Werkstätten für Mikroskopie etc.«, das Geschäft der Firma. Daneben, im IV. Stock des Hauses 94, befanden sich »Comptoir und Fabrik« von Oskar Messter. Die Räumlichkeiten von Eduard und Oskar Messter lagen stets direkt am Bahnhof Friedrichstraße, zwischen Dorotheen- und Georgenstraße, auf der linken Seite der Friedrichstraße in südlicher Richtung, genau dem Central-Hotel gegenüber.

Am 19. September 1896 übernahm Oskar Messter erst einmal den kleinen Saal Unter den Linden 21. Er setzte einen technisch verbesserten Projektor ein und führte vor allem ausländische Filme vor. In den Monaten Oktober/November 1896 spielte dieses Ur-Kino alltäglich von 10 Uhr vormittags bis 11 Uhr abends. Der Eintrittspreis für alle Vorführungen betrug 50 Pfennig, »für Militaers und Kinder« die Hälfte. Messter hatte offensichtlich aus den Fehlern seiner Vorgänger gelernt, und er schien auch mehr Erfolg zu haben als die vorherigen Veranstalter von Filmvorführungen Unter den Linden 21.

Messter pries »Lebende Photographien (Auch in Naturfarben)« an. »Interessante Bilder historischen Charakters und des Gesellschaftslebens in vollkommener Naturwahrheit«. Schließlich warb man für die »Phonographische Wiedergabe musikalischer und declamatorischer Vorträge für alle Besucher gleichzeitig hörbar ohne Schläuche«. Schläuche – das waren zwei Rohre, die von den Wachswalzen-Phonographen ausgingen und die sich die Zuschauer in die Ohren stecken mußten. Das entfiel also jetzt bei Oskar Messter. Und die »declamatorischen Vorträge« besorgte wohl ein Ansager, der zu den Filmchen einige »Anmerkungen« machte. Kaum war der Film geboren, gab es schon den Erklärer!

Es ist nicht genau bekannt, welche Filme Messter im Herbst 1896 in seinem Kino zeigte. Lediglich die »Sensation« des Programms wurde annonciert: Bilder vom Paris-Besuch des russischen Zaren. Ein Jahr später, 1897, sollte Messter bereits – genau wie die Firma Lumière übrigens – einen großen Katalog herausgeben, in dem er seine eigenen Filme zum Verkauf anbot. Natürlich, wie konnte es anders sein, entstand sein erster Film auf der »Prachtstraße der Welt«, Messter vermerkt es nicht ohne Eitelkeit. Vor die Wahl gestellt, an welchem Ende dieser Straße er drehen sollte – am östlichen, am Schloß, wo man vielleicht sogar Seine Majestät erblickte (welche Sensation: der Kaiser auf Filmstreifen gebannt!), oder aber am Pariser Platz? – entschied sich Messter für die zweite Möglichkeit.

Bei der Aufnahme des ersten langen Films von 20 Metern hatte ich vorsichtshalber für die Kamera ein schweres Eisenstativ vorgesehen. Die Kamera mit Film war auf diesem Stativ montiert, um Ende Oktober oder Anfang November 1896 auf einem Handwagen zu dem vorher nach vielen Überlegungen ausgewählten Pariser Platz am Brandenburger Tor befördert zu werden. Dort wurde die erste brauchbare deutsche Filmaufnahme gedreht. Mein Katalog 1897 verzeichnet sie unter Nr. 1:

»Am Brandenburger Tor zu Berlin. Belebtes Straßenbild zur Mittagszeit von ›Unter den Linden‹ in Berlin. Im Hintergrund sind die Säulen des Brandenburger Tors sichtbar.«

Ich legte bestimmte Richtlinien für Filmaufnahmen fest. Zuerst mußte ich die Geschwindigkeit, mit der der Film durch die Kamera laufen sollte, bestimmen. Ich entschied mich, 16–18 Bilder in der Sekunde aufzunehmen.[26]

Ich stelle mir vor, wie Oskar Messter – oder wohl genauer: einer seiner Angestellten – mit einem Handwagen samt Kamera und schwerem Eisenstativ von der Georgenstraße loszog, die Friedrichstraße überquerte (Achtung vor den vielen Pferdedroschken!), in die Dorotheen- (heute Clara-Zetkin-) Straße einbog, am »Warenhaus für Armee und Marine« in der Neustädtischen Kirchstraße vorbeiging und dann in die Straße Unter den Linden kam. Vielleicht blickte er kurz hinüber zum Haus Nr. 21, um zu sehen, wie der Besucherzuspruch war, ob auch alles bestens lief. Vorerst spielte man dort nur ausländische Filme, aber bald schon kündigten sich »große Dinge« an ...

Ob man die beiden Männer, Messter und seinen Gehilfen, im Passantenstrom Unter den Linden wohl besonders wahrgenommen hat? Bestimmt nicht; bestimmt sah man in ihnen weiter nichts als ein paar Lieferanten, zwei Boten, wie so viele andere auch, die damals zwischen den Banken, Hotels und Reisebüros hin und her eilten. Am Pariser Platz endlich angelangt, stellten sie – unter den neugierigen Blikken der Leute – die Kamera auf und begannen zu filmen. Vielleicht schaute auch ein berühmter Berliner – der Maler Max Liebermann – aus seiner Wohnung auf das eigenartige Paar und dessen Treiben herab ...

Werbung für den Kinetograph-Messter 1896

Nach »Am Brandenburger Tor zu Berlin« zeigte der zweite Film Oskar Messters das lustige Treiben auf der Berliner Westeisbahn. Bald danach erschien Messter auch auf dem Ball der Berliner Presse, und zum Vergnügen der Anwesenden soll er die Aufnahmen, die er zu Beginn der Veranstaltung drehte, am Ende dort auch vorgeführt haben. Schnelligkeit zeichnete schon damals einen geschickten Unternehmer aus!

Die Hauptsache aber fehlte ihm noch: Er hatte noch keine Aufnahme des Deutschen Kaisers. So etwas wie ein »Schnappschuß« von Seiner Majestät, wie er zum Beispiel die Linden entlangfährt, war damals aus technischen Gründen noch nicht möglich. Vielleicht hätten sich in einem solchen Falle auch die Sicherheitsbeamten des Kaisers auf den armen Messter gestürzt. Doch die Majestäten waren zumindest neugierig geworden; sie selbst hätten sich schon gern auf solch einem Filmstreifen gesehen. Und so soll die Kaiserin bereits im Januar 1897 Oskar Messter im Hotel Kaiserhof empfangen haben, damit er dort einige seiner Produktionen vorführe. Leider fand sich keine Notiz darüber in den Zeitungen, die doch ansonsten tagtäglich detailliert berichteten, was die kaiserliche Familie den ganzen Tag über trieb, wen sie empfing, wer mit ihnen speisen durfte usw. usf. Stolz verkündete Messter später, daß er bald auch dem Deutschen Kaiser, dem Kaiser von Österreich und anderen Fürstlichkeiten seine Filme zeigen durfte ...

Dann aber, im März 1897, war es soweit. Messter berichtet:

Als ich von der für den 22. und 23. März 1897 geplanten Centenarfeier anläßlich des 100. Geburtstages Kaiser Wilhelm I. hörte, nahm ich mir vor, diese Feierlichkeiten im Film festzuhalten. Bei meinen Bemühungen, für diese Aufnahmen die Erlaubnis zur Aufstellung meiner Kamera zu erhalten, wurde ich von Pontius zu Pilatus geschickt, überall wurde mein Gesuch abschlägig beschieden. Es gab wohl für die Photographen, die für illustrierte Zeitschriften Aufnahmen machten, bestimmte Erlaubnisscheine, aber eine Genehmigung für diese »Jahrmarktsangelegenheit« – damit war der Kinematograph gemeint – gab es nicht! Da war wieder einmal guter Rat teuer. Ich hatte aber Glück und durfte mich schließlich doch mit meinem Apparat, der gar nicht wie eine photographische Kamera, sondern eher wie eine Höllenmaschine aussah, nahe dem Denkmal Kaiser Wilhelm I. aufstellen. Zehn verschiedene Szenen waren die Ausbeute. Am 4. Mai 1897 gelang mir anläßlich eines Stapellaufes auf der Vulkanwerft in Stettin die erste gute Großaufnahme des Kaisers.[27]

Mögen solche Szenen auch die »Sensationen« der Messterschen Arbeit gewesen sein, der Mechaniker und Filmproduzent beschränkte sich nicht darauf. Im Garten des Grundstücks Nußbaumallee 11–13 in Westend filmte er die Verwandtschaft und gestaltete so erste gespielte Szenen. Die Ideen für diese komischen Filme entnahm Messter den populären Berliner Witzblättern. Ob auch er einen Mann mit einem Gartenschlauch herumturnen ließ …?

Es gab bei Messter »Aktualitäten«, es gab komische Szenen, die in der Natur gedreht wurden, und es gab die Vorläufer unserer heutigen Spielfilme, die »Kunstlichtaufnahmen«. Diese Filme drehte er seit November 1896 in der Friedrichstraße 94. Als Beleuchtung dienten vier Bogenlampen mit je 50 Ampère. Im IV. Stock, fast über den Dächern von Berlin, konnte man auch viel vom Sonnenlicht profitieren. Die ersten Filme hießen »Der Kuß auf dem Maskenball« und »Bade zu Hause«. Vorgeführt wurden sie Unter den Linden 21, aber nicht nur dort. Messter suchte sich bald ein weiteres Haus. In der Friedrichstraße 218, ganz in der Nähe des Zeitungsviertels und des Anhalter Bahnhofs gelegen, zwischen Puttkamer und Kochstraße, stand das Apollo-Theater. Neben dem Metropol-Theater und dem Wintergarten gehörte es zeitweise zu den populärsten Berliner Bühnen, die sich vor allem den verschiedenen Formen der heiteren Muse widmeten. Manchmal wurde das Apollo zum Varieté, manchmal zum Revue- oder Operetten-Theater. Zeitweise diente es auch allein als Kino. Hier traten Claire Waldoff und Otto Reutter auf, hier riß Henry Bender das Publikum zu Lachstürmen hin. Es bot 1350 Zuschauern Platz, und im Sommer konnte man auch im Concert-Garten sitzen.

Das Apollo erlebte ein ständiges Auf und Ab. Bisweilen war es das zugkräftigste Berliner Vergnügungsetablissement, lange stand es aber auch leer, nicht nur einmal geriet es unter den Hammer. Daran mag unter anderem die wenig günstige Lage schuld gewesen sein. Die Gegend um die südliche Friedrichstraße war ein Geschäftsviertel, dort herrschte am Tage reges Leben, abends aber hielten sich die Menschen zumeist weiter nördlich, in der Nähe der Leipziger Straße, der Linden oder auch zwischen Bahnhof Friedrichstraße und dem Oranienburger Tor auf.

Als Oskar Messter Ende 1896 damit begann, am Schluß der Apollo-Varietéprogramme seine Filme vorzuführen, erlebte das Theater gerade wieder einmal eine Hoch-Zeit. Das war jedoch nicht Messters Verdienst, denn der Ruhm des Hauses während der neunziger Jahre ist vor allem mit dem Namen Paul Lincke verbunden. Seit 1893 war der »Vater« der Berliner Operette hier 1. Kapellmeister, verantwortlich für die musikalische Untermalung der Varieté-Teile. Er komponierte zahlreiche populäre Couplets; im Mai 1896 erlebte die Operette »Die Spreeamazone« im Apollo-

Wilhelm II.

Paul Lincke, ein Star des Apollo

Seite 79
Der Eingang zum Apollo-Theater

Ein Publikumsmagnet des Apollo-Theaters: Otto Reutter im Kreise der »Babys«

Theater ihre Uraufführung, und am 1. Mai 1899 kam hier »Frau Luna« zunächst als Einakter heraus. Zu sehen, wie Paul Lincke im nachtblauen Frack mit weißen Glacéhandschuhen seine Gassenhauer im Apollo dirigierte, das war ein Ereignis, auf das kein Berlin-Tourist und kein Einheimischer – der es sich leisten konnte – verzichten wollte. Und ab Oktober 1896 zählte dann auch Messters »Kosmograph« zu den Attraktionen des Apollo.

Der ideenreiche Messter ließ es aber mit der zweiten Spielstätte nicht bewenden. Ebenfalls von 1896 ab führte er seine Filme auch in einem Hamburger Varieté auf, und wenig später bestellten Varieté-Theater aus anderen europäischen Ländern bei ihm Filme und Projektoren.

Das Apollo-Theater diente Messter jedoch nicht nur als ein Ort, wo er Filme zeigte. Dort, wo Filme konsumiert wurden, wurden auch Filme produziert, denn die Bedingungen waren ja äußerst günstig. Am Abend standen die Stars der Programme – Otto Reutter und Robert Steidl – auf der Bühne des Apollo, und am nächsten Morgen fanden sie sich im Concert-Garten des Theaters zu den Filmaufnahmen ein. Leichter und bequemer ging es nicht …

Später erzählte Messter, daß er keinerlei Probleme hatte, die Künstler vor die Kamera zu bekommen. Nahezu kostenlos traten sie bei ihm auf. Der Kosmograph war etwas Neues, und dafür stellte man sich eben zur Verfügung, schon aus Neugier. »Belegte Brötchen und Portwein, freie Fahrt und Erstattung der Unkosten« genügten als »Gage«.

Messters Geschäft blühte. Im Mai 1897 wurde zum Beispiel im Apollo-Theater die burlesk-phantastische Operette von Heinrich Bolten-Baeckers »Venus auf Erden« mit der Musik von Paul Lincke vorbereitet, und »Messters Kosmograph« bot neue »lebende Photographien« an, auch andere Häuser im Reich und im Ausland verlangten nach solchen Bildern. Zudem lief die eigentliche Produktion der Firma Eduard Messter weiter. Ständig mußte das Geschäft vergrößert, der Name geändert und umgezogen werden. 1900 nannte sich die Firma »Eduard Messter, Mechan. u. opt. Institut, Mikroskop. Kinetographen- u. Electromotoren-Fabrik«. 1901 wurde in der Leipziger Straße 110 ein zweites Geschäft eröffnet, 1902 in der Friedrichstraße wieder einmal umgebaut. Die Häuser Friedrichstraße 94 und 95 verschwanden, um danach erneut errichtet zu werden – Symptom der ständigen Berliner Bau- und Abrißwut!

»Messter's Projection G. m. b. H. Messtersche Apparate f. Theater- Reclame u. Schauzwecke« zog in das Haus Nr. 151 auf die andere Seite der Friedrichstraße. Zwischen Dorotheen- und Mittelstraße gelegen, hatte Messter hier abermals ein Gebäude gefunden, in dem er seine Filme drehen konnte. Im I. Stock lag sein Atelier, im Erdgeschoß »Aschingers Bierquelle«. Das Hauptgeschäft von Ed. Messter wurde jedoch zum Schiffbauerdamm 18, zwischen Albrecht- und Luisenstraße, verlegt und dort im Erdgeschoß eingerichtet. Die Charité, gewiß ein Hauptabnehmer der Mikroskope und Röntgengeräte, war nicht weit.

Die Aufführungen im Apollo-Theater brachten Messter auch seine ersten »Re-

APOLLO THEATER
BERLIN
218 Friedrichstrasse 218
MEISENBACH RIFFARTH & CO. BERLIN W.

Werbung für Messters Kinetograph im Berliner Lokal-Anzeiger vom 23.10.1896

Messter (links) 1903 bei Aufnahmen für das Tonbild »Die Regimentstochter« (rechts neben der Kamera: Carl Froelich)

zensionen« ein. Natürlich schickte keine Zeitung einen Reporter speziell deswegen in die Friedrichstraße 218. Messters Kosmograph war ja nur eine Attraktion des Apollo neben anderen. Doch manche Journalisten, die die Kunst der 7 Troubadours, von Robert Steidl, Otto Reutter, einem Jongleur oder einem Illusionisten einschätzten, verloren auch einige Worte über Messters Kosmograph. So zum Beispiel der Berichterstatter des Berliner Börsen-Courier, der das Januar-Programm des Jahres 1897 im Apollo-Theater besuchte:

Abgelauscht selbst das Kleinste hat jedoch der Kinetograph seinen lebenden Originalen. Er bringt eine neue Serie lebender Photographien. Welcher der Preis gebührt, ob der »Serpentin-Tänzerin«, ob dem Tableau »Feuer im Pferdestall«, ob der »Berliner Westeisbahn« u. s. f., ist schwer zu entscheiden.[28]

So erfolgreich sich die Aufführungen der kleinen Filme in den Varietés und Operetten-Theatern auch gestalteten, die Vorführungen im eigenen »Kino« im Hause Unter den Linden 21 waren bald schon keine Attraktion mehr. Messter berichtete, daß der Besuch erschreckend nachließ – trotz der Neuheiten, die er immer wieder bot. Er versuchte es auch mit anderen »Atraktionen« – so führte er bereits damals einige Filme »verkehrt« vor: Straßenpassanten liefen rückwärts, Springer stießen aus dem Wasser und hüpften auf das Sprungbrett usw. Doch auch das half auf Dauer nichts. Wegen der zu hohen Unkosten und der zu geringen Einnahmen mußte Geschäftsmann Messter den Betrieb Unter den Linden einstellen, die Zeit des stationären Kinos war noch nicht gekommen. Der Film etablierte sich in den Varietés und auf den Rummelplätzen; das Wanderdasein des Kinos begann. Erst zehn Jahre später erinnerte man sich wieder an diesen so günstigen Platz im Berliner Zentrum. Am 20. August 1910 wurde Unter den Linden 21 das zweite Berliner U. T. eröffnet, die späteren Decla-Lichtspiele. Jahrzehntelang sollte das Kino an dieser Stelle einen Stammplatz haben …

Für Oskar Messter bedeutete der zeitweilige Mißerfolg seines Kinos Unter den Linden keine Entmutigung. Seine Filme waren, ebenso wie die Projektoren, gefragt im In- und Ausland. Unabhängig davon blieb die finanzielle Basis der Firma das Geschäft des Optikers und Mechanikers Eduard Messter.

Eine wirklich neue Attraktion bot Messter dann 1903 im Apollo-Theater, als dort am 29. August erstmals sogenannte Tonbilder aufgeführt wurden. Ein Vorläufer des Tonfilms war geboren! Man nahm populäre Höhepunkte aus Revuen und Operetten auf, Gassenhauer zumeist, ließ die Stars dieser Hits vor die Kamera treten und jene Teile vorführen, die sie schon viele Male auf der Bühne gezeigt hatten, und spielte dazu eine entsprechende Schallplatte. Welch eine Sensation! Plötzlich hörte *und* sah man Otto Reutter und Claire Waldoff, Fritzi Massary und Josef Giampietro nicht mehr nur im Metropol-Theater oder im Linden-Cabaret, sondern auch in ganz anderen Städten. Überall gab es jetzt Massary-Gastspiele. Kein Wunder, daß fast alle Berliner Zeitungen diese neue Attraktion des Apollo-Theaters ausführlich würdigten. Schon über hundertmal stand dort »Die Liebes-Insel« mit dem »sensationel-

Werbung für Messters Biophon im Apollo-Theater im Berliner Lokal-Anzeiger vom 1.9.1903

len Briefmarken-Ballett« auf dem Spielplan, Jean Clermonts Zirkus von Barnum und Bailey trat auf, das schwedische Damen-Sextett »Pöttinger«, die amerikanische Sensationstänzerin Miss Mildred de Grey und der amerikanische Jongleur Montrell. Doch all das war nichts gegen »Messters Biophon«, gegen »lebende und sprechende Photographien«.

Begeistert schrieb die BERLINER ZEITUNG:

Das Biophon nennt sich die neueste, allerneueste Erfindung, die gestern im Apollo-Theater vorgeführt wurde. (...) Nunmehr ist es, wie wir uns gestern überzeugen konnten, Herrn Oskar Meßter gelungen, eine Verbindung des Kosmographen mit dem Grammophon herzustellen und tadellose sprechende Photographien hervorzubringen. Er hat den Kosmograph und das Grammophon durch synchron laufende Motore derartig in Uebereinstimmung gebracht, daß jeder Laut mit der entsprechenden Bewegung übereinstimmt. Es war ein ganz eigenartiges Vergnügen, der gestrigen kurzen Vorstellung beizuwohnen. Ein bunt zusammengewürfeltes Programm war es, das uns da geboten wurde. »Der Specht« hieß die erste Nummer. Während die einschmeichelnden Klänge einer Polka-Mazurka dem Phonographen entströmten, zeigte der Kinematograph scharf und lebendig drei Künstler, die ein Terzett auf dem Xylophon ausführten. Und die Klänge des Xylophons vermählten sich harmonisch mit denen der begleitenden Orchestermusik. Dann folgte ein recht gelungener Posaunenscherz »Der stumme Musikant vor Gericht«. Man lachte noch, als sich schon wieder der Vorhang hob und Sarasates charakteristische Gestalt lebendig im Rahmen erschien, indes der Phonograph ein Violinsolo »Spanischer Tanz« zum besten gab. Eine Minute später sang und tanzte der Bierbaum-Straußsche »Lustige Ehemann« uns etwas vor. Zum Schluß erblickten wir noch das Innere eines Kasernenhofes und erfreuten uns an den tadellos exakt ausgeführten Griffen und Wendungen. So wird es in Zukunft denn möglich sein, nicht nur einzelne Szenen, sondern ganze Theaterstücke szenisch und sprachlich zur Darstellung zu bringen, historische Momente in Wort und Gebärde festzuhalten und der Nachwelt zu überliefern.[29]

Nicht anders sah es der BERLINER LOKAL-ANZEIGER:

Jedenfalls scheint die neue Erfindung ein Schlager ersten Ranges zu sein, sie ist jedenfalls mehr als eine bloße Spielerei – sie kann dazu führen, daß schließlich historisch wichtige Ereignisse wirklich in Wort und Bild der Nachwelt naturgetreu überliefert werden.[30]

In der STAATSBÜRGER-ZEITUNG verglich man Messter gar mit Nostrodamus und Cagliostro, nannte sie Waisenkinder im Verhältnis zu dem Erfinder der Tonbilder. Dennoch hatte dieser moderne Hexenmeister mit seiner Erfindung noch einige technische Probleme. Obwohl die Platten am Anfang genau markiert, die Motoren von Filmprojektor und Grammophon gleichgeschaltet waren, gab es Schwierigkeiten mit der Synchronität. Und auch die Lautstärke ließ zu wünschen übrig. So stellte Messter gleichzeitig fünf Grammophone im Apollo auf. Der Trichter eines jeden war zwei Meter lang, wodurch sich zwar die Lautstärke beachtlich erhöhte, aber auch das Kratzen der Grammophonnadel unüberhörbar zunahm.

Messters Tonbilder wurden in zahlreiche europäische Länder verkauft, und 1904 war das Biophon sogar auf der Weltausstellung in St. Louis, Missouri, zu erleben.

Szenenfotos aus unbekannten Tonbildern mit Rosa Porten

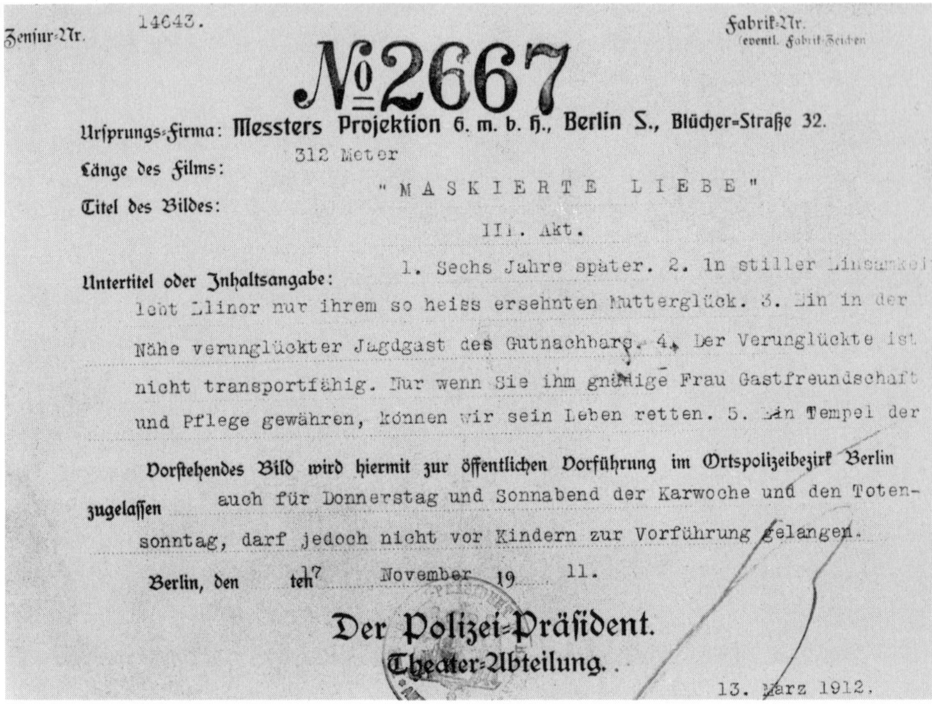

Zensur-Nr. 14643.

Fabrik-Nr. (eventl. Fabrik-Zeichen)

№ 2667

Ursprungs-Firma: Messters Projektion G. m. b. H., Berlin S., Blücher-Straße 32.

Länge des Films: 312 Meter

Titel des Bildes: "MASKIERTE LIEBE" III. Akt.

Untertitel oder Inhaltsangabe: 1. Sechs Jahre später. 2. In stiller Einsamkeit lebt Elinor nur ihrem so heiss ersehnten Mutterglück. 3. Ein in der Nähe verunglückter Jagdgast des Gutnachbars. 4. Der Verunglückte ist nicht transportfähig. Nur wenn Sie ihm gnädige Frau Gastfreundschaft und Pflege gewähren, können wir sein Leben retten. 5. Ein Tempel der

Vorstehendes Bild wird hiermit zur öffentlichen Vorführung im Ortspolizeibezirk Berlin zugelassen auch für Donnerstag und Sonnabend der Karwoche und den Totensonntag, darf jedoch nicht vor Kindern zur Vorführung gelangen.

Berlin, den 17ten November 1911.

Der Polizei-Präsident.
Theater-Abteilung.

13. März 1912.

Zensurkarte für Messters Film »Maskierte Liebe« mit Henny Porten

Speziell für diesen Zweck hatte Messter einige amerikanische Schlager »verfilmen« lassen, die in einem Biophon-Theater mit über 280 Sitzplätzen zweimal täglich vorgeführt wurden.

Die verschiedenen Abteilungen der Firma Messter arbeiteten auf Hochtouren. Die Produktion eigener Filme nahm einen immer größeren Umfang an. Gerade erst eingerichtet, war das Aufnahmeatelier von Messter's Projection G. m. b. H. 1904 schon wieder zu klein, zu unpraktisch geworden. Es war eigentlich nur logisch, daß sich Messter jetzt für sein neues Atelier eine Gegend aussuchte, die unmittelbar neben dem Apollo-Theater, dem ständigen Hauptabnehmer seiner Produkte, jetzt vor allem seiner Tonbilder, lag. 1904 verließ Messter's Projection G. m. b. H. daher die Gegend um den Bahnhof Friedrichstraße und siedelte in die südliche Friedrichstadt über, wo sich bald darauf das berühmte Berliner Filmviertel herausbildete. Das Geschäft des Optikers Messter blieb zunächst am Schiffbauerdamm und etablierte sich dann in der Friedrichstraße 143–149, in Laden 25 – wiederum nahe am Bahnhof Friedrichstraße.

Messters Filmgesellschaft begann 1904 in der Friedrichstraße 16 zu arbeiten. Zwischen Belle-Alliance- (heute Mehring-) Platz und Besselstraße, direkt neben der großen Markthalle II gelegen, war dieses Gebäude mit seinen zahlreichen Hinterhäusern fast eine kleine Stadt für sich. Insgesamt 88 Firmen – Handwerksbetriebe,

Werkstätten, Fabriken und Büros – gab es dort. Man konnte Verlage, Buchläden, Buchbindereien, eine Biergroßhandlung, eine Fabrik für Franzbranntwein, ein Baugeschäft, viele Comptoirs – und seit 1904 auch die Kosmograph-Compagnie G. m. b. H. sowie Messter's Projection G. m. b. H. finden.

Das Apollo-Theater lag auf der anderen Seite der Friedrichstraße, zwei, drei Minuten Fußweg vom Atelier der Projection G.m.b.H. entfernt. Messter erzählt, daß er hier, in der Friedrichstraße 16, 7. Aufgang, II. Stock, ein nach Süden gelegenes Glasatelier errichten ließ, das zwei Stockwerke umfaßte. Es gab Lager für Dekorationen und Requisiten sowie Garderoben für die Schauspieler:

In diesem Glasatelier waren wir natürlich ebenso wie bei unseren früheren Aufnahmen auf dem Dach von der Sonne abhängig. Bei den inzwischen länger gewordenen Aufnahmen sollte auch das Licht länger gleichmäßig bleiben. Ein »Sonnenkieker« mußte melden, ob das nächste Wolkenloch uns die Sonne für die Zeit der Aufnahme freigeben wird. Leider irrte er sich besonders bei schnell ziehenden Wolken häufig, und die Aufnahme mußte wiederholt werden. Bei diesem Glasatelier mußten natürlich die Dekorationen jedesmal umgebaut werden, wenn die für Vormittag angesetzten Aufnahmen erst des Nachmittags stattfinden konnten, weil die Sonne dann nicht mehr im Osten stand. Das veranlaßte mich, ernstlich in Erwägung zu ziehen, ob ich auf dem Rummelsburger See ein schwimmendes, nach der Sonne drehbares Atelier errichten sollte.

Bei der Unzuverlässigkeit des Tageslichtes kamen wir bald wieder auf unsere Bogenlampen zurück und arbeiteten häufig auch bei gemischtem Licht. [31]

Dreharbeiten für den Film »Adressatin verstorben« (1912)

Sieben Jahre lang – bis 1911 – ließ Oskar Messter hier seine Filme drehen, in der Hauptsache Tonbilder. Die Hauptakteure hatten es ja nicht allzuweit. Am Morgen oder am Nachmittag – je nach Sonnenstand – tummelten sie sich vor Messters Kamera, abends gingen sie über die Straße ins Apollo-Theater und begeisterten dort das Publikum. Der vielbeschäftigte Berliner Schauspieler, zwischen Film und Theater hin und her hetzend – so wie wir ihn noch heute kennen –, zu jener Zeit fing es an. Dabei übten sich die seriösen Schauspieler dem Kino gegenüber noch in Abstinenz. Noch hatte kein Bassermann, kein Wegener und kein Winterstein ein Filmatelier betreten. Die Kollegen von der heiteren Muse dagegen waren weitaus mutiger. Anfangs spielten auch sie nur anonym, doch die Zuschauer erkannten sie schnell und zollten ihnen auch vor der Leinwand Beifall. Der frühe Filmruhm tat ihrer Popularität nur gut. Otto Reutter trat bereits 1897 bei Messter auf. Der Komiker Robert Steidl folgte; der große Girardi sang sein »Fiakerlied«, die Massary, Giampietro, Guido Thielscher – fast alle Stars der Berliner leichten Muse waren vertreten. Sie kamen in die Friedrichstraße 16 und posierten vor der Kamera in Szenen, die sie auf der Bühne immer wieder gespielt hatten.

Und es standen auch Laien, gänzlich unbekannte Nicht-Schauspieler, vor der Kamera von Messter's Projection. Da holte der einstige Opernsänger und nunmehrige Filmregisseur Franz Porten 1907 seine beiden Töchter Henny – sie war damals 17 – und Rosa ins Atelier in der Friedrichstraße. 10 Mark erhielten sie pro Tonbild (der Gagen-Etat dieser Werke soll so zwischen 40 und 150 Mark gelegen haben), und fortan waren die Porten-Schwestern in zahlreichen Messter-Produktionen zu sehen. Ihren ersten größeren Erfolg hatten sie mit dem Tonbild »Meißner Porzellan«, einer »Salon-Gavotte«, in der sie zwei Rokoko-Püppchen darstellten. Dadurch wurden sie bekannt, das Publikum merkte sich ihre Namen, und schüchtern traten sie aus der Anonymität hervor. Die Szene erwies sich als derart populär, daß sie die Mädchen im Januar 1910 original auf der Bühne des Berliner Mozartsaals – damals noch kein Kino, sondern ein Konzert- und Vortragssaal – darstellten. Kurze Zeit darauf fühlten sie sich bereits zu etwas Höherem berufen. Henny Porten schilderte später ihre Anfänge:

Weil man nun aber damals gerade anfing, ein- und zweiaktige Spielfilme herzustellen, kam meine Schwester, die schon immer eine Neigung zur Schriftstellerei hatte, auf den kühnen Gedanken, ein kleines Erlebnis als Anregung für einen Film zu benutzen, den sie »Das Liebesglück einer Blinden« nannte. Es war natürlich kein Film im heutigen Sinne, sondern es waren nur zwei schlichte, kleine Akte, die sie kurz entschlossen unter den Arm nahm und damit zu Oskar Messter ging, der damals die erste von ihm gegründete Filmgesellschaft leitete. Sie schien ihrer Sache ziemlich sicher zu sein, denn sie hieß mich kurzerhand gleich mitgehen, weil sie nun einmal der Überzeugung war, daß niemand anders als ich die Rolle der Blinden spielen könnte.

Die gute Rösel saß da und las ihr Manuskript vor, und wirklich: Meßter und seine Regisseure interessierten sich sehr dafür. Aber ihre erste Frage, als meine Schwester geendet hatte,

Plakat für den Messter-Film »Das Tal des Traums« (1914)

war doch, welche Schauspielerin denn diese schwierige Hauptrolle spielen solle. Rösel antwortete: »Meine Schwester kann das sehr gut machen.«

Die Herren schauten sich verdutzt an. Das unbefangene Angebot entlockte ihnen ein ungläubiges Lächeln, das mich ärgerte, ja sogar verletzte und empörte. Ich vergaß meine sonstige Schüchternheit und sagte ziemlich spitz und pikiert: »Sie können es ja mit mir versuchen, und wenn ich Ihnen dann nicht gefalle, können Sie mich ja nach Hause schicken!«

Gesagt – getan. Wir einigten uns auch wirklich sehr schnell. Ich wurde zu einem der nächsten Tage morgens 9 Uhr in das Filmatelier Messter bestellt, das aber noch nicht in der Berliner Filmstadt Tempelhof, sondern in der Blücherstraße im 4. Stock eines Hinterhauses lag, für jene Zeit aber immerhin schon recht gut eingerichtet war. (Hennys Erinnerung täuschte. Es war noch im Atelier Friedrichstraße 16. M. H.) Da ich mir vorgenommen hatte, den Herrschaften möglichst zu imponieren, mir aber für große Toiletten das nötige Kleingeld fehlte, so erstand ich mir bei einem Trödler ein »kostbares« fließendes Spitzengewand und erschien erwartungsvoll zur festgesetzten Zeit im Atelier. Kaum war ich da, gings los.

Der Versuch gelang, und schon bald darauf lief mein erster Film ohne Nennung meines Namens in den Kinotheatern.

Nun aber kam erst die große Überraschung, die sich niemand auch nur im entferntesten hätte träumen lassen. Messter wurde durch eine ganze Reihe von Lichtspieltheatern aufgefordert, weitere Filme zu liefern, in denen die »blonde Blinde« mitspielt. Das führt nun zu der ersten festen Abmachung zwischen dem Messter-Film und mir, dem ich dann so lange angehörte, bis ich 1921 eine eigene Gesellschaft gründete.

Messter machte mir also das fürstliche Angebot von 200 Mark monatlicher Gage, aber ich war unverschämt genug, 225 Mark zu fordern. An diesen 25 Mark hing wie an einem dünnen Faden meine ganze Zukunft, aber ich ließ es auf alles ankommen und blieb unerweichlich. Messter wollte nicht, und ich ging. Ich war schon auf dem untersten Treppenabsatz angelangt, als mir jemand nachrief, »Fräulein Porten, kommen Sie zurück, es ist alles in Ordnung.« Es war Kurt Stark, der als Schauspieler und Regisseur bei Messter arbeitete und sich so liebenswürdig für mich einsetzte. Anderthalb Jahre danach wurde er mein Mann …[32]

»Das Liebesglück einer Blinden« wurde ein gewaltiger Erfolg, und fortan trat Henny Porten in zahlreichen ähnlichen Filmen auf und galt als deutsche »Königin des Kino-Melodrams«. Sie spielte dort verzichtende, leidende, sich aufopfernde Frauen, sie wurde gedemütigt, entehrt und getreten – und am Ende immer wieder aufgerichtet. (Zu jener Zeit war auch ihre einzige Konkurrentin schon am Werk. Einige Kilometer weiter nördlich, in der Verlängerung der Friedrichstraße, in der Chausseestraße 123, stand Asta Nielsen im Bioscop-Atelier vor der Kamera von Guido Seeber.) Oskar Messter hatte auch später noch verschiedene bekannte Schauspieler unter Vertrag, ohne jeden Zweifel war Henny Porten jedoch sein populärster Star.

Messter hielt Ausschau nach unbekannten Talenten und nach Prominenten. Er nahm sich Originalstoffe und versuchte, an den großen Erfolgen der Berliner Theater zu partizipieren. Er stellte in der Friedrichstraße 16 eine Rokoko-Szene aus dem

»Vogelhändler« als Tonbild nach, er ließ einen aufwendigen »Andreas Hofer«-Film drehen und 1902 bzw. 1909 zwei Filme nach Oscar Wildes »Salomé«. Die Reinhardt-Inszenierung dieses Stückes – eine seiner ersten in Berlin – hatte es 1903 im Neuen Theater am Schiffbauerdamm auf über hundert Aufführungen gebracht. Und wenn Messter für seine Werke (noch) nicht die Reinhardt-Mimen bekam – es dauerte aber nicht mehr lange, bis Emanuel Reicher vor eine Kamera trat –, ein Film nach dem großen Theatererfolg von »Salomé« machte auch mit unbekannten Akteuren Furore.

In seinem Atelier kurbelten Messters Angestellte komische Szenen wie »Der geprellte Schwiegervater« oder »Die schrecklichen Folgen des Hosenrocks« (der Hosenrock – *das* Thema des Jahres 1911, das Regierungen und sogar den Vatikan beschäftigte!), »Mericke aus Neu-Ruppin kommt nach Berlin« oder einen Film mit dem Titel »Der Vampyr«. Es entstanden die überaus populären Melodramen mit Henny Porten, die bereits 1911 des öfteren den hochgeschätzten Berliner Bühnenstar Friedrich Zelnik (später ein produktiver Filmregisseur) als Partner hatte. Es gab aber auch sogenannte historische Filme, wie die Episode aus dem Krieg 1870/71 »Edelmut unter Feinden«.

Messter, der vielseitige und erfinderische Geschäftsmann, kannte seine Grenzen. Er wußte, daß es bei der Produktion von Spielszenen mehr und mehr um eine Arbeit ging, die Künstler verlangte. Messter war weder Regisseur noch Kameramann, auch schrieb er die Bücher seiner Filme nicht selbst. Ihm gelang es jedoch, mehrere Leute an sich zu binden, die glaubten, im Film ein Betätigungsfeld zu finden: Der Kameramann Carl Froelich (der 1912 bei Messter auch als Regisseur debütierte), die Autorin Luise del Zopp, die Regisseure Adolf Gärtner und Kurt A. Stark.

Messter hielt Ausschau nach bekannten Schauspielern der Berliner Bühnen, die seinen Filmen eine zusätzliche Attraktivität verschaffen sollten. Wenn man dem Namen der Schauspieler hinzufügen konnte: »... vom Lessingtheater Berlin« oder »... vom Deutschen Theater Berlin«, verlieh das den Filmen schon einen etwas seriöseren Anstrich. So verpflichtete er 1911 erstmals Hans Mierendorff, 1912 Harry Liedtke vom Deutschen Theater und 1913 dessen Kollegen Eduard von Winterstein. Daß Liedtke oder von Winterstein vor eine Filmkamera traten, galt da bereits nicht mehr als eine Sensation.

Es existiert ein Foto (Messter nahm es in seine Memoiren auf), das ihn und seine Mitarbeiter am 3. April 1911 bei der Begrüßung einer Schauspielerin zeigt, die im Automobil vor das Atelier in der Friedrichstraße 16 vorgefahren kam: Es war Adele Sandrock, die große Wiener und Berliner Tragödin, der Star des Burgtheaters und des Deutschen Theaters! Für beide Seiten bedeutete es sicherlich ein kleines Ereignis, denn auch die Sandrock mag nicht wenig neugierig gewesen sein auf das, was sie hier erwartete. Sie, die sich neben ihrer Bühnentätigkeit immer auch für andere Bereiche aufgeschlossen zeigte – so trat sie mehrfach in den Berliner Kabaretts auf –, ging Bassermann und Wegener voraus.

Messter empfängt Adele Sandrock vor seinem Atelier

Ihr erster Film, »Marianne, ein Weib aus dem Volke«, war nach dem französischen Bühnenstück eines Monsieur Mars gedreht. Gerhard Lamprecht vermerkt in seinem Stummfilm-Handbuch, daß dieser Zweiakter (800 Meter lang) für 900 Mark an die Kinobesitzer verkauft wurde. Unbekannt ist der Regisseur, unbekannt sind auch Adele Sandrocks Partner. Nur das Premierendatum ist überliefert, der 7. Oktober 1911.

Die Vossische Zeitung brachte einen kurzen Bericht über die Außenaufnahmen des Films. Bei der Lektüre dieser wenigen Sätze ist vorstellbar, daß sich die Sandrock bei diesem Unternehmen gar nicht sonderlich wohl gefühlt haben mag:

Adele Sandrock vor dem Kinematograph konnte man die letzten Tage jeden Vormittag in den Straßen von Britz beobachten. Sie stellte mit einer Truppe von ihr engagierter Schauspieler vor dem Aufnahmeapparat einen Film »Weiber aus dem Volke« dar. Die Darsteller kamen im Automobil bereits kostümiert als Strolche, Weiber etc. an und agierten unter Benutzung der natürlichen Szenerie ihr Drama, wobei u. a. das Schulhaus durch Anbringung eines großen Schildes in das Findelhaus verwandelt wurde. Naturgemäß erregten diese Aufnahmen die lebhafte Aufmerksamkeit der Britzer Bewohner.[33]

Adele Sandrocks erster Filmversuch blieb noch ein Einzelfall. Es dauerte geraume Weile, bis sie wieder vor eine Kamera trat; im ersten Weltkrieg brachten sie finanzielle Nöte dazu. Zwar spielte sie noch in dem einen oder anderen Stummfilm, doch ihre eigentliche Karriere beim Film begann erst in der Tonfilmepoche. Niemand, sie selbst gewiß auch nicht, hätte wohl damals, im Frühjahr 1911, ahnen können, daß sie später einmal eine der bekanntesten deutschen Filmschauspielerinnen werden würde.

Mag auch Adele Sandrocks Filmdebüt wenig erfolgreich gewesen sein, Messter ließ sich nicht abhalten, weitere Prominente für seine Arbeit zu interessieren. Es zeugt von seinem Geschick und seinem Ansehen, daß ihm das immer wieder gelang. Da gastierte im Februar 1913 die große russische Primaballerina Anna Pawlowa in Berlin, und Messter's Projection G.m.b.H. schaffte es, den Star zu überzeugen, sich in der poetischen Tanzszene »Die Nacht« – von Artur Rubinstein – filmen zu lassen. Einen Monat darauf führte Messter dieses Tonbild der Tänzerin vor. Pressevertreter waren eingeladen, und so berichtete der BERLINER LOKAL-ANZEIGER über diese ungewöhnliche Kino-Vorstellung:

Kein Mensch wohl kann sich dem Zauber entziehen, wenn er beobachten darf, wie der eigene Film auf einen großen Künstler oder eine große Künstlerin wirkt, wenn sie in allen Abstufungen der Schönheit ihre eigene künstlerische Darbietung sehen und studieren können. Das war gestern abend der Fall, als in Meßters Projektionsanstalt in der Blücherstraße der großen russischen Tänzerin Anna Pawlowa ihr eigenes Bild in der kinematographischen Aufnahme in der poetischen Tanzszene »Die Nacht« von A. Rubinstein vorgeführt wurde. (...)

Gestern abend erschien die Künstlerin in Begleitung weniger Personen in den Ateliers von Meßters Projektionsanstalt. Direktor Leonhard mit seiner Gattin und zwei Freunde aus London und New York bildeten ihre wesentliche Begleitung. Anna Pawlowa ist eine Sylphide, der lange Samtmantel läßt sie zunächst etwas größer erscheinen als sie ist. Ein Pelzbarett mit nikkender Reiherfeder beschattet ein interessantes, feines Gesichtchen, ohne alle Ziererei. Sie spricht lebhaft Russisch und Französisch durcheinander, und ihre dunklen Augen leuchten in unbeschreiblichem, märchenhaftem Glanz. Als ich ihr vorgestellt wurde, reichte sie mir fast burschikos ihr weiß gantiertes Händchen mit einer Kraft, die man nie in dieser zarten, eigentlich nur schwebenden Gestalt vermutet hätte. Es blieb mir keine Zeit, meine Verwunderung auszudrücken, denn sie hatte bereits ihren Platz eingenommen.

Es war ein wenig heiß in dem Zimmer, schnell entledigte sie sich ihres Mantels, sie trug eine russische Samtbluse und ein einfaches Reisekleid. Die Vorführung des Films, der übrigens der einzige ist, der von ihr aufgenommen wurde, klappte vorzüglich. Aber es war ein Ausdruck und ein leiser Ausruf unverfälschter, kindlicher Freude, der ihr unwillkürlich entschlüpfte, als die Künstlerin sich selbst im weißen Kleide aus dem dunklen Gebüsch hervorgleiten sah. Wirklich – man kann sich keine traumhaftere Grazie vorstellen, als sie in diesem Poem lag, das die Künstlerin hier choreographisch wiedergab, und mir schien es, als ob Anna Pawlowa beim ersten Anblick über sich selbst entzückt war. Die Schmiegsamkeit ihrer Bewegungen, der edle Ausdruck in Haltung und Hingabe, ihr elfenähnlicher Blumentanz und schließlich der tiefe Hofknix und ihr schemenhaftes Verschwinden im Blättergerank rissen das Publikum, wenn man ein halbes Dutzend Personen als solches bezeichnen darf, zu stürmischem Beifall hin, wenn sechs Menschen überhaupt Sturm verursachen können. Das Tempo des ersten Films war zu schnell gewesen. Die Künstlerin ließ ihre choreographische Darbietung noch einmal etwas langsamer wiederholen, und als die Anwesenden noch unter dem Bann der zweiten, übrigens noch besser gelungenen Vorführung standen und der ins Dunkle verschwindenden, poesieumwebten Erscheinung nachstaunten, sagte die Künstlerin in köstlicher Selbstironisierung, wie, um sich selbst von dem Eindruck zu befreien, den ihr die eigene Kunst machte, spöttisch und in aufwallender Bescheidenheit zu ihrem Ebenbild: »Ach, geh' weg!«

Man lachte über diese gaminhafte Bemerkung, die die Künstlerin übrigens vortrefflich charakterisierte. Man hatte eben die Gewißheit, eine große künstlerische Persönlichkeit vor ihrem eigenen Können gesehen und beobachtet zu haben. [34]

Diese eigenartige Filmvorführung fand jedoch nicht mehr in der Friedrichstraße statt. Kinematographen-Films, Berlin S 61, Blücherstraße 31, lautete 1911 die Adresse der »Aufnahmeabteilung« von Messter's Projection G. m. b. H. Das neue Atelier war nicht allzuweit vom alten entfernt. Zwischen Blücherplatz und Kaiser-Friedrich-Platz (heute Südstern), schräg gegenüber der Fontane-Promenade, lag es genau an der Grenze der heutigen Stadtbezirke Kreuzberg, Neukölln und Tempelhof. Vis-à-vis eine Kaserne, nicht weit entfernt der Volkspark Hasenheide und das Tempelhofer Feld – in unmittelbarer Nähe also Möglichkeiten für Außenaufnahmen. Ähnlich wie Friedrichstraße 16, war auch Blücherstraße 31/32, der sogenannte Blücherhof, eine kleine Siedlung für sich. In den vielen Hinterhäusern und Quergebäuden gab es eine Diakonissenpflegestation, eine Mehlhandlung, eine Kartonfabrik, eine Gravieranstalt, eine Fotografische Kartenfabrik und die Vereinigten Mechanischen Werkstätten. Dort arbeiteten Schlosser, Kürschnermeister, Schneider, ein Holzbildhauer, ein Arzt und ein Zahnarzt. Und seit 1911 auch Messter's Projection G. m. b. H. sowie die Kosmograph-Compagnie m. b. H. Messter beschrieb die neue »Aufnahmeabteilung« seiner Firma:

Nach wenigen Jahren reichten meine Räume in der Friedrichstraße 16 wiederum nicht mehr aus. Ich mietete die gesamten Fabrikräume der 4. und 5. Etage in den Häusern Blücherstraße 31 und 32 und ließ sie für meine Zwecke umbauen. Das neue Glasatelier hatte hier 14 × 24 m Bodenfläche, bei einer Höhe von 7½ m. Hier hatte ich eine Schwebebühne mit motorischem Antrieb einbauen lassen, die es mir gestattete, während der Aufnahmen die Kamera oder die Aufnahmeobjekte zu bewegen. [35]

Mag es im Vergleich zu heutigen Filmateliers mit seinen 336 Quadratmetern auch nicht allzu groß gewesen sein, so beeindruckte es damals jedoch sehr.

Im Gegensatz zu den beiden vorherigen Messter-Ateliers in der Friedrichstraße – die durch die Bomben des zweiten Weltkriegs und durch die Abrißwut Berliner Grundbesitzer beseitigt wurden – existiert das Gebäude in der Blücherstraße 31/32 mit seinen Hinterhöfen immer noch. Nach dem Krieg hatte hier ein bekanntes Möbelhaus seine Verkaufs- und Lagerräume. Heute beherrschen Gabelstapler, die riesige Teppichrollen transportieren, den Hof. Kein Schild, kein Hinweis deutet darauf hin, daß hier jeden Tag Stars wie Henny Porten ein- und ausgingen.

Messter hatte es geschafft. Er hatte das Geschäft des Vaters vergrößert und der Firma einen neuen, starken Zweig hinzugefügt. Messter's Projection G. m. b. H. war vor dem ersten Weltkrieg eine der bedeutendsten deutschen Filmgesellschaften. Neben ihr konnten nur die Union, die Deutsche Bioscop, die Vitascope und vielleicht noch die Deutsche Mutoskop- und Biograph GmbH bestehen.

Anna Pawlowa und
L. Nowikow
im Jahre 1912

Plakat von Ernst Deutsch zu der Messter-Produktion »Tirol in Waffen« (1914)

Messter selbst beschäftigte sich mit der eigentlichen Filmproduktion wenig. Das überließ er Carl Froelich und all den anderen Künstlern. Messter war zusammen mit Paul Kühne Geschäftsführer seiner Firma. Zugleich probierte er weiter an neuen Erfindungen im Bereich der Optik, der Fotografie und des Films. Wahrscheinlich schwebte ihm vor, so etwas wie ein deutscher Edison zu werden. So befaßte er sich auch mit dem Farbfilm und den Möglichkeiten eines plastischen Films.

Am 8. Juni 1910 kündigte das Berliner Tageblatt eine ganz besondere Kinovorstellung im Apollo-Theater an:

Im Apollo-Theater findet am Mittwoch nachmittag 5 Uhr eine von Messters Projektion G. m. b. H. veranstaltete Separatvorstellung statt, in der eine neue Erfindung, plastische, lebende Photographien ohne sichtbare Projektionsfläche darstellend, demonstriert werden soll.[36]

Messter nannte diese Form des plastischen Films »Alabastra«-Streifen, doch auch sie hatten – wie so viele andere Erfindungen auf diesem Gebiet – keine Zukunft. Ihre Vorführung im großen Ausmaß war unwirtschaftlich.

Dann kam das Jahr 1914, und angesichts der nun folgenden »großen Aufgaben« war alles Vorausgegangene mehr oder weniger unbedeutend, ja lächerlich. Natürlich meldete sich Oskar Messter sofort zu den Fahnen, begrüßte er – wie so viele – jubelnd den Beginn des Weltkriegs. Er schreibt darüber in seinen Erinnerungen:

Oskar Messter (Mitte) und Carl Froelich (rechts) 1914 im Atelier

»Das Todestelephon« wird im Atelier Blücherstraße gedreht

Kriegsausbruch Unter den Linden, August 1914

Bei der Mobilmachung 1914 schien es mir selbstverständlich, daß die Zurückgebliebenen in dieser ernsten Zeit für Unterhaltung durch den Film nichts übrig haben würden. Es würde ja auch an Personal und Material fehlen. Das Vaterland war in Gefahr, und ich wollte um jeden Preis mitmachen.

Ich stellte mich zu Kriegesbeginn, trotzdem ich mit meinen 48 Jahren nicht mehr dienstpflichtig war, zur Verfügung und zwar zuerst bei meinem ehemaligen Truppenteil, dem Garde-Train-Bataillon. Die Antwort, die mir zuteil wurde, lautete, es seien so viele junge Kräfte vorhanden, daß man mich nicht brauchen könne! Ich wollte aber auf jeden Fall, soweit es in meinen Kräften stand, »mithelfen« und kam nach weiteren Bemühungen im September 1914 durch Vermittlung des mir bekannten damaligen Präsidenten des Vereins Berliner Presse, Major Schweitzer, in die Presse-Abteilung des stellvertretenden Generalstabs. Meine erste Aufgabe war hier die Ausarbeitung von Bestimmungen für die Tätigkeit der Pressephotographen und der Kameramänner an der Front.

Zu Beginn des Krieges war eine Anzahl von Photographen und Kameramännern als

»Schlachtenbummler« mit ins Feld gezogen. Die Bestimmungen sollten nun erstens die Gefahr der Spionage, auch der unbeabsichtigten, bannen und zweitens vermeiden, daß unerwünschte Aufnahmen im In- und Ausland veröffentlicht würden. Für den Film wurden anfangs nur etwa fünf Kameramänner für bestimmte Frontabschnitte zugelassen. Zu diesen gehörte Carl Froelich, der für meine Firma im Großen Hauptquartier arbeiten durfte.

Ich erhielt den Auftrag, sämtliche Photo- und Kinoaufnahmen von der Front zu zensieren. Von den Illustrationsbildern behielt ich je eine Kopie als Beleg für die Zensurabteilung zurück. Sie wurden nach der Materie geordnet und in Sammelmappen vereinigt. Diese Riesensammlung, die für die Kriegsgeschichte von größter Bedeutung ist, befindet sich im Reichsarchiv in Potsdam.[37]

Als der Krieg ausbrach, in jenen ersten Tagen, da durch Berlin jubelnde Massen zogen, die vor Freude die Hüte in die Luft warfen und französische und englische Firmenschilder von den Türen der Geschäfte, Cafés und Restaurants rissen, war man in der deutschen Filmindustrie zunächst etwas unsicher. Was hatte das Kino, was hatte Unterhaltung in solch einer »heiligen Stunde« zu tun? Lustspiele wie »Der Stolz der Firma« mit Ernst Lubitsch wurden sofort durch »vaterländische« Filme ersetzt. So zeigten Anfang August gleich vier Berliner U. T.-Kinos den als »patriotisches Gemälde aus Deutschlands Ruhmestagen« angepriesenen Film »Bismarck« (Wir Deutsche fürchten Gott, sonst nichts auf der Welt!) sowie »Theodor Körner« (Von der Wiege bis zum Heldentod). »Bismarck« war eine Produktion der Eiko-Film von William Wauer, Gustav Trautschold und Richard Schott vom Februar 1914; »Theodor Körner« hatten Franz Porten und Gerhard Dammann bereits im August 1912 für die Deutsche Mutoskop- und Biograph GmbH gedreht, jetzt kam er zum Einsatz.

Doch allzu viele Filme derartigen Charakters gab es nicht, die man im Sommer 1914 hätte vorführen können. Dafür spielten die Theater »patriotische Stücke«. Das Theater des Westens veranstaltete »Patriotische Kunstabende«, das Theater am Nollendorfplatz zeigte »Wallensteins Lager«, das Apollo-Theater Fritz Reuters »Ut de Franzosentid«. Die Zeitungen meldeten täglich, welche Berühmtheiten sich freiwillig zum Kriegsdienst gemeldet hatten. Paul Wegener wurde auf einer Reise von Budapest nach Berlin als Spion verhaftet, und erst nach Aufklärung der Angelegenheit konnte er sich im Oktober 1914 in Berlin freiwillig zu den Waffen melden. Dann zog er ins Feld, wo er für seine hervorragende Tapferkeit bei der Erstürmung des Kirchhofs von Dixmuiden (Flandern) mit dem Eisernen Kreuz geehrt und zum Leutnant befördert wurde.[38]

»Krieg und Kino« überschrieb das Berliner Tageblatt am 8. August einen kurzen Beitrag und umriß so erstmals die neuen Aufgaben des Films in jenen Tagen:

Während die Theater in der letzten Woche recht mäßig besucht waren, ist die Zuschauerzahl in den meisten Flimmerbühnen ganz befriedigend gewesen. Das kommt wohl daher, daß die meisten Leute zu erregt waren, um einem dreiaktigen Stück zuzuhören, während sie anderer-

»Patriotische« Filme
in den Berliner Kinos

Berliner Tageblatt vom 20.9.1914

seits in der Lage waren, die Sensationen des Kinos auf sich wirken zu lassen. Das Programm erfuhr in der letzten Woche in vielen Kinos eine durchgreifende Änderung. An die Stelle der Detektivfilms traten namentlich in den kleineren Lichtspielhäusern patriotische Filmstücke. Es ist auch in einigen Kinos Berlins vorgekommen, daß man verschiedene Films, in denen russische Großfürsten und französische Militär vorkamen, ausgepfiffen hat. Schon im Anfang dieses Jahres, als von Kriegsstimmung in Europa noch keine Rede war, wurde der Bismarckfilm einer deutschen Firma in Lyon ausgezischt. Und wenn eine ausländische Filmgesellschaft den Film »Die Waffen nieder!« nach dem Roman der Baronin Bertha v. Suttner herausbrächte, so wäre ihm ein ähnliches Schicksal vorauszusagen. Dieser Film sollte das Licht der Welt auf dem Wiener Weltfriedenskongreß im September erblicken … In der jetzigen Zeit der Kriegsspannung kommt man wohl auch dazu, sich die Bilder auf ihr Ursprungsland hin anzusehen. Und da muß man denn die betrübende Bemerkung machen, daß die Franzosen mehr als die Hälfte des deutschen Filmmarktes beherrschen. Nicht etwa durch die Güte ihrer Fabrikate, denn die deutschen Fabriken leisten vielfach bessere Arbeit, sondern durch die Indolenz der Kinobesitzer, die immer wieder nach den alten Marken greifen. Die wenigen patriotischen Filme, die es bei uns – im Gegensatz zu Frankreich – gibt, sind natürlich deutsche Erzeugnisse; und es ist vielfach nicht ohne Interesse, wenn man weiß, daß man unsere vaterländischen Films – voran »Theodor Körner« – noch vor kurzer Zeit in England und Rußland gespielt hat. Leider liegt aber die aktuelle Filmberichterstattung, die Wiedergabe der Tagesereignisse, bei uns in den Händen von Franzosen. Allerdings haben sich die Berliner Kinobesitzer bereits verpflichtet, keine französischen Films mehr zu bringen. Infolgedessen dürften die deutschen Filmgesellschaften mehr Wert als bisher auf die Tagesfilmberichterstattung legen.[39]

Einen Tag zuvor, am 7. August, hatte bereits der »Verein der Lichtbildtheater-Besitzer Groß-Berlins und Provinz Brandenburg (e. V.)« die deutschen Kino-Theater aufgerufen, keine französischen Filme mehr zu spielen.[40] Plötzlich bot sich der deutschen Filmindustrie eine große Chance; ein starker Konkurrent war über Nacht vom Markt verdrängt worden. Diese gute Gelegenheit wurde aber erst allmählich erkannt. Zunächst zweifelte man, ob es in jenen Tagen überhaupt Filmvorstellungen geben dürfe. Doch die Unsicherheit währte nicht allzu lange, und bald setzte eine Tendenz ein, die sich später als »feldgrauer Filmkitsch« in der Geschichte des deutschen Films niederschlug. Diese Entwicklung vollzog sich mit einer Schnelligkeit, die noch heute staunen läßt:

Am 1. August 1914 hatte die deutsche Regierung Rußland ein Ultimatum gestellt und Frankreich eine »Anfrage« übermittelt. Am 2. August erfolgte die Mobilmachung. Am 15. September – also nur sechs Wochen später – wurde im Marmorhaus am Kurfürstendamm die Produktion der Deutschen Bioscop, »Die Grenzwacht im Osten«, ein Kriegsschauspiel in drei Akten, uraufgeführt. Offenbar war der Titel dieses Films, mit Paul Bildt in der Hauptrolle, nicht werbewirksam genug. »Nun wollen wir sie dreschen!« stand deshalb dick vor diesem Titel …

Fortan schwappte eine Welle nationalistischer Filme durch die deutschen Kinos, die ihresgleichen sucht. Der deutsche Film vertiefte sich in die Geschichte – natürlich erinnerte man sich sofort wieder an den Deutsch-Französischen Krieg 1870/71 und an die Befreiungskriege gegen Napoleon –, aber es fehlte auch nicht an Gegenwartsstoffen. Am 25. September wurde in den Kammerlichtspielen am Potsdamer Platz »Das treue deutsche Herz« (Aus den Kriegserlebnissen des Major Schill) uraufgeführt. Am 2. Oktober folgte in den U.T.-Kinos »Es braust ein Ruf wie Donnerhall« (Ein Schauspiel aus unserer jetzigen Zeit) mit Leo Peukert in der Hauptrolle. Produziert und inszeniert hatte diesen Film Paul Linckes Librettist Heinrich Bolten-Baeckers. »Es braust ein Ruf wie Donnerhall« war der dritte Teil einer ganzen Serie von Kriegsfilmen, die Bolten-Baeckers produzierte und durch die Peukert zu einem der populärsten deutschen Filmkomiker jener Zeit wurde. Nach der durch den Kriegsausbruch verlängerten Sommerpause eröffnete der Mozartsaal am Nollendorfplatz die neue Saison mit dem Film »Durch Pulverdampf und Kugelregen« (Ein vaterländisches Heldenbild).

Leo Peukert
ein Star der Kriegsfilme
von 1914/15

Schnell wurde aber auch erkannt, daß das Kino-Publikum weiterhin hauptsächlich Unterhaltung suchte; es wollte in den Kriegstagen wenigstens für eine Stunde lachen. Und so kamen Filme in die Kinos, die den Krieg, das Militär als etwas Lustiges zu zeigen versuchten. »Ulanenstreiche« war solch eine Klamotte, eine »Militärhumoreske aus dem Leben unserer braven Truppen«. Man konnte hier über die Erlebnisse »unserer Ulanen mit einer richtigen Französin« lachen, und die Zuschauer bekamen so den Eindruck, daß es »draußen im Felde« doch gar nicht so schlimm sein könne. Da veröffentlichten die Zeitungen längst schon lange Listen mit den Namen der Gefallenen …

Die Deutsche Mutoskop- und Biograph GmbH zeigte »Im Feindesland« (Kriegserlebnisse eines deutschen Offiziers 1870/71); Walter Schmidthässler erzählte in der masurischen Novelle von »Goldenen Herzen in eiserner Zeit« (Vaterländisches Schauspiel), und Eiko-Film nahm sogar ein Zitat von S.M. Wilhelm II. als Filmtitel: »Ich kenne keine Parteien mehr« (Aktuelles Kriegs-Drama).

Ein sozialdemokratischer Mechaniker schützt seinen politischen Gegner, einen Feldwebel, vor der feindlichen Kugel. Als Belohnung für diese Heldentat darf er die Tochter des Feldwebels heiraten, was ihm dieser aus politischen Gründen bisher abgelehnt hatte.[41]

Dieser Film wurde am 23. Oktober gleich in allen vier Berliner B.T.L.-Kinos gestartet.

Am 30. Oktober folgte das »vaterländische Schauspiel« »Das ganze Deutschland soll es sein!«. Zehn Tage später präsentierte derselbe Regisseur – Alfred Halm – im Mozartsaal »Mobilmachung in der Küche« (Burleske in Feldgrau) mit der Komikerin Anna Müller-Lincke in der Hauptrolle. Die Deutsche Bioscop verkündete »Lieb Vaterland, magst ruhig sein«, und die Eiko zeigte am 27. November in den B.T.L.-Lichtspielen Potsdamer Straße und Rheinstraße »Das Vaterland ruft« mit Harry Liedtke in der Hauptrolle. Das Buch hatte Walter Turszinsky geschrieben, ein Autor, der den Filmtitel wohl ernst nahm: Am 21. Mai 1915 starb er im Alter von 41 Jahren den Heldentod!

Berliner Tageblatt vom 27.11.1914

Ebenfalls am 27. November wurde der Film »Ich hatt' einen Kameraden« (Aus dem Tagebuch eines Kriegsfreiwilligen) uraufgeführt, eine Woche später »Deutsche Helden« (Um des Lebens Glück betrogen) in den Kammerlichtspielen. Am selben Tag brachte der Mozartsaal »Ein Unteroffizier und zwei Mann« (Humoreske in Feldgrau) und »Deutsche Frau, deutsche Treue« (Ein Lebensbild aus der Jetzt-Zeit) – die Kämpfe gegen die russischen Soldaten in Westpreußen …

Der Krieg war gerade erst drei Monate alt, da erzählte der Film »Iwan Koschula« bereits von den Kriegserlebnissen in Galizien. Die Hauptrolle übernahm der bekannte Schauspieler Rudolf Schildkraut, und Regie führte erstmals ein 34jähriger Mann, der gerade als Szenarist mit einigen Filmen – unter anderem einem zweiteiligen »Hund von Baskerville« – beachtliche Erfolge gehabt hatte: Richard Oswald. Mit seinem Namen – als Regisseur wie als Produzent – sollte die Geschichte des deutschen Films bis 1933 eng verbunden sein. Begonnen hatte es im Dezember 1914 mit einem Werk über den Weltkrieg im fernen Galizien …

Man dachte an das »Heldentum in der Heimat« und an das »Heldentum im Schützengraben«. Zu Weihnachten 1914 kam »Der Goldtransport durch Feindesland« (Die patriotische Tat einer mutigen Frau) in die Kinos, und am 29. Dezember folgte im Marmorhaus das »gewaltige Kriegsbild« »Im Schützengraben« von Walter Schmidthässler mit einem in Berlin noch gänzlich unbekannten Schauspieler in einer kleinen Rolle: Emil Jannings.

Man kannte zwar offiziell »keine Parteien mehr«, und »das ganze Deutschland« sollte es sein, dennoch gab es in der Heimat mitunter Streit, Streit um Filmtitel zum Beispiel. Da zeigte das Marmorhaus »Im Schützengraben« von Walter Schmidthässler, und zur gleichen Zeit lief in den neun Berliner U.T.-Lichtspielen »Silvester im Schützengraben« von William Wauer. Welcher war nun der »echte« Schützengraben-Film, wer war zuerst da, und wer verdiente das meiste Geld mit »Patriotismus«? Die Sache beschäftigte die Presse und die Gerichte …

Diese eigenartige Welle feldgrauen Filmkitschs rollte nicht lange durch die deutschen Kinos. Anfang 1915 ebbte sie bereits ab. Allzubald hatte man begriffen, daß die Zuschauer – je länger der Krieg dauerte und die Euphorie des Anfangs verflog – im Kino vor allem Ablenkung suchten, daß sie dort vergessen und so wenig wie möglich Feldgrau sehen wollten. Dazu kam die kaiserliche Zensur. Sie wußte außerordentlich genau, was dem Publikum in den Kriegsjahren vorgesetzt werden durfte und was nicht. »Für die Dauer des Krieges verboten« – unter diesem Bannfluch hatten so gut wie alle zu leiden, die damals in Deutschland Filme drehten.

In jenen Jahren nahm auch ein Mann seine Tätigkeit auf, mit dessen Namen alle Filmverbote während der Weimarer Republik verbunden sind. Dr. Ernst Seeger, erst Assessor, später Ministerialrat und Leiter der Filmoberprüfstelle des Deutschen Reichs – die Personifikation der reaktionären deutschen Filmzensur –, begann im ersten Weltkrieg als Mitarbeiter von Oskar Messter im Generalstab des Deutschen Heeres zu arbeiten.

Über den Wert des »feldgrauen Filmkitschs« war man sich schon damals weitgehend im klaren, und man machte sich erneut »patriotische Gedanken« über den deutschen Film im großen Krieg:

Die Filmindustrie hat, wie es scheint, die kritische Kriegszeit gut überstanden und macht Anstrengungen, sich der Gunst des Publikums auch für die nächsten Kriegsmonate zu versichern. Fachleute meinen, daß die Konjunktur in der deutschen Filmindustrie vor dem Kriege mitunter ungünstiger war als jetzt. Das Bestreben, den deutschen Filmmarkt vom Auslande unabhängig zu machen, zeitigte bereits eine Belebung der deutschen Produktion, und es wird sich zeigen, ob dieses »nationale Filmprogramm« auch über die Kriegszeit hinaus günstigen Einfluß ausüben wird. Die Leistungsfähigkeit deutscher Filmfabriken steht längst außer Zweifel. Vor fünf Jahren schon wurden Anfänge gemacht, vom französischen Film unabhängig zu werden, der alle deutschen Kinotheater überschwemmte. Gaumont und Pathé frères waren mit ihren Erzeugnissen tonangebend. Nach und nach entstanden vor den Toren Berlins die größten deutschen Filmfabriken, Glashäuser von riesenhaftem Umfang und ausgestattet mit den neuesten technischen Errungenschaften. Die glänzende Konkurrenzmöglichkeit war also gegeben, und jetzt hieß es, den Geschmack des Publikums umzuwandeln, der sich an den französischen Schauer- und Liebesfilm allzusehr gewöhnt hatte. (…)

Aus der mannigfachen Unsicherheit der ersten Kriegswochen ist der Spielplan zu besseren Formen gediehen, als sie im Frieden sichtbar waren. Wie die Schaubühnen brachten auch die Kino-Theater in der ersten Zeit nur Kriegsstücke, aber hier wie dort hat nur ein geringer Teil des Publikums Neigung zum Mitgehen bekundet. Allen ist das Erlebnis einer gigantischen Wirklichkeit zu nahe, um es als »Literatur« oder als flirrende Bilderreihe schon genießen zu können. Trotzdem sieht man noch immer Kriegsfilme, aber sie verzichten oft darauf – wenn auch noch nicht oft genug – den Ernst des Krieges, seine Not und sein Leid, auf die Leinwand zu bringen. Mehr Aufmerksamkeit wird den Kriegshumoren zugewendet, wie sie aus Erzählungen und Feldpostbriefen sprechen. Namentlich der Schützengraben hat es den Filmdichtern angetan; sie sind unerschöpflich im Erfinden von Ereignissen, die im und um den Schützengraben spielen. Die vielen verwundeten Krieger, die man jetzt alltäglich in den Lichtspielhäusern sieht, kennen zwar den Schützengraben besser als die Filmdichter, aber das Publikum läßt sich die Bilder für eine Stunde gern als wahr vortäuschen.

Dieser Krieg, wie er im Film gezeigt wird, ist zumeist auf dem Tempelhofer Feld oder irgendwo auf dem nahen Boden der Mark inszeniert. Der Regisseur erzieht die Generale und Leutnants, er lehrt die Truppen Disziplin. Und auf seinen Wink beginnt der Krieg. Der Mann an der Kurbel dreht, er bringt den Feldkrieg von Tempelhof auf die Platte. Jetzt muß nur noch der Zensor einverstanden sein, dann kann die Reklame für »das packendste Filmwerk aller Zeiten« beginnen. In der jüngsten Zeit läßt diese Kriegsfabrikation erfreulicherweise etwas nach. Man beginnt, das Unzeitgemäße dem Zeitgemäßen vorzuziehen, man macht die Burlesken und Lustspiele, die in nichts an den Krieg erinnern; auch Dramen, die nicht immer an das wirkliche Leben erinnern, aber wirksam sind in ihrer guten Darstellung und mit feinerem Geschmack inszeniert als die früheren französischen Filmspiele. Nicht nur in den Kinotheatern ist die günstige Aufnahme dieser deutschen Films festzustellen – sie werden auch von den neutra-

Berliner Tageblatt vom 4.12.1914

Henny Porten als »Ihre Hoheit« (1914)

len Ländern gern gekauft. Freilich werden dabei gewisse Rücksichten genommen: man ist bemüht, die Straßen und Plätze, die der Film zeigt, zu neutralisieren. Die Spuren der Herkunft werden verwischt. Das hat seinen Grund darin, daß diese Films von den Zwischenhändlern in den neutralen Staaten manchmal auch nach kriegsführenden Ländern verkauft werden.[42]

Oskar Messter hatte rascher als alle anderen den »Zug der Zeit« erkannt. Er hielt sich nicht lange mit der Produktion von »feldgrauem Kitsch« auf. Am 25. September 1914 kam die Offiziers-Tragödie »Ein Überfall im Feindesland« (Erinnerung an die Heldenkämpfe 1870/71) mit Henny Porten in die Kinos. Die Premiere erfolgte im Admirals-Theater am Bahnhof Friedrichstraße. 1910 war der Admirals-Palast (heute Metropol-Theater) als Badeanstalt und Eislaufpalast samt Filmtheater eröffnet worden. In diesem repräsentativen, zentral gelegenen Haus ganz in der Nähe des Hauptsitzes seiner Firma führte Messter zu jener Zeit die meisten Filme mit Henny Porten auf: In »Ein Überfall im Feindesland«, einem patriotischen Heldenlied, spielt Henny die Tochter eines französischen Adligen, die einen sterbenden deutschen Offizier pflegt und seiner Mutter dann die Todesnachricht überbringen muß. Neben diesem Zweiakter wurde noch die Messter-Film Produktion »Wie Max das Eiserne Kreuz erwarb« aufgeführt, doch viel mehr kam in jenen Tagen nicht aus Messters Filmfabrik in der Blücherstraße.

Oskar Messter wollte näher am Ort des Geschehens sein, dort, wo die großen Entscheidungen fielen. Und wieder einmal hatte der pfiffige Preuße die Nase vorn:

Ende Oktober 1914 vergab der Große Generalstab des Deutschen Heeres an verschiedene Filmfirmen Monopole über die Kriegsberichterstattung von bestimmten Frontabschnitten. Man schloß dadurch von vornherein jede eventuelle Konkurrenz aus. Das Monopol für Filmaufnahmen von der gesamten Westfront – wahrscheinlich der »lukrativste« Teil der gesamten Kriegsberichterstattung mit der Kamera – erhielt die Firma von Oskar Messter, der selbst Mitarbeiter des Großen Generalstabes war.[43] Schon damals wunderte man sich über diesen Vorgang, was nichts an der Entscheidung änderte. Und so drehte Carl Froelich für Messter's Projection an der Westfront jene vom Berliner Tageblatt so sehr gepriesenen »objektiven Berichte«.

Berliner Tageblatt vom 13.12.1914

Bereits im September hatte Messter in den Kinos seine »Dokumente zum Weltkrieg« vorführen lassen. Ab 1. Oktober 1914 erschien die »Messter-Woche«, eine Wochenschau, die vor allem Kriegsberichte brachte. Voller Stolz betonte Messter später, daß er mit dieser Wochenschau ein »wichtiges politisches Propagandamittel« geschaffen habe, »das besonders im neutralen Ausland die Wahrheit über Deutschland verbreiten half«. Wie diese »Wahrheit« aussah, dokumentierte Messter gleich selbst, indem er die Sujets der »Messter-Woche« Nr. 2 vom 16. Oktober 1914 schilderte:

1. *Die von den Russen zerstörte Allebrücke in Friedland.*
2. *Insterburg: Das Hotel, in welchem der Oberkommandierende der russischen Armee, Großfürst Nikolajewitsch, und General Rennenkampf ihr Hauptquartier aufgeschlagen hatten.*
3. *Russische Gefangene, welche von einer Patrouille soeben eingebracht wurden.*
4. *Totalansicht der französischen Festung Longwy; die Eisenwerke nach der Einnahme durch unsere Truppen. Nicht ein einziges Gebäude wurde beschädigt, da die Einwohner unseren Truppen freundlich begegneten.*
5. *Longwy von der Seite, von welcher der Sturm unserer Truppen stattfand.*
6. *Ein von den französischen Truppen zerstörtes Haus bei Longwy. Im oberen Stockwerk ist der einstige Bewohner des Hauses bemüht, noch Erreichbares zu retten.*
7. *Ein Kirchhof, dessen Mauer von den Franzosen als Verteidigungsstelle benutzt wurde.*

Berlin:

8. *Prinz Joachim, der jüngste Sohn unseres Kaisers, welcher vom Schlachtfelde verwundet heimgekehrt, sich jedoch auf dem Wege der Genesung befindet, zu einer Ausfahrt bereit.*
9. *Abfahrt einer Autolastwagenkolonne zum Kriegsschauplatz.*
10. *Unsere braven Verwundeten auf dem Wege der Genesung.*
11. *Wiederhergestellte Mannschaften melden sich freiwillig zur Front.*
12. *Aufsteigen eines Freiballons zum Beobachtungsdienst – Blick auf das Gelände vom Ballon aus – Der Höhenmeßapparat – Nachrichtendienst vom Freiballon durch Brieftauben.*[44]

Die »Messter-Woche« war die dritte deutsche Wochenschau. Seit März 1914 erschien die mit dem Scherl-Verlag zusammenarbeitende »Eiko-Woche« als Gegenge-

Ein erfolgreicher Unternehmer hoch zu Roß: Oskar Messter

wicht zu den französischen Berichten »Pathé-Journal«, »Gaumont-Woche« und »Eclair-Revue«. Als älteste deutsche Wochenschau galt »Der Tag im Film«.[45]

Die »Messter-Woche« begleitete von nun an den ersten Weltkrieg. Sie war genau das, was man von einer reinen Propaganda-Chronik im Dienste des deutschen Militarismus erwartete. Natürlich wollte und konnte sie – in den Jahren des Krieges zumal – keinerlei objektive Berichterstattung bieten. Um so kurioser ist dann die Bemerkung in Messters Autobiographie, seine Wochenschau hätte ein wahres Bild des Krieges vermittelt. Hier gab es freilich nur die braven, tapferen, siegreichen Soldaten auf deutscher Seite. Auf der anderen stand der Feind, der die Städte, Kirchen, Krankenhäuser und Kinderheime zerstörte und der am Ende natürlich immer besiegt wurde. Messter zeigte die Erfolge der Deutschen, die Tapferkeit der Menschen in der Heimat sowie der »braven Feldgrauen im Schützengraben«, immer wieder die Generäle und natürlich S. M., den Deutschen Kaiser bei seinen Truppen im Felde. Es dauerte einige Zeit, bis die Heeresleitung erkannte, welche Bedeutung die Wochenschau für die Kriegführung hatte. Es ging nicht um Berichterstattung, um Chronik und Dokumentation, sondern um Propaganda und Aktivierung. Die »Messter-Woche« sah ihre Aufgabe darin, die Stimmung im Lande anzuheizen, den langsam, aber unaufhaltsam schwächer werdenden Kriegswillen des Volkes wachzuhalten. Je mehr die Stimmung an der Front und in der Heimat sich gegen den Krieg wandte, um so heftiger versuchte die »Messter-Woche«, diese Stimmung zu ändern. Noch im März 1918, als längst der Ausgang des Krieges entschieden war, warb sie für ihre »neuen packenden Kriegsbilder«. Und ein »tapferer« deutscher Soldat schlägt mit seinem Gewehrlauf auf einen unsichtbaren Gegner ein. Das sollte allerdings auch nicht mehr viel ändern …

Oskar Messters Zusammenarbeit mit dem Heer währte bereits seit längerem. Zu einer Zeit, da noch niemand an einen Weltkrieg dachte, erhielt er von der Kaiserlichen Marine den Auftrag, einen Apparat zu konstruieren, der Geschoßeinschläge von Kriegsschiffen aus festhielt. So baute der Preuße Messter schon 1899 für »Deutschlands Waffenschmiede«, für Krupp in Essen, ein Spezialgerät, mit dem Geschoßeinschläge von Panzertürmen aus registriert werden konnten. Messter arbeitete für die Artillerie und die Marine, für die Flugzeugindustrie und schließlich für den Großen Generalstab, der ein Gerät bestellte, mit dessen Hilfe man Aufnahmen aus Flugzeugen machen konnte. Diese Reihenbilder dienten vor allem zur Feindaufklärung, und sie brachten Messter das Eiserne Kreuz II. Klasse ein. Darüber hinaus entwickelte er eine Maschinengewehrkamera, die als Zielübungsgerät für Kampfflieger genutzt wurde. Bitter vermerkt der Filmpionier 1936 in seinem Buch »Mein Weg mit dem Film«, daß diese Kamera später – wegen des Versailler Vertrages – nicht einmal bei »friedlichen Luftwettkämpfen« verwendet werden durfte, obwohl doch »unsere ersten Kampfflieger, u. a. die damaligen Hauptleute Hermann Göring, Bruno Lörzer und unser Udet, meine Idee gut hießen«.

Für wessen Sache das Herz Oskar Messters schlug, geht auch aus einer kurzen Passage in seinem Buch hervor, wo er beschreibt, wie man ihm geraten habe, im Krieg seine Reihenbild-Kamera patentieren zu lassen, damit er nach dem Krieg Lizenz-Gebühren erhalte:

Aber die Machthaber der Novemberrevolution schufen neue Gesetze – ihre Gesetze. So blieb mir wenigstens die Genugtuung, durch meine bescheidenen Arbeiten für die Verteidigung meines Vaterlandes Wertvolles geschaffen zu haben!«[46]

Der preußische »Patriot« Messter – ein Opfer der Novemberrevolution! Damals, als er diese Sätze schrieb, als sich die Verhältnisse in Deutschland längst in dem von ihm gewünschten Sinne geändert hatten, nannte man die von Messter als Machthaber der Novemberrevolution bezeichneten Männer und Frauen »Novemberverbrecher«!

Der Unternehmer Messter war im ersten Weltkrieg nahezu in allen Bereichen der Filmindustrie tätig. Zeitweilig besaß er in Berlin eines der repräsentativsten Kinos, den Mozartsaal am Nollendorfplatz. Er leitete eine der erfolgreichsten Produktionsgesellschaften und gleichzeitig den dazugehörenden Hansa-Verleih. Er zeigte am Anfang jeder Vorstellung seine »Messter-Woche«, um anschließend Unterhaltung aus dem Hause Messter zu bieten. Nach wie vor hatten die Filme mit Henny Porten einen immensen Erfolg. Asta Nielsen, die Ausländerin, mußte Deutschland bei Kriegsausbruch verlassen. Henny aber konnte weiter in solchen Filmen – in Melo-

Werbung im Kinematograph vom 15.3.1916 und vom 7.3.1917

Auf dem Felde der Ehre fiel in den letzten Kämpfen im Osten an der Spitze seiner Kompagnie unser langjähriger Mitarbeiter und Regisseur

Herr

Kurt A. Stark-Schöltzel

Leutnant im 333. Infanterie-Regiment
Ritter des Eisernen Kreuzes II. Klasse

Wir werden demselben stets ein ehrendes Andenken bewahren!

Berlin SW. 68, den 31. Oktober 1916.

Direktion der
Messter-Film-Gesellschaft.

Todesanzeige im Kinematograph vom 8.11.1916

Der Nachfolger von Kurt A. Stark: Rudolf Biebrach

dramen, Komödien, Burlesken – spielen, mit denen sie bereits vor dem Krieg so überaus erfolgreich gewesen war. Die Filme hießen »Märtyrerin der Liebe« (Künstlerdrama), »Nur nicht heiraten!« (Lustspiel aus Hennys Brausejahren), »Die Wellen schweigen« (Mimisches Schauspiel), »Der Sieg des Herzens« und »Auf der Alm, da gibt's ka Sünd'« (sämtlich aus dem Jahre 1915).

Messter machte Propaganda mit Hilfe von »objektiven Berichten«, er bot Ablenkung, Unterhaltung und hob so die Stimmung in der Heimat sowie an der Front. Damit verdiente er viel Geld, er gehörte – wie eigentlich die gesamte deutsche Filmindustrie – zu den Kriegsgewinnlern.

Die meisten Messter-Spielfilme inszenierte der ehemalige Schauspieler Kurt A. Stark. 1915 mußte er durch Rudolf Biebrach – ebenfalls ein Schauspieler aus dem Messter-Ensemble – ersetzt werden, denn Stark zog »in den Kampf«, wo er im Oktober 1916 »auf dem Felde der Ehre« fiel. Henny Porten hatte einen Ehemann, Messter einen Mitarbeiter verloren. Die Furie des Krieges machte auch vor jenen nicht halt, die ihn mit ihrer Arbeit immer weiter anzuheizen versuchten.

Im Grunde setzte bereits kurz nach Beginn des ersten Weltkrieges eine Entwicklung ein, die dann zwangsläufig in die Gründung der Ufa mündete. Messter war auch dabei sehr aktiv. Aus heutiger Perspektive wirkt es nahezu gespenstisch, wenn man diese Vorgänge überblickt, wenn man sieht, mit welcher Geschwindigkeit Film und Militär in jenen Jahren aufeinander zukamen, um dann endlich die »Ehe« einzugehen …

Es ist amüsant und schauerlich zugleich, jene Ergüsse von Journalisten zu lesen, die damals über die Pflichten des Films während des Krieges nachdachten. In der Zeitschrift Der Kinematograph, die sich damals im Untertitel noch Fach-Zeitung für die ges. Projektionskunst nannte, die später aber als »Deutschlands älteste Fachzeitschrift« galt, erschien im Januar 1916 ein Artikel, in dem der Krieg als »der große Lehrmeister« gepriesen wird, der natürlich auch das Kino »erneuert« habe. Da werden all die Aufgaben aufgezeigt, die Oskar Messter schon längst erkannt hatte. Für den Autor ist der Film kein Propagandamittel, keine Reklame wie bei den »Feinden«, denn die ist

»bei uns freilich überflüssig, denn für uns ist der Krieg in seinem ganzen Wesen nur eine nationale Verteidigung. Unser Pflichtbewußtsein ist so stark ausgeprägt, daß es nicht erst geweckt zu werden braucht«.[47]

Der Film ist nach den Worten dieses Journalisten »unter Umständen eine nicht zu unterschätzende Waffe im Kampf um die Existenz – auch im höchsten Sinne«.

Das deutsche Kino stritt in jenen Jahren noch immer um seine Anerkennung. Längst waren die Kinogegner, waren jene nicht verstummt, die im Film Unterhaltung auf der niedrigsten Stufe sahen, die Kinder grundsätzlich nicht in ein Kino lassen wollten und die lautstark protestierten, als sie erfuhren, daß die Kinos sogar die Eintrittspreise für Soldaten-Witwen senken wollten. Deren Unterstützung, so befürchteten sie, würde dann zum großen Teil auch noch in die Taschen der Flimmer-

Henny Porten in der Messter-Produktion »Auf der Alm da gibts ka Sünd« (1915)

branche fließen. Das Kino rang also um seine Existenz, und geholfen wurde ihm dabei in immer stärkerem Maße von der Obersten Heeresleitung, vom Krieg, den man auch als den »großen Umwerter« bezeichnete.

Mehr als im Frieden hat sich jetzt während des Krieges die Vorliebe des deutschen Publikums für das Kino gezeigt. Diese gesteigerte Vorliebe ist nicht nur bei den Heimgebliebenen festzustellen, sie erstreckt sich auch auf unsere prachtvollen Truppen da draußen im Felde, im Feindesland. Und die Oberste Heeresleitung hat diesem Verlangen gern und in umfangreichster Weise Rechnung getragen, indem sie Erlaubnis erteilte, hinter den Fronten Kinotheater zu errichten. Die Zahl dieser Kriegskinotheater wächst ständig, und wo nur immer ein Antrag in dieser Beziehung gestellt wird, findet er weitgehendste Berücksichtigung. Es gehen sogar Anregungen von den hohen Kommandostellen dazu aus.[48]

Ein Thema für sich sind diese Feld- oder Soldatenkinos, die in steigender Zahl hinter den Fronten eingerichtet wurden. In jenen Monaten führte »der Gegner«, führten die Franzosen und Engländer ihren Soldaten die genialen Filme Charlie Chaplins vor. Von solch defätistischen Späßen blieben »unsere braven Feldgrauen« natürlich verschont. Anfang 1917 schilderte ein Oberleutnant Ludwig Brauner ein derartiges k. u. k. Feldkino an der Südwestfront:

Geistige Labestationen hat unsere Filmkinos urwüchsiger Soldatenwitz getauft. Damit ist auch treffend und kurz die Behauptung gekennzeichnet, die dieser Kriegsinstitution zukommt. Nichts Besseres und Praktischeres konnte den Kämpfern nach harten Tagen unruhigen Stel-

lungskrieges, nach blutigen Abwehrkämpfen als Ersatz für monatelang entbehrte andere Lebensgenüsse geboten werden, als das schattenhafte Leben auf der Flimmerwand. (...)

Meist bis auf den letzten Platz gefüllt, tun sich unsere braven Feldgrauen in ihrer Kritik des Geschauten keinen Zwang an. Da wird gespöttelt, glossiert, werden Witze gemacht und Zwischentitel geprägt, die manchem, um eine humoristische Erklärung verlegenen Spielleiter einen Sondererfolg seines Werkes sichern würden. Gewohnt, mit scharfen Augen Auslug zu halten und Obacht zu geben auf jede geringfügige Veränderung in den gegnerischen Stellungen, entgehen unseren feldgrauen Kinofreunden gerade jene Kleinigkeiten am wenigsten, auf die der Erwecker einer Filmdichtung zu flimmerndem Leinwandleben deshalb nicht achthaben kann, weil sein Augenmerk hauptsächlich auf die klaglose Wiedergabe jener Szenen gerichtet sein muß, in denen die Filmstars zu agieren haben. Es wäre keine schlechte Schule für berühmte und angehende Spielleiter, sich einmal so eine derburwüchsige Kinokritik ihres Werkes anzuhören. Die immer noch vorkommenden leicht vermeidbaren Regiefehler, schon mehrfach Gegenstand sachlicher Erörterungen, würden rascher verschwinden. (...)

Die k. u. k. Feldkinos bieten durchschnittlich zwei Vorstellungen, je eine am Nachmittag und Abend in der Dauer von anderthalb bis zwei Stunden. Die Nachmittagsvorstellung beginnt nach der Tagesbeschäftigung, gewöhnlich um 6 Uhr abends. Die Abendvorstellung nach 8 Uhr und endet vor 10 Uhr abends. An Sonn- und Feiertagen wird nachmittags noch eine Vorstellung eingeschoben, die um beiläufig 2 Uhr nachmittags beginnt. Die Feldkinozüge sind mit guten Maschinen ausgerüstet und werden von fachkundigem Personal geleitet, das schon aus der bürgerlichen Stellung her die geprüfte Eignung mitbringt. Begleitmusik ist fast stets vorhanden. Meist nur ein Klavier, häufig aber auch ein Viermännerorchester, in der üblichen Zusammensetzung wie bei kleineren Lichtspieltheatern. Der Eintrittspreis ist in den Grenzen zwischen 20 Hellern bis zu einer Krone gehalten. Der Reingewinn fließt ausschließlich wohltätigen Zwecken zu. Es ist recht beträchtlich, und man staunt oft über die Höhe der abgeführten Summen, die in den Armeeausweisen veröffentlicht werden. Die Spielfolge wechselt jeden zweiten Tag. Geboten werden: längere, ältere Dramen, Detektivgeschichten, Lustspiele, Grotesken und hie und da neuere Filmstücke mit kriegszeitgemäßem Inhalt. Kriegswochenberichte werden selten gezeigt. Vorführer, Kassierer, Platzanweiser und Musikanten sind durchwegs Soldaten, die tagsüber ihre regelmäßige anderweitige Beschäftigung haben und für ihre Abendtätigkeit eine besondere Entlohnung erhalten. Im Operationsraum ist die Zahl der Feldkinos ziemlich groß. Die eine Vorstellung füllenden Filmrollen wandern in einer bestimmten Reihenfolge von einem Kinostandort zu andern. Die Feldkinozentralleitung ist im Nebenamt einem Offizier des Armeestabes anvertraut.[49]

Eingerichtet waren die Feldkinos in Dorfgasthäusern, primitiven Bretterbuden, verlassenen Fabrikgebäuden. Die Säle boten 150 bis 300 Zuschauern Platz. Nicht viel anders dürfte es an anderen Frontabschnitten gewesen sein. Allerdings ist es schon bezeichnend genug, daß die Kriegsgefangenen von diesen »geistigen Labestationen« – befanden sie sich nun an der Front oder in der Heimat – ferngehalten wurden. Anfang 1917 gab es eine entsprechende Weisung:

Nach einer Verordnung des Oberbefehlshabers in den Marken für das Gebiet der Stadt Ber-

Soldaten im Frontkino

lin und der Provinz Brandenburg dürfen Kriegsgefangene Kinotheater nicht besuchen, ebenso dürfen Theaterbesitzer jenen den Besuch nicht gestatten. Zuwiderhandlungen werden hart bestraft.[50]

War es eine Strafe, daß man den Kriegsgefangenen Ablenkung und Unterhaltung versagte? Warum enthielt man ihnen Zeugnisse solch »objektiver deutscher Berichterstattung« – zum Beispiel die »Messter-Woche« – vor? Hatte man im Jahre 1917 bereits Angst, daß es im Kino zu Verbrüderungen zwischen einstigen Gegnern kommt? Unterhaltung, gemeinsames Lachen könnte ja vielleicht Soldaten verbinden …

In den deutschen Kinos gab es ohnehin nur deutsche, österreichische und skandinavische Filme zu sehen. Im Februar 1916 erließ die Regierung ein »Einfuhrverbot für Luxusartikel aller Art« – worunter auch Filme fielen. Allerdings durften aus den skandinavischen Ländern weiterhin Filme importiert werden. Das geschah vor allem durch die dänische Nordisk, die sich innerhalb kürzester Zeit zu einer der stärksten Verleihorganisationen in Deutschland entwickelte. Natürlich war auch sie den deutschen Konkurrenten ein Dorn im Auge. Sorgsam wurde überwacht, daß sie keine für Deutschland unfreundlichen Filme an neutrale Staaten verlieh. Allerdings hatte man nichts dagegen, daß schwedische Produktionen in Deutschland als Mittel der Kriegspropaganda mißbraucht wurden. Das markanteste Beispiel dafür dürfte »Terje Vigen« sein, von Victor Sjöström nach Henrik Ibsen gedreht. Diese großartige Filmballade, ein erster Höhepunkt der klassischen schwedischen Stummfilm-

Berliner Kinowerbung im Berliner Tageblatt vom 11.3.1917

kunst, erzählt vom Heldentum eines Fischers, der in einem furchtbaren Gewittersturm das Leben jenes Menschen rettet, der ihm zuvor das eigene Familienglück zerstört hatte. Daraus wurde von der Werbung der Nordischen Filmgesellschaft, anläßlich der Berliner Erstaufführung am 9. März 1917 im U.T. am Kurfürstendamm, ein Werk gemacht, das die Aushungerungspolitik Englands gegenüber Norwegen schildert. Die Werbezeile lautete: »Jeder Deutsche muß diesen Film gesehen haben, um sich über Englands Willkürherrschaft klar zu werden!«

Zur gleichen Zeit, da das Einfuhrverbot für ausländische Filme »erste Früchte« trug, befaßte sich auch das Preußische Abgeordnetenhaus mit der Zensur. Da sorgte man sich um »das geistige und sittliche Mark unseres Volkes, das nicht vergiftet werden darf«. Natürlich hatte man da auch das Kino im Auge, wenngleich es in der Parlamentsdebatte in erster Linie um Literatur ging. Herr Stull, ein Vertreter des katholischen Zentrums, plädierte dafür, daß die verruchten Schundromane nicht in die Hände »unserer Feldgrauen« fallen. Als Schundliteratur galt diesem Herrn zum Beispiel Boccaccios »Dekameron«, ein Buch, das eine »verantwortungslose Zeitung« als Lazarettlektüre empfohlen hatte!

Dieses Werk bedeutete den sittlichen Tiefstand der italienischen Literatur, mit dem höchstens der Bänkelsänger des italienischen Verräterkrieges in Wettstreit treten kann.[51]

Jener »Bänkelsänger« war für den Zentrums-Politiker der Dichter Gabriele d'Annunzio, mit dem sich das Abgeordnetenhaus dann noch ausführlicher beschäftigen sollte.

Drei Tage später, am 26. Februar 1916, wurde Fort Douaumont erstürmt, in Verdun erzielten die Deutschen weitere Fortschritte, sie besetzten sechs neue Ortschaften und nahmen zehntausend Gefangene. Und im Kino, in sieben Berliner U.T.-Lichtspielen, lief das große österreichische Kriegsdrama »Mit Herz und Hand fürs Vaterland!« – mit der Musik von Franz Lehár …

1917 und 1918 entstanden vorrangig Filme, die an den Patriotismus der Deutschen appellierten, damit sie ihr Portemonnaie und ihre Schmuckschatullen öffneten. Der Kaiser brauchte Geld für die Weiterführung seines Krieges. Kriegsanleihen wurden aufgenommen, und Filme mußten dafür werben. Das Medium, das derart wichtige Produkte hervorbrachte, durfte mithin nicht als Schund diffamiert werden!

Einer der bekanntesten Kriegsanleihe-Werbefilme war »Der feldgraue Groschen« von Georg Jacoby, der am 23. März 1917 im Mozartsaal und vielen anderen Berliner Kinos uraufgeführt wurde. Dieser »unterhaltsame Kriegsanleihefilm« der Union, in dem Margarethe Kupfer, Käthe Haack und Frieda Richard spielten, erzählt von den Wanderungen eines Groschens zwischen der Heimat und der Front: Mutter Fröhlich bekommt für ihre Brautuhr von der Goldankaufstelle hundert Mark. (»Sie opferte ihr Heiligtum auf dem Altar des Vaterlandes!«) Dann schickt sie ihrem einzigen Sohn eine Rolle Groschen an die Front, wo ein Angriff alles verwüstet. Nur ein einziger Groschen bleibt erhalten. Der wird einem Leutnant zum Talisman und rettet ihm das Leben, als eine feindliche Kugel genau an jenem Groschen abprallt, den der Offizier auf der Brust trug. Daraufhin schickt der Leutnant diesen Groschen seiner Braut nach Berlin, die auf dem Königsplatz neben dem »Eisernen Hindenburg« ein altes Mütterchen trifft, das dort Postkarten verkauft. Es ist Mutter Fröhlich, der gerade noch ein Groschen an den hundert Mark fehlt, damit sie Kriegsanleihe zeichnen kann … »Stolz geht sie zur Reichsbank. So hat der feldgraue Groschen seine Pflicht getan!«

Verfaßt hatte diese herzzerreißende Story Hans Brennert. An den Kriegsanleihe-Filmen waren oft Leute beteiligt, die sich später einen großen Namen im deutschen Stummfilm machten: So zum Beispiel Paul Leni und Rochus Gliese – und natürlich auch Oskar Messter und Henny Porten. Hans Brennert hatte mit seinem »Feldgrauen Groschen« einen derart großen Erfolg, daß er für Messter auch den Werbefilm für die 7. Kriegsanleihe, »Hann, Hein und Henny«, schrieb:

Das war eine glänzende Idee, den Kinoliebling des deutschen Publikums, Henny Porten, dem Werbegedanken dienstbar zu machen. Wie Henny Porten in der liebenswürdigsten Weise dem Wunsche zweier Matrosen vom U-Boot 303 nachkommt und mit ihnen durch Berlin zieht und an seinen verkehrsreichsten Stellen für die Kriegsanleihe sammelt, ist der denkbar größte

Szenenfoto aus Victor Sjöströms »Terje Vigen«

Reklame für Kriegsdramen und Kriegsanleihewerbefilme in den Berliner Kinos

Anreiz, für die Kriegsanleihe zu zeichnen. Das Stück hat gleichzeitig mit dem anheimelnden Inhalt seinen Zweck vollauf erfüllt, und es bietet durch die Mitwirkung Henny Portens außerdem einen Anziehungspunkt und Schlager für jedes Theater. Man darf sie bewundern, daß sie, die in Berlin sich öffentlich nicht sehen lassen kann, ohne Huldigungen entgegennehmen zu müssen, sich für die gute Sache zur Verfügung stellte. Wer den Aufnahmen beiwohnte, darf sagen, daß Berlin, das wahrlich in seinem Straßenbild oft Filmaufnahmen sieht, so etwas denn doch noch nicht gesehen hat. An drei Stellen, vom Muschelorchesterraum des Zoologischen Gartens herab, auf der Terrasse des Café Josty, am Sockel der Berolina am Alexanderplatz warb Henny Porten für die siebte Kriegsanleihe, und wo nur immer sie mit ihrem Selbstkutschierer erschien, bei sich die beiden Matrosen und im Gefolge den Regisseur, Operateur und was sonst noch dazu gehört, staute sich die Menge zu Tausenden. Die Aufnahmen sind unter Leitung Biebrachs famos gelungen und zu einem erfolgsicheren Film gefügt. Den Schluß bildet ein Traum Henny Portens, der auf einem geschickten Trick sich aufbaut. Das Berliner Publikum bereitete dem Film stürmischen Erfolg.[52]

Opus drei von Brennert war ein Trickfilm, »Das Saugetier«. John Bull wird hier als riesiger Polyp gezeigt, der die ganze Erde an sich raffen will. Karikaturen und die Verse von Hans Brennert rufen auf, Kriegsanleihe zu zeichnen, damit dieses Saugetier nicht noch mehr von der Erde an sich zerren kann. Auch für Rochus Glieses Film »Der papierene Peter« schrieb Brennert das Szenarium. Da wird der Geizhals Peter (Paul Biensfeld vom Deutschen Theater) vom deutschen Schmied und deutschen Ritter gezwungen, Kriegsanleihe zu zeichnen. Und noch Ende September 1918 rührte der Film »Aegir« die Werbetrommel für die 9. Kriegsanleihe. Hier spielte Wilhelm Diegelmann den Meeresgott, der sich überzeugen will, ob es stimmt – wie die britische Reuter-Agentur behauptet –, daß in Deutschland Not und Hunger herrschen. Doch der Werbeeffekt dieses letzten Films dürfte nicht mehr allzugroß gewesen sein. Am Lauf der Entwicklung änderte er genausowenig wie die zur gleichen Zeit publik gemachte Erkenntnis von S.M. Wilhelm II., daß das deutsche Volk an der Regierung beteiligt werden müsse. Und auch die neue Reichsmarmelade konnte die Entwicklung nicht mehr umkehren:

Die neue Reichsmarmelade. Die Reichsstelle für Gemüse und Obst teilt uns mit, daß der Marmeladenbedarf für das Jahr 1918/19 als sichergestellt gelten kann. Es werden die gleichen Mengen Marmelade zur Verfügung kommen wie im Vorjahre. Die neue Reichsmarmelade wird sich aus 60 Teilen reinen Zuckers, 50 Teilen Obstmark (das ist reines Obst nach Entfernung der Schalen und anderer Abfälle) und höchstens 40 bis 50 Teilen Streckungsmitteln zusammensetzen. Der Preis der neuen Reichsmarmelade ist vorläufig auf eine Mark für die Pfunddose festgesetzt.[53]

Anderthalb Monate später gab es keinen deutschen Kaiser mehr, für keine Kriegsanleihe wurde mehr getrommelt, und wer noch eine Pfunddose der neuen Reichsmarmelade bekommen hatte, durfte sich glücklich fühlen …

Hans Brennert, dieser so überaus produktive Szenarist, schrieb jedoch nicht nur Werbefilme für die Kriegsanleihen. 1917 entstand bei der Projektions A.G. Union in

Der feldgraue Groschen

Ein Filmmärchen
aus der Zeit der Kriegsanleihen

von
Hans Brennert

Verlag der „Lustigen Blätter" (Dr. Eysler & Co.) G. m. b. H. in Berlin SW 68

Aus dem Programmheft des Films »Der feldgraue Groschen«

Tempelhof auch ein Film – »Unsühnbar«, mit Adele Sandrock in einer der Hauptrollen –, der für nichts warb, aber vor etwas warnte: Die Erklärung dieses geheimnisvollen Filmtitels sollte das Zitat aus einem Schreiben Generalfeldmarschall Paul von Hindenburgs an Generalleutnant Gröner geben, wo es heißt:

Ich halte es für meine Pflicht, Euer Exzellenz darauf hinzuweisen, daß jede noch so unbedeutende Arbeitseinstellung eine unverantwortliche Schwächung unserer Verteidigungskraft bedeutet und sich mir als eine unsühnbare Schuld am Heere und besonders an dem Mann im Schützengraben, der dafür bluten müßte, darstellt.[54]

Am 2. Oktober 1917 beging Generalfeldmarschall von Hindenburg übrigens seinen 70. Geburtstag. Aus diesem Anlaß wurde er von der deutschen Filmindustrie gefeiert, als wäre er der Präsident des deutschen Films persönlich. Man floß nahezu über vor Dankbarkeit, die man diesem »Förderer der deutschen Lichtbildkunst« entgegenbrachte. In ihrem »Gruß der deutschen Kinematographie« an Hindenburg schrieb

Henny Porten wirbt für die Kriegsanleihe

Ein weiterer Werbefilm für eine Kriegsanleihe: »Aegir«

die Zeitschrift DER KINEMATOGRAPH:

Der Film ist in diesem Kriege eine Waffe geworden. Die Entente war es, die diese Waffe schon im Frieden schmiedete und bereitstellte und sofort nach Kriegsausbruch mit voller Schärfe gegen uns kehrte. (...)

Die Oberste Deutsche Heeresleitung war es, die diese Gefahr noch rechtzeitig erkannte und mit ihr auf deutsche Art fertig wurde.

Der Generalfeldmarschall von Hindenburg und sein Arbeitsgefährte, der Erste General-Quartiermeister Ludendorff, sind es in erster Reihe gewesen, die die deutsche Kinematographie mit zum Kampfe um die Wahrheit heranzogen. (...)

Auch der deutsche Film wird dank unserem großen Hindenburg aus diesem blutigsten aller Kriege als Sieger hervorgehen. Und wenn eines Tages in den deutschen Filmwerkstätten wieder neues Leben blühen wird, wenn sich neue Blüten dieser deutschen Lichtspielkunst entfalten werden, wenn wieder Hunderttausende von deutschen Arbeitshänden Brot und Leben finden werden in dem Wirken für die deutsche Kinematographie, dann wird in allen Herzen der Gedanke lebendig bleiben müssen, daß es das Schwert und der Geist Hindenburgs war, der auch den deutschen Film zu neuem Glanze auferstehen ließ.

Das Licht – das gewaltigste Werkzeug der deutschen Kinematographie – es wurde in den Händen Hindenburgs eine scharfe Waffe, vor deren Leuchten aller Nachtspuk der unterliegenden Gegner zerstob ...![55]

Diese Ergüsse ergänzte in derselben Nummer noch der verantwortliche Redakteur der Zeitschrift, Julius Urgiss – damals Filmkritiker, in den zwanziger Jahren einer der produktivsten Szenaristen des deutschen Films:

In jedem deutschen Haus schmückt am 2. Oktober frisches Grün das Bild des Mannes, zu dem wir emporsehen als dem Symbol der Sicherheit unserer Zukunft und Tausender Gedanken vereinigen sich heute für ihn. Das ist der gemeinsame Schlag aller deutschen Herzen für seinen Volkshelden. (...)

Sein weitschauender Blick! Empfand ihn die Kinematographie nicht auch in einem Maße, das uns ohne ihn vielleicht nie zuteil geworden wäre? Verdanken wir es nicht ihm, wenn die leitenden Kreise – allen Gegnern des Lichts zum Trotz – der Kinematographie eine Aufmerksamkeit widmen, die uns nur zum Segen gereichen kann?[56]

Im April 1917 war das Bild- und Filmamt (Bufa) beim Großen Generalstab geschaffen worden. Dieses Amt ließ direkt kriegspropagandistische Werke produzieren. Paul von Hindenburg und Erich von Ludendorff hatten dafür gesorgt, daß der Film ganz unverhüllt und direkt zu einem Instrument der psychologischen Kriegsführung wurde. Sehr schnell hatte dieses Bild- und Filmamt eine ganze Gruppe von Filmen zur Verfügung, die man in sämtlichen deutschen Kinos – sowohl in der Heimat als auch an der Front – vorführte. Die Filme waren sämtlich »kinderfrei«, denn auch die Jüngsten sollten in den Genuß einer »patriotischen Erziehung« kommen. Hinweggefegt waren die Bedenken jener, die die Kinder aus den Kinos verbannt sehen wollten. Ein weiterer Grund für die Dankbarkeit der deutschen Filmindustrie den Militärs gegenüber.

Der »Förderer der Lichtbildkunst«: Feldmarschall von Hindenburg

Ein Mitbegründer der Ufa: General Ludendorff

Beschlagnahme französischen Eigentums: Annonce im Kinematograph vom 11.4.1917

Täglich zeigten die Kinos in den Jahren 1917/18 Filme des Bufa. So war zum Beispiel am 22. November 1917 in den Neuen Schönholzer Lichtspielen in Pankow die »Anfertigung von Handgranaten« und im Weltstadt-Theater in der Greifswalder Straße 206 die »Herstellung von Wurfminen« zu sehen. Die Rosenthaler-Lichtspiele in der Rosenthaler Straße 4 präsentierten den Kriegsanleihe-Werbefilm »Der papierene Peter« von Rochus Gliese und die U.T.-Lichtspiele »Die Ausbildung von Sanitätshunden«, »Pferde- und Viehreichtum in Rumänien« sowie »Der eiserne Film II. Teil (Hochofen)«.

Im Oktober 1917 vollzog sich dann ein weiterer Schritt der Filmentwicklung im Dienste des Militärs: Diplomaten, Bankiers, Vertreter des Bufa und Militärs hatten sich im Kriegsministerium zusammengesetzt, um über die Reorganisation der deutschen Filmindustrie zu beraten. Am 18. Dezember 1917 war es dann soweit: die Universum Film A. G. (Ufa) wurde gegründet. In deren Aufsichtsrat saßen Vertreter der Schwerindustrie, der Banken und der Elektroindustrie. Die Oberste Heeresleitung hatte damit das mächtigste nationale Filmunternehmen gegründet, das bis 1945 das Bild des deutschen Films bestimmen sollte. Wahrscheinlich verstand man nach dem 18. Dezember 1917 die Gründe für die Elogen besser, die die deutsche Filmindustrie Hindenburg zu dessen 70. Geburtstag dargebracht hatte. Er war zwar nicht der Präsident des deutschen Films geworden, doch saß er am Schalthebel der Macht; er ist es gewesen, der eine für den deutschen Film bestimmende Entwicklung eingeleitet und forciert hat.

Teil der Ufa wurden die größten deutschen Filmgesellschaften, die Projektions A. G. Union, die Nordische und natürlich auch Oskar Messters Filmgesellschaft. 1917 gab es noch einmal eine Veränderung in der Firma des erfolgreichen Unternehmers. In jenem Jahr ordnete der Deutsche Reichskanzler die Liquidation der französischen Niederlassungen in Deutschland an. Pathé Frères und die Deutsche Eclair Film und Kinematographen G. m. b. H. wurden im Juli 1917 enteignet. Deutsche Gesellschaften verkündeten stolz und siegesbewußt, daß sie die Film- und Materiallager dieser Betriebe übernommen hätten. Bei Oskar Messter kam das große, von Pathé Frères erst kurz vor Ausbruch des ersten Weltkrieges errichtete Literaria-Atelier in Tempelhof hinzu. Nun hatte auch Messter die dichtbesiedelten und dichtbebauten Gegenden Berlins verlassen und sich an der Peripherie eingerichtet. Die neuen Studios mit ihrer Fläche von 800 Quadratmetern und einer Höhe von 12 Metern waren jetzt nicht mehr Teil eines ganz normalen Mietshauses – wie noch das vorherige Atelier in der Blücherstraße –, sondern lagen über zwei Stockwerken, in denen die Büros, Garderoben und Lager der Filmgesellschaft untergebracht waren.

In unmittelbarer Nachbarschaft befand sich auch das Atelier der Projektions A. G. Union, Messters einstige Konkurrenz. Jetzt standen beide im Dienste der Ufa. Hier arbeiteten Henny Porten und Ernst Lubitsch, hier entstanden Filme wie »Rose Bernd« und »Monica Vogelsang«, »Madame Dubarry« und »Kohlhiesels Töchter«.

Die Filme des

Bild- und Film-Amtes

laufen in nachstehenden Kinotheatern Groß-Berlins bis einschließlich Donnerstag, 22. Nov. 1917

Riga genommen	Augusta-Lichtspiele, Charlottenburg, Kaiserin-Augustastr.
Oesel genommen	Metropol-Theater, Berlin, Franseckistr. 53
Die XII. Isonzoschlacht ...	Volks-Theater, Berlin, Bellermannstr.
Kämpfe um Tarnopol	Markgrafen-Lichtspiele Markgrafendamm 34
Kämpfe um Focsani	Tilsiter-Lichtspiele, Tilsiter-Strasse 25
Der deutsche Kaiser bei seinen Truppen in Flandern	Tilsiter-Lichtspiele, Tilsiter-Strasse 25
Sturmtrupp-Uebungen	Augusta-Lichtspiele, Charlottenburg, Kaiserin-Augustastr.
Funker-Abteilung	Augusta-Lichtspiele, Charlottenburg, Kaiserin-Augustastr. und Markgrafen-Lichtspiele, Markgrafendamm 34
Ausbildung von Sanitätshunden	U.T. Lichtspiele, Berlin
Hindenburgs 70. Geburtstag	Augusta-Lichtspiele, Charlottenburg, Kaiserin-Augustastr.
Pferde- und Viehreichtum in Rumänien	U.T. Lichtspiele Berlin
Der eiserne Film II. Teil (Hochofen)	U.T. Lichtspiele Berlin
Der eiserne Film III. Teil (Stahlwerk)	Markgrafen-Lichtspiele Markgrafendamm 34
Anfertigung von Handgranaten	Neue Schönholzer Lichtspiele Pankow
Herstellung von Wurfminen	Weltstadt-Theater, Berlin Greifswalderstr. 206
Jerusalem	Universum-Theater Reichenbergerstr. 80
Der papierne Peter	Tilsiter Lichtspiele Tilsiterstr. 25 und Rosenthaler Lichtspiele Rosentalerstr. 4

Militärische amtliche Filme des Bild- und Film-Amts, Berlin

Kinderfrei! **Kinderfrei!**

Im vordersten Graben	136 m lang
Französische Granaten auf St. Quentin . .	246 „ „
Bulgarenwacht a. d. Aegeis	224 „ „
Woewre-Städte als Opfer der franz. Artillerie	163 „ „
Feldgraue Landwirte im Westen	148 „ „
Der König v. Württemberg bei sein. Truppen	189 „ „
Wie Frankreich das Elsass befreit	247 „ „
Türkische Reiterkämpfe in Mazedonien . .	114 „ „
Ein Kampftag in der Champagne	450 „ „
10-Tage-Schlacht bei Monastir	450 „ „
Vorwärts gegen Braila und Galatz	765 „ „
Die Vogesenwacht	965 „ „

Kinderfrei! **Kinderfrei!**

Alleinvertrieb für Rheinland und Westfalen

Zu den Kämpfen um Tarnopol . . . . zirka 600 m

Vormarsch der Deutschen, Oesterreicher und Türken unter den Augen Sr. Majestät, des Prinzen Eitel Friedrich und des General-Feldmarschalls Prinzen Leopold von Bayern. Bilder aus dem befreiten, verbrennenden Tarnopol, der Kaiser auf dem Gefechtsstand im Bereiche des feindlichen Feuers, ungezählte Gefangene und Beutematerial

Alleinvertrieb für das VII. Armee-Korps

Düsseldorfer Film-Manufaktur Ludwig Gottschalk

Telephon: 8630, 8631 **Düsseldorf, Zentralhof, Fürstenplatz** Telephon: 8630, 8631

Werbung für Filme des Bild- und Film-Amtes in Berliner Kinos

Oskar Messter zog sich im Laufe der Jahre immer mehr von der Filmproduktion zurück. Seine Wochenschau wurde 1920 Teil der Deulig-Woche. Der so erfolgreiche Preuße ließ sich später am Tegernsee in Bayern nieder, wo er am 7. Dezember 1943 im 77. Lebensjahr starb – hochgeehrt von den zu jener Zeit in Deutschland Herrschenden. Damals war schon wieder Krieg, aber an dem konnte er sich nicht mehr so aktiv beteiligen, wie er es 25 Jahre zuvor getan hatte. Doch das war wohl nur eine Frage des Alters …

Das Haus Chaussee-
straße 123 heute

Dort, wo die ›Titanic‹ unterging

Chausseestraße Nr. 123: Ein Glashaus im Berliner Norden · Das verlassene Atelier eines Fotografen · Die Deutsche Bioscop Gesellschaft · Guido Seeber: Erfinder und Filmpionier · Kino in Sachsen · Bewegte Bilder auf Vogelwiesen und Schützenfesten · Der Seeberograph: »Reise-Kino-Vorführungs-Apparat« · Die Fortsetzung: Das Seeberophon · »Lebende Photographien« im Freiberger Hotel »Zum schwarzen Roß« · Seeber wird technischer Leiter der Deutschen Bioscop · Tonbilder aus der Chausseestraße · Asta Nielsen im Glashaus des Nordens · Paul Bildts Schauspieler-Anfänge · »Die arme Jenny« entsteht · Guido Seeber fährt nach Babelsberg · Continental Kunstfilm: eine neue Gesellschaft in der Chausseestraße 123 · Der Dramaturg Heinrich Lautensack · Der Schauspieler und Regisseur Max Mack · Der Untergang der »Titanic« · Eisberge im Schuppen · Film-Oberregisseur Harry Piel · Albert Bassermann, Paul Wegener und Emanuel Reicher im Atelier · Filmproduzent und Meisterregisseur Joe May · Rechtsstreit um Kino-Detektiv Stuart Webbs · Kurze Nachkriegs-Renaissance: Ernst Lubitsch, Asta Nielsen, Adele Sandrock in der Chausseestraße …

Fast jedes Haus in dieser Gegend – auch wenn es noch keine hundert Jahre alt ist – scheint Berliner Geschichte auszustrahlen. Allein die Friedhöfe der Dorotheenstädtischen und der Friedrichswerderschen Gemeinde lassen einen Spaziergang in die Chausseestraße zu einem Erlebnis werden. Hier kann man an den letzten Ruhestätten von Hegel und Fichte stehen, von Schinkel und Schadow, von Heinrich Mann und Arnold Zweig, von Bertolt Brecht und Helene Weigel, von Dessau und Eisler ... Und auch am Grab von August Borsig, dem Berliner Lokomotivenbauer, der 1899 das Verwaltungsgebäude seiner Firma in der Chausseestraße 13 – unweit seiner großen Fabrik – errichten ließ, es selbst aber gar nicht mehr in dieser Form sah, weil er noch vor dessen Fertigstellung verstarb. Gegenüber dem Borsig-Haus, auf der anderen Straßenseite, befindet sich heute – in Nummer 125 – die Brecht-Gedenkstätte mit ihren Archiven und einer Buchhandlung.

Um 1850 herum wurde die Umgebung nördlich vom Oranienburger Tor von Fabriken geprägt, von riesigen Hallen und rauchenden Schloten. Hier wurden Dampfmaschinen, Lokomotiven, Eisenbahnwaggons, Druckerei- und Werkzeugmaschinen hergestellt. Doch bald schon änderte die Stadt erneut ihr Gesicht, man hatte wenig Sinn für Traditionen, keine Zeit für Nostalgie. Es wurde abgerissen und neu aufgebaut, und die Industrie verschwand aus der Chausseestraße. Fast alle die Häuser, die heute noch dort oder in der Tieck- und Schlegelstraße stehen, stammen aus der Zeit um die Jahrhundertwende.

Eine Ausnahme ist lediglich das Brecht-Haus, das bereits Mitte des 19. Jahrhunderts errichtet wurde. Doch nicht diesem sorgsam restaurierten Gebäude, in dem einst Helene Weigel und Bertolt Brecht lebten und arbeiteten, gilt meine Aufmerksamkeit. Vielmehr richtet sich mein Interesse auf das Haus daneben, Chausseestraße 123. An der ebenfalls restaurierten Fassade prangt in großen Lettern der Hinweis: »Erbaut MDCCCXCVI« – 1896 also. Seine Jugendstilelemente, die schön gestalteten Balkone der oberen Stockwerke und selbst der schlichtere Durchgang zu den beiden Höfen machen auf den Spaziergänger einigen Eindruck. Von hinten betrachtet, sieht Chausseestraße 123 so aus wie viele andere Berliner Häuser auch – sei es in Mitte, in Kreuzberg oder im Prenzlauer Berg –, Häuser, in denen sich um die Jahrhundertwende Wohnungen neben Büros, Werkstätten neben Lagerräumen befanden. In Nummer 123 dominiert heute – mit Büros in mehreren Etagen – die Konzert- und Gastspieldirektion Berlin. Kein Schild informiert allerdings den Passanten, daß genau hier, in diesem Gebäude, vor vielen Jahren Filme gedreht wurden. Filme, die heute zum großen Teil genauso vergessen sind wie dieses frühe Atelier. Es gibt aber noch das eine oder andere in der Chausseestraße entstandene Werk, das die Zeiten überdauert hat und heute in keiner Geschichte des deutschen Stummfilms fehlt.

Man weiß, daß auch Häuser ihre Schicksale haben. Chausseestraße 123 wurde 1896 auf einem Grundstück erbaut, auf dem zuvor bereits ein Gebäude gestanden hatte, das unter anderem die Marmorwaren-Fabrik Sasse, einen Tischler und die Spar- und Credit-Genossenschaft Eintracht beherbergte. Damals trug es eine andere Nummer; erst im Jahre 1907 wurde die gesamte Chausseestraße umnumeriert, und aus 116 wurde 123. 1897 zogen dann die ersten Mieter in das – laut Adreßbuch einem K. Galuschke, Zimmermannstr., gehörende und vom Polizeibeamten K. Oehmke verwaltete – Haus ein: Drei Kaufmänner, ein Gastwirt, eine Witwe, ein Portier und noch ein weiterer Polizeibeamter. 1898 kam Dr. jur. J. Brock hinzu, Rechtsanwalt, später Justiz-Rat, der bis in die dreißiger Jahre des 20. Jahrhunderts hier wohnte. Ebenfalls 1898 quartierte sich die Tanzschule W. Schmidt in der Chausseestraße 123 ein, des weiteren der »Waaren-Einkaufs-Verein zu Görlitz, Act. Ges.« sowie Georg Busse, »Photograph für Illustrationen«. Im Laufe der Zeit wechselten natürlich die Eintragungen im Adreßbuch. So wurde später eine Weinhandlung aufgemacht, auch eine Lampenfabrik folgte. 1907 richtete sich hier das Mörtelwerk Waidmannslust ein, im Jahr darauf ein Anatomisches Museum sowie »Herrlingers Prachtsäle«, die wohl nichts anderes als eine Kneipe oder ein Restaurant waren.

Interessant für uns ist dieser »Photograph für Illustrationen«, Georg Busse, denn wie wir bereits wissen, richtete man die ersten Berliner Filmateliers nach dem Vorbild der Fotografen-Studios ein. Oft wurden diese auch gleich direkt genutzt, um dort Filme oder »lebende Photographien« zu drehen. 1904 verließ Georg Busse das Haus bereits wieder, nur knapp sechs Jahre hatte er hier sein Geschäft betrieben. 1908 erschien dann ein neuer, für uns wichtiger Mieter: Die Deutsche Bioscop Gesellschaft m. b. H.

Mehrere, die bereits in diesen frühen Jahren in der Chausseestraße 123 mit dabei waren, haben sich in ihren Memoiren an das Glashaus im Berliner Norden erinnert. Einer von ihnen, Guido Seeber, damals Technischer Leiter der Deutschen Bioscop, später einer der großen Kameramänner des deutschen Stummfilms, hat dieses Atelier kurz beschrieben. Guido Seeber (1879–1940), der Filmpionier aus Chemnitz, ist eine Abschweifung wert. Verlassen wir deshalb für einen Moment Berlin, um uns ins Sächsische zu begeben.

»Guido Seeber oder die Einführung des Kinos in Sachsen« – man könnte sich vorstellen, daß jemand irgendwann einmal eine ausführliche Arbeit zu diesem Thema vorlegt. Material darüber, das Seeber, und nach seinem Tod dessen Frau Martha, für die Nachwelt gesammelt und sorgsam aufbewahrt haben, gibt es genug. Dieses Material – technische Geräte, Filme und Filmausschnitte, Zeitungsartikel,

Ein zukünftiger Filmpionier: Guido Seeber

Bücher und Broschüren – bildeten die Basis einer 1979 in Berlin(West) gezeigten Ausstellung. Dem dazugehörigen, faszinierenden Katalog, »Das wandernde Bild – Der Filmpionier Guido Seeber«, verdanke auch ich fast alle meine diesbezüglichen Informationen.

Eigenartigerweise begann in Sachsen alles so ähnlich wie im preußischen Berlin. Analog zur Großen Gewerbeausstellung im Treptower Park fand im Sommer 1896 eine solche auch in Dresden statt. Wahrscheinlich war dort alles ein wenig kleiner als in Berlin, aber immerhin wurden ebenfalls »lebende Photographien« einem staunenden Publikum demonstriert. Zudem führte die findige Firma Lumière aus Lyon einige ihrer kleinen Filme mit eigenen Apparaten vor. Die Angestellten der Messieurs Lumière drehten in Dresden sogar »aktuelle Szenen«; der Katalog weist drei Aufnahmen aus: 229. Postplatz – 230. Vieux quartier à l'Exposition. – 231. August-Brücke.[57]

Vermutlich handelt es sich bei dem zweiten Sujet um eine Aufnahme von besagter Gewerbeausstellung.

Einer dieser Lumièreschen Vorführungen wohnte auch Clemens Seeber, der Fotograf aus Chemnitz, bei. Er sah den Eisenbahnzug, der in Villefranche-sur-Saône ankommt, die heute berühmte und vielbeschriebene Szene aus »L'arrivée d'un train en gare« und noch etliches andere. Clemens Seeber war begeistert, hatte er doch selbst schon einige Versuche in dieser Richtung unternommen. Sein Eifer wurde noch angestachelt, als einige Wochen später im Mosella-Saal in Chemnitz, einem Varieté, ein Schausteller unter reichlich unzulänglichen Bedingungen »lebende Photographien« vorzuführen versuchte. Lumière verkaufte Seeber jedoch weder seine Filme noch einen Vorführapparat. So machten sich Vater Seeber und Sohn Guido auf nach Berlin, in die Reichshauptstadt, um dort Filme und eventuell auch einen Projektionsapparat zu erwerben. Sie gingen ins Apollo-Theater und sahen dort Messters Filme. Von ihm kauften sie einen Vorführapparat und acht bis zehn Filme von je ca. zehn Meter Länge. Diese zeigten sie dann 1897 – ganz ähnlich wie in Berlin – am Schluß des Varieté-Programms im Chemnitzer Mosella-Saal. Das Programm weist folgende Filme aus: 1. Die Westeisbahn in Berlin (Messter), 2. Ein Galopp im Manöver (Messter), 3. S.M. Kaiser Wilhelm II. auf der Vulkanwerft in Stettin am 4. Mai 1897 (Messter), 4. Am Bahnhof Warschauer Straße in Berlin, 5. Das Geisterschloß (Méliès), 6. Bade zu Haus! (Werbefilm für Wellenbadschaukel), 7. Schnellmaler Clown Jigg (Messter), 8. Ein Kuß auf dem Maskenball (Messter-Aufnahme mit dem Komiker Robert Steidl). Der letzte Beitrag soll übrigens die erste Großaufnahme des Films gewesen sein.

Genau wie Messter in Berlin, so hatte auch die Firma Seeber in Chemnitz mit ihren Vorführungen einen gewaltigen Erfolg. Bald meldeten die Saalbesitzer anderer sächsischer Städte Interesse an diesen Filmen an. Guido Seeber berichtet:

Verschiedene Saalbesitzer der umliegenden Städte hatten diese Vorführungen gesehen und forderten meinen Vater auf, doch auch in ihrem Saal an einem Sonntag eine solche Vorstellung

Der Mosellasaal in Chemnitz

zu veranstalten. Diesen Anträgen wurde auch Folge geleistet, und es entwickelte sich daraus eine Art »Wanderkino«, wie wir es heute nennen, denn die Nachfrage war groß; besonders an Sonntagen, um der Landbevölkerung Rechnung zu tragen, veranstalteten wir solche Vorführungen. In nicht allen Orten war der in Frage kommende Saal mit elektrischem Kraftstrom eingerichtet. Oftmals half man sich damit, daß man diesen einer nahe gelegenen Fabrik entnahm oder einen Hilfsanschluß an eine Freileitung anklemmte. In verschiedenen Städten, wo nur einphasiger Wechselstrom zur Verfügung stand, errichteten wir eine improvisierte Umformer-Anlage, um wenigstens die erforderlichen 15 Amp. Gleichstrom für eine einwandfreie Projektion zu erhalten. Fast alle in unserem Umkreis gelegenen Orte wurden nach und nach besucht, und unsere Ankündigung bildete in den folgenden Jahren stets eine Sensation. Genannt seien die Orte: Döbeln, Leisnig, Freiberg, Meerane, Penig, Annaberg, Reichenbach, Plauen, Zwickau, Waldheim, Bärenstein, Zschopau, Flöha, Augustusburg, Tharandt, Wilsdruff, Groß-Schirma, Mulda, Meißen, Nossen und viele andere mehr.[58]

Photographisches Atelier
22. Guido Seeber 22.
Telephon-Anschluss 205.
Täglich Portrait-Aufnahmen.
Victoria-Versicherung.
Restaurant „Stahlrad"
H. Giesemann
Gold, Silber & Alfenid-Waaren

Wie fast alle Filmpioniere hatten auch die Seebers den Ehrgeiz, nicht nur Filme vorzuführen, sondern selbst welche zu drehen. Auch hier half wieder die Firma Messter. Technische Schwierigkeiten wurden überwunden, und bald konnte Guido Seeber eigene Aufnahmen zeigen. Natürlich filmte er vor allem lokale Ereignisse; Bilder von Schützenfesten sollen die Attraktion in seinen Vorstellungen gewesen sein. Im Nachlaß Guido Seebers befinden sich die Reste einiger Aufnahmen, die er in jenen Jahren gemacht hat: von König Albert in Döbeln (1898), von der Berufsfeuerwehr in Chemnitz (19.8.1898), vom Lokomotiventransport in Chemnitz (1898), vom Schützenfest in Leisnig (26.6.1898), von der Ausfahrt der sächsischen China-Krieger in Bremerhaven (1900), vom Besuch König Georgs in Chemnitz (10.9.1902) und in Freiberg (7.5.1903).[59]

Das Geschäft der Seebers blühte um die Jahrhundertwende, und als man in Chemnitz-Schönau ein weiteres Varieté eröffnete, den Chemnitzer »Wintergarten«, da waren auch Clemens und Guido Seeber dabei, um ihre Filme vorzuführen. Genau wie Messter im Berliner Apollo-Theater, so gelang es mitunter auch den Seebers in Chemnitz, die Artisten des jeweiligen Varieté-Programms zu verpflichten, ihre Nummer vor der Kamera zu wiederholen. So bekamen die Seebers neue, für die Bevölkerung außerhalb Chemnitz' zugkräftige Filmaufnahmen.

Seeber, Pionier und Erfinder, Organisator und bald auch Künstler – wie fast alle jene Männer, die sich damals den »lebenden Photographien« widmeten –, konstruierte auf der Basis von Messters Vorführgerät einen speziell für Tourneen geeigneten »Reise-Kino-Vorführungs-Apparat«, dem er – um ihn aus urheberrechtlichen Gründen zu schützen – einen Namen gab: »Der Seeberograph – Projektionen lebender Photographien in höchster Vollendung« – verkündete er auf seinen Plakaten und Programmen.

Und die Zuschauer kamen in Scharen, um die Sensation zu erleben. Sie kamen ins Stadttheater nach Annaberg, in Hertel's Hotel nach Meerane, in den Prater-Saal von Reichenbach, ins Freiberger Hotel Zum Schwarzen Roß und ins Hotel Weißer Adler nach Wilsdruff.

Der Lokalpresse waren diese Vorführungen so manchen Beitrag wert. Im Freiberger Anzeiger und Tageblatt schrieb ein Journalist:

Vorführung von Seebers Lebenden Photographien. Was das Telephon und ähnliche Erfindungen für unseren Gehörsinn bedeuten und leisten, das bedeutet und leistet für den Gesichtssinn der Biograph, das heißt jener Apparat, mit Hilfe dessen uns die sogenannten Lebenden Photographien vorgeführt werden. Bis vor wenigen Jahren war die Photographie, die Verkörperung des Lebens und der Natur, die einzige Augenblicksdarstellung, in der wir uns Szenen, Vorkommnisse oder Menschen vergegenwärtigen konnten. Die Erfindung des Kinematographen oder seine verbesserte Abänderung, der Biograph, brachte in dieser Hinsicht eine vollständige Umwälzung. Der Biograph zeigt dem Beschauer die bis ins Kleinste gehenden lebenden Nachbildungen aller Vorgänge. Was das Auge sehen kann, kann auch die biographische Camera sehen. Von diesem Grundsatz ausgehend, hat man biographische Apparate konstruiert, welche im

Seite 124
Das Atelier von Guido Seeber in Chemnitz

Die Petersstraße in Freiberg mit dem Hotel »Zum Schwarzen Roß« (rechts)

Stande sind, die Lichteindrücke ebenso schnell hintereinander aufzunehmen, wie das menschliche Auge. Die enorme Anzahl der auf diese Weise gewonnenen Einzelphotographien wird dann durch den vielgestalteten und kostspieligen Mechanismus in derselben großen Geschwindigkeit wieder vorgeführt, mit der die Bilder ursprünglich aufgenommen wurden. Die unbedingte Folge davon ist, daß das Auge genau denselben Eindruck bekommt, den es erhalten haben würde, wenn es die photographierte Szene selbst gesehen hätte. Freilich, von dieser sehr richtigen Theorie bis zu der vollendeten Praxis ist noch ein weiter Schritt, der nur mit Hilfe tadelloser Aufnahmen und ausgezeichneter Reproduktionsapparate erfolgreich gethan werden kann. Aber nicht nur das verwendete Material muß von sehr guter Beschaffenheit sein, es gehört auch vorzügliche Sachkenntnis und eine geschulte Hand dazu. Alle diese Voraussetzungen finden sich bei dem Unternehmen des Herrn Seeber aus Chemnitz vor. Vor einer überaus zahlreichen Besucherschaft erfolgte gestern Abend im Saale des Hotels zum Schwarzen Roß die erste Vorführung von Seebers lebenden Photographien. In der That, es ist nicht zu viel gesagt, wenn Herr Seeber in seinen Ankündigungen bittet, daß man sein Unternehmen nicht mit ähnlichen Vorführungen vergleichen solle. Es läßt sich auch gar nicht damit vergleichen, denn bisher wurde die Vorfüh-

rung lebender Photographien wohl überhaupt noch nicht in dem großen Stile geübt, wie Herr Seeber es thut. Während bei ähnlichen Veranstaltungen dem Beschauer 6 bis 8 Einzelserien innerhalb einer kurzen Zeit vorgeführt werden, hat Herr Seeber es unternommen, mit seinen Darbietungen einen ganzen Abend auszufüllen, eine Aufgabe, die er in der erfolgreichsten Weise löst. Seine Bilder sind von tadelloser Schärfe und Klarheit, und der Apparat funktioniert mit vollkommener Sicherheit, sodaß nichts von jener die Augen ungemein ermüdenden Unruhe zu gewahren ist, die bei früheren kinematographischen Vorführungen sich so überaus unangenehm bemerkbar machte. Auch von dem störenden Flimmern, das oft solchen Bildern eigen, ist nicht das Geringste zu bemerken. Die Bilder gleiten regelmäßig und erscheinen ruhig und gleichmäßig, sodaß eine vollkommene Täuschung erzielt wird. Die vorgeführten Bilder selbst sind durchgängig interessant und neu. Was bekommt man da alles zu sehen. Wir sehen in erschrekkender Naturwahrheit Eisenbahnzüge heranbrausen und davonsausen, wir glauben uns im Zuge sitzen und sehen die wechselvolle Landschaft draußen vor dem Fenster vorübergleiten. Oder es scheint, als befände man sich auf der dahinrasenden Lokomotive; Bäume, Wälder, Häuser fliegen vorbei, der Zug donnert über eine Brücke, dann geht es mit Windeseile auf einen Tunnel zu. Die finstere Oeffnung wächst uns beängstigend mehr und mehr entgegen: dann gehts hinein in den finsteren Schlund, endlich winkt die Oeffnung, und hinaus in die sonnige Landschaft braust der Zug an einer Station, weiter immer weiter. Auf anderen Bildern sehen wir reitendes Militär, lebendige Straßenszenen, reizende Bilder aus dem Kinderleben. Oft kommt auch ein Hexenmeister und unterhält sein Publikum durch allerhand unglaubliche Zauberstückchen und tollen Geisterspuk. Wir sehen die kaiserliche Familie ausfahren; die Täuschung ist hier so treffend, daß man meint, man müsse um die zahlreichen Geschirre, welche während des Einsteigens des Kaiserpaares vor der Szene im Vordergrund vorbeirollen, hinumsehen können. Das Auftreten einer Serpentinentänzerin in ihrem buntschillernden Gewand ist von wunderbarer Wirkung; jemand, der während dieser Vorführung den dunklen Saal betritt und nicht weiß, um was es sich handelt, kann thatsächlich glauben, es tanzt wirklich ein Mensch von Fleisch und Blut auf der dunklen Bühne. Von dem Nerven erregenden Vergnügen, das den Spaniern die Stierkämpfe bereiten, bekommt man durch mehrere Bilder einen Begriff. Man sieht, wie der Stier gehetzt und gereizt wird, wie er wüthend einherjagt, wie der Torero hoch zu Roß gewandt zur Seite lenkt, man sieht die Spieße schwirren, sieht, wie das wüthende Thier seine Peiniger niederrennt. Dann wird es schließlich besiegt und die Stierkämpfer geben ihm den Nackenstich – ein Bild von aufregender Lebenswahrheit, das dazu angethan ist, Grauen zu erregen vor diesem »Vergnügen« des spanischen Volkes. Es ist unmöglich, alle die einzelnen Bilder besonders zu erwähnen. Das Angeführte wird genügen, um einen Begriff von der Fülle und Reichhaltigkeit des Gebotenen zu geben. Die Vorführungen, bei denen auch der Humor voll zu seinem Rechte kam, fanden ungeheuren Beifall.[60]

Als in Berlin so um das Jahr 1903 Messter und andere mit der Herstellung von Tonbildern begannen, da folgte Guido Seeber in Sachsen sofort nach. Das »Seeberophon« war 1904 eine neue Attraktion für die Sachsen. »Das Seeberophon ist eine Maschine, welche die Sprache durch ein Grammophon, das Bild durch den Seeberograph, das synchrone Zusammenwirken durch eine besondere Konstruktion erhält.«

Guido Seeber 1897
an seiner Kopiermaschine

Und so erlebten nicht nur die Zuschauer im Berliner Apollo-Theater, wie Paul Lincke das »Glühwürmchen«-Idyll aus »Lysistrata« dirigierte, sondern auch die Zuschauer im Königreich Sachsen …

1905 starb Clemens Seeber. Sein Sohn gab einem kleinen Chemnitzer Kino den Namen »Seeberograph« und zog – wie er später selbst schrieb – »hinaus in die Welt«. Er verließ sein »engeres Vaterland Sachsen«, arbeitete in Frankfurt am Main bei der Rohfilmfabrik Schleußner A.-G. und kam schließlich 1909 zur Deutschen Bioscop nach Berlin SW 48, Friedrichstraße 236, Atelier für Filmaufnahmezwecke: Chausseestraße 123 – so stand es auf dem Briefkopf dieser Gesellschaft. Seeber hatte die Vorführung von Filmen aufgegeben, um sich nun vollauf ihrer Produktion zu widmen. In einem Beitrag, den er unter dem Titel »Als Babelsberg entstand« veröffentlichte, beschreibt er das bescheidene Studio:

Die Deutsche Bioskop-Gesellschaft Berlin SW 48, Friedrichstraße 236, benutzte im Jahre 1908 auf dem Grundstück Berlin N, Chausseestraße 123, für Filmaufnahmezwecke ein verhältnismäßig kleines ehemaliges Photoatelier. Die ursprünglichen Abmessungen waren etwa 6 × 9 m, und durch Erweitern, allerdings ohne Vergrößerung des Glasdaches, gelang es, den Aufnahmeraum auf etwa 11 × 12 m zu vergrößern. Als Lichtquelle benutzte man, so gut es ging, das Tageslicht allein, fügte dann einige Westminster-Lampen dazu und endete schließ-

„Der Seeberograph"

Beginn des Concertes: 8 Uhr.
Anfang der Vorführung: 8½ Uhr.

Projektion lebender Riesen-Photographien in höchster Vollendung.

Ende gegen 10½ Uhr.

PROGRAMM.

I. Teil.

Concert des Stadtmusikchors.

a) Marsch
b) Ouverture
c) Walzer.

„Der Seeberograph".

Promenade der Elefanten in China. — Im Dorfbade. — Gestörte Unterhaltung. — Das lebende Portrait. — Tanz der Wassernixe. — Mysteriöse Zerstückelung. — Grosse Wäsche. — Das Vergrösserungsglas der Grossmutter. — Abenteuer zweier Fischersleute. — Rundgang des deutschen Kronprinzen in der Düsseldorfer Ausstellung. — Besuch meines Onkels in einem Maler-Atelier. — Missglück eines Luftschiffers. — Der Welt-Zauberer. — Bauern beim Frühstück. — Unwetter in einem Zimmer. — Wie „August" das Publikum begrüsst. — O, lass mich nochmals träumen. — Schwarz und weiss oder der Narren-Omnibus.

10 Minuten Pause.

II. Teil.

Musikstück.

„Der Seeberograph".

Grosses Panorama des Rheinfalles bei Schaffhausen. — Antilopen im Hamburger Tiergarten (eigenartig durch deren 3–4 Meter grossen Sprünge.) — Dampferfahrt Ihrer Majestäten auf dem Potsdamer See. — Kaiser Wilhelm II. in der Düsseldorfer Ausstellung. — „Grossfeuer!" 1. Die Feuermeldung. 2. Das Anspannen der Pferde und das Abfahren der Feuerwehr. 3. Im Galopp zur Brandstätte. 4. „In höchster Gefahr". 5. Die Rettung einer Familie. 6. Die Thätigkeit der Feuerwehr. 7. Die Rettung mit dem Sprungtuche. 8. Das Ablöschen der Brandstätte. — Opium-Raucher. — Hydraulische Phantasie. — Eine lustige Lekture. — Rundfahrt des englischen Königspaares in London. — Chinesischer Fächertanz. — Das magische Schwert. — Studentenstreich. — Gibson, der verrückte Amerikaner. — Masken und Grimassen.

15 Minuten Pause.

III. Teil.

Musikstück.

„Der Seeberograph".

Gletscherparthie bei Besteigung der Hochalpen. — Vor dem Hotel L'Angleterre in Genf. — König Menelik von Abessynien passirt mit seinen Begleitern den At-Bora. — Eine Fahrt über die längste Brücke der Welt von Brooklyn nach New-York. (Von einer Lokomotive aus aufgenommen.) — Die Malabar-Neger im Pariser Zoologischen Garten. — Unmögliches Equilibre. — Dämmerungstanz. — Arabischer Sport, Scenen aus dem Leben der Araber. — Die menschlige Fliege. — Grosse Parade vor dem Kaiser in Düsseldorf. — Der Zaubertisch. — Ein Spass in der Backstube. — Das neueste Heilverfahren. — Der erste Versuch.

10 Minuten Pause.

IV. Teil.

Musikstück.

„Der Seeberograph".

Einzug S. Maj. König Georgs nebst Gefolge in Chemnitz am 10. September 1902. — Umlegen einer Mauer. — Wintervergnügen. — Polo-Spiel auf dem Wasser. — Ein Zeitvertreib. — Spanische Königs-Parade. — Samson und Dalila. Biblisches Gleichniss in 8 Bildern, dem alten Testament entnommen. 1. Samson trägt die Tore der Stadt Gaza fort. 2. Dalila schneidet Samson die Haare ab. 3 Samsons Gefangennahme. 4. Samson ist zur Zwangsarbeit verurtheilt. 5. Ein Fest im Tempel des Götzen Dagon. Samson ist in den Tempel geführt zur Belustigung des Volkes. 7. Zusammensturz des Tempels. 8. Apotheose. — Raupenlarve u. goldener Schmetterling. — Eine Fahrt auf der Zahnradbahn von Taritet am Genfer See. — Ein modernes Haarwuchsmittel. — Sturmflut an der Mole von Dover. — Wie man Tapezierer wird. — Das unruhige Heim. — Wunderbare Henne. — Idylle im Tunnel.

Aenderungen des Programms sind vorbehalten. — Es wird höflichst gebeten, möglichst wenig zu rauchen.

Das Programm des Seeberographen

lich mit einer Quecksilberdampflampen-Anlage von 60 teils 1,20 m, teils 1,40 m langen Lichtröhren. Diese Lichtanlage genügte, um ohne jedes Tageslicht Filmaufnahmen vornehmen zu können; und in diesem Atelier entstanden 1911 nebst einer Reihe kleinerer die ersten acht großen Asta-Nielsen-Filme.[61]

Auch sie, der große Stummfilm-Star, erinnerte sich an jene Zeit:

Die »Deutsche Bioscop« hatte damals ein kleines Aufnahmeatelier in der Chausseestraße inne, das in einem Dachraum untergebracht war. Dort wurden auch die beiden ersten Filme gedreht, in denen ich in Deutschland mitwirkte. Die Photographie besorgte Guido Seeber, zu jener Zeit bereits ein Meister seines Fachs, sehr im Gegensatz zu dem Operateur meines ersten Films in Dänemark.[62]

Seebers Worten zufolge habe er in den Räumen Chausseestraße 123 weit über hundert Tonbilder aufgenommen. Plötzlich war er Oskar Messters Konkurrent geworden. Der drehte seine Tonbilder in der unteren Friedrichstraße, die Bioscop weiter nördlich in der Chausseestraße, und beide stürzten sich auf dieselben Schauspieler: Auf die Stars des Apollo- und des Metropol-Theaters. Tonbilder aus der großen Metropol-Revue »Hallo!« entstanden sowohl in der Chaussee- als auch in der Friedrichstraße. Die Musik der Schallplatten stammte in beiden Fällen vom selben Komponisten: von Paul Lincke. Zu dessen Klängen tummelten sich 1909 vor Guido Seebers Kamera drei Schülerinnen der berühmten Tänzerin Olga Desmond und stellten den »Schönheitsabend« aus der Revue »Hallo!« nach. Ganze 58 Meter war der Film lang …

Nur ein Bruchteil der sehr beachtlichen Produktion von Tonbildern ist uns heute wenigstens dem Titel nach bekannt. Von der Mehrzahl dieser Filme existiert weder eine Kopie, noch wissen wir, wie sie hießen. Doch die Urformen jener Video-Clips, die heute über die Bildschirme flimmern, jene kleinen Schlager-Filmchen, hatten in diesen Tonbildern, die kurz nach der Jahrhundertwende in Berlin gedreht wurden, ihre Vorläufer …

Kameramänner waren in den Anfangsjahren des Kinos – wie fast alle Filmleute damals – außerordentlich vielseitig. Seeber drehte Spiel- und Trickfilme im Atelier, und er drehte aktuelle Aufnahmen in und um Berlin. Als am 29. August 1909 Zeppelin III auf dem Tegeler Schießplatz landete, war er genauso dabei wie bei den Flugvorführungen der Brüder Wright auf dem Tempelhofer Feld. Beide Filme wurden im September 1909 in den ersten Programmen des soeben eröffneten U.T. am Alexanderplatz vorgeführt. Zündhölzer verwendete Seeber für seinen 1909 entstandenen Trickfilm »Die geheimnisvolle Streichholzdose«. Zum Jahreswechsel 1909/10 steuerte die Bioscop den Trickfilm »Prosit Neujahr 1910!« bei. Zeit seines Lebens interessierte sich Seeber für Filmtrick und Trickfilm. Schließlich hatte er schon damals im Sächsischen die herrlichen Werke des großen Franzosen Georges Méliès gezeigt!

Doch im Zentrum aller Aktivitäten der Bioscop und ihres technischen Leiters standen 1910 natürlich die Spielfilme. Für deren Produktion war das Atelier in der Chausseestraße gemietet worden. Wie alle anderen Gesellschaften, so versuchte auch die Deutsche Bioscop, namhafte Berliner Schauspieler für ihre Filme zu gewinnen. Sie engagierte ein junges Mädchen, das schon in mehreren Tonbildern gespielt hatte und das trotzdem noch kaum jemand kannte: Henny Porten. In »Schuld und Sühne« stand sie 1910 im Bioscop-Atelier, Chausseestraße 123, vor der Kamera von Guido Seeber. Einige Wochen später ging sie dann zu Oskar Messter, trat in dem Melodram »Das Liebesglück einer Blinden« auf und wurde ein früher deutscher Stummfilmstar.

Partner der Porten in »Schuld und Sühne« war ein 25jähriger Mann, der unter Berlins Schauspielern schon einen Namen hatte, wenn er auch noch längst kein Star – weder der Bühne noch des Films – war: Paul Bildt. Als ich begann ins Kino zu gehen, in den fünfziger Jahren, sah ich Bildt als liebenswürdig-gefährlichen Geheimrat Mauch im DEFA-Film »Der Rat der Götter« oder auch als Glasmännlein im DEFA-Märchenfilm »Das kalte Herz«. Da konnte Bildt schon auf weit über hundert Filmrollen verweisen. Als seine Karriere ihren Anfang nahm, 1910, war er an zwei Berliner Schiller-Theatern engagiert. Im Schiller-Theater (O), im Haus des Wallner-Theaters, stand er unter anderem in Ludwig Fuldas »Der Dummkopf« auf der Bühne; im Schiller-Theater in Charlottenburg wirkte er in Tolstois »Macht der Finsternis« mit. (Hauptdarsteller beider Stücke war übrigens Conrad Wiene, dessen Bruder Robert später den weltberühmten »Caligari« drehen sollte.)

Paul Bildt entsann sich gut seiner kinematographischen Anfänge:

Zum Film bin ich früh gekommen, zu der Zeit, da die Verhältnisse noch sehr primitiv waren. In einem ehemaligen fotografischen Atelier in der Chausseestraße, das man ausgebaut hatte, fanden die Aufnahmen statt – unsere Garderobenräume zum Beispiel bestanden aus kleinen Ecken, die durch Portieren abgeteilt waren. Einer meiner ersten Filme hieß »Sündige Liebe«. Für die Balkanländer, die einen etwas kräftigen Akzent gebrauchen konnten, war ein Extraschluß gemacht worden. Ich mußte meinem Gegner die Pistole in die Hand drücken; er hatte vor einen großen Spiegel zu treten, die Waffe an die Schläfe zu setzen und genau zu beobachten, wie er sich erschoß. Es war auch nicht immer ein reiner Genuß, sich hinterher auf der Leinwand zu sehen. Da saß ich in einem kleinen Kino in der Friedrichstraße, um mir diese »Sündige Liebe« anzusehen. Die zärtlichen Szenen fanden ein erheiterndes Echo, denn jedesmal, wenn ich meine Partnerin umarmte und sie küßte, jauchzte das Publikum laut auf. Man schämte sich geradezu, und so rückte ich eiligst aus, um ja nicht erkannt zu werden.[63]

Sechsmal Guido Seeber: Trickaufnahme im Atelier der Deutschen Bioscop

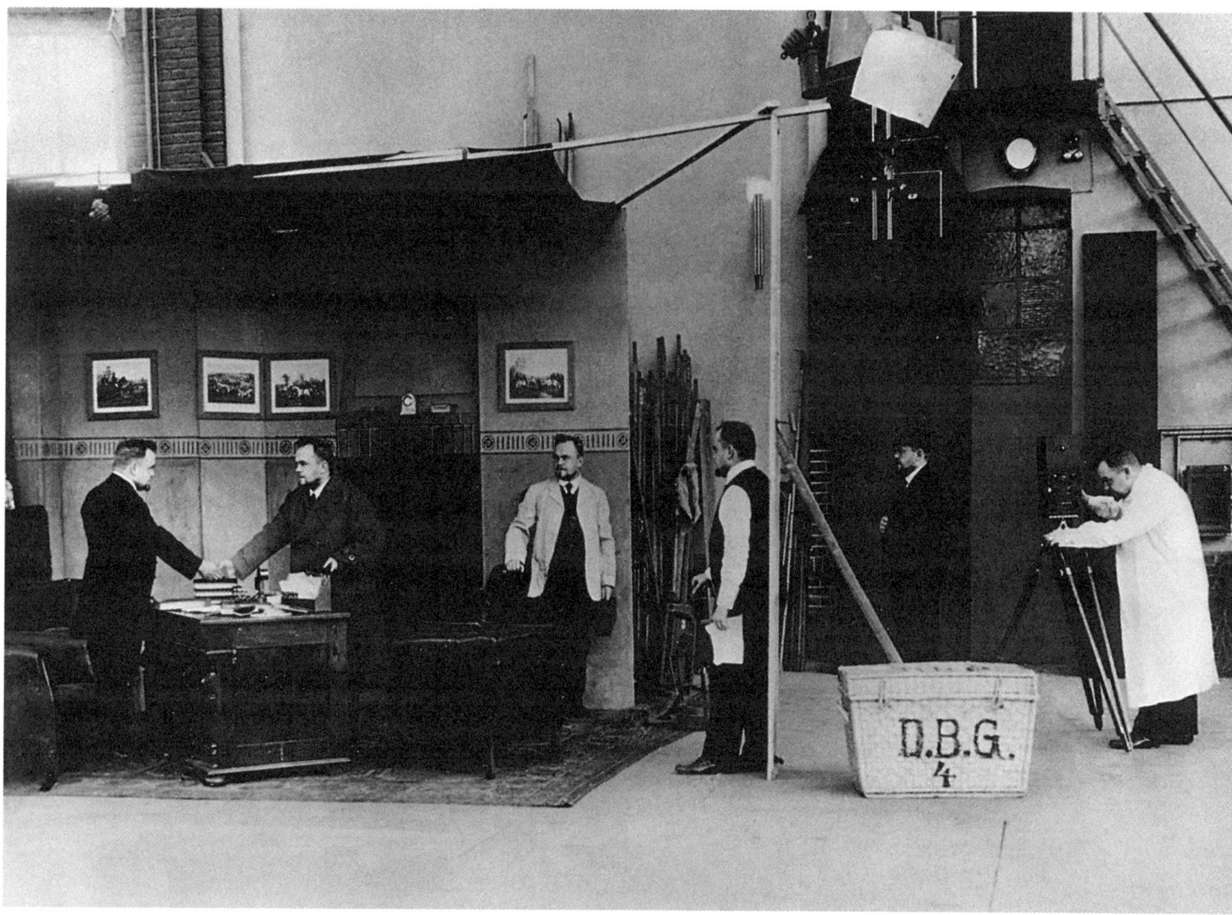

»Sündige Liebe«, ein Film der Deutschen Bioscop von Emil Albes (Regie) und Guido Seeber (Kamera), gedreht in der Chausseestraße 123. Bildts Partner waren Hugo Flink und Ilse Oeser. Wahrscheinlich ist auch dieser Film, der am 23. September 1911 in die Kinos kam, heute verschollen. Erhalten geblieben ist dagegen ein zwei Jahre später entstandener: »Die Landstraße«. Angepriesen wurde er als einer der ersten »Autorenfilme«, denn das Buch dafür hatte nicht irgendein Schreiberling verfaßt, sondern der angesehene Schriftsteller Paul Lindau. Die um Anerkennung ringende Filmindustrie buhlte damals auch um die geachteten, populären Literaten. Fast fünfzig Jahre später sprach man erneut vom »Autorenfilm«, da meinte man indes Filme, deren Drehbücher die Regisseure selbst geschrieben hatten.

»Die Landstraße« wurde allerdings nicht in der Chausseestraße, sondern von der Deutschen Mutoskop- und Biograph GmbH. in ihrem Atelier in Berlin-Lankwitz gedreht. Wiederum mit Paul Bildt, der in dieser »Tragischen Erzählung aus dem Thüringer Land« einen alten, später sterbenden Mann darstellt. Wer den Film heute sieht, wundert sich, daß der 27jährige einen Greis spielt, bereits eine ähnliche Rolle wie vier Jahrzehnte später bei der DEFA. Auch auf der Bühne verkörperte er seinerzeit alte Männer, in »Die Macht der Finsternis« zum Beispiel den alten Akim. Auch Ernst Lubitsch und später Lupu Pick, selbst zwischen Zwanzig und Dreißig, verkörperten damals auf den Berliner Bühnen immer wieder alte Männer. Werner Krauss, dem es ebenfalls so erging, gibt als Grund dafür an, daß die jungen Akteure in der Lage seien, die Hilflosigkeit des Alters zu spielen, weil sie das schon als Kinder durchgemacht hätten, das Stammeln und Nicht-gehen-Können. Mag sein, aber konnten sie auch die Weisheit des Alters »spielen«? Krauss meint, daß einer den Mann von vierzig Jahren erst dann interpretieren könne, wenn er selbst vierzig sei. Mit dreißig könne er das noch nicht, sondern tue höchstens so als ob …

In der Chausseestraße 123 traf Paul Bildt 1910 eine schon berühmte Mimin:

Eines Tages wurde ich von einer Filmgesellschaft angerufen und gefragt, ob ich mit Asta Nielsen filmen wollte. Mir war der Name noch kein Begriff, erst später sollte ich ihre große Darstellungskunst kennenlernen. Ich machte mich also auf den Weg zum Atelier, mußte einen langen halbdunklen Gang passieren und sah plötzlich einen großen Reisekorb, der da vor einem Raum stand. Als ich näherkam, sah ich, daß auf dem Korb eine Puppe kauerte, lebensgroß, so, wie man sie vom Panoptikum her kannte. Sie trug ein schwarzes Trikot, von dem das kreideweiße Gesicht mit den schwarzen Ponys sich gespenstisch abhob. Die Augen waren geschlossen, die Lider trugen lange, dunkle Wimpern. Furchtsam ging ich an der reglosen Gestalt vorbei und trat in den Raum, wo mich der Regisseur Urban Gad, Asta Nielsens Gatte, erwartete. Wir wechselten einige Worte, bekamen rasch Kontakt miteinander, da rief Gad: »Asta!« Ich drehte mich um, sah, wie die Puppe auf dem Koffer draußen langsam die Augen öffnete, sich aufrichtete und auf uns zutrat. Mir zitterten die Knie, das Herz schlug mir bis zum Halse, als die Gestalt vor uns stand und ich ihre großen unsagbar schönen Augen sah, den schneeweißen, zarten Teint – die Puppe war Asta Nielsen. So machte ich die Bekanntschaft der berühmten Künstlerin.[64]

Hugo Flink und Ilse Oeser in »Sündige Liebe« (1911) von Emil Albes

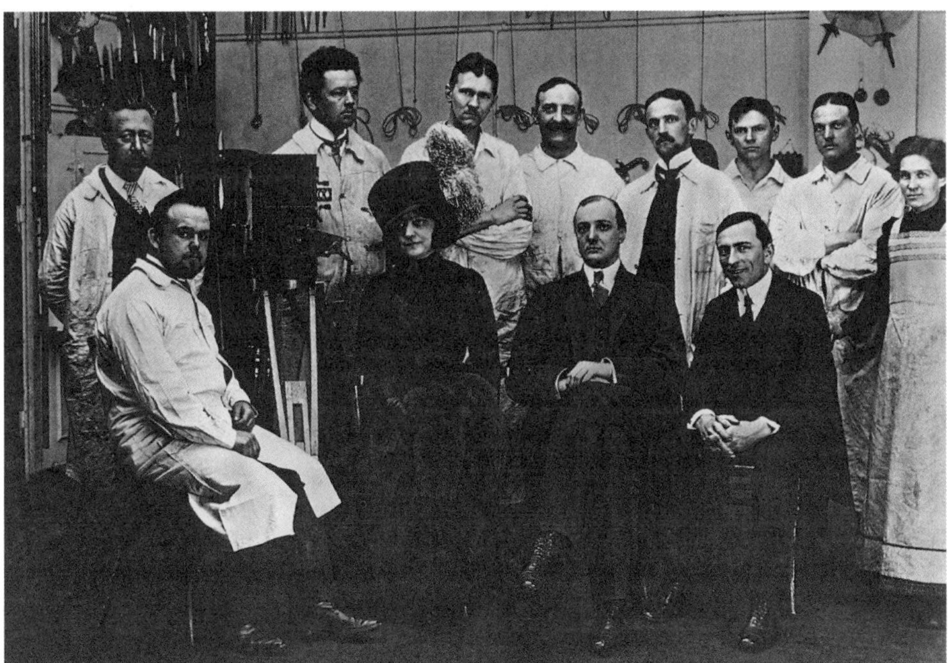

Guido Seeber (an der Kamera), Urban Gad und Asta Nielsen bei Dreharbeiten in der Chausseestraße 123

Die Deutsche Bioscop 1913 in Neubabelsberg: Kleines Glashaus, Kopieranstalt und großes Glashaus

Die Internationale Film-Vertriebs GmbH. Frankfurt/Main und Wien hatte Asta Nielsen engagiert, nachdem ihr erster Film »Abgründe« in den deutschen Kinos ein derart großer Erfolg geworden war. »Abgründe« lief erstmals in Berlin am 3. Dezember 1910, gar nicht weit von der Chausseestraße entfernt, im Lichtspielpalast Theater des Weddings, Müllerstraße 182/183, direkt am Weddingplatz. Ihre ersten acht deutschen Filme drehte Asta Nielsen – bereits damals »die Duse des Films« genannt – in der Chausseestraße, die Nielsen/Gad-Serie 1911/12. Urban Gad, der Kollege und spätere Ehemann der Nielsen, führte Regie, Guido Seeber aus Chemnitz stand hinter der Kamera. Lediglich die Liebestragödie aus dem Spreewald, »Der fremde Vogel«, entstand gänzlich außerhalb des Ateliers an den Originalschauplätzen.

Dieser Film war einer der ersten, den die Berliner Tageszeitungen einer Kritik für würdig hielten. Das U. T. am Alexanderplatz veranstaltete eine besondere Presse-Vorführung, und nicht wenige der Herren Reporter kamen. Sogar die ehrwürdige alte Tante Voss, die Vossische Zeitung, entsandte einen Journalisten:

Union-Theater am Alexanderplatz. Es nennt sich Union-Theater, ist aber, wie wohl allgemein bekannt, ein Haus der Lichtspiele. Gestern nachmittag war Premierevorstellung für geladene Gäste. Die neugeborenen Films wollen sich sehen und bewundern lassen. Es wurden gestern zwei »Lichtkunstschöpfungen« vorgeführt. Die Direktion scheint, wenn man sich an die empfehlenden Worte der Programm-Einleitung halten will, auf das Lichtkunst-Spiel nach Homer »Die Irrfahrten des Odysseus« das größere Gewicht gelegt zu haben; mehr Anklang

fand jedoch das Kino-Schauspiel in drei Akten »Der fremde Vogel«, für das Union-Theater verfaßt und inszeniert von Urban Gad. Der »fremde Vogel« ist eine junge Dame, die mit dem Vater und einem angehenden Liebhaber im Spreewald erscheint, sich dort in einen jungen Fischerburschen verliebt, infolgedessen dem anderen Jüngling den Laufpaß gibt und, als sie zur Verlobung gezwungen werden soll, mit dem Fischer auf einem Nachen durchgeht; Verfolgung zu Wasser, Flucht des Liebespaares ins Waldesdickicht, weitere Flucht des jungen Mädchens allein, plumps ins Wasser, tot, Leichenbegängnis. Es ist ein deutscher Film (Deutsche Bioskop-Gesellschaft), trefflich in den Einzelheiten durchgearbeitet, in den Hauptrollen von Carl Clewing und der Kopenhagener Darstellerin Asta Nielsen gespielt, in der Schilderung der Spreewaldnatur voll Stimmungszauber. Größeren Aufwand macht der Mailänder Odysseus-Film. Kostüme, Dekorationen, Requisiten, Statisten in Hülle und Fülle. Darsteller der Titelrolle: Cavaliere Giuseppe de Lignore. Auch hier, es läßt sich nicht leugnen, viel Fesselndes. Namentlich die Meerfahren. Daneben aber auch viel kindlich Anmutendes. Der Odysseus, der in Badehosen an Land steigt, die Sirenen, die in Miederleibchen und mit Fischschwänzen aus Pappe auf dem Wasser plätschern, die fauchenden Scylla-Ungeheuer dito aus Pappe, in deren Höllenrachen einige Genossen des Homer verschwinden – nein, das stimmt heiter, wurde gestern entsprechend belacht. Dagegen war das Bild des Unterganges von Troja von packender Wirkung. Also auch der alte Homer kann dem Kino was geben, nur dürfen uns die Märchengestalten der dichterischen Phantasie nicht durch Statisten und Pappgestalten der »Lichtkunst-Schöpfungen« in massiger Wirklichkeit vorgeführt werden.[65]

Urban Gad als Darsteller in »Weiße Rosen« (1916)

Union-Theater
Alexanderplatz
Unt. den Linden
Moritzplatz ::
Hasenheide ::
Heute
Erstaufführung.
Der 7. Film aus dem grossen Asta Nielsen-Cyclus:
Arme Jenny.
Schauspiel in 3 Akten.
In der Hauptrolle:
Asta Nielsen
die „Duse d. Kino-Kunst".
Mitwirkende:
Eduard Reinhold .. Leo Peukert
Fritz, Kellner ..... Hans Staufen
Schmidt, Werkmstr. Emil Albes
seine Frau ...... Paula Helmert
Jenny, der Tocht. Asta Nielsen
Ausserdem:
Lustspiele, Reiseschilderungen, Tagesereignisse u. s. w.
Union-Theater Wedding Reinickendorfstr. 14.
Die Vampyrtänzerin.

Alle von der Bioscop in der Chausseestraße 123 gedrehten Filme mit Asta Nielsen wurden in den immer zahlreicheren Union-Theatern, den U.T. der Projektions A.G. Union (PAGU), aufgeführt. Sie bildeten die finanzielle Basis für den Aufstieg dieser Gesellschaft, die bald darauf selbst an die Filmproduktion ging.

Bei Paul Bildts obiger Beschreibung der Dreharbeiten muß es sich um »Zu Tode gehetzt« (Dramatische Großstadtskizze) handeln, einen Film von Urban Gad, in dem Bildt einen Architekten und Asta Nielsen die Kontoristin Paula Müller spielte. Erhalten geblieben sind allerdings nur der Titel und ein paar filmographische Angaben. Dagegen kann noch heute das Volksdrama »Die arme Jenny« bewundert werden, gewiß einer der schönsten Nielsen-Filme dieser Frühzeit. Ein Melodram, dessen Handlung der Zuschauer auch sieben, acht Jahrzehnte später mit Rührung und großem Vergnügen verfolgt. Die Geschichte der armen Jenny, der Tochter des Werkmeisters Schmidt, die den Verführungskünsten eines skrupellosen jungen Mannes erliegt. Nach einigen kurzen Momenten des Glücks folgen solche der Demütigung, eine Zeit der Depression und Hoffnungslosigkeit. Jenny erlebt nicht nur das schnöde Verhalten des einstigen Liebhabers, sie muß auch noch ertragen, wie der mit einer anderen Verlobung feiert. Der Tod scheint für das Mädchen eine Erlösung zu sein …

Berliner Tageblatt vom 20.1.1912

Die enge, elende Mansardenwohnung, in der Jung-Jenny ihr Tagewerk leistet, wo sie sich um die kleinen Kinder kümmert, sauber macht und kocht – dieses Zimmer wurde unterm Dach der Chausseestraße 123 erbaut, genauso wie das Treppenhaus, das von Jenny geputzt wird und in dem sie dann den Verführer kennenlernt. »Die arme Jenny« ist eines der wenigen erhalten gebliebenen Dokumente aus diesem Dachatelier des Berliner Nordens. Erstaunlich, was Guido Seeber, der Architekt Robert A. Dietrich und beider Mitarbeiter in diesem Raum von nur 54 Quadratmetern gezaubert haben.

Doch wahrscheinlich war Guido Seeber mit seinen Gedanken schon wieder bei einem ganz anderen Projekt. Er fotografierte zwar 1911/12 die gesamte Asta-Nielsen/Urban-Gad-Serie (acht Filme) in der Chausseestraße, aber gleichzeitig fuhr er täglich mit der Stadtbahn (damals noch nicht elektrifiziert) hinaus vor die Tore Berlins, nach Neubabelsberg, wo er im Auftrag der Bioscop ein »Riesen-Atelier« errichten ließ. Auf dem Grundstück einer ehemaligen Futtermittelfabrik in der Stahnsdorfer Straße 99–101 entstand in den Abmessungen von 15 × 20 Metern ein Glashaus als Kern der Filmstadt Babelsberg, so wie wir sie heute noch kennen. Bereits im Februar 1912 konnten dort die Aufnahmen für den Asta-Nielsen-Film »Der Totentanz« beginnen. Im März 1912 gab die Deutsche Bioscop ihr Atelier in der Chausseestraße wieder auf. So schnell änderten sich in der Filmindustrie die Zeiten …

Seite 136
Berliner Tageblatt vom 2.3.1912

Szenenfotos aus »Arme Jenny« (1912) von Urban Gad

Guido Seeber nennt als Grund für die Umsiedlung nach Babelsberg die erhöhte Aufmerksamkeit der Feuerpolizei gegenüber den Filmproduktionsgesellschaften. Immer öfter kam es zu größeren und kleineren Bränden in den Kinos und auch in den Ateliers. Ein Studio außerhalb der Stadt, außerhalb der Wohnviertel war des-

Guido Seeber dreht den »Totentanz« in Babelsberg

halb empfehlenswerter. Außerdem klagten die Kameraleute über das häufig schlechte Wetter in Berlin N, das ungünstige Tageslicht des Berliner Himmels. Andere gaben als weiteren Grund für die Schließung der Dachateliers an, daß der Transport der Dekorationen ins Obergeschoß der oftmals fünf Stockwerke hohen Häuser ohne Fahrstuhl sehr schwierig gewesen sei.

Doch das Atelier der Deutschen Bioscop stand nicht lange leer. Zwei Monate nach deren Auszug kamen bereits Filme in die Kinos, die eine andere Firma dort gedreht hatte: Die Continental-Kunstfilm GmbH Berlin. Am 23. Oktober 1911 war sie von dem Ingenieur Max Rittberger und dem Kgl. Hofschauspieler Walter Schmidthässler gegründet worden, und schon durch ihren Namen versuchte sie sich vom

Durchschnitt abzuheben. Noch sprach niemand vom Autorenfilm, doch die Continental leistete sich schon einen bekannten Schriftsteller als Dramaturgen, der zugleich noch Reklamechef der Firma war: Heinrich Lautensack, ein Wedekind-Freund, der auch als Kabarettist und Dramatiker Renommee besaß und der zu den wenigen, seinerzeit namhaften deutschen Schriftstellern gehörte, die sich schon vor 1913 praktisch und aktiv für das Kino einsetzten. Drei Stoffe von ihm wurden 1912 in der Chausseestraße verfilmt: Neben dem Drama »Die Macht der Jugend« das Lebensbild »Der Mann in der Flasche« und die von der Zensur verbotene Tragödie einer nervenkranken Frau, »Zweimal gelebt«. 1913 folgten »Das ist der Krieg!« und der Joe-May-Film »Entsagungen«.

Der Schriftsteller und Filmautor Heinrich Lautensack

In jenem Jahr war Lautensack auch Mitautor des bekannten, von dem Leipziger Kurt Pinthus herausgegebenen »Kino-Buches«, in dem junge, zumeist noch unbekannte Schriftsteller ihre Begeisterung für das neue Medium Film auszudrücken versuchten. Lautensack war der einzige von ihnen, der bereits über konkrete Filmerfahrung verfügte. Gedanken über das Kino äußerte er auch in einem 1913 geschriebenen Artikel für die Zeitschrift LICHT BILD BÜHNE:

Warum überläuft geradezu das Publikum die Kinos? Aus einer – wenigstens bei uns in Deutschland dann wahrlich spät genug entdeckten Vorliebe für Pantomimen?

Nur höchst oberflächliche Beurteiler nennen das Film-Drama eine abphotographierte Pantomime und nichts weiter. Oder bevölkern sich die Lichtspielhäuser allabendlich in sämtlichen fünf Erdteilen, weil darinnen – in Zeichen aus Licht und Schatten – endlich das Volapück erfunden wurde, ein neues, wirklich allen Nationen ohne das geringste Vorstudium zugängiges Esperanto?

Es ist wirklich keine allzu große Übertreibung, zu behaupten, daß die Erfindung der Gebrüder Lumière – nämlich des Kinematographen im Jahre 1895 – eine Tat bedeutet, wie sie zuvor nur einmal noch – um 1447 – jenem Johann Gensfleisch zum Gutenberg gelang.

Auf jeden Fall also verhält sich die Sache ein ganz klein bißchen anders als die Feinde, die dreimal abscheulichen, des Kinos in ihrer lügnerischen Weise wahrhaben möchten. Nämlich daß das Publikum in erschrecklicher Majorität in die Lichtspielbudiken dränge – einfach weil da ein Roman oder ein Drama mit so wenig dichterischen Umschweifen als nur irgend möglich geboten würde.[66]

Der Filmregisseur Max Mack

Sie waren jung, und sie waren Enthusiasten, diese Künstler, die in den Berliner Glashäusern standen. Lautensack zählte 1912 31 Jahre, Max Mack, der Regisseur von »Zweimal gelebt«, gerade 28. Als Schauspieler kam er 1911 vom Berliner Kleinen Theater Unter den Linden in das Atelier der Vitascope GmbH in der Markgrafenstraße 94, um dort die Hauptrolle in dem von ihm selbst verfaßten Film »Dienertreue« zu übernehmen. Kurz darauf schrieb er für »Die Ballhaus-Anna« – nach dem gleichnamigen Roman und Schauspiel von Leo Leipziger – das Drehbuch, und der Film wurde beim Berliner Publikum ein gewaltiger Erfolg. Und im Herbst 1911 inszenierte Mack im neuen Atelier der Vitascope in der Großen Frankfurter Straße 105 »Gehirnreflexe«. So fix wurde man damals Filmregisseur!

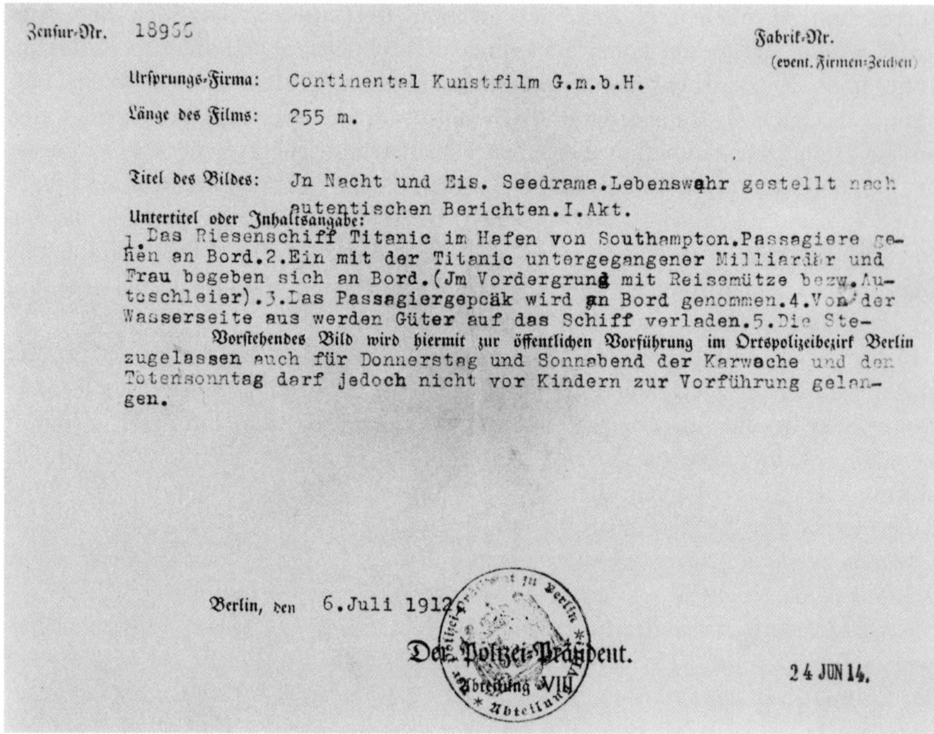

Zensur-Nr. 18955

Fabrik-Nr. (event. Firmen-Zeichen)

Ursprungs-Firma: Continental Kunstfilm G.m.b.H.

Länge des Films: 255 m.

Titel des Bildes: Jn Nacht und Eis. Seedrama.Lebenswahr gestellt nach autentischen Berichten.I.Akt.

Untertitel oder Inhaltsangabe:
1.Das Riesenschiff Titanic im Hafen von Southampton.Passagiere gehen an Bord.2.Ein mit der Titanic untergegangener Milliardär und Frau begeben sich an Bord.(Jm Vordergrund mit Reisemütze bezw.Autoschleier).3.Das Passagiergepcäk wird an Bord genommen.4.Von der Wasserseite aus werden Güter auf das Schiff verladen.5.Die Ste-

Vorstehendes Bild wird hiermit zur öffentlichen Vorführung im Ortspolizeibezirk Berlin zugelassen auch für Donnerstag und Sonnabend der Karwoche und den Totensonntag darf jedoch nicht vor Kindern zur Vorführung gelangen.

Berlin, den 6.Juli 1912.

Der Polizei-Präsident.

Abteilung VII

24 JUN 14.

Zensurkarte für den Film »In Nacht und Eis« (1912)

1912 ging er dann zur Continental und drehte in der Chausseestraße 123. Es begann mit der Humoreske »Lebensbilder«, ihr folgten das Drama aus dem Chinesenviertel von San Francisco, »Die gelbe Rasse«, die Komödie »Die lieben Freunde«, »Zweimal gelebt« nach Lautensack und »Die Hochzeitsfackel«. 1913 kehrte Mack zur Vitascope zurück, wo unter seiner Regie im Atelier Lindenstraße 32–34 der berühmte Film »Der Andere« mit Albert Bassermann in der Titelrolle entstand. Neue Namen drängten zum Film. Das wahrscheinlich spektakulärste Werk, das 1912 in der Chausseestraße 123 produziert wurde, inszenierte ein Regisseur mit dem klangvollen Namen Mime Misu. Das Sujet war so brennend-aktuell, daß die Continental die Herren der Presse zu einigen sensationellen Aufnahmen in die Chausseestraße einlud. Mime Misu drehte das »lebenswahr nach authentischen Berichten gestaltete Seedrama« »In Nacht und Eis«, das den Arbeitstitel »Titanic« trug.

Im April 1912 hatte sich eine der größten Katastrophen in der Geschichte der Seefahrt ereignet. Die Zeitungen druckten Sonderausgaben. Als der englische Luxus-Liner bereits auf dem Meeresgrund lag, brachten einige Blätter noch immer beschwichtigende Meldungen der verantwortlichen Reederei, daß ein Schiff von solchen Ausmaßen gar nicht sinken könne. Und im Berliner Tageblatt erschien – in Fortsetzungen – weiterhin Gerhart Hauptmanns Roman »Atlantis«, der

Kriegsappell auf dem Tempelhofer Feld um 1895

ein furchtbares Schiffsunglück beschreibt. Einige Leser fragten sich daraufhin, ob ein Dichter wirklich seherische Fähigkeiten habe.

Der Untergang der »Titanic« forderte 1300 Menschenleben. Schmuck im Wert von mehreren Millionen Dollar – nach dem noch heute, fast 80 Jahre später, im tiefen Meer getaucht wird – verschwand in den Fluten, und auch sieben Millionen Briefe versanken. Im Mai 1912 lief in Hamburg – als deutsche »Antwort« auf die englische »Titanic« – der Riesendampfer »Imperator« vom Stapel. Doch nur noch kurze Zeit sollte er reiche Passagiere zwischen der Neuen und der Alten Welt befördern. Nach Kriegsausbruch stellte die Kaiserliche Admiralität die »Imperator« in ihre Dienste …

Im Juni 1912, lediglich zwei Monate, nachdem die »Titanic« gesunken war, wurde ihr Ende im Hof des Hauses Chausseestraße 123 »nachgestaltet«. Das Berliner Tageblatt schickte einen Reporter an den Ort des Geschehens, und der berichtete dann über die Dreharbeiten zu dem Film, der später »In Nacht und Eis« hieß:

Wie ich die »Titanic« untergehen sah …

Das Telephon klingelt.

»Ob ich mitansehen will, wie die ›Titanic‹ gegen die Eisberge stößt, wie die Flammen aus den Kesseln hervorschlagen, die Wasserfluten in die Heizerräume eindringen und die halbnack-

ten Maschinisten sich zu retten suchen, während der Kapitän verzweifelt ... Aber ich müßte mich eilen. In dreiviertel Stunden würde das alles geschehen. Und warten mit dem Ereignis könne man nicht auf mich.«

Natürlich, das sehe ich ein.

»Sehr freundlich. Ich fahre gleich mit dem Auto hin ...«

»Danke, also auf Wiedersehen.«

Nämlich in der Chausseestraße in den Ateliers einer Filmgesellschaft, die einen Riesenfilm baut; er soll mit allen Mitteln der Technik, Theaterregie, Realismus, Naturalismus, dramatischer Kraft, Feuerwehr, Schießbaumwolle, Dynamit und vielen Wasserfässern eine Rekonstruktion des Untergangs der »Titanic« geben. Er soll und er wird.

Wie man zum »kientopp« steht, ist gleich – Arbeit ist immer interessant. Proben zu Theatervorstellungen sind oft anregender als das fertige Theaterstück. Und von aller Neugier abgesehen, hat es Wert, die technische Tätigkeit kennen zu lernen, die so ein Sensationsfilm erst ermöglicht. (...)

Diesmal ist's der Hof eines Riesenhauses der Chausseestraße. Aus den Fenstern der Hinterzimmer sehen, halb neugierig, halb ängstlich, die Mitbewohner auf das seltsame Treiben der Leute da unten. Also ein »Aufbau« wie auf jeder Bühne, nur plein air. Auf die Leinwand ist die Dekoration des Kesselraums gemalt; wirkliche Manometer und wirkliche Luken, durch die dann Dampf oder Feuer kommen wird, beweisen das heiße Bemühen der Kinematographenleute um Meiningensche Bühnenkünste. Mehr noch aber die Akteure. Wirkliche Kohlen werden zugeschaufelt und starke Männer stehen rechts und links von der mit Segeltuch überdeckten Szene, an Riesenfässer gelehnt, aus denen die Sturzwellen fließen werden. Ein paar halbnackte Gesellen, berußt, naß, mit wirrem Haar, warten auf das Zeichen des Regisseurs, um die Verzweifelungs-Botschaften des Kapitäns zu vernehmen, der, mit angeklebtem weißen Spitzbart natürlich, im marineblauen Rock inzwischen noch mit den Kurbelmännern an den kinematographischen Apparaten berät. Dann geht's an. Durch eine nicht allzu komplizierte mechanische Vorrichtung wird die ganze Bühne ins Schaukeln gebracht. Rückwärts eskortiert von zwei braven Feuerwehrmännern, die außerhalb des Horizonts der Aufnahmelinien für die Sicherheit der Chausseestraße sorgen, wird die Zündschnur in Aktion gesetzt. Es knallt ganz wirklich, und meterhoch schlagen durch die bemalte Wand gelbe Flammen in die Höhe, die Wasserfässer ergießen sich, eine schmutzige Flut umschwimmt die Kohlen, und die Komödianten haben ihr Spiel begonnen.

Sie waten über die nasse Leinwand, wälzen sich in den Kohlen, taumeln und fallen in den überschwemmten Maschinenraum, der Kapitän schreit und reißt mit verzweifelten Gebärden an einem Heizer herum, der im Wasser schwimmt.

»Kein Feuer mehr! Nur noch Dampf! Mehr Wellen!«

Die Hausknechte leeren neue Fässer. Einer der nackten Gesellen geht unter, man will ihn retten, nach oben schleppen ... schon ist er am Rande, der Sicherheit bringt ... Schluß. Nicht weiter kurbeln. Die Aufnahme ist fertig. Sogar ein paar Dutzend Filmmeter zu viel.

Ein paar Augenblicke war's wirklich sehr aufregend. Jetzt wird abgebaut. Der Briefträger geht durch den Chausseestraßenhof, über den die Wellen der »Titanic« eben in den Abflußka-

Plakat von Ernst Deutsch für den Film »Excentric Club« von Mime Misu

nal strömen. Ich sehe mir im Schuppen noch die Eisberge an. Und der Regisseur erzählt mir, wie sie in Hamburg und Cuxhaven die anderen Szenen gemacht haben, mit einem ganz wirklichen Schiff und der gütigen Mitwirkung des ganz wirklichen Meeres. Alles ist »rekonstruiert«: der Anprall, die Szenen in den Kabinen, die Musik im Salon, der Telegraphist Philipp, der Held der »Titanic« an der Marconistation. Seegerecht. Der Direktor war selber Kapitän; er weiß, wie es gewesen ist ...[67]

Eine der Kameras bediente übrigens Emil Schünemann, der später oft für Fritz Lang arbeitete. Steht man heute im Hof des Hauses Chausseestraße 123, kann man sich eigentlich selbst mit starker Phantasie nur schwer vorstellen, daß hier vor mehr als siebzig Jahren Schiffskatastrophen »nachgestaltet« wurden. Jetzt scheinen in dem engen Geviert IBA 1–02 gegen IT 53–64 zu »kämpfen«; vehement verteidigen die Autobesitzer die knappen Parkplätze ...

Am 17. August 1912, vier Monate nach der »Titanic«-Katastrophe, erlebte »In Nacht und Eis« seine Premiere. Doch in der zeitgenössischen Presse finden sich weder Rezensionen noch Fotos, auch keine Werbeanzeigen. War der Film zu schlecht, zu schnell heruntergekurbelt, allzu lächerlich, zu sehr »kientoppgemäß«? Das sensationelle Sujet führte jedoch bereits ein Jahr später zu einem Film mit dem Titel »Excentric Club«, der eine ähnliche Schiffskatastrophe zeigte. Doch dieses Mal genügte nicht mehr der Hinterhof eines Berliner Mietshauses für die Außenaufnahmen. Die

Union-Filmgesellschaft nutzte einen Teil des großen Tempelhofer Feldes, direkt neben ihren soeben eingerichteten Studios, um wieder eine Schiffskatastrophe »nachzugestalten«:

... Und plötzlich – der grause Schrecken dringt immer plötzlich herein – krachen die glühenden Wandungen auseinander, der Kessel explodiert, metergroße Platten werden von der Wucht der Explosion fortgeschleudert. Feurige Stücke prasseln umher. In wilder Hast sucht sich die Schar der dem Tode Geweihten zu retten. Aber Feuer und Wasser haben manchen der Braven schon gefordert, nur dem Kapitän gelingt es, mit Hilfe einiger Beherzter noch einen Mann dem sicheren Untergang zu entreißen und ihn die enge Nottreppe hinaufzuziehen ... Dann ist es aus mit der Katastrophe, die man nächstens in den Kinematographentheatern der Union-Theatergesellschaft sehen wird und miterleben wird mit all dem grausigen Schrecken, den eine so furchtbare Schiffskatastrophe hervorzurufen vermag. – Dicht am Tempelhofer Feld, wo sich dieses entsetzliche Schiffsunglück auf hoher See zutrug, sah man heute vormittag auf dem Terrain der Filmfabrik der Union eine etwa fünfzehn Meter lange und einige Meter hohe Wand von schwarz-grauer Farbe. Das war die Wand des Feuerkessels in dem Dampfer, der in dem neuen Film »Der Exzentrikklub« einen der Hauptorte der spannenden Handlung bildet. In diese graue Wand waren Löcher eingeschnitten, hinter denen Kästen aus Eisenblech ein wenig Kohlefeuerung enthielten. Etliche Röhren längs den Wänden und Manometer gaben der grauen Kulisse vollends das Bild eines Feuerkessels. Im Hintergrund führte eine Leiter hinauf, und die Kulisse stand auf ihrer Vorderseite einen halben Meter tief im Wasser, das man mit Schläuchen hierhergeführt. Das war die ganze Katastrophe, die sich in etwa drei Minuten abspielte und die auf fünfzig Meter Film aufgenommen wurde. »Die Toten aufstehen!« lautete das Kommando des Oberregisseurs zum Schluß. Die heldenmütigen Opfer laufen aus dem Wasser empor in den hellen Sonnenschein, der diese Schreckensszene unter freiem Himmel beleuchtet hatte, und das geladene Publikum, wie die Zaungäste, von Haufen von kleinen Ferienbummlern, die auf dem Bretterzaun hocken und hier Schiffskatastrophen »nassauerten«, spendeten der Regie der erschütternden Handlung wie den pudelnassen Darstellern ihren lebhaftesten Beifall.[68]

Genauso wie »In Nacht und Eis« ist auch »Excentric Club« im Dunkel des frühen deutschen Stummfilms verschwunden. Beide Filme inszenierte Mime Misu, der in »Excentric Club« auch gleich die Hauptrolle übernahm. Bei »In Nacht und Eis« ist noch ein anderer Name von Interesse: Otto Rippert, einer der beiden Hauptdarsteller. Spielte er vielleicht den Kapitän? Damals bereits 44 Jahre alt, hatte Otto Rippert schon eine längere Theaterlaufbahn hinter sich, als er in das Atelier der Continental geholt wurde. Er war Schauspieler, Regisseur und 1907/08 in Forst (Lausitz) auch Leiter eines Theaters gewesen. 1911 stand er im Berliner Kleinen Theater Unter den Linden neben seinem zukünftigen Regisseur-Kollegen Max Mack auf der Bühne. 1911 trat er in der Chausseestraße auch erstmals vor eine Kamera, und im selben Jahr debütierte er mit »Die fremde Legion« (Ein Mahnwort an die deutsche Jugend) als Film-Regisseur. Bis zum Ausbruch des ersten Weltkrieges drehte er seine Produktionen in der Chausseestraße 123. Später wurde er dann durch die Serie um

Der Regisseur (und später auch Schauspieler) Harry Piel

Vater Emanuel Reicher
in Ibsens »Rosmersholm«

Sohn Ernst Reicher

»Homunculus« und durch den historischen Monumentalfilm »Pest in Florenz« berühmt. Wiederholt beschäftigte er den jungen Fritz Lang als Szenaristen. Aber das war viel später, als Rippert schon längst nicht mehr in Berlin N arbeitete, sondern in Weißensee ...

Ein weiterer Regie-Debütant startete – zwanzigjährig – 1912 im Atelier der Continental: Harry Piel. Er kam aus dem Rheinland, aus Düsseldorf, nach Berlin und drehte 1912 drei Filme für eine Düsseldorfer Firma im Vitascope-Atelier in der Großen Frankfurter Straße 105. Gegen Jahresende ging er zur Continental und inszenierte in Fürstenwalde (Spree) und in Berlin N, Chausseestraße 123, den Kriminalfilm »Der Triumph des Todes«. Heute ist es fast vergessen: Im Gegensatz zu fast all seinen Film-Kollegen begann Piel nicht als Schauspieler. Er war zunächst Regisseur vieler Filme, bis er dann im Jahre 1919 auch selbst die Hauptrollen in seinen Produktionen übernahm. Neben »Der Triumph des Todes« drehte er 1913 den Sensationsfilm »Schatten der Nacht« (Die Verfolgung eines Ozeandampfers durch ein Luftschiff), mit Ludwig Trautmann als Detektiv, und das Drama »Der schwarze Pierrot« – aus dem Leben eines Multimillionärs, ebenfalls mit Ludwig Trautmann. Von Anfang an machte Piel jene Art von Filmen, für die er Talent hatte: Spannung zu erzielen durch Krimi-Storys, verbunden mit moderner Technik – das war sein Rezept.

Sehr häufig wechselte Harry Piel die Gesellschaften, doch dem Genre, dem er sich vor allem verbunden fühlte, blieb er treu. 1913 kehrte er wieder zur Vitascope zurück, und 1914 inszenierte er in der Chausseestraße ein Detektiv-Drama aus der Sportwelt – »Der geheimnisvolle Nachtschatten«.

Betrachtet man jene gar nicht so lange Zeitspanne, während der das kleine, enge, ehemalige Foto-Atelier in der Chausseestraße 123 als Filmstudio diente, so ist man erstaunt, welche Talenteschmiede es doch war. Wie viele Regisseure und Schauspieler, die später in weitaus größeren, moderneren Ateliers bedeutende Filme drehten, begannen in diesem Glashaus des Berliner Nordens! Asta Nielsen und Paul Bildt, Max Mack und Otto Rippert, aber auch Harry Piel, Ernst Reicher und Joe May.

Ernst Reicher, der 27jährige Sohn des berühmten Berliner Schauspielers Emanuel Reicher, der in vielen Hauptmann-Stücken auf den Brettern des Lessing-Theaters gestanden hatte, kam 1912 aus Frankfurt am Main nach Berlin. Doch ging er nicht zu einem der vielen Theater, sein Sprung in die Reichshauptstadt führte ihn gleich in das Atelier der Continental in der Chausseestraße. In dem ›Spionen-Drama‹ »Vorgluten des Balkanbrandes« von Joe May – der Film trug den Arbeitstitel »Iwan, der Bucklige«, wurde aber wohl durch »aktuelle Ereignisse« umgetauft – verkörperte Reicher die männliche Hauptrolle. Zusammen mit seinem Vater war er auch in der Union-Produktion von Joe May, »Heimat und Fremde«, zu sehen. Vater Reicher stellte einen alten Bankier dar, sein Sohn im Leben war auch sein Sohn im Film. Neben Emanuel Reicher, dem Star des Lessing-Theaters, agierten Johanna Terwin und Friedrich Kühne, die beiden Reinhardt-Schauspieler. Die Terwin war

Anzeige der Lichtbild-Bühne vom Juni 1913

Ein ehrgeiziger Filmproduzent: Joe May

die Adoptivtochter, Friedrich Kühne ein alter Wucherer. »Heimat und Fremde« handelte in einer europäischen Großstadt, in Chicago und im amerikanischen Westen.

Emanuel Reicher versuchte – ähnlich wie seine Kollegen Bassermann und Wegener, die 1913 auch erstmals Kontakt mit den »lebenden Photographien« hatten –, sein Interesse für das Kino in einem Artikel für das BERLINER TAGEBLATT zu begründen:

Emanuel Reicher über den Kinoschauspieler. Was für die Schauspielkunst von der Beteiligung der Bühnendarsteller an Kinoaufführungen zu erhoffen ist, wird von Emanuel Reicher, der ja gleich anderen berühmten Kollegen dem Zug zum Kino folgen will, in einem kleinen Aufsatz in »Kunst und Kino« erörtert. Reicher meint, wenn das Kino in seiner Entwicklung dazu kommen sollte, eine künstlerische Bedeutung zu erringen, so könne es sich zu einer Lehrkraft ersten Ranges für einen Schauspieler entwickeln. Freilich muß zu diesem Zweck erst das wahre Kinodrama geschaffen werden, denn die Bearbeitung von fertigen Dramen und Romanen für das Kino ist, wie Reicher sehr richtig bemerkt, doch nur ein augenblicklicher Verlegenheitsbehelf.

»Wird aber erst dieses wahre Kinodrama geschaffen – welche reiche Möglichkeit für den Darsteller, an sich selbst und den anderen die Unmittelbarkeit des klaren Ausdrucks durch das Gebärdenspiel zu lernen, welche große Zeit für die Bühne, wenn die durch das Kino entwickelte Meisterschaft der Mimik durch Dichtung, Wort und Ton unterstützt, den Schauspieler erst zum produktiven Künstler erheben wird. Denn die Gebärdensprache des Schauspielers ist seine ureigene Kunst, die auf keiner anderen basiert, sondern direkt der Natur entnommen ist. Ich beneide unsere schauspielerische Jugend, der diese große Zeit hoffentlich beschert ist.«[69]

Das Interesse Emanuel Reichers für das Kino blieb allerdings nur Episode – ganz im Gegensatz zu Bassermann und Wegener. Ganz im Gegensatz aber auch zu seinem Sohn, der mit dem Film noch gewaltige Pläne hatte, die er bald darauf in die Tat umsetzen sollte …

Ernst Reicher fand sich schnell mit einem anderen Anfänger zusammen, der seit 1911 in der Chausseestraße tätig war. In einem Reklame-Aufsatz von Kurt Pinthus aus den zwanziger Jahren erfahren wir etwas über den Karriere-Beginn jenes Mannes, der eigentlich Julius Otto Mandl hieß und sich Joe May nannte:

Im Herbst 1911 stellte sich dem Direktor der Continental-Filmgesellschaft ein junger Mann als Filmregisseur vor, der noch niemals einen Film gedreht, noch nie ein Manuskript geschrieben hatte. Auf die Frage, ob er ein gutes Manuskript habe – dann könne er sofort mit der Arbeit beginnen, antwortete Joe May forsch mit Ja … und schrieb nachts mit seiner Frau seinen ersten Film »In der Tiefe des Schachtes«.[70]

Joe May war 1911 bereits 31 Jahre alt und hatte ein bewegtes Leben hinter sich. Der gebürtige Wiener soll in Berlin studiert haben, dann in der Textilbranche und als Autoverkäufer (vor 1909!) tätig gewesen sein. Auch ein Rennstall habe ihm gehört, und mit der Kunst sei er erstmals 1910 in Hamburg in Berührung gekommen, als er dort Operetten inszenierte. Eine Biographie, sehr ähnlich denen der späteren Holly-

Werbung in der Lichtbild-Bühne vom 31.1.1914

wood-Mogule, die zu jener Zeit gleichfalls ihre ersten Film- und Kinoerfahrungen sammelten. Wie viele von ihnen kamen aus der Textilbranche, kauften ein, zwei Kinos und gingen dann nach Kalifornien!

Als Joe May nach Berlin zur Continental kam, schwebten ihm wohl ähnliche »Sensationsfilm« vor, wie sie Harry Piel gerade begonnen hatte zu drehen. Der Künstlername als Programm! Da bereits damals Detektive nach herkömmlicher Vorstellung stets aus dem angelsächsischen Sprachraum stammten, machte sich ein Regisseur mit Vornamen Joe gut. Daß es auch in Wien oder Berlin Detektive gab, konnten sich offenbar nur die wenigsten Leser und Zuschauer, Regisseure und Autoren vorstellen. Joe May und sein Mitarbeiter Ernst Reicher wollten sich diesen Umstand zunutze machen, um ihre Ambitionen zu verwirklichen. »In der Tiefe des Schachtes«, »Vorgluten des Balkanbrandes«, »Ein Ausgestoßener« (Eine vergessene Liebesgeschichte aus der Haute Finanz), »Entsagungen« (dessen Buch Heinrich Lautensack verfaßt hatte), »Heimat und Fremde« oder »Das verschleierte Bild von Groß-Kleindorf« (Mays Preisrätsel im Film Nr. 1) sind genauso wie das Drama »Die unheilbringende Perle« (Mays Preisrätsel im Film Nr. 2) die hauptsächlich in der Chausseestraße 123 gedrehten Vorläufer für eine wesentlich größere Aufgabe.

Anfang 1914 war es dann soweit. Die stets sehr vollmundige Werbung der Continental Kunstfilm G.m.b.H. verkündete, daß sie den »größten Detektiv-Schlager seit Bestehen der Kinematographie« produziere. »Aus dem Tagebuch des berühmten englischen Detektivs Stuart Webbs« sollte erzählt werden, dessen erstes Abenteuer den Titel »Die geheimnisvolle Villa« trug. In der Hauptrolle: E. Reicher (Trick der

Werbung: Wer kannte damals schon Ernst Reicher? Wenn man E. Reicher schrieb, vermutete vielleicht der eine oder andere Zuschauer, den berühmten Emanuel Reicher zu sehen.) Regie: der Meisterregisseur Joe May. 1911 hatte May noch kein Filmatelier von innen gesehen, und zweieinhalb Jahre später war er schon Meisterregisseur!

Die Continental lud die Presse ins Atelier in die Chausseestraße ein, und die Journalisten spielten mit; sie staunten gehörig über all das, was dort in diesem engen kleinen Glashaus gezaubert wurde:

... welch ein gewaltiger Apparat der Meisterregisseur Joe May bei diesem Filmwerk in Bewegung setzte. Da wird nicht nur die wahrhaft geheimnisvolle »Villa im Walde« mit ihren tausend Mechanismen von der höchsten Dachkonstruktion bis zu den tiefsten Kellergewölben aufgedeckt, mit all ihren verborgenen Scharnieren von drehbaren Wänden, sich verschiebenden Bildern, Falltüren und plötzlich sich mit Wasser anfüllenden unterirdischen Kanälen (zu dem einen Kanal, in dem Stuart Webbs ertränkt werden soll, wurden im Atelier der Continental-Kunstfilm-Ges. m. b. H. nicht weniger als 80 Zentner Wasser, welches fließt, verwendet!), sondern auch die mysteriöse Doppelwohnung Stuart Webbs wird in keineswegs bloß gemalten Kulissen aufgezeigt, und überhaupt ist nichts bloß so gestellt, sondern alles plastisch gestaltet: nicht zuletzt die massive Bibliothek des Meisterdetektivs, die wie ein Lift nach oben, und das fast zweischläfrige Bett, das sich um eine ganze Etage nach unten versenken läßt.[71]

Und als der Film dann fertig war, konnte der Herr Rezensent der LICHT BILD BÜHNE gar nicht genug rühmen:

Die Continental-Film-Gesellschaft bot der Branche eine doppelte Ueberraschung: ihr Film unter obigen Titel wurde von allen Konkurrenten mit »gut« zensiert, und die photographische Technik präsentierte sich in neuem, tadellosem Gewande.

Ernst Reicher ist der würdige Sohn des großen Emanuel; er lieferte den Beweis der Vererbungstheorie in Praxis in dem Film, dessen »Hauptrolle« er sich »auf den Leib« geschrieben. Schwieriger gestaltete sich das Ziel, auch in der Handlung eines Detektivfilms etwas Neues zu bieten, doch er erreichte es, ohne besondere Gelegenheiten erst bei den Haaren herbeizuziehen. Er sagte sich einfach, im Film ist alles möglich, und überließ es dem Regisseur Joe May, dies zu beweisen. Joe aber löste die ihm gestellte Aufgabe wie ein Kinderspiel, und nun reibt er sich vergnügt die Hände, er kann den Erfolg mit dem Autor-Hauptdarsteller ehrlich teilen.[72]

Joe May und Ernst Reicher waren auf eine Goldmine gestoßen. Stuart Webbs war nicht nur ein Filmdetektiv neben vielen anderen, sondern der Held einer ganzen Serie, die selbst noch die Tage des Tonfilms erlebte. Fortan blieb der Name Ernst Reicher an diese Figur gebunden. Auch wenn er in Zukunft immer mal wieder versuchte, etwas anderes auf die Beine zu stellen, der Erfolg blieb ihm allein bei seinen Stuart-Webbs-Filmen treu. Das Atelier in der Chausseestraße 123 ist somit auch die Geburtsstätte des wohl berühmtesten Detektivs der deutschen Filmgeschichte gewesen.

Unmittelbar nach dem ersten Abenteuer machte man sich an die Arbeit für das zweite, das den Titel »Der Mann im Keller« tragen sollte. Wieder mußte Stuart

Das zweite Abenteuer
des berühmten
englischen Detektivs
Stuart Webbs

Monopol-Interessenten
wenden sich sofort an
Continental Kunstfilm
G. m. b. H.
Berlin SW. 48, Friedrichstrasse 235
Amt Kurfürst: 9576 und 9233
Telegr.: Continentalfilm Berlin

Verlangen Sie umgehend
ausführliche, reich illustrierte
Beschreibung.

Ernst Reicher als Meisterdetektiv Stuart Webbs

Anzeige der Lichtbild-Bühne vom 7.3.1914

Webbs einen komplizierten Fall aufklären, und es wurde sowohl Exotik als auch moderne Technik aufgeboten, um die Zuschauer in Spannung zu versetzen:

Ein kleiner Rehpintscher heult, und der erste englische Detektiv wird gerufen. Der Hund befindet sich in einem unbewohnten Hause, und der Detektiv glaubt, das Heulen muß einen besonderen Grund haben. Er forscht nach und findet im Keller in einer Kiste einen bewußtlosen Mann. Vergebens befreit er ihn, auf lange Zeit hinaus bleibt das Opfer eines Gewaltaktes bewußtlos. Als er endlich seiner Sinne mächtig ist, berichtet er dem Detektiv, der inzwischen seine Identität herausgefunden hat, daß ihn ein anonymer, seine Braut verdächtigender Brief veranlaßt hat, als Offizier in Cairo Urlaub zu nehmen und nach London zu kommen. Hier sei er überfallen worden, von wem, wisse er nicht. Und der Detektiv ermittelt, daß ein Doppelgänger mit zwei Komplizen den Offizier aus dem Wege geräumt haben, winkte doch zum Lohn eine reiche Braut und der Erlös entwendeter Geheimpapiere. Der Pseudooffizier wäre bald dingfest zu machen, doch der Detektiv will auch seine Genossen fassen und vor allem die geheimen Dokumente wieder erlangen. Raffiniertheit übertrumpft die Schliche der Gauner, und trotz manchem unerwarteten Fehlschlags ist endlich das Werk in allen Teilen geglückt.[73]

Szenenfoto aus dem Remake »Das Panzergewölbe« (1926)

Stuart Webbs in den Berliner Kinos: Anzeige des Berliner Tageblatts vom 27.6.1914

»Der Mann im Keller« ist übrigens einer der wenigen Filme jener Zeit, die man noch heute sehen kann.

Joe May und Ernst Reicher waren außerordentlich aktiv, es fehlte ihnen nicht an Einfällen. Im April 1914 kam bereits Abenteuer Nummer 3, »Der Spuk«, in die Kinos; und im Juni 1914 folgte mit »Das Panzergewölbe« der vierte Stuart-Webbs-Film, dessen Bauten übrigens einer der später originellsten deutschen Filmarchitekten und Regisseure errichtet hatte: Paul Leni. Noch einer derjenigen, die hier, im Atelier der Continental-Kunstfilm, im Glashaus des Berliner Nordens, ihre ersten Erfahrungen mit dem Film machten.

»Das Panzergewölbe« erlebte am 26. Juni 1914 in den Kammerlichtspielen am Potsdamer Platz seine Uraufführung. Vorerst war es der letzte Stuart-Webbs-Film, dem es freilich nicht an der Zustimmung des Publikums mangelte. Auch der unmittelbar bevorstehende Krieg war es nicht, der die Produktion der Serie stoppte. Die Filme waren *zu* erfolgreich, und Joe May und Ernst Reicher hatten deshalb offenbar keine Lust mehr, ihre so heiß begehrte Ware für andere zu produzieren. Bereits im Mai 1914 ging es durch die Presse: Joe May und Ernst Reicher machen sich selbstän-

L·B·B

Zur Abwehr und Aufklärung.

1. Wir, die beiden Endesunterzeichneten sind aus Gründen, die wir vorläufig der Oeffentlichkeit noch vorenthalten, aus dem Betriebe der „Continental Kunstfilm G. m. b. H." geschieden und haben uns unter der Firma „Stuart Webbs" Film-Company selbstständig gemacht.

2. Wenn die „Continental" in unserem Ausscheiden eine Verletzung ihrer Rechte erblickte, so stand ihr jederzeit der Klageweg gegen uns offen, den sie bisher aber nicht betreten hat.

3. Statt dessen zog es die „Continental" vor, vertreten durch ihre Geschäftsführer Max Rittberger und Gustav Glinicke, hinter unserem Rücken Gerüchte in die Branche zu lancieren, **„wir führten den Namen „Stuart Webbs" zu Unrecht",** um dadurch unser durch schwere Arbeit erworbenes Ansehen herabzusetzen.

Wir überlassen die Beurteilung dieser Handlungsweise denen, die uns und die „Continental" kennen.

4. Unsere Begriffe über die Austragung von Differenzen hindern uns, der „Continental" mit gleichen oder auch nur ähnlichen Waffen zu begegnen.

Wir erklären daher zur Sache:

a) Wir allein sind berechtigt, für unsere Firma und deren Produktion den Namen „Stuart Webbs" zu gebrauchen. Wir haben den Namen geprägt, **wir** haben das alte Genre des Detektivfilms neubelebt, wir haben ihm das Renommé geschaffen und wir haben uns den Namen „Stuart Webbs" schützen lassen.
Von Herrn REICHER hat die „Continental" die Rechte auf die „Stuart Webbs Films" für die Dauer des Vertrages mit ihr erworben!
Diese Rechte fielen am Tage der gütlichen Lösung des Vertrages mit Reicher wieder an diesen zurück.

b) Wir werden daher mit allen gesetzlichen Mitteln der „Continental" jede Möglichkeit nehmen, Filmsujets, **die nicht von Herrn Ernst Reicher verfaßt und gespielt werden,** unter der Bezeichnung „Stuart Webbs Films" in den Handel zu bringen und warnen vor dem Ankauf derartiger Exemplare.

c) Wir erklären ferner:
Weder Herr Reicher noch Herr May sind bei der „Continental" kontraktbrüchig geworden. Vielmehr sind von beiden Herren eine Anzahl von Prozesse (wie: May c/a Continental, **wegen Kontraktbruchs der Continental,** ferner wegen verweigerter Abrechnungen etc.) angestrengt worden, **auf die Widerklage der „Continental" nicht erfolgt ist.**

d) Wir bezeichnen ferner die Gerüchte, es hätte jemand anders als Herr Ernst Reicher die Sujets zu den verschiedenen Webbs-Films verfaßt, oder auch nur bearbeitet, als grobe Unwahrheit.

Wir brauchen diesen Darlegungen nichts mehr hinzuzufügen.

„Stuart Webbs" Film-Company

Joe May (St. W. F. C.) Ernst Reicher

BERLIN NW. 7, Dorotheenstr. 53 Fernspr. Zentrum 8735.

Rechtsstreit um Stuart Webbs: Lichtbild-Bühne vom 6.6.1914

dig. Sie verließen die Continental und wollten fortan die Webbs-Stoffe für eine eigene Filmgesellschaft drehen. Einen Namen hatten sie schon für die Firma: »Stuart Webbs« Film Company (St. W. F. C.). Sie hatten auch ein Büro in Berlin NW 7, Dorotheenstraße 53, und sie hatten viele Ideen für neue Abenteuer des englischen Detektivs. Natürlich ließ sich die Continental das alles nicht so ohne weiteres gefallen und zog vor Gericht. In den Filmzeitungen beschimpfte man sich in steifen Grundsatzerklärungen. Kaum war das Kind geboren, da stritten sich die Eltern schon um die Besitzrechte. Wer hat den Namen »Stuart Webbs« geprägt, wer darf ihn weiter benutzen und wer nicht? Wer war kontraktbrüchig geworden und warum? Wer bekommt in dieser Angelegenheit recht?

Wie die Auseinandersetzung ausging, ist weniger interessant.

Im August 1914 hatte man andere Sorgen als die der Urheberschaft einer populären Filmgestalt. Vielleicht fühlte sich der »Eigentümer« dieser Figur plötzlich gar nicht mehr so sehr glücklich mit seinem »Besitz«? Schließlich war Stuart Webbs Engländer, ein Erbfeind also. Durfte man als »patriotischer« Deutscher dem einheimischen Publikum in jenen »ernsten Tagen« so etwas noch vorsetzen?! Die Frage löste sich von selbst. Joe May wurde zu den Fahnen gerufen. Und so dauerte es erst einmal seine Zeit, bis die Produktion von Detektivgeschichten wieder aufgenommen werden konnte. Erst Mitte des Jahres 1915 ging man daran, das fünfte Abenteuer des Stuart Webbs zu verfilmen. Doch das geschah dann nicht mehr in der Chausseestraße, sondern in Weißensee, im Atelier der Stuart-Webbs-Company, Reicher u. Reicher, Franz-Josef-Straße 9. Aber das ist bereits ein anderes Kapitel ...

Was wurde nun aus dem Glashaus in der Chausseestraße 123? Der Streit um die Stuart-Webbs-Filme, den der Weggang von Reicher und May ausgelöst hatte, brachte die Continental Kunstfilm um ihr wertvollstes Kapital. Der Kriegsausbruch tat ein übriges. So schnell, wie Filmgesellschaften damals entstanden, so schnell verschwanden sie auch wieder. Längst war das Ende der Berliner Dachateliers gekommen. Filme wurden jetzt nicht mehr im dichtbesiedelten Zentrum, sondern an der Peripherie Berlins gedreht, in Babelsberg, Weißensee, Tempelhof, in Lankwitz und anderswo. Die neuen, großen Ateliers hatten in den Kriegsjahren über mangelhafte Auslastung nicht zu klagen; der deutsche Film erlebte eine erstaunliche Konjunktur. Doch das Glashaus des Berliner Nordens wurde da schon nicht mehr gebraucht.

1913 richtete sich in der Chausseestraße 123 ein vegetarisches Speisehaus ein. Vielleicht gingen zwei Herren manchmal dorthin essen, die seit 1908 zwei Häuser weiter ihr Büro hatten. Vielleicht waren sie da Asta Nielsen, Paul Bildt, Otto Rippert, Joe May, Ernst Reicher und all den anderen Filmleuten gelegentlich begegnet? »Liebknecht, Karl Dr. jur. Rechtsanwalt b. Landgericht I, II u. III, N 4, Chausseestraße 121 II, T. III 3310, Whg. NW 52, Thomasiusstraße 15 T. II 2547«, lautet die Eintragung im Berliner Adreßbuch von 1909. Die Wohnanschrift der beiden Brüder Karl und Theodor Liebknecht änderte sich in jener Zeit oft; ihr Büro aber blieb in der Chausseestraße 121. Am Neujahrsmorgen des Jahres 1916 wurde hier die Sparta-

Asta Nielsen und Carl Meinhardt in »Rausch« von Ernst Lubitsch

Werbung im Kinematograph vom 30.7.1919

kusgruppe gegründet. Das Haus, in dem Theodor und später Wilhelm Liebknecht noch bis in die dreißiger Jahre arbeiteten, fiel den Bomben des zweiten Weltkriegs zum Opfer. Heute steht an der Stelle ein Gedenkstein.

Obwohl mit dem ersten Weltkrieg das Ende des Filmateliers in der Chausseestraße 123 nahe schien, kehrte nach Kriegsende doch noch einmal Leben in die engen Räume zurück. Eine kleine Filmgesellschaft – offenbar mit beachtlichen Ambitionen – richtete sich hier ein: die Argus-Film GmbH. Im Frühjahr 1919 holte sie sich einen der populärsten Berliner Filmregisseure und -schauspieler, damit er dort das Schauspiel »Rausch« von August Strindberg verfilme: Ernst Lubitsch. An der Kamera stand Karl Freund, der später bei F. W. Murnau arbeitete. Für die Hauptrolle verpflichtete man keine Geringere als Asta Nielsen, die vor acht Jahren in diesem Atelier ihre ersten deutschen Filme gedreht hatte! Ihr Partner war nun der bekannte Berliner Bühnenschauspieler Alfred Abel.

Es ist möglich, daß das Atelier in der Chausseestraße auch für Lubitsch ein vertrautes Terrain gewesen ist. Einige seiner Biographen vermuten, daß er im Atelier der Bioscop seine ersten Filmerfahrungen gesammelt habe.

Die Argus-Film GmbH. hatte 1919 eigentlich alles vereint, was ein großes Filmkunstwerk fast garantierte. Der Erfolg bei der Kritik war dann auch beachtlich. Die soeben wieder eingeführte Filmzensur der jungen Weimarer Republik verbot das im

Paradies handelnde Vorspiel des Films mit einer nackten Eva und einem nackten Adam ... Doch das Publikum stand »Rausch« weit weniger aufgeschlossen gegenüber als früheren Lubitsch- bzw. Nielsen-Filmen. Lubitsch wollte mit diesem Kammerspiel zu seinen bisherigen Komödien ein Gegenstück schaffen, aber 1919 war er bei den Zuschauern bereits festgelegt. Ihm passierte, was Chaplin vier Jahre später mit seinem Film »A Woman of Paris« erlebte. Die Kritik war begeistert, aber das Publikum blieb weg ...

Und auch mit der Hauptdarstellerin hatte er Probleme. Asta Nielsen fühlte sich in diesem ihrem ersten Nachkriegsfilm nicht sonderlich wohl, was sie nicht verhehlte. Die Filmzeitschriften brachten lange, die erste Seite füllende Beiträge über die Auseinandersetzungen zwischen ihr und Lubitsch. Sie nannte ihn einen »amerikanischen Regisseur« (hatte sie es geahnt, wo er später arbeiten sollte?); Lubitsch verteidigte sich klug. Die Schauspielerin muß dieser Streit so erregt haben, daß sie Jahrzehnte danach in ihren Memoiren noch einmal darauf eingeht. Bedauerlich, daß von »Rausch« keine Kopie erhalten blieb. Wieder einmal gibt es von einem wahrscheinlich bedeutenden Dokument der Filmgeschichte nur ein paar Rezensionen, ein paar Fotos und die Erinnerungen der Beteiligten.

Nicht viel anders verhält es sich mit einem Film, der kurz darauf im selben, damals wahrscheinlich bereits veralteten Atelier in der Chausseestraße 123 entstand: »Malaria«, gedreht von Rochus Gliese. Gliese, einer der wichtigsten Regisseure und vor allem Szenenbildner des deutschen Stummfilms, hatte bereits die Dekorationen für Lubitschs »Rausch« entworfen. Auch war er an mehreren Filmen von Paul Wegener beteiligt. Die Hauptrolle in »Malaria« spielte die Protagonistin mehrerer Wegener-Filme, Lydia Salmonova. Neben ihr eine berühmte Berliner und Wiener Theaterschauspielerin, die damals noch am Anfang ihrer Film-Laufbahn stand: Adele Sandrock. Schließlich tanzte noch das Ballett von Eric Charell.

Ob sich all der Aufwand für diesen Film wirklich gelohnt hat, können wir nicht beurteilen. Fotos allein erlauben keinen verläßlichen Eindruck von einem Film. Die Kritiken jedenfalls waren nicht gerade enthusiastisch. »Malaria« wurde im September 1919 in einem der größten Berliner Lichtspielhäuser uraufgeführt; eine vieltausendköpfige Zuschauermenge sah ihn im »Sportpalast-Kino«. Es ging um einen Arzt, der sich mit Malaria-Bazillen infizierte, damit er das von ihm gefundene Gegengift an sich selbst ausprobieren kann. DER KINEMATOGRAPH schloß seine Rezension mit den Sätzen:

Besonders die letzten Bilder dieser in ihrem logischen Aufbau glänzend verlaufenden Filmschilderung sind von einer regiekünstlerischen Durcharbeitung und Gedankenfülle, die rückhaltlose Bewunderung auslöst. Die Fieberphantasien und Traumbilder der Frau, die sich aus Liebe zu ihrem Gatten selbst mit einem noch unerprobten Heilserum impft, um schließlich doch zu genesen, sind in ihrem tollen Durcheinander durchaus echt wirkende Widergaben von Geschehnissen, die nur ein fieberdurchglühtes menschliches Hirn in engster Anlehnung an tiefgehende, wirkliche Erlebnisse in Gemisch mit heimlichen Befürchtungen erzeugen kann.[74]

Szenenfoto aus »Malaria« von Rochus Gliese

Adele Sandrock und Lydia Salmonowa in »Malaria«

Szenenfoto aus »Malaria«

»Rausch« und »Malaria« sind die letzten bekannt gewordenen Filme aus der Chausseestraße 123. Später hatten hier immer wieder Filmgesellschaften ihre Adresse, doch waren es Firmen, die wahrscheinlich nur kurze Werbe- oder andere Auftragsfilme drehten. 1922 residierte hier eine Nobody Film G.m.b.H. und von 1923 bis 1925 die Boheme Atelier G.m.b.H. In der ersten Hälfte der dreißiger Jahre arbeitete die Commerzfilm Heydemann & Schwärzel in dem Hause, und 1935 wurden sogar Autos verkauft. 1938 zogen dann einige Ärzte und die AEG mit ihrer Werkzeug-Handels-Abteilung und der Betriebskrankenkasse dort ein.

Vielleicht denken heute manche der vielen Passanten mitunter daran, wenn sie am Brecht-Haus vorübergehen und an dem freien Platz, auf dem einst das Gebäude stand, in dem Karl Liebknecht arbeitete, daß vor etlichen Jahrzehnten Asta Nielsen und viele andere Filmpioniere in der Chausseestraße 123 ein- und ausgingen …

Die Leipziger Straße
am Dönhoffplatz mit
Filmatelier

Glashäuser rund um die Friedrichstraße

Der Hauptmann von Köpenick im Film · Die Hochbahn-Katastrophe am Gleisdreieck · Alfred Duskes' Kinematographen- und Film-Fabrikation · Das Filmviertel in der Friedrichstraße entsteht · Das Glashaus in der Großen Frankfurter Straße 105/106 · Harry Piel bei der Vitascope · Pola Negris Start in Berlin · Der Debütant Friedrich Wilhelm Murnau · Albert Bassermann vor der Kamera · Ein Ereignis: »Der Andere« von Max Mack · Streit um den Kientopp · Kinogegner Siegfried Jacobsohn · Publikumserfolge damals: »Wo ist Coletti?« und »Die blaue Maus« · Franz Kafka im Kino · Fritz Kortner vor Harry Piels Kamera · Das Glashaus der Prometheus in der Linienstraße · Theater im Chansonnettenviertel: »Folies Caprice« · Fern Andra, die Primadonna der Linse, als Produzentin · Kientopp am Wedding · Lupu Pick im Rex-Atelier · Die Cserépy-Film Co. am Dönhoffplatz

Glashäuser und Dachateliers hatte Berlin im zweiten Jahrzehnt des Kinematographen eine ganze Menge. Das der Bioscop in der Chausseestraße war bei weitem nicht das erste und älteste. Filme wurden in Berlin schon zu einer Zeit gedreht, als man sie noch fast ausschließlich auf den Rummelplätzen vorführte. Fast alle diese kleinen Ateliers befanden sich im Stadtzentrum, in der Gegend um die Friedrichstraße. 1905 richtete im Haus Markgrafenstraße Nr. 66 (heute Wilhelm-Külz-Straße) – zwischen Krausen- und Schützenstraße (heute Reinhold-Huhn-Straße), fast in der Stadtmitte – die Mechanische Werkstatt für Präzisionsmechanik von M. Elsasser ihre Filmfabrik Internationale Kinematograph. G.m.b.H. ein. Ein Jahr später teilte die Firma mit, daß ihr Unternehmen aus drei Abteilungen bestehe: I. Kinematographen-Projektion, II. Uhren und III. Modellbau. Die Produktion von Filmen und die Fabrikation von Kameras und Projektoren lagen damals noch ganz eng beisammen. 1906 machte die Internationale Kinematographen- und Lichteffekt G.m.b.H. Berlin (je pompöser die Namen, um so bescheidener die tatsächlichen Ergebnisse) in der Markgrafenstraße 66 einige kurze Filme.

Die Internationale Kinematograph. G.m.b.H. hat – wie Gerhard Lamprecht in seinem neunbändigen Werk »Der deutsche Stummfilm« vermerkt – bereits 1903 die ›Original-Natur-Aufnahme‹ »Belustigung einiger badender Damen im Schilf« mit einer Länge von 65 Metern gedreht. »Das Gordon-Bennett-Automobilrennen in Homburg am 17. Juni 1904« oder der »Riesen-Eisbrecher ›Baikal‹, eine Bahn durch den stark zugefrorenen Baikalsee brechend«, waren Dokumentarfilme, genauer: Sujets für Wochenschauen. Im Sommer 1904 wurde auch die 170 Meter lange Szene »Der Raubmord am Spandauer Schiffahrtskanal bei Berlin oder Überfall eines Bierkutschers auf einsamer Landstraße« aufgenommen, was schon den Übergang vom Dokumentar- zum Spielfilm andeutet. 1905 verzeichnet Lamprecht zwei von der Internationalen Kinematograph. G.m.b.H. gestellte Reportagen »nach wahren Begebenheiten«: »Die Flucht und Verfolgung des Raubmörders Rudolf Hennig über die Dächer von Berlin« und »Frau Räuberhauptmann«. Die Titel sagen bereits viel über die Filme aus; mit einiger Phantasie läßt sich vorstellen, welch aufregende Geschehnisse diese Szenen zeigten.

Die Internationale Kinematograph. G.m.b.H. suchte – wie all die anderen damals existierenden Berliner Filmfirmen – Sensationen. Sie wollten im bewegten Bilde darstellen, was die Zeitungen nur mit Hilfe von Worten und einigen Fotos (zumeist

Szenenfotos aus unbekannten Filmen der Deutschen Mutoskop- und Biograph GmbH. Man beachte die Firmenzeichen in der Dekoration.

waren es jedoch nur Zeichnungen) vermitteln konnten. Die Sensation des Jahres 1906 war die spektakuläre Aktion des arbeitslosen Schuhmachers Wilhelm Voigt, die in die Geschichte einging. Gleich drei Filme entstanden unmittelbar nach seinem frappierenden Streich am 16. Oktober 1906: Im Atelier in der Kronenstraße – nicht weit von der Markgrafenstraße 66 entfernt – produzierte Alfred Duskes einen Film über den Hauptmann von Köpenick mit dem Kinematographen-Besitzer Ernst Baumann in der Rolle des gewitzten Schusters. Geschrieben und inszeniert hatte ihn ein Mann, der in Berlin schon einen Namen besaß: der Theaterdirektor und erfolgreiche Operettenautor Heinrich Bolten-Baeckers (von dem auch die Texte für mehrere Operetten Paul Linckes stammten).

Daß der Schwindel des forschen Hauptmanns nicht nur ein Spaß war, wird einem bewußt, wenn man erfährt, daß dieser Film von der kaiserlichen Zensur 1908 noch immer verboten war. Deshalb wohl drehten die Mechanischen Werkstätten für Kinoapparatebau Carl Buderus ausschließlich in Hannover einen 218 Meter langen Film über die gelungene Täuschung des legendären Berliners. Die Internationale Kinematographen- und Lichteffekt G.m.b.H. Berlin kurbelte schließlich ihre Version vom »Hauptmann von Köpenick«, doch mit der Wahrheit nahm sie es nicht allzu genau. Als Köpenicker Rathaus wurde einfach jenes von Pankow ausgegeben. Stutzten nicht zumindest die Berliner darüber? Der Film – fast so etwas wie ein Kuriosum – ist erhalten geblieben.

1906 entstand in der Markgrafenstraße 66 auch der 118 Meter lange Film »Wie Fritzchen sich die Reichstagskämpfe und Neu-Wahlen denkt«, den die Werbung mit den Worten »Hochaktuell! Politisch! Satyrisch! Komisch!« anpries. Inszeniert hatte das Werk Gustav Schönwald, verantwortlich bereits für »Die Flucht und Verfolgung des Raubmörders Rudolf Hennig über die Dächer von Berlin«. Schönwald war der in der Markgrafenstraße 66 meistbeschäftigte Regisseur. Er drehte schon durch ihre Titel vielversprechende Werke, wie »Das Schürzen-Regiment oder Das Weiber-Heer im Gefecht!!« (1907) und »Buchholzens Abenteuer im Hochgebirge« (1908), die sich übrigens in den Rüdersdorfer Kalkbergen bei Berlin zutrugen. Vermutlich war Gustav Schönwald der Chef-Regisseur der Internationalen Kinematographen- und Lichteffekt G.m.b.H.

Diese Gesellschaft produzierte in ihrem Atelier – Gerhard Lamprecht nennt es »klein und primitiv« – »Ein Volksgericht im Mittelalter oder Die Zeit des Schreckens und des Grauens« (1906), eine 225 Meter lange filmische Fassung von Friedrich Schillers »Räubern« (1907), und auch »Funiculi-Funicula« (1908), ein Tonbild aus einer italienischen Osteria. Inszeniert wurden diese Szenen von Franz Porten, dessen Töchter Rosa und Henny agierten als Schauspielerinnen.

Filmstars gab es im Deutschland des Jahres 1909 noch keine. Asta Nielsen lebte noch in Kopenhagen, Chaplin in London, Mary Pickford begann gerade erst mit ihrer Arbeit. Lediglich Max Linder war in Paris bereits ein bekannter Leinwandheld. In Berlin kannte ihn allerdings kaum jemand. Das Kino in der Reichshauptstadt

Seite 165
Der echte Hauptmann von Köpenick

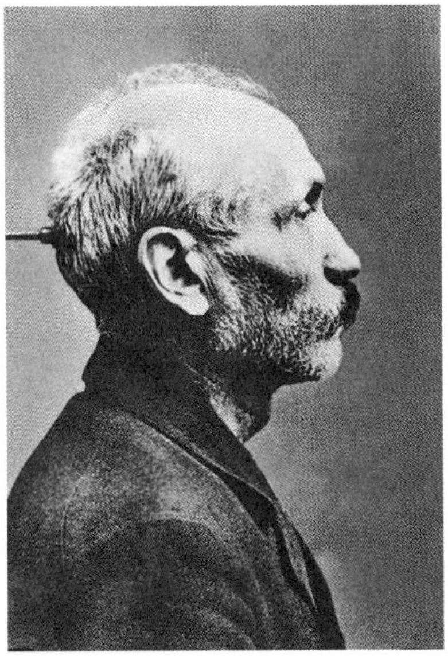

Frei

lebte von Grotesken, von komischen Szenen, von »Verfilmungen« bekannter klassischer Stücke. Am wirkungsvollsten waren jedoch die »aktuellen Szenen«, die Berichte von den Vorfällen, die damals in aller Munde waren: Verbrechen und Katastrophen und die Ereignisse aus dem Leben der Mächtigen.

Am 26. September 1908, einem Sonnabend, geschah auf dem Gleisdreieck der Berliner Hochbahn ein folgenschweres Unglück. Zwar hatte man das Gleisdreieck als ein »genial angelegtes Bauwerk« gepriesen, weil hier Zusammenstöße ausgeschlossen sein sollten, doch ein vom Leipziger Platz kommender Zug überfuhr das zweifache Haltesignal und stieß von der Seite in eine gleichfalls in Richtung Möckernbrücke fahrende Bahn. Ein Wagen stürzte die Brücke hinab. Bilanz: 21 Tote und 18 Schwerverletzte.

Selbstverständlich waren die Reporter dabei. Der Berliner Lokal-Anzeiger brachte drei Extra-Ausgaben mit einer Gesamtauflage von 1,1 Millionen Exemplaren auf den Markt – welch eine Verkaufsförderung stellten doch Katastrophen dar! Am Unfallort tummelten sich die Kameramänner von fünf Berliner Filmgesellschaften – Messter (der Carl Froelich entsandt hatte), Duskes, die Deutsche Mutoskop- und Biograph GmbH, die Deutsche Bioscop und die Internationale Kinematographen- und Lichteffekt G.m.b.H. Natürlich ließ sich das eigentliche Unglück nicht mehr zeigen, aber auch dessen Auswirkungen waren noch »sensationell« genug.

Schnell war man ja in jenen Tagen. Die Katastrophen hatten sich kaum ereignet, da tauchten schon die Operateure auf, machten ihre Aufnahmen, entwickelten und kopierten sie, brachten sie im Eiltempo zum Alex, zur Theaterabteilung des Berliner Polizeipräsidiums, um sie dort zensieren zu lassen – und am Abend sahen die Zuschauer bereits die Bilder! Das war so bei allen möglichen Sensationen, das war auch so bei Staatsbesuchen. Als am 9. Februar der englische König Edward VII. in Berlin den Kaiser traf, konnte man abends in den kleinen Berliner Kinos schon Aufnahmen von dieser Visite betrachten.

Die Internationale Kinematographen- und Lichteffekt G.m.b.H. wechselte bald wieder ihr Atelier. 1909 war ihr wohl das Glashaus in der Markgrafenstraße 66 zu klein geworden, und so zog sie in die Charlottenstraße 6. Dort wurde eine Serie mit Film-Grotesken um Arthur gedreht. Arthur – das war Arthur Mellini, Schauspieler und gleichzeitig Chefredakteur der soeben gegründeten Zeitschrift Licht Bild Bühne. Mit dieser erschöpften sich allerdings die Aktivitäten der Internationalen Kinematographen- und Lichteffekt G.m.b.H. auf dem Gebiet der Filmproduktion; wahrscheinlich hörte die Firma auf zu existieren.

Im Jahre 1907 hatte sich bereits eine stark lokale Konzentration der meisten Filmgesellschaften in der südlichen Friedrichstraße vollzogen. Um die Kochstraße herum gab es das Viertel, in dem die meisten Zeitungsredaktionen saßen, es gab das Konfektionsviertel um den Hausvogteiplatz, und nicht allzuweit davon entfernt entwikkelte sich das des Films. 1907 zogen sowohl Messters Projektion als auch die Kosmographen Comp. in der Friedrichstraße 16 ein. Die deutsche Niederlassung von Léon

Seite 167
Titelseite des Berliner Lokal-Anzeigers vom 27.9.1908

Berliner Lokal-Anzeiger.

Zentral-Organ für die Reichshauptstadt.

Telephon: Amt Ia No. 9001, 9002, 9003 u. s. w. fortlaufend bis 9027.

Auf Anruf einer der obigen 27 Telephon-Nummern meldet sich unsere Zentrale. Diese ist mit allen Abteilungen im Hause und durch direkte Leitungen mit unseren sämtlichen Stadt-Filialen verbunden.

Nummer 493. Berlin, Sonntag, 27. September 1908. 26. Jahrgang.

Die Hochbahnkatastrophe auf dem Gleisdreieck.

Das furchtbare Unglück, das sich gestern auf dem Gleisdreieck der Berliner elektrischen Hoch- und Untergrundbahn ereignete, hat zahlreiche Berliner Familien, deren Angehörige bei dem Absturz des Eisenbahnwagens den Tod gefunden haben oder schwer verletzt worden sind, in tiefste Trauer versetzt. Die Nachricht von dem folgenschweren Ereignis, über dessen Ursache und Opfer wir im Laufe des gestrigen Nachmittags in drei Extraausgaben berichteten, die eine Gesamtauflage von 1,100,000 Exemplaren hatten, verbreiteten sich mit Blitzesschnelle durch die Millionenstadt, und es gab wohl keinen einzigen, der nicht besorgen mußte, daß der unheilvollen Katastrophe ein ihm Bekannter oder Verwandter zum Opfer gefallen sei. Noch größer, als ursprünglich angenommen wurde, stellt sich

Die Zahl der Toten und Verwundeten.

Nachdem die praktische Aerztin Frau Else Rosenthel v. d. Leyen am gestrigen Spätabend im Urban-Krankenhause noch ihren schweren Verletzungen erlegen ist, erhöht sich die Zahl der **Toten** jetzt auf **21**, während **18** Personen **schwerverwundet** sind. Eine Ironie des Schicksals wollte es, daß das Unglück gerade auf dem Gleisdreieck passierte, jenem genial angelegten Bauwerk, das mit seinen verschiedenen Niveaus gerade deshalb errichtet worden war, um das Zusammenstoßen zweier aus entgegengesetzter Richtung kommender Züge zu verhüten. Die gestrige Hochbahnkatastrophe hat nichts mit den Betriebseinrichtungen der Hochbahn an sich zu schaffen. Das Unglück ist, wie wir bereits in unserem dritten Extrablatt melden konnten, dadurch entstanden, daß der Motorführer des abgestürzten Wagens, Schreiber 1, das ihm vorschriftsmäßig gegebene doppelte Haltesignal nicht beachtet hat, sondern weiterfuhr, um dem vom Leipziger Platz in gleicher Richtung zur Möckernbrücke rollenden Hochbahnzug zuvorzukommen. Schreiber befindet sich zur Stunde, da diese Zeilen in Druck gehen, in polizeilichem Gewahrsam. Er hat bereits gestanden, daß er während der Fahrt über das Gleisdreieck die Signale nicht beobachtet, und daher auch nicht gesehen hat, daß diese auf „Halt" gestanden haben. Das Unglück ist also durch einen verbrecherischen Leichtsinn entstanden.

Am Schauplatz des Unglücks.

Verschulden eines einzelnen Mannes vor, der seine strikten Dienstvorschriften nicht beachtet hat."

Baurat Wittich wurde noch gestern abend vom Eisenbahnpräsidenten Behrendt empfangen, dem er einen eingehenden Bericht über das beklagenswerte Unglück erstattete. Vom Minister der öffentlichen Arbeiten war gleich nach dem Bekanntwerden der Katastrophe eine bahntechnische Untersuchung eingeleitet worden, die im wesentlichen die vorstehenden Angaben des Direktors Wittig bestätigt.

Die Liste der Toten:

1. **Frl. Emma Schneider,** Neuenburger Straße 12. Die junge Dame war vier Jahre im Kaufhause Jandorf am Belle-Alliance-Platz beschäftigt umd seit der Eröffnung des Kaufhauses des Westens in dessen Rechenstube tätig.
2. **Frl. Herta Mertens,** Blumenthalstr. 9, Kontoristin im Kaufhause des Westens.
3. **Paul Engel,** Sebastianstr. 74, Verkäufer in der Lebensmittelabteilung des Kaufhauses des Westens.
4. **Wilhelm Heinrich,** Culmstr. 4, Hausdiener im Warenhause Jandorf am Belle-Alliance-Platz.
5. **Frl. Elsa Genter** genannt **Schlag,** Blücherstr. 32, Verkäuferin im Kaufhause des Westens.
6. **Neander Gutheim,** Reisender, 25 Jahre alt, Steinmetzstr. 75.
7. **Richard Lange,** Tischlermeister im Kaufhause des Westens, Naunynstr. 3.
8. **Otto Klentopf,** Schlosser, Gitschiner Str. 38.
9. **Joseph Mikosch,** Mitglied der Krankenkasse der Tischlerinnung.
10. **Richard Wendt,** Architekt, Engel-Ufer 1.
11. **Frl. Franziska Hoheisel,** Verkäuferin im Warenhause Wertheim, Rixdorf, Fliederstr. 13.
12. **Bruno Löwinsohn,** Kaufmann, und dessen Bruder
13. **Hugo Löwinsohn,** Kaufmann, Greifswalder Straße 224.
14. **Schultz,** Fensterputzer im Reinigungs-Institut Arnheim & Co.
15. **Frl. Käthe Blaß,** Mariannenplatz 4.
16. **Frau Else Rosenthal v. der Leyen,** prakt. Aerztin, Prager Str. 11.

Gaumont befand sich in der Friedrichstraße 20, die der Nordischen Films in der Friedrichstraße 23; Urban Trading Corp. sowie Eclipse (Urban Bioscop) etablierten sich in der Friedrichstraße 43, die französische Firma Pathé Frères in der Friedrichstraße 49a; die Deutsche Mutoskop residierte in Nummer 187, Glüer & Co. in Nummer 200, Alfred Duskes in 207, die Deutsche Bioscop in 226, Carlo Rossi in 236 und die italienische Cines in 238.[75]

Bis in die Tage des Tonfilms hinein war »die Friedrichstraße« Synonym für Filmgesellschaften, für Film im weitesten Sinne. Hier hatten die Firmen ihre Büros, nicht aber ihre Ateliers. Produziert wurde in anderen Gegenden, anfangs noch in unmittelbarer Nähe der Verwaltungen. So kam Alfred Duskes aus der Blumenstraße 77 (Nähe Strausberger Platz) in die Friedrichstraße 207. Eigentlich stellte seine Firma lediglich Kinoeinrichtungen her; 1907 hatte er schon fünfzig Kinematographen-Theater beliefert. Doch wie viele Vorführer, Apparatebauer und Kinobesitzer hatte auch er höhere Ambitionen. Und so begann Duskes 1906 mit der Filmproduktion, drehte er in der Kronenstraße seine Version vom »Hauptmann von Köpenick« und nahm ein Jahr später die Herstellung von Tonbildern auf. Nach Verdis »Troubadour« wurde das Bild »Mein letzter Hauch« inszeniert. Im Kino lief dazu eine Schallplatte, auf der Enrico Caruso die entsprechende Arie sang. Alle Kinos, die dieses Tonbild vorführten, warben damit, daß der italienische Tenor in ihrem Theater ein Gastspiel gebe. 1908 gestaltete Duskes' Gesellschaft in ihrem Atelier in der Kronenstraße »Das Erdbeben von Messina« nach. Mit Hilfe von Fotos und Kameratricks wurde eine »gestellte Reportage« aufgenommen. Das Publikum soll staunend dieser »Rekonstruktion« gefolgt sein. Und als am 5. August 1908 in Echterdingen (Württemberg) der Zeppelin abstürzte, machte sich Duskes sofort daran, in der Kronenstraße das Unglück zu »rekonstruieren«.

1908 wechselte er bereits wieder sein Atelier, zog in die Markgrafenstraße 94, wo schon die Deutsche Mutoskop- und Biograph GmbH ihre Filme und Tonbilder drehte. 1909 holte er sich einen achtjährigen Jungen ins Studio, der ein Jahr zuvor – in einer Inszenierung der Operette »Der fidele Bauer« im Theater des Westens in Charlottenburg – seine ersten Erfahrungen als Schauspieler gesammelt hatte: Curt Bois. Sein Filmdebüt war ein Tonbild, das Messter nach der erfolgreichen Bühnenaufführung drehen ließ. Bois sang darin das »Heinerle«-Lied. Dann wirkte er bei Duskes in der Markgrafenstraße in den lustigen Filmchen »Klebolin klebt alles«, »Der kleine Detektiv« und »Mutterliebe« (Bauernhaus und Grafenschloß) mit.

Das Atelier in der Markgrafenstraße 94 erlebte eine turbulente Zeit. Mit großer Emsigkeit machte sich Duskes Kinematographen- und Film-Fabrikation GmbH an die Produktion von Filmen. Heinrich Bolten-Baeckers brachte den Star des Metropol-Theaters, Josef Giampietro, in die Markgrafenstraße und inszenierte mit ihm das Lustspiel »Don Juan heiratet«. Der Kameramann Charles Paulus drehte – ähnlich wie Guido Seeber in der Chausseestraße 123 für die Bioscop – einen Trickfilm mit dem Titel »Lehmann kann zaubern«. Man fertigte Tonbilder, Lustspiele, Trick-

Anna Müller-Lincke und Leo Peukert in einem unbekannten Lustspiel von Heinrich Bolten-Baeckers aus den Jahren 1911/12

filme und »nachgestellte Reportagen«. Hier begann die Laufbahn Emil Schünemanns, später einer der bekanntesten deutschen Kameramänner, der u. a. auch für Fritz Lang arbeitete.

1910 startete in jenem Atelier die Vitascope GmbH, vor dem ersten Weltkrieg eine der größten deutschen Filmgesellschaften, mit ihrer Produktion. Sie engagierte Viggo Larsen, Paul Otto, Wanda Treumann, Arnold Rieck – alles Leute, die in den folgenden Jahren das Bild des deutschen Films bestimmten. Walter Schmidthässler inszenierte und spielte 1910 die Hauptrolle (den alten Fritz) in der Vitascope-Produktion »König und Page«. Man drehte eine Serie um den französischen Abenteurer Arsène Lupin und »Dramen aus dem wilden Westen«, 1911 zum Beispiel »Der Pferdedieb«. In der Markgrafenstraße 94 debütierten der Regisseur und Schauspieler Max Mack und der Kameramann Karl Hasselmann; hier spielte Paul Bildt 1911 in einem seiner ersten Filme, »Die Geliebte des Chinesen«. Im selben Jahr entstand dort auch der Zweiteiler um »Die Ballhaus-Anna«, eine Verfilmung des gleichnamigen Romans von Leo Leipziger; nach dem Buch von Max Mack führte Walter Schmidthässler Regie, und Karl Hasselmann fotografierte.

Bis 1912 drehte Alfred Duskes' Firma neben der Vitascope in der Markgrafenstraße 94 unter anderem »Das Brandmal ihrer Vergangenheit«, mit Paul Heidemann in seiner ersten Filmrolle. Danach zog Duskes wieder weiter südlich, in die Kreuzberger Blücherstraße 12, in unmittelbare Nachbarschaft zu Oskar Messters Unternehmen, das in der Blücherstraße 32 arbeitete.

Filmregisseur Max Mack

Auch die Vitascope wechselte oft ihre Produktionsstätten. 1911 verlagerte sie ihre Aufnahmeräume relativ weit weg vom Filmviertel, in die Große Frankfurter Straße 105/106. Ganz in der Nähe des heutigen Strausberger Platzes – zwischen Kraut- und Andreas-, gegenüber der Fürstenwalder Straße – befand sich seit 1911 ein weiteres Atelier, wo in den folgenden knapp zehn Jahren einige interessante Filme entstehen sollten. Ähnlich wie in der Chausseestraße 123 begannen hier verschiedene, später namhafte Filmleute mit ihrer Arbeit für das Kino.

Die erste nachweisliche Produktion, die 1911 in der Großen Frankfurter Straße gedreht wurde, war das Regiedebüt eines 27jährigen Schauspielers, der im selben Jahr auch als Filmschauspieler und Szenarist angefangen hatte: Max Mack. Nach fünfjähriger Laufbahn als Bühnenschauspieler trat er 1911 im Kleinen Theater Unter den Linden auf und wurde von Julius Greenbaum, dem Produzenten, und Viggo Larsen, dem Regisseur und Schauspieler (auch er hatte erst kurz zuvor als Filmregisseur begonnen), zur Vitascope geholt. In der Markgrafenstraße 94 stand Mack in dem von ihm selbst verfaßten Film »Dienertreue« erstmals vor einer Filmkamera. Auch für »Die Ballhaus-Anna« hatte er das Szenarium geschrieben. Dann inszenierte er in der Großen Frankfurter Straße »Gehirnreflexe«, einen recht langen Film (drei Akte!), den die kaiserliche Zensur im Dezember 1911 sogleich verbot. Mack irritierte das offenbar wenig, denn 1912 drehte er mehr als zehn Filme. Er arbeitete in der Chausseestraße 123 für die Continental-Kunstfilm und in der Großen Frankfurter für die Vitascope. Wie fast allen Gebäuden, in denen damals Filme entstanden, sah man auch dem in der Großen Frankfurter nicht an, welch aufregende Geschichten hinter seinen Mauern nachgestaltet wurden. Das äußere Bild des Hauses bestimmten indes nicht die Filmunternehmen, sondern Firmen wie die Disconto-Gesellschaft, die hier ihre Depositen-Kasse hatte, oder die Löwenbrauerei, die in der »Löwenschwemme« ihr Bier ausschenkte. Dazu kam noch das Pianomagazin von Lehmann & Co. Es war ein ganz normales, typisches Berliner Mietshaus, wie es sie zu Tausenden in der Stadt gab und wie sie teilweise auch heute noch existieren. Zumindest nach außen machte es damals keinen großen Unterschied, ob im Hinterhaus oder im obersten Stockwerk kleine Handwerksbetriebe – Schneider-, Schlosser- oder auch Tischler-Werkstätten – arbeiteten oder eben eine »Filmfabrikationsstätte«. Und hier entstand das, was die Zuschauer später nur paar hundert Meter weiter, zum Beispiel im U. T. Alexanderplatz, auf der Leinwand sehen konnten.

1912 drehte neben der Vitascope in deren Atelier auch eine rheinländische Filmgesellschaft, die Kunst-Film-Verlags GmbH aus Düsseldorf. Im Frühjahr wurde – unter Regie des 20jährigen Harry Piel – »Schwarzes Blut« aufgenommen. Teil eins des Films genehmigte die Zensur aber erst, nachdem man aus dem Dreiakter einen Zweiakter gemacht hatte. »Schwarzes Blut« war Piels erster in Berlin hergestellter Film. Im selben Jahr inszenierte er in der Großen Frankfurter Straße auch »Der Börsenkönig«, außerdem war er noch im Continentalfilm-Atelier Chausseestraße und im Glashaus der Luna-Film in der unteren Friedrichstraße tätig. Zwei Jahre

Die Große Frankfurter Straße 105–107 im Jahre 1904

später nannte sich der Neuling bereits »Film-Oberregisseur« – so geht es aus einem Artikel hervor, den er 1914 für die illustrierte Beilage des Berliner Tageblatts, den Welt-Spiegel, verfaßte.

1912 begann eine weitere rheinländische Filmgesellschaft in der Großen Frankfurter ihre Filme zu drehen: »Der Smaragd« war das »1. Bild«, »Die Mauritiusmarke« das »2. Bild« der »Multimillionär Lincoln-Monopolserie« der Firma Karl Werner aus Köln am Rhein. Fortan galt das Studio als »Karl Werner-Filmatelier«, da die Kölner Gesellschaft fast ausschließlich dort arbeitete.

Die Filmgesellschaften im Hinterhaus wechselten, und auch der Name der Kneipe im Vorderhaus änderte sich – 1914 war aus der »Löwenschwemme« »Pirnan's Hackepeter« geworden. Ende 1913 gab auch der mittlerweile zwölfjährige Curt Bois im Karl Werner-Filmatelier ein Gastspiel, »Das Geschenk des Inders«, das ihm noch 1982, als er seine Memoiren schrieb, im Gedächtnis war.

Es ging um folgendes: Da stand ein indisches Pferd, und Baptista Schreiber – die war fabelhaft, fabelhaft! –, sie sprang auf das Pferd ohne Sattel und ritt nach Indien. Das ist in meiner Erinnerung.[76]

Während der ersten Kriegsjahre stand das Karl Werner-Atelier größtenteils leer. Erst Ende 1916 wurde die Arbeit dort fortgesetzt. Urban Gad drehte von 1916 bis 1918 mehrfach für die Saturn-Filmgesellschaft: 1916 die Tragödie »Der wilde Streifen«, 1917 das Sittendrama »Der breite Weg«, das mimische Drama »Die Gespensterstunde«, das Gesellschaftsdrama »Die Vergangenheit rächt sich«, den Kriminalfilm »Die verschlossene Tür«, den Roman »Das Schicksal des Rajah«, »Die neue Dalilah« sowie »Klosterfriede«. 1918 folgten die Tragödie einer Künstlerin, »Das sterbende Modell«, sowie »Das verhängnisvolle Andenken«, »Die Kleptomanin« und »Vera Panina« – alles Filme, von denen heute keine Kopien mehr existieren. In ihnen spielte kein Star wie Asta Nielsen, wodurch spätere Generationen den Produktionen einen Wert als Dokument zuerkannt und sie der Nachwelt erhalten hätten.

1917 betrat dann eine Debütantin das Atelier, die kurz darauf ein Star werden sollte: Pola Negri. In ihren Memoiren, die sie fast sechs Jahrzehnte später im fernen Texas schrieb, würdigte sie allerdings mit keinem Satz diesen Start, zu unbedeutend schien ihr wohl, was sie 1917/18 im Atelier der Saturn-Film in der Großen Frankfurter Straße gedreht hatte. Pola Negri verbreitete immer, daß sie in Warschau für Max Reinhardt in einer Inszenierung der Pantomime »Sumurun« auftrat und daß sie dann über das Berliner Deutsche Theater direkt zu Ernst Lubitsch kam. Doch war es ein wenig anders. Sie stand zwar in »Sumurun« auf einer Warschauer Bühne, aber ihr Regisseur hieß Ryszard Ordyński. Zusammen mit ihr ging er, als Warschau von deutschen Truppen besetzt wurde, nach Berlin: Ordyński ans Deutsche Theater, Pola Negri aber, die bereits in Warschau in einigen Filmen mitgewirkt hatte, erhielt von der Berliner Saturn-Film einen Vertrag und spielte in der Großen Frankfurter Straße in einem halben Dutzend Filmen; »Zügelloses Blut«, »Die toten Augen«, »Nicht lange täuschte mich das Glück«, »Rosen, die der Sturm entblättert« nannten sich diese obskuren Produktionen des Jahres 1917, von denen keine Besprechungen zu finden sind, zumeist nicht einmal bekannt ist, ob und wann sie uraufgeführt wurden. 1918 folgte der Filmroman »Küsse, die man stiehlt im Dunkeln« und »Wenn das Herz in Haß erglüht«. Vermutlich sagen die Titel mehr über diese unbekannten Filme aus, als es Rezensionen tun könnten. Als Partner von Pola Negri agierten Magnus Stifter, Hans Adalbert von Schlettow, Nils Chrisander und Ernst Hofmann, sämtlich Akteure, die auch für Urban Gad spielten. Ernst Hofmann war es auch, der im Jahre 1919 einen weiteren Anfänger in die Große Frankfurter Straße holte. Der Schauspieler gründete im Juni 1919 eine eigene Filmgesellschaft, die Ernst-Hofmann-Film:

Die Firma bringt als ersten Film ein modern-phantastisches Schauspiel »Der Knabe in Blau«. Ernst Hofmann spielt die Figur des »blue boy« nach Gainsborough.[77]

Vierzehn Tage später wurden der Regisseur und die anderen Schauspieler benannt: Blandine Ebinger und Georg John, Leonhard Haskel und Rudolf Klix – unter der Regie des Debütanten Friedrich Wilhelm Murnau. Murnau, der vor dem Krieg im Deutschen Theater in der berühmten Inszenierung des »Blauen Vogels« neben Lubitsch und Mathilde Danegger auf der Bühne gestanden hatte, der im »Mirakel« und in Shakespeares »Heinrich IV.« aufgetreten war und auch an verschiedenen Tourneen des Deutschen Theaters teilgenommen hatte, drehte in der Großen Frankfurter Straße seinen ersten Film, ein Werk, von dem heute nicht einmal bekannt ist, ob es eine Aufführung erlebt hat. Eine Kopie ist ebenfalls nicht mehr vorhanden. Der filmkünstlerische Anfang des großen Murnau liegt damit genauso im Dunkel wie der vieler anderer des frühen deutschen Kinos …

»Deutschlands größter Schauspieler« Albert Bassermann

Die Ernst-Hofmann-Film hatte offenbar keinen besonderen Erfolg. Wahrscheinlich war »Der Knabe in Blau« ihre einzige Produktion. Die Räume standen dann wieder mehrere Jahre lang leer. 1922 mietete sich eine City-Film-Atelier A.G. ein, über deren Produktivität nichts bekannt ist. Auch dieses Atelier erlebte das gleiche Schicksal wie so viele Glashäuser im Zentrum Berlins – sie wurden umfunktioniert zu Lagerhallen und Werkstätten …

Doch kehren wir noch einmal in die Zeit vor dem ersten Weltkrieg zurück. Die Vitascope verließ Mitte 1912 das Atelier in der Großen Frankfurter Straße und ging in die Lindenstraße 32–34. Im heutigen Bezirk Kreuzberg gelegen, war es eine zentrale Adresse, nicht weit vom Filmviertel in der Friedrichstraße entfernt. Mehrere Filmgesellschaften zogen mit ihren Büros in das zuvor umgebaute Haus in der Lindenstraße, und die Vitascope drehte dort einige ihrer bedeutendsten Filme. Allerdings existierte auch dieses Vitascope-Studio nicht viel länger als ein Jahr. Ende 1913 hatten zwar weiterhin mehrere Gesellschaften dort ihren Sitz – die Bioscop Theater-Gesellschaft m.b.H., die Projections Act.Ges.m.b.H. und auch die Vitascope Gesell.m.b.H. –, doch das Atelier war bald zu klein, die Vitascope ging »nach draußen«, an die Peripherie der Stadt, nach Weißensee …

Was 1913 im Atelier Lindenstraße produziert wurde, ist allerdings imponierend. Mehrere Filmhistoriker betrachten 1913 als das Geburtsjahr des künstlerisch bedeutsamen deutschen Films. Im Herbst 1912 begann Walter Schmidthässler in der Lindenstraße seine Filme aufzunehmen, Filme, die »Flüchtiges Glück«, »Not bricht Eisen«, »Der Zug des Herzens« und »Graf Woronzow – mein Verlobter« hießen und die heute vergessen sind. Dort entstand aber auch ein Film, der damals selbst die aufhorchen ließ, die das Kino nicht ernst nahmen, die seine Gegner waren, es verachteten. Max Mack drehte Ende 1912 »Der Andere« – was zum Ereignis wurde! Weniger durch die Geschichte, die der Film erzählt – eine freie Variante des alten Themas von Dr. Jekyll und Mr. Hyde –, als vielmehr durch die Tatsache, daß die Hauptrolle ein Mann verkörperte, der sich »Deutschlands größter Schauspieler« nennen ließ.

Albert Bassermann – »Deutschlands größter Schauspieler«, im Kientopp! Welch ein Triumph für die Filmindustrie, welch ein Entsetzen für die zahlreichen Verteidi-

Rudolf Klix und Georg John in »Der Knabe in Blau« von F.W. Murnau

ger von Kultur und Kunst. Bassermann setzte sich auch noch aktiv für den Film ein, sprach von den großen Möglichkeiten dieses Mediums. Es war also nicht nur – wie die vielen Kinogegner behaupteten – das Geld, das ihn ins Filmatelier zog. Der Schauspieler hatte sich über die Arbeit vor der Kamera und über den »Idealfilm«, wie er ihn sich vorstellte, Gedanken gemacht. In der vielgelesenen B. Z. AM MITTAG veröffentlichte er einen Artikel, »Wie ich mich im Film sehe«:

Sie fragen mich, was für einen Eindruck ich empfing, als ich zum erstenmal den Film »Der Andere« meines lieben hochverehrten einstigen Direktors und Regisseurs Dr. Paul Lindau sich auf der weißen Fläche vor meinen Augen abrollen sah. Ich soll also einigermaßen, abgesehen von dem Gesamteffekt, den ich Ihnen schildern soll, auch mich selbst als Darsteller kritisieren. Ich werde mich natürlich hüten, schlecht von meinem Staatsanwalt zu sprechen.

Ich lag an einer blödsinnig verschwollenen Backe, deretwegen auch »Schöne Frauen« in den Kammerspielen Dienstag ausfallen mußten, in meinem Bett und schlief den Schlaf der Gerechten, der viel leiden muß, als meine Frau von der Pressevorstellung nach Hause kommend mich mit der Nachricht von dem Erfolg des ersten literarischen Films weckte und sich nicht genug darüber wundern konnte, daß ich so selig geschlafen hatte, während da draußen über das Schicksal dieses ersten Versuchs entschieden wurde.

Also sie brachte mir auch das schöne Programmheft, woraus ich ersah, daß ich keinen Staatsanwalt, sondern einen Rechtsanwalt dargestellt hatte. Wäre mir dieser Umstand vorher bekannt gewesen, so würde ich höchstwahrscheinlich eine diabolische Maske gemacht haben, die im übrigen auch auf dem Film nicht scheußlicher ausgesehen hätte als auf der Bühne, wie einer Ihrer Kollegen, der mir sonst sehr wohlgesinnt ist, vermutete. Warum sollte übrigens auch ein Rechtsanwalt nicht so aussehen können wie ich auf dem Film »Der Andere«?

Habe ich wirklich ein so dummes Gesicht? Das ist mir nicht besonders aufgefallen. Ich habe den Film nur in dem Vorführungsraum der Vitascop-Gesellschaft auf einer ziemlich kleinen weißen Fläche gesehen – ohne begleitende Musik – und kann also noch kein endgültiges Urteil fällen. Was ich da sah, berechtigte zu den schönsten Hoffnungen; die Aufnahmen sind in der Hauptsache prächtig und machen dem Regisseur Mack und der Vitascop-Gesellschaft unter ihrem zielbewußten Leiter Hermann Fellner alle Ehre. Sie werden mir meinen Optimismus hoffentlich nicht übelnehmen; aber ich kann doch nicht sagen, daß es schlecht war und uns so die Leute aus den Lichtspielen am Nollendorfplatz schon im vorhinein herausgraulen. Aber nun im Ernst: Natürlich habe ich, bevor wir an die Darstellung des Films gingen, verschiedene Probeaufnahmen von mir machen lassen. Zuerst spielte ich mit meiner Frau eine Szene aus Othello und zwar genauso wie auf dem Theater – ohne Rücksicht auf das Objektiv. Das fand ich scheußlich und meine Frau auch: wir wußten nicht, was die zwei Leute auf der weißen Fläche da wollten. – Dann improvisierten wir eine kleine Szene und ließen uns während des Spiels Anleitungen vom Regisseur Mack geben. Das sah schon entschieden besser aus: bildhafter, wenn ich mich so ausdrücken darf.

Ich hatte jetzt so ungefähr begriffen, worauf es technisch ankam; und nun erst gingen wir an den Film »Der Andere«. – Ich bequemte mich natürlich nicht den sogenannten Kinogesetzen, die es bis jetzt in Wahrheit noch gar nicht gibt, an, sondern das Kino muß sich mir anbequemen, sonst hätte es ja gar keinen Sinn, daß ich da mitspielte.

Die Eigenart des Schauspielers muß natürlich vollkommen gewahrt bleiben! Wir müssen nur auf eine gewisse Ruhe der Bewegungen achten, und gerade deshalb werden die deutschen Schauspieler sich ganz besonders gut für das Kino eignen, wenn sie erst einmal etwas Anständiges zu spielen kriegen. Die nordischen sind uns im Kino noch ein Stück voraus; ebenso gewisse Franzosen, weil sie schon langjährige Übung haben. Schade, daß sie fast ausnahmslos Schauspielersensationsdramen spielen, die ich – zu meiner Schande muß ich gestehen! – am liebsten sehe, die eben aber ganz entschieden den Geschmack der Allgemeinheit, den wir auf der Bühne Gott sei Dank einigermaßen gehoben haben, wieder herunterbringen.

Je diskreter ein Film gespielt wird, desto besser wirkt er. Und von diesem Standpunkt aus fand ich in unserem Film schon Vieles ganz ausgezeichnet. Es handelt sich ja beim Kino nicht

Werbung in der Lichtbild-Bühne vom Februar 1913

etwa um Taubstumme, die sich – wie die arme Fenella – durch Gebärden verständlich machen sollen, sondern um Menschen aus dem Leben (abgesehen von stilisierten und grotesken Gestalten, die auf dem Film so gut ihre Berechtigung haben wie auf dem Theater, je nach der Art des Stückes), die sich genau wie im Leben auszudrücken haben. In Erwägung dessen halte ich es auch für durchaus unlogisch, den Kinozuschauern den Mund verbieten zu wollen. Laßt sie ruhig die Lippen bewegen; nur sollen sie darin ebenso Maß halten wie mit ihren Gesten. Das Publikum hört im Geist schon, was sie sagen, und die Taubstummen lesen es ihnen direkt vom Munde ab. Mir ist dieses Maßhalten im Sprechen und im Gestus noch nicht allerwärts geglückt. Das nächste Mal wird's schon besser gehen. – Ohne geeignete Worte bei der Aufnahme zu sprechen, ist ein natürlicher Gestus undenkbar! Wir müssen es, was die Natürlichkeit anbelangt, im Kino so weit – und noch weiter bringen als auf der Bühne!

Der Idealfilm wird derjenige sein, der alles in Aktion umsetzt und der am wenigsten Text benötigt. Wir werden in dem Film »Der Andere« ruhig verschiedene Texte fortlassen, ohne die Deutlichkeit der Handlung zu beeinträchtigen. Und da in diesem Film, der gerade durch verschiedene Erkenntnisse der letzten Zeit durchaus glaubhaft erscheint, immer etwas vorgeht, so kann ich auch Ihren Standpunkt nicht teilen, daß er zu lang ist. Wir wollen das ruhig einmal dem Publikum zur Entscheidung geben.

Aus den Erfahrungen bei diesem Film werden wir natürlich unseren Nutzen ziehen und Dr. Lindau wird mir einen zweiten Film schreiben, der sich nach Möglichkeit dem geschilderten Idealfilm nähern soll. Aktion war ja bis vor wenigen Jahren ein Ding, das von sämtlichen Snobs auf der Bühne perhorresziert wurde. Wir werden uns aber nicht genieren, soviel Handlung als möglich in den nächsten Film hineinzuzwängen.

Vor der Hand seien wir froh über das Erreichte. Wie schön wäre es, wenn wir heute gelegentlich Mitterwurzer, Kainz, Matkowsky im Kino wieder aufleben lassen könnten. Ich bin überzeugt, daß unsere großen Elektrotechniker noch zu unseren Lebzeiten einen Apparat zustande bringen, der einfach während der Generalprobe im Zuschauerraum des Theaters aufgestellt wird und die ganze Vorstellung bildlich und tonlich festhält. Kino und Grammophon sind der Anfang zu diesem Ziel.[78]

Diese Ausführungen Albert Bassermanns sind gewissermaßen eine Rechtfertigung. Denn sie erschienen, als bereits die ersten, gar nicht sehr freundlichen Rezensionen in den Zeitungen zu lesen waren. Den meisten Kritikern ging es nicht nur um den Film »Der Andere«, es ging ihnen grundsätzlich ums Kino. So auch Fritz Engel im BERLINER TAGEBLATT:

Dies also war das große Ereignis. In der Welt der Filmologen hatte es wochenlang gesäuselt, gestürmt, geblitzt und gedonnert. Es wird etwas Ungeheures geschehen, der Pelion wird auf den Ossa gestülpt werden; der Bassermann auf den Lindau, und beide auf den Film.

Man erinnert sich, daß die sehr tüchtigen Kinounternehmer auf neue Zugmittel bedacht waren und nun die deutschen Dramatiker umwarben. Es wurden den Herren goldene Berge versprochen und auch gegeben, wenn sie nur um Himmelswillen jene pedantische Scheu, jenes unmoderne Gewissen und alle durchaus antiquierten Grundsätze ablegten, die sie noch vor kurzem zu einem heißen Aufschrei gegen die »Gefahren des Kinos« vermocht hatten. Und der Um-

Szenenfoto aus
»Der Andere«

schwung vollzog sich wirklich, mit einer kinoartigen Geschwindigkeit. »Erste Autoren« und zweite und dritte beteten an, wo sie eben geflucht hatten, und schworen, für die Lichtbühne zu arbeiten, zu streiten und zu darben … hm.

Paul Lindau, der Siebziger, der das große Glück hat, daß man ihm nie richtig gram und böse sein kann, war beweglichen Geistes wieder einmal der rührigste und vorderste. Oder nimmt Felix Hollaender mit seinem »Stefan Huller« die ruhmvolle primeur in Anspruch? Lindau entsann sich, daß er einmal vor zwanzig Jahren ein Schauspiel geschrieben hatte, »Der Andere«, das man nur deshalb damals nicht vergleichsweise ein Kinodrama nennen konnte, weil die zehnte Muse, Filmia, Thaliens entartete Schwester, noch nicht das Lichtspiel der Welt erblickt hatte. In diesem Stück gerät ein überarbeiteter Staatsanwalt in eine Nervenkrisis, die sich durch den Zustand des sogenannten »alternierenden Bewußtseins« kundtut. Er verwandelt sich des Nachts, ohne es zu wissen, in einen ganz »Anderen«, in einen Verbrecher, verkehrt in Kaschemmen, bricht in seiner eigenen Villa ein und weiß von all diesen Dingen am anderen Morgen keine Faser mehr. Darauf baut sich das Schauspiel auf, ganz empfindungslos, ein reines Verstandesspiel auf der Basis einer kriminalpathologischen Hypothese, die Abhandlung einer Doktorfrage in vier Aufzügen mit Klavierbegleitung und Verlobung.

Dies war, oder dies schien wenigstens ein Leckerbissen für das Kino zu sein. Verwandte Seelen finden sich. Ein hoher Justizbeamter als Einbrecher. Kaschemmenluft. Schwere Jungen, leichte Mädchen. Polizei. Gelinde Wahnsinnsausbrüche. Romantische Liebe dazu. Das war nicht ein Kinodrama. Das war das Kinodrama. Und noch dazu das heiß begehrte: das veredelte. Denn wenn ich meinen Gönner Paul Lindau heute auch ärgern muß: er ist und bleibt ein Mann von Bildung und Geschmack, ein homo literatus, der turmhoch über den verwegenen Filmgewerblern steht, die sonst den Kientopp schauerdramatisch bedient haben, und er wird ihre ordinärsten Mittel nicht anwenden. Und damit sind wir am Kern des Problems. Ich darf mich schon auf mein ceterum censeo berufen und wiederholen, daß das Kinodrama – als ganz wohlverstanden – nicht veredelt werden kann. Aus einer Runkelrübe läßt sich nun einmal keine Ananas machen, und wenn du einen Plebejer in Prinzenkleider steckst, merkst du den Plebejer erst recht. Was unter Ausschaltung des ganzen Gedanken- und Gefühlsapparates nur durch die Netzhaut zur Gänsehaut werden will, was nur Fläche ist, kann nie Tiefe erhalten. Man kann »Rücksichten« nehmen, das Gröbste ausschalten, das Ruppigste unterdrücken, das kann man, und was wird der Erfolg sein: nicht die Veredelung, sondern die Verlangweilung. Nicht die Verbesserung einer scharfen Kost, sondern die Entwürzung und Entsalzung. »Wir danken«, werden die Kinohabitués sagen. Rot wollen sie sehen, nicht so lila.

Nun ja, was hier aus einem scharfen Schauspiel entstanden, ist kein Kinoreißer, sondern es ist gebändigt und ziemlich edel. Aber, bis auf den dritten Akt, war es auch nicht der Gipfel an Kurzweiligkeit und nicht das Ereignis, auf das manche gespannt waren. Daß Lindau, dramatisch gesprochen, seinem Schauspiel dennoch wehe getan hat, sage ich nur nebenbei.[79]

Der Ton dieser Kritik war – im Vergleich zu dem einiger Kollegen – noch verhalten. Siegfried Jacobsohn beispielsweise, der Herausgeber der SCHAUBÜHNE (aus der 1918 die WELTBÜHNE hervorging), gehörte – wie sein Mitarbeiter Kurt Tucholsky übrigens – zu den leidenschaftlichen Kinogegnern. In einer Fülle kleiner und größe-

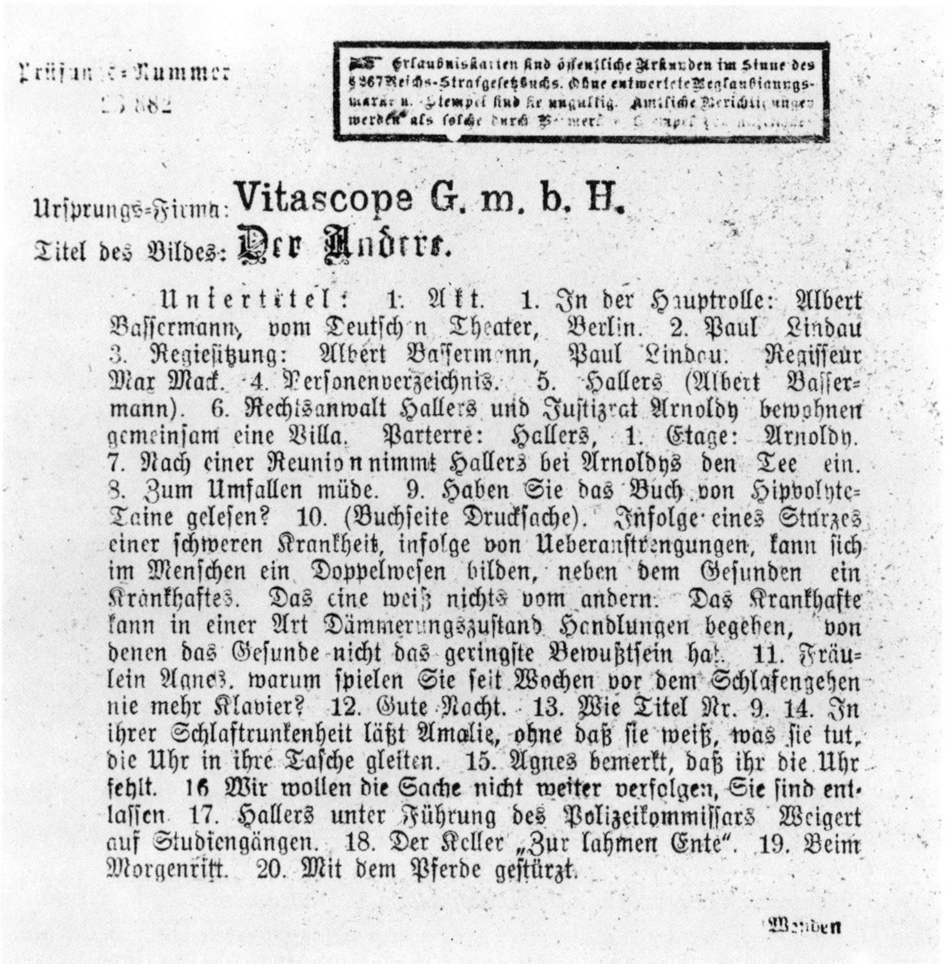

Prüfungs=Nummer
[illegible]882

Erlaubniskarten sind öffentliche Urkunden im Sinne des § 267 Reichs-Strafgesetzbuchs. Ohne entwertete Beglaubigungsmarke u. Stempel sind sie ungültig. Amtliche Berichtigungen werden als solche durch Vermerk [illegible]

Ursprungs=Firma: Vitascope G. m. b. H.

Titel des Bildes: Der Andere.

Untertitel: 1. Akt. 1. In der Hauptrolle: Albert Bassermann, vom Deutschen Theater, Berlin. 2. Paul Lindau 3. Regiesitzung: Albert Bassermann, Paul Lindau. Regisseur Max Mack. 4. Personenverzeichnis. 5. Hallers (Albert Bassermann). 6. Rechtsanwalt Hallers und Justizrat Arnoldy bewohnen gemeinsam eine Villa. Parterre: Hallers, 1. Etage: Arnoldy. 7. Nach einer Reunion nimmt Hallers bei Arnoldys den Tee ein. 8. Zum Umfallen müde. 9. Haben Sie das Buch von Hippolyte-Taine gelesen? 10. (Buchseite Drucksache). Infolge eines Sturzes, einer schweren Krankheit, infolge von Ueberanstrengungen, kann sich im Menschen ein Doppelwesen bilden, neben dem Gesunden ein Krankhaftes. Das eine weiß nichts vom andern. Das Krankhafte kann in einer Art Dämmerungszustand Handlungen begehen, von denen das Gesunde nicht das geringste Bewußtsein hat. 11. Fräulein Agnes, warum spielen Sie seit Wochen vor dem Schlafengehen nie mehr Klavier? 12. Gute Nacht. 13. Wie Titel Nr. 9. 14. In ihrer Schlaftrunkenheit läßt Amalie, ohne daß sie weiß, was sie tut, die Uhr in ihre Tasche gleiten. 15. Agnes bemerkt, daß ihr die Uhr fehlt. 16 Wir wollen die Sache nicht weiter verfolgen, Sie sind entlassen. 17. Hallers unter Führung des Polizeikommissars Weigert auf Studiengängen. 18. Der Keller „Zur lahmen Ente". 19. Beim Morgenritt. 20. Mit dem Pferde gestürzt.

Wenden

Die Zensurkarte des Films

rer Beiträge hat er den Kientopp attackiert. Über den Film »Der Andere« schrieb er eine ausführliche Kritik, die eigentlich weiter nichts darstellte als eine heftige, grundsätzliche Philippika gegen das Kino:

Ein Blinder hätte von Bassermann unendlich viel: diese Stimme, die nicht zum zweitenmal existiert, und in der die ganze Seele liegt. Ein Tauber hätte dagegen von Bassermann wenig: eine Mimik, die gewiß nicht durchschnittlich, aber ebenso gewiß nicht einzigartig ist. Jedenfalls wird von einer Erhaltung schauspielerischer Leistungen bekanntlich erst dann die Rede sein, wenn Kinematograph und Phonograph miteinander den sprechenden Film erzeugt haben. Bis dahin also und ganz unabhängig davon muß das Kino für Bassermann einen Reiz haben, den herauszufinden uns Zuschauern vielleicht nur gerade »Der Andere« keine Gelegenheit bot. Das ist ja nun allerdings weder ein Kinostoff noch eine Kinobearbeitung. Wenn ich die Kinobegei-

Szenenfoto aus »Der Andere«

sterung der Dramatiker, besonders der falschen, freundlich, das heißt: nicht einfach als Habgier deute, so spüren sie offenbar mehr, als sie schon wissen, daß sich hier ein Markt für die Verwertung von Abfallprodukten auftut. (...)

Jetzt singt man vergnügt: Was nicht Roman und nicht Drama werden kann, das seh für einen Film ich an. Es werden sich aber auch ganz neue Talente für dieses Genre in der Stille bilden und über Nacht selbst entdecken. Wer nicht die Gabe des Wortes, sondern bloß die Gabe der Erfindung hat und daher als Schriftsteller ein kümmerliches Dasein führte, der wird es hier plötzlich mit den berühmtesten Namen aufnehmen. Wenn ich die hitzige Kinobewegung der Stückeschreiber abermals liebevoll auslege, so ist sie nichts als der Versuch, möglichst schnell herauszukriegen, wer von ihnen fürs Kino in Betracht kommt. Eines steht schon fest: Lindau nicht. Nur ein völlig amusischer und kritikloser Mensch wie er, der sich über die Grenzen und Unterschiede der Kunstgattungen niemals Gedanken gemacht hat, ist imstande, ein Schauspiel im Kino ebenso lange auszudehnen wie auf der Bühne, als ob man dann nicht sogar ins Theater gehen könnte. Aber noch schlimmer: er läßt diesen ästhetischen Unfug ausarten, indem er die Sätze kinematographiert, die gleich darauf die Haupt- oder eine Nebenfigur verschweigen wird. Er weiß nicht, daß der Autor eines Films nichts, aber wenigstens das eine verstehen muß, statt durch Worte durch Bewegungen die Handlung fortzuführen und die Menschen zu charakterisieren, und daß ein Film keine Existenzberechtigung hat, wenn er Dinge darstellt, die irgendwie anders als durch das Lichtbild darzustellen sind. Aus diesem Grunde hat Bassermann im Kino keinerlei Existenzberechtigung. Er tut zwei Stunden lang gar nichts, nichts und wieder nichts, was er nicht auch als Schauspieler tun könnte. Aber freilich nicht täte. Denn als »Der Andere« ist er leider nicht der Andere, sondern der Selbe.[80]

Harte Worte für Bassermann, Lindau und die Vitascope. Dabei hatte die Filmgesellschaft für ihr Werk mit dem Satz geworben, daß hier Deutschlands größter Schauspieler im ersten deutschen Autorenfilm – einem neuen Zauberwort des deutschen Kinos in jener Zeit – spiele.

Der Schriftsteller Paul Lindau

»Der Andere« war ein herrlicher Streitgegenstand zwischen Kinofreunden und Kinogegnern. Paul Lindau (1838–1919), der für kurze Zeit auch einmal Intendant des Berliner Deutschen Theaters gewesen war, hatte sich noch vor der Premiere des Films im BERLINER TAGEBLATT seine Gedanken über das Wesen des Kinos und über die Unterschiede zwischen Bühnen- und Filmdramatik gemacht:

Die sehr starke Verschiedenheit der sinnlichen Bedeutung von »Kinematograph« und »Film« hat sich im Sprachgebrauche bereits ziemlich abgeschwächt, und der Sinn der beiden Wörter ist schon jetzt nahezu identisch geworden. Ich halte das für kein Unglück. Bei dem schwerfälligen griechischen Fremdwort für die in Schrift- und Bildzeichen stetig festgehaltene und veranschaulichte Bewegung kann sich der humanistisch nicht Vorgebildete kaum etwas denken. Der in der Sprachverbildung und Begriffsverdrehung virtuose Berliner hat daraus das gräßliche Wortungeheuer »Kientopp« gemacht. Diese Scheusäligkeiten könnten aus unserem geliebten Deutsch ruhig wieder verschwinden und dafür das leicht sprechbare »Film« als pars pro toto zur Bezeichnung der letzten epochemachenden Erfindung auf dem Gebiete der Schaustellungen an deren Stelle treten. Schon heute wird man von niemandem falsch verstanden, wenn man von »Filmschauspielern«, »Filmregisseuren«, »Filmdichtern« oder von den »Filmdarstellungen« wissenschaftlicher Feststellungen redet.

Im Film ist das, was man mit Fug und Recht »lebendes Bild« nennen darf, zur Wahrheit geworden. Das, was man vor dem Film »lebende Bilder«, »tableaux vivants«, nannte, war eigentlich gerade das Gegenteil dessen, was diese Worte bezeichnen. Leben ist Bewegung; in den sogenannten »lebenden Bildern« mußte jede Bewegung erstarren, und der menschlichen Lebewesen höchsterreichbare Grad von Unbeweglichkeit galt als der höchste Grad der Vollkommenheit, galt als das Ideal dieser lebenden Bilder. Es waren eben lebende Menschen, die sich, einzeln oder in Gruppen, für einige Minuten zur Unbeweglichkeit eines toten Gegenstandes drillen mußten.

Im Film dagegen haben wir das wirklich belebte und lebende Bild, das den Menschen und jedes lebende Geschöpf in allen seinen Eigenheiten, in seiner Haltung, Bewegung, Mimik unverfälscht und ohne vermeintliche Berichtigungen widerspiegelt. Zum vollen Leben fehlt ihm nur das eine: die Sprache, der Klang der Stimme in all ihren wohl- und mißlautenden Vibrationen.

Für diesen allerdings starken Mangel wird die Darstellung im Filmschauspiele durch gewisse neue Errungenschaften entschädigt und bereichert. Die Filmkunst ermöglicht manches, was für das rezitierende Drama bisher unerreicht bleiben mußte. Um es im Wesentlichen kurz

Albert Bassermann in »Der letzte Tag«

zusammenzufassen: hier können hundert Vorgänge leibhaftig vergegenwärtigt werden, die im gewöhnlichen Schauspiele lediglich durch Berichte zu schildern waren. Die dramatische Handlung bewegt sich auf unserer Schaubühne in festen, im ganzen ziemlich unverrückbar stabilen Verhältnissen, und was an anderem Orte und zu anderer Zeit sich zutrug, kommt doch nur abgeschwächt als Gehörtes zum Ausdruck. Dem gegenüber kann sich die neue Kunst in eigener Gesetzlichkeit fortwährend unabgeblaßt an die Augen des Zuschauers wenden.

Deswegen ist die dramatische Arbeit für das Film auch etwas ganz Eigenartiges und sehr Reizvolles. Das Film beseitigt die Schwerfälligkeit, das Störende und Zerstreuende der »Verwandlungen« auf der Bühne. Durch das Film vermag der Dramatiker alles, was er seinen Zuschauern mitteilen und verständlich machen will, unmißverständlich vors Auge zu führen. Er bedarf keines Vorhanges in den Pausen, keines Zwischenvorhanges beim Szenenwechsel, keiner Schiebebühne, keiner Drehbühne, keiner Verminderung des Lichts, keiner Zwischenmusik, um den Lärm der Theaterarbeiter beim Herbei- und Wegschaffen der Möbel zu überdecken.[81]

Trotz der heftigen Kritiken, und auch ungeachtet des nicht gerade überwältigenden Publikumszuspruchs für ihren Film, ließen sich weder Paul Lindau und Albert Bassermann noch Max Mack von weiteren Filmexperimenten abhalten.

Dasselbe Kollektiv drehte 1913 im Vitascope-Atelier in der Lindenstraße 32–34 »Der letzte Tag«. Das Buch hatte Paul Lindau nach seiner eigenen Novelle – »Im Fieber« – geschrieben. Albert Bassermann übernahm erneut die Hauptrolle, wie auch im Film »Der König«, für den ein gewisser Dr. Richard Fischer das Szenarium verfaßt hatte, und der – wie die Werbung behauptete – »Ein Schauspiel gewaltiger Seelenregungen« sei. Die Ehefrau Bassermanns, Else, war im »Letzten Tag« seine Partnerin. Sie, die nach den Aussagen ihrer Zeitgenossen eine recht mittelmäßige Schauspielerin gewesen sein soll (was alle außer ihrem Gatten schnell erkannten), fand am Kino offenbar bald noch mehr Gefallen als er. Zunächst schrieb sie unter Pseudonym, später unter eigenem Namen Bücher für Filme, in denen ihr Mann mitwirkte. Aber außer ein paar Fotos und einigen wenigen kritischen Zeilen ist von diesen Filmen fast nichts erhalten geblieben. Sie fanden nicht mehr die Aufmerksamkeit, wie noch »Der Andere«. Es war keine Sensation mehr, Albert Bassermann auf der Leinwand zu sehen. Und weder »Der letzte Tag« noch »Der König« dürften künstlerische Höhenflüge gewesen sein, genausowenig wie »Der Andere«. Die großen Möglichkeiten des Kinos ließen diese Filme noch nicht ahnen. Sieht man »Der Andere« heute, kann man eigentlich die Skepsis der Kinogegner des Jahres 1913 nachempfinden. Bassermann auf der Bühne muß ein großes Erlebnis gewesen sein; im Film dagegen merkt man von seiner Faszination nicht mehr viel.

Weitaus origineller und erfolgreicher war Regisseur Max Mack mit dem »ersten komischen Autorenfilm«, der Kriminalkomödie »Wo ist Coletti?«, deren Atelieraufnahmen ebenfalls in der Lindenstraße entstanden. Auch dieser Film galt nicht mehr als Sensation – obwohl das Buch einer der erfolgreichsten Bühnenautoren Deutschlands geschrieben hatte: Franz von Schoenthan, Verfasser vom »Raub der Sabinerinnen«. Wahrscheinlich sahen sich nur die wenigsten Kritiker diesen »kleinen«

Film überhaupt an. Daß sich hier aber, in der witzigen Verfolgungsjagd eines sich verbergenden Detektivs, eine Perspektive für originelle Filme abzeichnete, merkten die Kinogegner nicht. »Wo ist Coletti?« enthielt zusätzlich eine amüsante Reflexion über das Kino: Die Filmhelden gehen einmal auch in die Kammerlichtspiele am Potsdamer Platz. Und die Zuschauer von Max Macks Film in den Kammerlichtspielen konnten so Zuschauer in den Kammerlichtspielen sehen, die sich über die Verfolgungsjagd eines Detektivs amüsieren ...

Bei »Wo ist Coletti?« war alles eine Nummer kleiner als beim »Anderen«, kleiner, bescheidener und letzten Endes erfolgreicher. Nicht »Deutschlands größte Schauspieler« wurden verpflichtet, »anerkannte Bühnen-Größen« mußten es aber auch sein. Madge Lessing war ein Star des Metropol-Theaters, Anna Müller-Lincke eine der populärsten Berliner Komikerinnen jener Jahre. Max Mack bewies Originalität bei der Inszenierung und bei der Auswahl der zahlreichen attraktiven Schauplätze. Den großen Publikumserfolg übertraf er im Herbst 1913 noch durch »Die blaue Maus«, einen Film, den er wieder mit Madge Lessing in der Lindenstraße drehte. Dieser vieraktige Schwank lief mehrere Wochen lang im Marmorhaus und mußte dann gegen Ende des Jahres erneut in das Programm aufgenommen werden.

Max Mack und die Vitascope waren geschäftstüchtig; wie andere Filmgesellschaften auch, hielten sie Ausschau nach populären Schauspielern und zugkräftigen Stoffen. Einer der großen Berliner Renner jener Zeit hieß »Endlich allein« von Eugen

Max Mack dreht mit Bassermann »Der König«

Werbung in der Lichtbild-Bühne für eine neue Vitascope-Produktion

Prudens. Bereits 1896 hatte das Budapester Possen- und Operetten-Theater im Grand Hotel am Alexanderplatz das Stück gespielt, und im Jahr darauf amüsierten sich die Besucher des Alexanderplatz-Theaters über diese einaktige jüdische Posse. Die Direktoren jenes Hauses waren die Brüder Herrnfeld, und das Herrnfeld-Theater war eine Berliner Institution! Diese Bühne, die im August 1891 ihren Spielbetrieb aufnahm, zunächst in verschiedenen Häusern gastierte und dann bis in die zwanziger Jahre hinein existierte, galt zweifellos als eine der erfolgreichsten in Berlin. Wie wir aus der Autobiographie von Elisabeth Bergner wissen, blickten die Schauspieler der anderen, »seriöseren« Einrichtungen mit leichter Verachtung, zugleich aber auch mit etwas Neid auf dieses Theater. Das Publikum liebte die kurzen Stücke und deren jüdischen Humor. Anton und Donat Herrnfeld spielten stets die Hauptrollen; »Endlich allein« lief in ihrem Hause monatelang en suite. Max Mack verfilmte die Posse dann für die Vitascope in der Lindenstraße 32–34 – natürlich mit Anton und Donat Herrnfeld als Hauptdarsteller.

Zu den vielen tausend Zuschauern, die diesen Film später sahen, gehörte auch ein gewisser Dr. Franz Kafka aus Prag, der am 20. November 1913 in sein Tagebuch schrieb:

Im Kino gewesen. Geweint. »Lolotte«. Der gute Pfarrer. Das kleine Fahrrad. Die Versöhnung der Eltern. Maßlose Unterhaltung. Vorher trauriger Film »Das Unglück im Dock«, nachher lustiger »Endlich allein«. Bin ganz leer und sinnlos, die vorüberfahrende Elektrische hat mehr lebendigen Sinn. [82]

Kafka war in jenen Jahren ein eifriger Kinogänger, und einige Experten nehmen an, daß sein Stil dadurch mit beeinflußt wurde. Auch Kafka suchte offenbar nicht die »anspruchsvollen«, die »seriösen« Produktionen, sondern die populären Possen, die Melodramen und Abenteuerfilme …

»Endlich allein«, »Wo ist Coletti?« und »Die blaue Maus« waren Werke, die die Kinogegner einfach übersahen. Sie beschäftigten sich mit dem »Anderen«, mit Max Reinhardts »Insel der Seligen«, dem »Shylock von Krakau« (den Felix Salten für den großen Rudolf Schildkraut geschrieben hatte), mit Paul Wegeners »Student von Prag« und dem »Schwarzen Los«, in dem Alexander Moissi die Hauptrolle spielte. Alles Produktionen aus dem Jahre 1913, mit denen die Filmindustrie ihre Seriosität zu beweisen versuchte und die man heute »Prestigefilme« nennen würde. Die Ergebnisse waren zumeist – jedenfalls hinsichtlich der Publikumsresonanz – enttäuschend. Kinogegner Fritz Engel behauptete in seiner im Berliner Tageblatt erschienenen »Bilanz des Lichtspiels«:

Das Wesen des Films, soweit er dramatische Vorgänge dartun will, ist Rückschritt. Man kann das Lichtspiel verbrämen und verschönern, aber man kann es nicht darüber hinausbringen, daß es nur ganz naive Gefühle und ganz primitive Verwicklungen wiedergibt. [83]

Doch keine Warnung, keine Mäkelei und keine Philippika konnte den Zustrom anerkannter Künstler in die Berliner Filmateliers aufhalten. Nicht nur Albert Bassermann zog es in die Lindenstraße; dort debütierte auch sein großer Kollege Theo-

Die Brüder Herrenfeld in »Endlich allein«

Szenenfotos aus
»Wo ist Coletti?«

Madge Lessing (links) und Herbert Paulmüller in »Die blaue Maus«

dor Loos: in Walter Schmidthässlers Film »Das goldene Bett«, mit dem am 1. Mai 1913 das Kino Marmorhaus am Kurfürstendamm eröffnet wurde.

Die Dekorationen für fast alle Vitascope-Produktionen, die in der Lindenstraße entstanden, hatte ein damals 24jähriger Architekt entworfen, der bald einer der erfolgreichsten Szenenbildner des deutschen Stummfilms wurde und mit dessen Namen die wichtigsten expressionistischen Filme verbunden sind: Hermann Warm. Er schuf die Bauten von »Der letzte Tag« und »Der König«, von »Wo ist Coletti?« und »Die blaue Maus«, ebenso jene für den zweiteiligen Sensationsfilm »Menschen und Masken«, den natürlich Harry Piel inszenierte.

Ende 1913 begann auch die Vitascope ihre Filme »draußen« vor der Stadt, in Weißensee, zu drehen. Ihr war das Atelier mitten in der City ebenfalls zu klein geworden. So stand das Glashaus in der Lindenstraße 32–34 einige Zeit leer. 1915 wurde es von der Firma Oliver-Film übernommen, die hier bis nach Kriegsende hauptsächlich kurze Lustspiele – zumeist mit Paul Heidemann als Regisseur – aufnahm.

Direkt im Filmviertel, in der südlichen Friedrichstadt, richtete sich 1913 die Luna-Film-Industrie Berlin ein Atelier ein. Friedrichstraße 224, fast an der Ecke zur Puttkamerstraße, war 1912 ein neues Bürogebäude errichtet worden. Der Eigentümer, Baumeister G. Jacobowitz, vermietete vor allem an Filmgesellschaften. 1912 zogen das

Werbung in der Lichtbild-Bühne für einen verbotenen Film

Film-Verleih-Institut M. Christensen und die Eiko-Film G. m. b. H. ein. Im Vorderhaus wurde das Trocadero Concert-Café und Restaurant eröffnet. 1913 kamen die Lloyd-Filmges. m. b. H., die Neue Film Ges. m. b. H., die Luna-Film-Ges. m. b. H., die Filmfabrik Rosenblum G. m. b. H hinzu. Und die Luna-Film-Ges. m. b. H. betrieb in diesem Gebäude ein eigenes Atelier. Hier drehte vor allem Franz Hofer seine Lustspiele und Kriminalfilme mit Dorrit Weixler. In einem dieser Filme, in »Fräulein Piccolo«, spielte auch ein junger Schauspieler des Deutschen Theaters eine kleine Rolle, der soeben durch zwei andere Filme ersten Kinoruhm errungen hatte: Ernst Lubitsch. »Fräulein Piccolo« wurde zwar im August 1914 im Luna-Atelier abgedreht, doch zu einer Aufführung kam es nicht mehr. Die kaiserliche Zensur verbot den Film für die Dauer des Krieges, und erst im Februar 1919 konnte er dann gezeigt werden. Lubitsch spielt einen Hotelgast, einen Handelsvertreter mit Koffer und Stöckchen, der hinter dem Zimmermädchen her ist. Dorrit Weixler in der Titelrolle verkörpert die Tochter des Hoteliers, gleichzeitig Zimmermädchen und Fräulein Piccolo.

Es wird vermutet, daß »Fräulein Piccolo« deshalb von der Zensur behindert wurde, weil in dem Hotel auch einige Offiziere abgestiegen waren, die es ebenfalls auf das Zimmermädchen abgesehen hatten ... Doch die Luna-Film verstand es – wie fast alle anderen Filmgesellschaften –, sich sehr schnell der neuen Situation anzupassen. Dieselben Leute, die bisher Lustspiele, Schwänke und Detektivfilme gedreht hatten, kurbelten jetzt sofort »patriotische« Heldenstücke, sie machten in »feldgrauem Filmkitsch«. »Todesrauschen«, von Franz Hofer inszeniert und mit Dorrit Weixler in der Hauptrolle, hieß der erste Kriegsfilm der Luna, »Deutsche Helden« (Um des Lebens Glück betrogen) der zweite. Beide kamen noch 1914 in die Kinos.

1915 war im Luna-Atelier ein Mann beschäftigt, der trotz seiner 23 Jahre und seiner erst dreijährigen Filmerfahrung bereits zu den erfolgreichsten deutschen Filmregisseuren gehörte: Harry Piel. Er inszenierte hier das Detektiv-Schauspiel »Manya, die Türkin«, den Varieté-Sensationsfilm »Im Banne der Vergangenheit« und den Sensationsfilm »Das Geheimnis von D 14«. Als Hauptdarsteller verpflichtete Piel einen gleichfalls 23jährigen Schauspieler, der noch nicht genau wußte, welchem Theater-Ensemble er sich anschließen sollte, der seinen Platz auf den Berliner Bühnen noch nicht gefunden hatte: Fritz Kortner, der sich später an seine Film-Anfänge erinnerte:

Nun gab ich mich einer damals noch obskuren Pioniertätigkeit hin: ich filmte. Mein Regisseur war Harry Piel. Ich spielte die Rollen, die Harry Piel, der vom Zirkus gekommen war, dann später, als er den Schauspieler in sich entdeckt hatte, selber spielte. Die Aufnahmen fanden in einem atelierartigen Dachgeschoß eines Hauses in der Friedrichstraße statt. Der Unternehmer war ein Optiker, der in dem Hause einen Laden hatte. Drehbücher gab es noch nicht. Obwohl die Honorare damals noch klein waren, verbesserte sich meine finanzielle Lage sichtbar: Lilith wurde eleganter. Oft war körperlich Halsbrecherisches, durch die Art der Filme be-

dingt, zu vollführen. Ich war vom Film so fasziniert, daß ich auch davor nicht zurückschreckte. Ich balancierte einmal über einen Baumstamm, quer über einen zutiefst unfreundlichen Abgrund gelegt, mit einem Kind in den Armen. Nicht, daß ich keine Angst gehabt hätte, aber der Körper- und Gesichtsausdruck des Doubles, das wir ausprobierten, erschreckte mich mehr als der Abgrund. So überwand ich meine Feigheit – eine mögliche Definition für Mut – und balancierte selber. Die Sache will's! So sehr mich das neue Medium selbst in seiner hanebüchen-vulgären Form fesselte, es lockerte nicht meine Verbundenheit mit dem Theater. Der Film war noch stumm und das Theater so voller Sprache. Ich zu sprachberauscht, zu wortwollüstig, tonorganisch, um mich stumm auszuleben.[84]

Fritz Kortner filmt bei Harry Piel

1917 kam es zu einigen Veränderungen auch im Filmviertel. Natürlich wurde mit dem Kriegseintritt der USA das Büro von Carl Laemmles Imp. Films Co. of America geschlossen. Das Trocadero Concert-Café und Restaurant mußte seinen Betrieb in den letzten Kriegsjahren ebenfalls einstellen. Dafür wurden neue, eigenartige Büros eingerichtet. Neben dem Gebäude, in dem sich das Luna-Atelier befand, im Hause Friedrichstraße 225, wo die Filmfabrik der Projektions Akt. Ges. Union sowie die Vitascope G.m.b.H residierten, etablierte sich 1917 zum Beispiel die »Ankaufsabteilung des Kriegsministeriums für beschlagnahmte Webwaren« …

Wo wurden damals – vor dem ersten Weltkrieg und auch während des Krieges – nicht überall Filme gedreht! 1913 richtete sich die kleine Filmgesellschaft Prometheus-Film in der Linienstraße 139 ein Atelier ein. Diese Firma, nicht zu verwechseln mit der bekannten Prometheus-Film der zwanziger Jahre, ließ sich – weitab vom Filmviertel in der südlichen Friedrichstadt – am Oranienburger Tor zwischen Friedrich- und Artilleriestraße nieder. Der vielen Cafés, kleinen billigen Kabaretts, Kaschemen und Tanzlokale wegen hatte man einst dieser Gegend den schönen Namen »Tingeltangel-Ecke« gegeben. Um 1910 wurden die Tingeltangel-Lokale um das Oranienburger Tor immer mehr verdrängt; Kinos etablierten sich und zogen das Publikum stärker an. Doch es gab in jener Ecke auch Vergnügungsetablissements mit Stehvermögen. Eines davon war das populäre Theater Folies Caprice. Wer kann sich heute, wenn er durch die Linienstraße geht, noch vorstellen, daß hier, ziemlich in der Nähe des Oranienburger Tors, einst ein außerordentlich populärer Vergnügungspalast, ein Theater existierte … Das Theater änderte damals recht häufig seinen Namen. 1895 hieß es Eldorado-Theater, 1905 war es das Steidl-Theater und ein Jahr später das Theater Folies Caprice. 500 Plätze warteten auf das Publikum. Die Eintrittspreise reichten von 1,10 bis 4,60 Mark für die Fremdenloge.

Das Folies Caprice muß beachtlichen Erfolg gehabt haben. Vielleicht lag es auch daran, daß es diese Bühne gut verstand, sich schnell dem »Trend der Zeit« anzupassen. 1910/11 wurde zum Beispiel weit über hundert Mal die jüdische Jargonposse »Der Feldwebelhügel« (in Anlehnung an Roda-Rodas »Feldherrenhügel«) und im März 1911 die jüdisch-galizische Posse »Soll und Haben« gespielt. Im Juni 1914 standen dann derbe Schwänke und gewisse Pikanterien auf dem Programm – Stücke wie »Die Leibwäscherin«, »Der Amordragoner«, »Das Bett Napoleons« und »Ah – da

Werbung in der Lichtbild-Bühne für eine Produktion der Prometheus-Film, Linienstraße

staun ich«. Drei Monate später hießen die Glanzpunkte »Blinkfeuer«, »Landwehrleute« und »Fest steht und treu«; doch inzwischen hatte es noch eine wesentliche Änderung gegeben: Im September 1914 war natürlich kein Theater mehr tragbar, das einen solch geheimnisvollen, viel Pikanterie versprechenden Namen wie Folies Caprice trug. Im Zuge der »Entwelschung«, der Reinigung der deutschen Sprache von Fremdwörtern, die zumeist aus den »Feindsprachen« entlehnt waren, wurde aus den Folies Caprice das Possentheater.

1917/18 gab es ein Zwischenspiel als »Theater in der Friedrichstadt« mit Rudolf Nelson als neuem Direktor und Stücken wie: »Wenn die Sonne kommt«, »Ein Prachtmädel« (Volksstück mit Gesang) und der Posse »Der letzte Berliner« von Henry Bender und Harry Waldau. 1918 wagte man sich mit Max Halbes »Jugend« an etwas seriösere Kost, und ein Jahr darauf gastierte sogar der große Rudolf Schildkraut in der Linienstraße. Letzten Endes aber waren das nicht viel mehr als Intermezzi. Als großer Erfolg der Saison 1918/19 lief die Operette »Drei tolle Tage«, und 1919 nahm die Bühne auch wieder ihren alten, wahrscheinlich publikumswirksameren Namen an. 1920 hießen dann die Nummern des Programms wieder »Oh, dieser Nowack!«, »Zwangs-Einquartierung« und »Die abgetretene Frau«.

Wenn ich mir vorstelle, welche Art von Unterhaltung das Folies Caprice in den Jahren vor dem ersten Weltkrieg geboten haben könnte, kommt mir stets eine Szene aus Wolfgang Staudtes »Untertan« – 1951 für die DEFA nach dem Roman von Heinrich Mann gedreht – in den Sinn: Diederich Heßling, der Student an der Berliner Universität, wird von einem Freund in ein hauptstädtisches Vergnügungsetablissement geführt, wo leichtgeschürzte Damen mit Pickelhauben unter Führung eines zackigen Offiziers »patriotische« Lieder schmettern. Eine eigenartige, nur im alten Berlin denkbare Mischung aus Operette, Erotik und Hurra-Patriotismus.

Ganz in der Nähe eines solchen Etablissements, in der Linienstraße 139, richtete also die Prometheus-Film 1913 ihr Atelier ein. Der erste Film, der hier entstand, war das Drama »Die Standuhr«. Rudolf Meinert inszenierte; »zwei wirkliche Künstler des mimischen Ausdrucks«, Beatrice Altenhofer vom Deutschen Theater und Hofschauspieler Emil Wittig, spielten die Hauptrollen. »Ein Sensationsprozeß«, »Des Malers Bettelweib«, die Posse »Der Arzt wider Willen« folgten. Kurze Lustspiele, Sensationsfilme, aber auch ambitioniertere Produktionen, wie 1914 »Leben um Leben«, eine filmische Version von Leo Tolstois »Sergius Panin«, wurden hier gedreht. Die Prometheus erlebte jedoch ein ähnliches Schicksal wie fast alle anderen kleinen Filmgesellschaften jener Jahre. 1916 veröffentlichte Der Kinematograph unter der Rubrik Firmennachrichten die Meldung:

Prometheus Film-Gesellschaft mit beschränkter Haftung. Nach dem Gesellschaftsbeschlusse vom 28. April 1916 lautet die Firma jetzt: Auskunftei für Handel und Industrie, Gesellschaft mit beschränkter Haftung. Durch denselben Beschluß bildet den Gegenstand des Unternehmens: Auskunfterteilung und Einziehung von Forderungen und Erwerbähnlicher Geschäfte.[85]

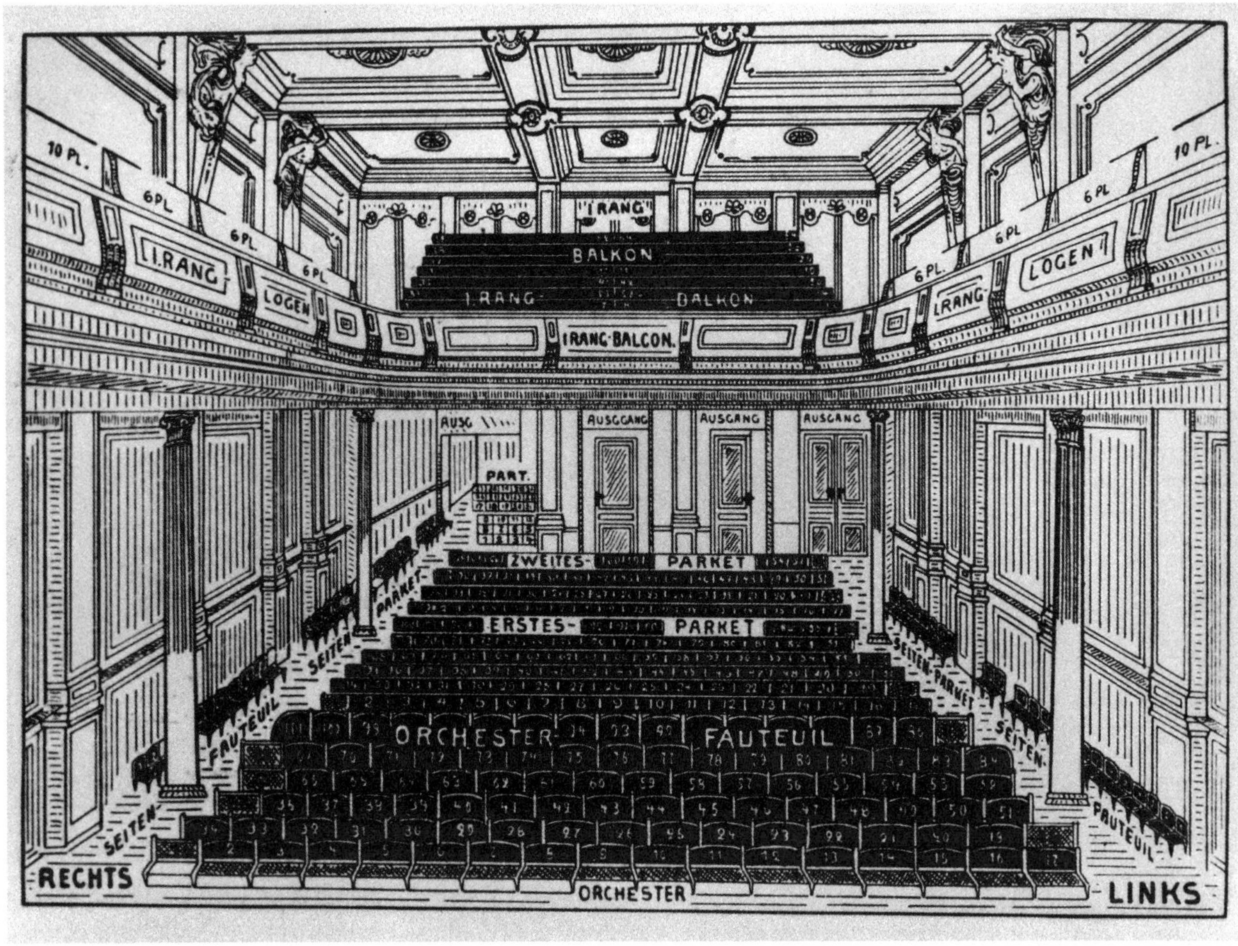

Der Sitzplan des populären Theaters Folies Caprice in der Linienstraße 132, das 500 Zuschauer faßte

Wozu sich Filmgesellschaften nicht alles entwickeln können …

Doch gab cs Bcstrcbungen, das Atelier in der Linienstraße zu reaktivieren. 1918 zog eine Firma mit dem »bescheidenen« Namen »Großer Film Guido Th. Grasser, Film-Atelier« ein; ein Jahr später folgte die »Triumpator-Film Ges. A. Baruch & E. Harkewitz«. Ob allerdings diese Gesellschaften jemals einen Film gedreht haben, ist fraglich. 1920 quartierte sich ein Jüdisches Emigrantenkomitee in dem Haus ein; 1921 hatten dann das Arbeiterfürsorgeamt der Jüdischen Gemeinde, zwei Parfümeriefabriken, die Werbe-Kunst-Film A. G. »Wekufi« und die Firma Helios-Druck und Cartonagen in der Linienstraße 139 ihre Büros bzw. Produktionsstätten …

Der Aufschwung, den die deutsche Filmindustrie während des ersten Weltkrieges erlebte, führte auch dazu, daß immer wieder neue Filmateliers eingerichtet wurden. Obwohl die Zeit der Glashäuser inmitten der Stadt eigentlich längst vorbei war, gab

Fern Andra in
»Ein Blatt im Sturm«

es auch weiterhin Versuche, in den dichtbesiedelten Gegenden Berlins Filme zu drehen. So etablierte sich im Frühjahr 1916 die Gesellschaft einer geschäftstüchtigen Frau mit einem eigenen Atelier in der Chausseestraße 42. Die Dame hieß Fern Andra, und Experten des deutschen Stummfilms ist sie sicher als Schauspielerin bekannt. 1920 übernahm sie unter anderem die Hauptrollen in zwei mißlungenen Filmen des »Caligari«-Regisseurs Robert Wiene, in »Genuine – Die Tragödie eines seltsamen Hauses« und in »Die Nacht der Königin Isabeau«. Der Kritiker Herbert Jhering nannte sie später verächtlich »Primadonna der Linse«. Das Büro der Fern-Andra-Film Co. lag – wie es sich gehörte – in der Nähe des Filmviertels, in der Königgrätzer Straße 104–105, das Atelier im Norden Berlins, in der Chausseestraße 42, Ecke Schwartzkopffstraße, nicht allzuweit vom Continental-Atelier und dem traditionsreichen Friedrich-Wilhelmstädtischen Theater entfernt, das mit seinen 1300 Sitzplätzen allabendlich die Zuschauer in die Chausseestraße 30–31 einlud. Das erfolgreichste Stück dieser Bühne war damals die Operette »Das Dreimäderlhaus«, die es hier auf über tausend Aufführungen brachte.

Star-Porträt einer
mondänen Künstlerin

Chausseestraße 42 war ein Wohnhaus mit zahlreichen Büros und Werkstätten.

Die Schauspielerin und Produzentin Fern Andra in ihrem Heim

1916 wurden hier Kleider und Cartonagen angefertigt, es gab eine Lackieranstalt, eine Waffel- und eine Marzipanfabrik, zwei Buchdruckereien, eine Eisenhandlung, eine elektromechanische Werkstatt und eben auch eine Filmfabrik. Es ist so gut wie nichts über die Produktionen bekannt, die Fern Andra dort drehen ließ. Lamprechts Katalog verzeichnet jedoch eine Vielzahl von Filmen, die hier zwischen 1916 und 1919 entstand und später auch aufgeführt wurde. Die Titel allein geben Auskunft über die Art der Werke, die Fern Andra bevorzugte: »Der Seele Saiten schwingen nicht« hieß eines der ersten, das sie – wie alle in der Chausseestraße gedrehten – selbst geschrieben und produziert hatte und in dem sie auch die Hauptrolle spielte. Kurz darauf folgte der Roman einer Zirkusreiterin, »Des Lebens ungemischte Freude ...«. 1918 kamen »Die nach Glück und Liebe suchen« (Roman aus einer kleinen Residenz), »Drohende Wolken am Firmament«, »Frühlingsstürme im Herbste des Lebens« und das Krimi-Schauspiel »Auf des Lebens rauher Bahn« aus ihrem Atelier.

Fern Andra vermietete ihr Studio auch an andere Gesellschaften. 1917 drehte dort Regisseur Friedrich Zelnik den Film »Klein Doortje«, nach Charles Dickens, und 1919 »Margarethe« (Die Geschichte einer Gefallenen), nach Marie von Ebner-

Durch höhere Gewalt

Das Ende des Kunstreiters

Die Mutterfreuden des Landwehrmannes (Szene aus dem Kriegsjahr 1870/71)

Als die Rosen erblühten

Gottes Wege sind wunderbar (Eine Wilderer-Geschichte)

Armes Glück

Die vier Jahreszeiten im menschlichen Leben

Franctireur

Der Herr Graf (Humoristisch)

Wie der Vater, so der Sohn (Humoristisch)

Schuster Lehmann in der Reichstags-Wähler-Versammlung

Krone und Fessel

Die Pflicht (Aus dem Leben eines sibirischen Arztes)

Um ein Weib – in ewiger Nacht (Ein Drama im Forsthaus)

Funken unter der Asche (Ein Frauenschicksal aus Berlin W)

Der Brilliantring (Ein Liebesroman)

Ihre Freundin (Schwank)

Eschenbach. Die ehrgeizige Fern Andra ließ auch eine nicht minder ehrgeizige Kollegin, Aud Egede Nissen, in ihrem Atelier arbeiten. Sie ist ebenfalls als Schauspielerin bekannt, aus Nachkriegsfilmen von Fritz Lang, Ernst Lubitsch und F. W. Murnau. Von ihren Aktivitäten als Filmproduzentin weiß dagegen kaum jemand. 1916 spielte sie in Otto Ripperts Filmserie »Homunculus«, zugleich drehte sie als Produzentin und Hauptdarstellerin »Die Liebe, sie war nur ein Traum« (Phantastisches komisches Filmstück) sowie »Das Verhängnis der schönen Susi«. Aud Egede Nissen ließ in der Chausseestraße 42 »Ein Detektiv-Duell« (Aus dem wilden Westen), »Die Rachegöttin«, »Der Rosenkranz« (Ein Menschenschicksal), »Erblich belastet« (Die Geschichte einer Ehe) und noch weitere Filme drehen, die alle der populäre Berliner Bühnenschauspieler Georg Alexander inszenierte.

Als die Gesellschaften von Fern Andra und Aud Egede Nissen ihre Arbeit einstellten, wurde auch das Fern-Andra-Atelier in der Chausseestraße geschlossen. Die Schauspielerinnen hatten ihre höheren Ambitionen offenbar begraben, sie beschränkten sich auf ihr eigenes Gebiet und wurden bald recht populär. Bereits 1911, als das Continental-Atelier in der Chausseestraße seine Hoch-Zeit erlebte, als gerade der Aufstieg Asta Nielsens in Deutschland einsetzte, fing auch eine Filmgesellschaft genau an jener Stelle mit der Produktion an, wo Asta Nielsens Debütfilm erstmals in Berlin gezeigt worden war: Am 3. Dezember 1910 wurde im Theater des Weddings, in der Müllerstraße 182/183, »Abgründe« uraufgeführt. Das Kino befand sich am Ende der Chausseestraße, am Wedding-Platz, Müller-, Ecke Sellerstraße, direkt neben der Städtischen Gasanstalt. Betrieben wurde es von der »Cinéma« Theater Ges. m. b. H. 1911 begann der Kameramann Charles Paulus mit seiner »Film-Compagnie Paulus u. Unger OHG« hier zu drehen. Glückliche Zeiten, als Filmproduktion und Filmkonsumtion noch ganz dicht beieinander sein konnten. Unterm Dach, im Hinterhof oder im Garten wurden die Filme hergestellt; vorn im Kinematographentheater führte man sie vor …

Charles Paulus, einer der ersten deutschen Kameramänner, der bereits 1907 in Alfred Duskes' Fabrik für Kinematographen und Films arbeitete, der einen der ersten Filme um den Hauptmann von Köpenick drehte, viele Tonbilder fotografierte, und der auch der erste Kameramann des Filmkindes Curt Bois war, gründete 1911 seine eigene Firma am Wedding. Dort produzierte er 1911 und 1912 eine Vielzahl von Filmen all der Genres, die die deutsche Kinematographie in jenen Tagen pflegte.

Gerhard Lamprechts Handbuch vermittelt ein gutes, informatives Bild über das deutsche Kino und die Themen der damaligen Filme. Aus dem Komet-Atelier in der Müllerstraße 182/183 kamen in der Zeit von Mai 1911 bis zum Mai 1912 nebenstehende Filme in die Kinos[86].

Das Atelier wurde von Charles Paulus' Filmgesellschaft offenbar nicht genügend ausgelastet, so daß Mitte 1912 eine weitere Gesellschaft dort ihre Produktion aufnahm: die Eiko-Film. Diese Firma, die sich im ersten Weltkrieg einen zweifelhaften Namen durch ihre »patriotischen« Werke und ihre Wochenschauen gemacht hatte,

Ein Filmstab im Atelier Müllerstraße im Berliner Wedding

setzte das fort, was Paulus bereits seit einem Jahr am Wedding drehte: Humor, Abenteuer, Sittendrama, Melodram, mitunter auch ein soziales Drama. Von all diesen Filmen ist aber so gut wie nichts überliefert.

Während die Regisseure der Filme, die Charles Paulus produzierte und fotografierte, unbekannt blieben, ist jener Mann, der im Herbst 1912 bei fast allen Eiko-Produktionen in der Weddinger Müllerstraße Regie führte, sehr populär geworden: Max Mack. Die Palette der dort gedrehten Filme reicht von »Hungrige Hunde«, »Die Liebe siegt«, »Der stellungslose Photograph« über das sensationelle Sittendrama »Die Launen des Schicksals« bis hin zu dem Melodram »Das Bild der Mutter« und dem sozialen Drama »Ein Kampf im Feuer« (Ein Bild aus einem Fabrikbetrieb der Großstadt). Max Mack spielte in mehreren Filmen auch die Hauptrollen.

Ein junger Mann mit Zukunft: Lupu Pick

Doch allzu lange hielt er es nicht bei der Eiko aus. Ende 1912 holte ihn erneut die Vitascope (bei der er ein Jahr zuvor sein Debüt als Schauspieler, Szenarist und Regisseur gegeben hatte), rief ihn Bassermann und der Film »Der Andere«. An Macks Stelle rückte der Schauspieler und Regisseur Joseph Delmont, der danach fast alle Eiko-Filme in der Müllerstraße inszenierte.

Hier fing 1912, in der Firma von Charles Paulus, auch ein junger Autor an, der acht Jahre später einen der berühmtesten deutschen Stummfilme drehen sollte: Robert Wiene, Regisseur von »Das Cabinet des Dr. Caligari«. Sein Bruder Conrad, zu jener Zeit bereits ein bekannter Berliner Theaterschauspieler (der vor allem am Charlottenburger Schiller-Theater auftrat), stand in »Die Waffen der Jugend« (Die Abenteuer eines kleinen Mädchens in Berlin) vor der Kamera, in einem Film, den sein Bruder geschrieben hatte. Auch Autor Hanns Heinz Ewers und Regisseur Stellan Rye drehten unmittelbar nach ihrem ersten großen Erfolg, »Der Student von Prag« mit Paul Wegener, in der Müllerstraße 182/183 ein soziales Drama: »... denn alle Schuld rächt sich auf Erden« – mit Paul Bildt in einer der Hauptrollen.

Ende 1913 arbeitete die Eiko jedoch schon in ihrem Marienfelder Atelier. Da auch Charles Paulus' Filmgesellschaft nicht am Boom teilhaben konnte, den der erste Weltkrieg für die deutsche Filmindustrie auslöste, stand das Komet-Atelier – drei Jahre nach seiner Eröffnung – bereits wieder leer. Erst gegen Kriegsende sollte es eine zweite, dann allerdings weitaus längere Produktionsperiode erleben, als ein Mann namens Lupu Pick mit seiner Rex-Filmgesellschaft dort drehte.

Der gebürtige Rumäne war von 1909 bis 1913 im Hamburger Schiller-Theater engagiert, wo er unter anderem den Shylock, den Wurm und den Dorfrichter Adam gespielt hatte. Im Sommer 1913, als die Berliner Bühnen Ferien machten, gastierten die Hamburger im Berliner Deutschen Theater, wo sie das Stück »Die Schiffsbrüchigen« von Louis Brieux aufführten. In diesem Drama, das sich mit den Gefahren der Syphilis befaßt, spielte Pick einen Arzt. Mit dieser Hauptrolle hatte er einen derartigen Erfolg, daß ihn der neue Intendant des Berliner Kleinen Theaters Unter den Linden, Georg Altman, sofort in sein Ensemble aufnahm, welches er gerade zusammenstellte. Von 1913 bis 1919 zählte Pick dann zu den meistbeschäftigten Schauspielern dieses Theaters. Neben Alfred Abel, Paul Bildt, Georg Alexander – zeitweilig auch neben Emil Jannings und Rosa Valetti – stand er allabendlich Unter den Linden auf der Bühne. Wie so viele junge Schauspieler jener Zeit hatte er – der bei seinem Berliner Start 27 war – vor allem in den Rollen reifer Männer Erfolge. Von seinem steinalten Onkel Eli in Georg Hermanns Erfolgsstück »Jettchen Gebert« sprach man 1913/14 in Berlin ... Natürlich konnte das Kino nicht lange auf einen solch populären Schauspieler verzichten. 1915 holte ihn Richard Oswald für seinen Film »Und wandern sollst Du ruhelos«, nach Motiven von Edgar Allan Poe und E. T. A. Hoffmann, ins Atelier.

Auch Pick war offenbar ein sehr ehrgeiziger Schauspieler, denn 1918 gründete er die Rex-Film GmbH., um als Regisseur seinen ersten Film in der Müller-

Szenenfoto aus der Rexfilm-Produktion »Marionetten der Leidenschaft« (1919). Rechts unten das Firmensignet

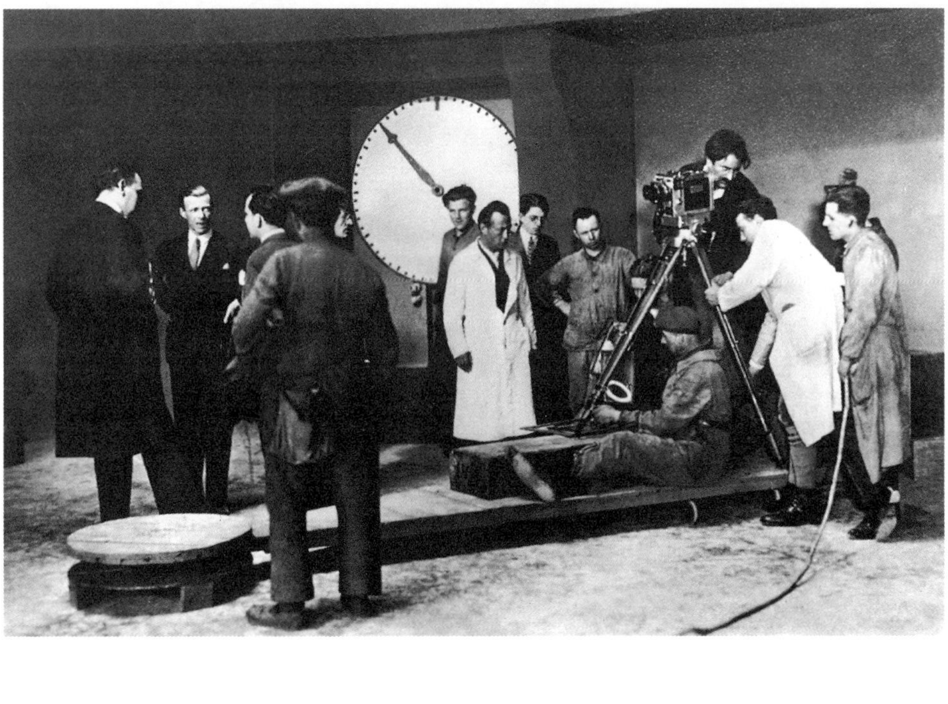

Lupu Pick (Mitte) dreht 1926 »Das Panzergewölbe«. An der Kamera: Gustav Preiss

Szenenfotos des Films »Das Mädchen aus der Ackerstraße« von und mit Reinhold Schünzel

straße 182/183 zu drehen: »Mr. Wu«, nach einem bereits vor dem Krieg in Berlin vielgespielten Theaterstück. Eine der Hauptrollen verkörperte hier Picks Kollege vom Kleinen Theater, Paul Bildt. In der Müllerstraße schuf Pick in den folgenden Jahren zahlreiche Produktionen, darunter auch Werke, die Filmgeschichte machten und die – wie »Scherben« und »Sylvester« – zu den herausragenden deutschen Stummfilmen gehören.

Das Rex-Atelier in der Müllerstraße existierte noch in den dreißiger Jahren. Es war eines der ganz wenigen Glashäuser, das der Konkurrenz der großen Aufnahme-Hallen widerstehen konnte. In den zwanziger Jahren wurden die deutschen Filme vor allem in Babelsberg, in Staaken, im Grunewald-Atelier, in Tempelhof, im Atelier am Zoo und in der Jofa, dem noch heute bestehenden, 1920 auf dem Gelände der ehemaligen Albatros-Flugzeugwerke errichteten Studio in Berlin-Johannisthal, gedreht.

Eines der letzten Berliner Filmateliers, das noch 1919 mitten in der Stadt eingerichtet wurde, war das Atelier der Cserépy-Film Co. G.m.b.H. Der gebürtige Ungar Arzen von Cserépy arbeitete seit 1913 (teilweise unter dem Pseudonym Konrad von Wieder) in Berlin als Regisseur. 1919 gründete er eine eigene Firma und richtete in der Leipziger Straße 77 am Dönhoffplatz ein Atelier ein. Leipziger Straße – das war eine gute Adresse und nicht weit vom Filmviertel entfernt. Im selben Gebäude befand sich auch das berühmte Theater der Reichshallen, in dem allabendlich die Stettiner Sänger auftraten. Im Vorderhaus verkaufte das Blumengeschäft »Elite«, im Garten »Alt-Berlin« fanden sommers Konzerte statt, und hinten drehte die Cserépy-Film. Das Atelier beanspruchte nicht allzuviel Platz, doch immerhin war es 30 Meter lang, 18 Meter breit und 8 Meter hoch und somit größer als die meisten der übrigen Berliner Stadtateliers. Hier, am Dönhoffplatz (heute steht dort, auf der gegenüberliegenden Seite der Leipziger Straße, die Nachbildung eines alten Obelisken vom einstigen Dönhoffplatz), arbeitete Arzen von Cserépy. Hier drehte er vor allem den ersten großen Fridericus-Rex-Film (1922/23), der allerdings in seinen Dimensionen (vier Teile) die Möglichkeiten des Ateliers am Dönhoffplatz überschritt, so daß zusätzlich auch nach Johannisthal, zur Jofa, ausgewichen werden mußte.

In der Leipziger Straße aber debütierte 1919 ein Regisseur, der fortan eine konstante Größe des deutschen Films sein sollte: Reinhold Schünzel. Er inszenierte hier »Das Mädchen aus der Ackerstraße« und »Maria Magdalene« nach Friedrich Hebels bürgerlichem Drama. Stars der Berliner Bühnen und auch des Films, wie Lucie Höflich, Eduard von Winterstein, Paul Hartmann, Eugen Klöpfer, Rosa Valetti, Otto Gebühr, Albert Steinrück und Alexander Granach, gingen hier ein und aus …

Der Dönhoffplatz im
Jahre 1902

NDERPLATZ
ALBERT MEYER
Piano Fabrik Julius Pfaffe
CAFÉ
ZAHN-ATELIER

Es begann am Alexanderplatz

Das Grand Hotel am Alex · Start der Union-Theater · Possen, Humoresken, Lustspiele · Aktuelle Sensationen und Tonbilder im U. T. · Kino-Eintrittspreise damals · Dramen, historische Schauspiele, Schwänke auf der Leinwand · Die Tingeltangelecke am Oranienburger Tor · Mary Pickford und David Wark Griffith im U. T. · Der Mozartsaal am Nollendorfplatz wird Lichtspielpalast · »Der Kinematograph im Frack« · Die »Vermenschlichung des Gottesgnadentums« im Kino · Tolstoi im Filmtheater · Das Geheimleben des Berliner Hofes · Brauereien richten Kinos ein · Riesenhonorar für Fräulein Asta Nielsen · Caruso-Gastspiel im U. T. · Das Kino im Admiralspalast · Kammerlichtspiele am Potsdamer Platz · Sarah Bernhardt und Fritzi Massary auf der Leinwand · Kinobrand in der Frankfurter Allee · Explosion bei der Bioscop in der Friedrichstraße · Das Berliner Cines-Imperium · Wandlungen des Kinos · Filmpalais und Kinopaläste · Richard Wagner im Film · Volkslichtspielhaus am Weinbergsweg · Premierenkinos im Berliner Westen · Max Reinhardt im U. T. Kurfürstendamm · Der Kinoboom nach dem ersten Weltkrieg · Statistik der Gast- und Schankwirtschaften, Dielen, Bars, Likörstuben, Schlemmerlokale, Luxusgaststätten und Kinos in Berlin 1924 …

Seite 202
Der Alexanderplatz um 1903

Gehen Sie eigentlich noch manchmal ins U.T.? Oder ins »Union«? Damit meine ich aber nicht jenes viele Jahre lang einzige neue Berliner Kino im Stadtbezirk Marzahn, dem man den russischen Namen »Sojus« gab. Die wenigsten, die heutzutage das U.T. in Berlin-Oberschöneweide besuchen, wissen wahrscheinlich, was die beiden Buchstaben U.T. bedeuten. Und jene jungen Leute, die ins Friedrichshagener Union-Theater gehen, wissen wohl genauer über den Fußballclub Union Bescheid als über die Herkunft desselben Namens für ein Kino ...

Schon um die Jahrhundertwende war der Alexanderplatz das Verkehrs- und Einkaufszentrum für den Norden und Osten der Stadt. Natürlich mußte in eine solche Gegend, in die täglich viele tausend Menschen strömten, in deren Umkreis auch viele tausend Menschen wohnten, ein Kientopp hin. Es war schon eine recht gute, folgenreiche Idee, die der Frankfurter Kaufmann Paul Davidson hatte, als er im September 1909 genau an diesem zentralen Berliner Ort (wo heute kein einziges Lichtspielhaus mehr existiert) ein relativ großes Kino einrichten ließ. Davidson kam – wie viele seiner berühmten amerikanischen Kollegen – aus der Textilbranche. 1926 erzählte er von seinen Anfängen:

Im Jahre 1905 gründete ich die Allgemeine Kinematographen-Gesellschaft m. b. H. in Frankfurt a. M. mit einem Stammkapital von 20 000 Mark, die sich hauptsächlich mit der Errichtung von Theatern befaßte. Im Jahre 1910 wurde die Gesellschaft in die Projektions-Aktiengesellschaft Union, in die erste Filmaktiengesellschaft in Deutschland, mit einem Kapital von 500 000 Mark umgewandelt und ging im Jahre 1918 in die Universum-Film-Aktiengesellschaft auf. Während dieser Zeit gründete ich im In- und Ausland 56 Theater unter dem Namen U. T. 1906 errichtete ich das erste Theater in Mannheim mit Holzbänken und Orchestrion, im Jahre 1907 das erste große Theater in Berlin, und zwar das U. T. am Alexanderplatz. Ich war somit der Erste, der in den Großstädten Deutschlands Kinotheater errichten ließ.[87]

Auch das vollzog sich ähnlich wie in Amerika. Davidson erweiterte schnell seinen Wirkungskreis, und aus dem Theaterunternehmer wurde ein Filmproduzent. Und was für einer! Die Namensliste der Regisseure und Schauspieler, die für Davidsons Projektions-Aktiengesellschaft Union arbeiteten, die hier ihre ersten Schritte fürs Kino wagten, ist lang. Sie reicht von Asta Nielsen über Ernst Lubitsch und Emil Jannings bis hin zu Max Reinhardt. Doch irrt sich Davidson, wenn er glaubt, das U.T. am Alexanderplatz 1907 errichtet zu haben – es war erst zwei Jahre später ...

Das Grand-Hotel am Alexanderplatz mit Union-Theater (links)

Am 1. September 1909 eröffnete das Deutsche Theater die neue Spielzeit, wie immer mit »Faust«. Im Kleinen Theater Unter den Linen wurde Ludwig Thomas »Moral« gegeben, im Apollo-Theater die Pantomime »Séverin in Conscience«, im Passage-Theater, dem Linden-Cabaret, trat – auch wie immer – Claire Waldoff auf; der Star des neuen Wintergarten-Programms hieß Henry Bender, und das Folies Caprice in der Linienstraße bot seinen amüsierfreudigen Besuchern die Humoreske »Mobilisierung«. Da erschien einen Tag später in den führenden Berliner Tageszeitungen eine nicht sonderlich große, aber recht geheimnisvolle Annonce mit den beiden Buchstaben U. T. und drei Fragezeichen dahinter. War es die Neugier, war es der Ort, oder war es die Zeit, die die Berliner in dieses Theater drängen ließ?

Das U. T. am Alexanderplatz ist ja nicht das erste Berliner Kino gewesen. Schon seit ein paar Jahren wurden mancherorts in dieser Stadt einem staunenden Publikum Filme vorgeführt. Doch Davidson ging einen Schritt weiter: Er wollte keinen Kientopp mehr, kein Handtuchkino, keine ordinäre Flohkiste, er wollte die Nähe zum seriösen Theater. Die Werbung für das U. T. am Alexanderplatz versprach 800 Plätze. In Wirklichkeit sind es »nur« 600 gewesen – aber auch das war schon eine recht eindrucksvolle Zahl. Die kleinen Flohkisten, zum Beispiel jene in der na-

Anzeigen aus dem Berliner Tageblatt vom 2. und 3.9.1909

hen Münzstraße, faßten zumeist nicht mehr als hundert Personen. Es war ein »Riesen-Kinematograph«, und wie immer, wenn man in jener Zeit besonders erfolgreich sein wollte, berief man sich auch hier auf S. M., auf den Prinzen Heinrich oder irgendeine andere Fürstlichkeit, die angeblich die ganze Sache begrüßt und gesegnet habe. Auch das deutsche Kino versuchte eben von Anfang an, k.u.k. Hoflieferant zu sein!

Der Riesen-Kinematograph leistete sich nicht nur ein eigenes Orchester – dirigiert von Kapellmeister Prasch aus Wien –, sondern auch ein vornehmes Theater-Restaurant, eine Garderobe und ein gedrucktes Programm – alles genauso wie im Theater! Die Logenplätze kosteten 1,50 Mark, Fauteuils 1 Mark, I. Parquet 0,80 Mark, II. Parquet 0,50 Mark und Entrée (Sitzplatz) 0,30 Mark. Niedrige Eintrittspreise?

Um 1900 bekam zum Beispiel ein Schlosser 21,40 Mark, ein Tischler 22,25 Mark, ein Maurer 24,35 Mark durchschnittlichen Wochenlohn. Und das waren Spitzenverdiener! Dagegen wurden einer Fabrikarbeiterin bei täglich zehnstündiger Plackerei nur durchschnittlich 12,68 Mark die Woche ausgezahlt. Manche brachten es auch nur auf acht Mark. Ein beim Magistrat von Berlin beschäftigter Arbeiter erhielt 1907 für zehn Stunden Dienst 3,50 bis 4,25 Mark Tageslohn.[88]

Das U.T. Alexanderplatz war kein Neubau, denn nur selten wurden damals neue Gebäude für Kinos errichtet. Vielmehr nutzte man bereits existierende Säle, nicht mehr sonderlich erfolgreiche Theater, Varietés oder auch Restaurants, baute sie um und eröffnete sie dann als Kino. So machte es auch Paul Davidson am Alex. Ungefähr dort, wo sich heute das Haus des Reisens befindet, Ecke Neue Königstraße, an der Nordseite des Alexanderplatzes, stand damals das Grand Hotel – ein imposanter fünfstöckiger Bau aus den Jahren 1883/84. Rechts davor das große Kaufhaus Tietz, gegenüber das Denkmal der Berolina. Der Baedeker von 1912 vermerkt, daß jenes Grand Hotel vorzugsweise von Geschäftsleuten frequentiert wurde. Es hatte 200 Zimmer, zehn davon mit einem Bad ausgestattet, die Preise lagen zwischen 2,50 und 5 Mark pro Nacht. Doch trotz seines Namens zählte das Grand Hotel am Alex damals nicht zu den führenden Berliner Gasthöfen, diese waren etwas weiter westlich, im Regierungsviertel an der Straße Unter den Linden, zu finden. Und das Adlon oder der Kaiserhof etwa vermieteten ihre Räume für 5 bis 15 Mark.

Das Grand Hotel galt als Hôtel garni, als ein Gasthof also, der allenfalls Frühstück anbot, ansonsten aber keine weitere Beköstigung. Rund um den Alexanderplatz gab es ohnehin genügend Restaurants, die man aufsuchen konnte. Aber das Grand-Hotel bot seinen Gästen etwas anderes: Im großen Saal sorgte es für Unterhaltung in vielfältiger Form. 1895, als im Wintergarten Skladanowsky seine Erfindung präsentierte, pries »Quarg's Vaudeville und Specialitäten-Theater« im Grand Hotel am Alexanderplatz die Burleske »Madame Sans-Gêne« sowie die pikante Szene »Am Strande von Ostende« an. Zehn Jahre später hatte sich der Saal zum Neuen Konzerthaus gewandelt, und 1909 schließlich wurde er zum Riesen-Kinematographen, zum Union-Theater. Eigentümer des Hotels war die Kom. Ges. Walter & Co., Verwalter des Hauses der Fabrikbesitzer H. Kramme. Alexanderstraße 46–48, die genaue Adresse von Hotel und Kino, galt gleichfalls für die Allgemeine Kinematographen-Theater-Gesellschaft Union, das Café Grand Hotel, die Friseure Engbart & Voit (Special-Haar-Geschäft) und für die Musikalien-Handlung von Paul Fischer. Ferner wohnten 1909 der Lotterieeinnehmer Major Hertel, V. Petkowitsch & Co. Gen. Vertr. für Deutschland sowie der Hoteldirektor P. Zimmermann in jenem Gebäude.

Auch wenn man im Grand-Hotel nur frühstücken konnte, so gab es doch mehrere öffentliche Lokale, die häufig wechselten: 1910 den Krug zum grünen Kranze und ein Orientalisches Ballhaus, 1920 das Restaurant Groß-Berlin. In den zwanziger Jahren richteten dann sehr viele Brauereien hier ihre Büros ein. Stets aber blieb das Kino. Fast dreieinhalb Jahrzehnte lang flimmerten in der Alexanderstraße 46–48 (1933 erhielt das Haus nach dem Umbau des Alexanderplatzes die neue Adresse Alexanderplatz 5–7) Filme von der Leinwand.

Das Kaufhaus Tietz am Alexanderplatz um 1912

Der Eingang des Kinos befand sich 1909 neben dem II. Hotel-Eingang in der neuen Königstraße. In der Woche begann man 17 Uhr mit den Vorstellungen, sonntags bereits 15 Uhr. Gespielt wurde fast en suite: »Ununterbrochen Vorstellung«. Sonntags war Programmwechsel. Das Angebot des U.T. unterschied sich nicht wesentlich von denen anderer, weitaus weniger seriöser Kinematographen: ein oder zwei Possen, Humoresken oder Lustspielschlager, eine Literatur-Adaption und aktuelle Berichte (die Vorläufer der späteren Wochenschauen).

Es ist nicht genau bekannt, welche Filme am Eröffnungstag im U.T. liefen. Am 7. September 1909 lockte das Kino jedenfalls vor allem mit einem Bericht von F.A. Cooks Ankunft in Kopenhagen (nach seiner Entdeckung des Nordpols), darüber hinaus mit neuen Bildern vom Zeppelin und von S.M. dem Kaiser sowie Bildern von der Segelregatta von Cowes. Ab 15. September spielte man auch Tonbilder, jene eigenartigen, vor allem von Messter hergestellten Filme, die zusammen mit Schallplatten vorgeführt wurden. »Die einzig dastehende Tonbild-Bühne der Welt« nannte die vor keiner Übertreibung zurückschreckende Union dann ihr Theater.

Zunächst rückten aber aktuelle Aufnahmen von spektakulären Ereignissen in Deutschland und anderswo, rückten »aktuelle Sensationen« ins Zentrum der Aufmerksamkeit. Am 3. Oktober pries sich das U.T. mit dem Satz: »Das Geheimnis unseres Riesenerfolges ist die fabelhafte Schnelligkeit, mit der wir die Tagesereignisse bringen!« In der ersten Septemberhälfte begeisterte der englische Flieger Orville Wright auf dem Tempelhofer Feld die Berliner mit seinen Flügen. Von diesen Kunststückchen in der Zeitung zu lesen, vielleicht auch noch ein Foto dieses Piloten zu sehen, war die eine Sache, eine ganz andere aber, schon wenige Tage später im Kino diese Flüge noch einmal vorgeführt zu bekommen. Zweifellos war es eine Attraktion des U.T., wenn man dort am 16. September Orville Wright mit seinem Aeroplan sehen konnte, wie er zusammen mit einer Berliner Dame, mit Frau Hauptmann Hildebrandt, vom Boden abhob.

Andere Dokumentarsujets aus den ersten Wochen des U.T. am Alexanderplatz zeigten »Die Entdeckung des Nordpols«, »Die Herbstmanöver der französischen Armee«, »Das explodierte, lenkbare Luftschiff ›La République‹ in voller Aktion«, »Kaisermanöver 1909«, »Eine Reise durch die malerischen Pyrenäen«, »Die Entdekkung des magnetischen Südpols«, »Der kühne Südpolfahrer Shakleton«, »Sechs-Tage-Rennen am Zoo«, und am 27. 1. 1910 – zu Kaisers Geburtstag! – führte das U.T. natürlich die »mit allerhöchster Genehmigung aufgenommenen Momentbilder aus dem Leben S.M. des Kaisers« vor. Weitere Themen: »Die Beisetzung des Oberbürgermeisters von Wien, Sr. Exzellenz Dr. Karl von Lueger« und »Den Nil entlang« ...

Am 24. April 1910 erfolgte Programmwechsel im U.T. und sodann konnte das Publikum S.M., den Deutschen Kaiser, in Homburg bei der Landung der Militärluftschiffe »Z II« (Zeppelin), »P II« (Parseval) und »M I« (Gross) erleben. Einen Tag später stürzte »Z II« in Limburg an der Lahn ab, und am Mittwoch darauf sahen die

Berliner Tageblatt vom 4.9.1909

Anzeigen aus dem Berliner Tageblatt vom 27.1. und 6.3.1910

Besucher des U.T. bereits die Bilder des Unglücks in »eigenen Originalaufnahmen des Union-Theaters«. Am 7. Mai 1910 war der englische König Edward VII. in London gestorben, und am folgenden Tag meldete das U. T. im Berliner Tageblatt:

Auch durch die enorm schnelle optische Berichterstattung ist Union-Theater eine Extraklasse!!! (...) Unsere Aufnahme-Operateure sind schon auf der Reise nach London, um die Beisetzungsfeierlichkeiten kinematographisch festzuhalten, welche wir 24 Stunden später unserem Publikum zeigen werden.[89]

Es muß damals wohl schon so etwas ähnliches wie ein Filmarchiv gegeben haben, denn das U.T. führte am 8. Mai – einen Tag nach dem Tod des Monarchen also – auch Bilder von dessen Berlin-Aufenthalt im Jahre 1909 vor. Am 20. Mai wurde Edward VII. beerdigt, und am 22. waren Aufnahmen davon im U.T. Alexanderplatz zu betrachten.

Auch bei den Tonbildern bemühte man sich um Aktualität. Der große Erfolg des Metropol-Theaters in der Behrenstraße war in der Saison 1909/10 die Revue »Hallo!!!« mit der Musik von Paul Lincke. Bereits am 23. Oktober 1909 zeigte das U.T. aus dieser Revue – die dann noch viele Monate lief – das Tonbild »Das Rollschuhmädel«. Jene Besucher, denen eine Eintrittskarte fürs Metropol zu teuer war, konnten so wenigstens einen Höhepunkt der Show in »Bild und Ton« miterleben. Die Tonbilder waren derart populär, daß das Metropol-Theater die kleinen Filmchen (die es ja schon mehrere Jahre lang gab) als eine Form willkommener Werbung betrachtete und als Pausenfüller da capo im eigenen Theater aufführte. Die Zuschauer des Metropol, denen einzelne Nummern besonders gut gefielen, hatten so

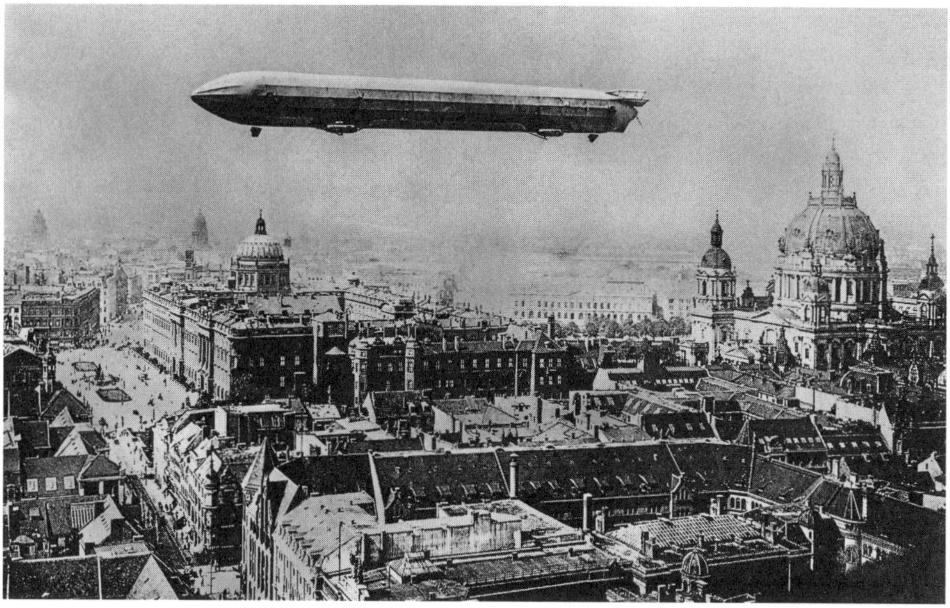

Zeppelin III 1909 über Berlin

die Gelegenheit, diese Höhepunkte gleich noch einmal auf der Leinwand zu sehen.

Auch andere Theater nutzten die Zusammenarbeit mit dem Kino. Am 1. Weihnachtsfeiertag 1909, zwei Tage nach der Premiere von Franz Lehárs Operette »Der Graf von Luxemburg« im Neuen Operettentheater am Nollendorfplatz, konnten die »hübschesten Gesangs- und Tanznummern in Ton und Bild« bereits im U. T. am Alexanderplatz bewundert werden. Dieses Theater brauchte die Konkurrenz des Kinos damals noch nicht zu fürchten. Am 5. April 1910 ging »Der Graf von Luxemburg« bereits in der hundertsten Vorstellung über die Bühne am Nollendorfplatz!

Doch auch das Kino brauchte sich über mangelnde Attraktivität nicht zu beklagen. Weihnachten 1909 wurden bereits die Eintrittspreise im U.T. erhöht. Die billigste Karte kostete jetzt nicht mehr 30, sondern 50 Pfennig. Zum Fest veranstaltete man besondere Weihnachts-Kindervorstellungen, in denen Filme nach den Märchen »Aschenbrödel«, »Schneewittchen«, »Dornröschen«, »Hänsel und Gretel« und »Knecht Ruprecht« liefen.

Neben den Tonbildern und den aktuellen Berichten (die in der Mehrzahl deutsche Produktionen waren) bestand das Programm des U.T. natürlich auch aus »Dramen«, aus »Schauspielen«, aus jenen Stücken, die wir heute Spielfilme nennen würden. Auf diesem Gebiet dominierten in jener Zeit noch eindeutig die Franzosen. So wurde am 20. September 1909 für den Film »Die Flucht des Grafen de la Valette« (Historisches Schauspiel von Moreau, gespielt von nur hervorragenden Pariser Künstlern) geworben. Es war die Zeit des »Film d'Art« – des »Kunst-Films« –, als in Frankreich versucht wurde, das Kino durch Adaptionen großer literarischer Werke aufzuwerten. Eigentlich waren das genau die richtigen Filme, die man im U.T. haben wollte. Auch der Union ging es ja um eine Aufwertung des Kinos. Nicht mehr Kientopp sollte es sein, sondern kinematographisches Theater. Am 16. Oktober 1909 wurde eine Adaption von Tolstois »Auferstehung« gespielt, eine Woche später folgten das historische Schauspiel »Napoleon und die Gräfin Hatzfeld«, das Drama »Rache des Vaters« sowie der Schwank »Der liebe gute Doktor«.

Und auch die ersten italienischen Monumentalfilme kamen schnell zum Alexanderplatz: »Unter der Schreckensherrschaft eines römischen Cäsaren« (Der Brand von Rom); am 5. Dezember schloß sich eine kinematographische Version von »Carmen« an, und am 16. Januar 1910 stand »Hamlet« auf dem Programm – und eine Posse mit dem berühmten Berliner Komiker Otto Reutter. Am 6. März gab es »Faust« und »Lysistrata«, am 13. März »Der Raub der Sabinerinnen«. Unter der Rubrik »Lokal-Nachrichten« informierte das Berliner Tageblatt seine Leser:

Uniontheater am Alexanderplatz. Den Clou des dieswöchentlichen reichhaltigen Programms bildet »Der Raub der Sabinerinnen«. In seiner Darstellung als Farbenpracht entspricht dieses Bild ganz der künstlerischen Auffassung der Kinematographie, die seit dem Bestehen des U. T. im Publikum Platz gegriffen hat.[90]

So begann die Filmkritik in den deutschen Tageszeitungen – als mehr oder weniger offene Werbung für die Kinos.

Das U. T. zeigte das klassische französische Schauspiel »Der Cid«, des weiteren »Phädra« (Mythologische Scene) sowie »Cagliostro« (Scenen aus dem Leben dieses berühmten Alchimisten) – wovon das Berliner Tageblatt schwelgte:

Ein Meisterwerk der Farbenkinematographie dargestellt von ersten Pariser Künstlern.[91]

Im ersten Jahr seines Bestehens bot das U.T. Alexanderplatz auch »Don Carlos«, »Werthers Leiden«, »Eugenie Grandet«, »Savelli«, »Marineleutnant von Brinken und der Spion« (Sensationsschauspiel), »Salome«, »Die Duellantin«, »Ein Mutterherz« (Drama), »Ein Kanonen-Duell« (Tolle Burleske), »Durch Nacht zum Licht« (Sociales Drama). Aber auch einen der ersten deutschen Detektivfilme »Ein Verbrechergenie« (Sherlock-Holmes-Geschichten), mit Alwin Neuß vom Neuen Theater.

Was das für Filme waren, wer sie inszenierte und wer in ihnen spielte, ist heute fast nicht mehr zu ermitteln. Die Werbung beschränkte sich auf die Angabe des Titels, was bei den ausländischen Produktionen manchmal eine Übersetzung des Originals war, manchmal aber auch ein Phantasie-Titel. Eine Filmkritik im heutigen Sinne existierte noch nicht. Die Filmstars, deren Namen man als Werbemittel hätte einsetzen können, waren gleichfalls noch nicht präsent. Doch es gab Ausnahmen: So warb das U. T. Alexanderplatz am 9. Januar 1910 für den französischen Film »Die Stunden«. Und in diesem Fall wurde in der U. T.-Reklame sogar auch einmal der Name des Regisseurs genannt: Es war Louis Feuillade, damals Chef-Regisseur der Firma Gaumont, der später die großen Stummfilm-Serien »Judex« und »Fantômas« inszenierte. »Les Heures« (Die Stunden) bestand aus vier Szenen – von 68, 50, 83

Das Wallner-Theater und seine Konkurrenz

Berliner Tageblatt vom 9.1.1910

und 53 Meter Länge – und erlebte im Februar 1909 in Paris seine Uraufführung. Elf Monate danach sahen die Zuschauer im U.T. Alexanderplatz diesen Film, gekoppelt mit einem Beitrag über das Sechs-Tage-Rennen in Berlin.

Der Erfolg des U.T ließ natürlich die Konkurrenz nicht ruhen. Kinos schossen damals in der Reichshauptstadt fast wie Pilze aus dem Boden. Die kleinen Kientöppe genauso wie die seriösen Theater. Nur acht Tage nach Eröffnung des U.T. rührte ein Théâtre de Paris – in der Friedrichstraße 179, Ecke Taubenstraße – für seine »Kinema-Vorstellung in höchster Vollendung« die Werbetrommel. Darf diese Einrichtung an einem Ort, der kurze Zeit später auch die Union zu einer Investition anregte, wohl eher zu den seriösen Etablissements gezählt werden, so versuchte man überall auch weitere kleine »Flohkisten« einzurichten. Da genügte als Raum oft schon ein ausgedienter Laden. Am 24. November 1909 erschien im Berliner Tageblatt eine Annonce:

Für Laden, gut gelegen, 100 m², 6 m hoch, gutes Kinematographentheater gesucht. Evtl. beteiligt sich Hausbesitzer mit etwas Kapital. [92]

Das schien damals für so manchem Hausbesitzer die Möglichkeit einer zusätzlichen Einnahmequelle zu sein: In den oberen Stockwerken, im Hinterhaus, im Seitenflügel konnten sie allmonatlich die Miete kassieren, und vorn, parterre, an den Einnahmen des Kinos partizipieren …

Manch ein anderer Vergnügungs-Tempel bekam aber auch schon die Konkurrenz des Kinos zu spüren. Ende Dezember 1909 mußte das Hebbel-Theater Konkurs anmelden (einige Zeit später spielte es als Theater in der Königgrätzer Straße weiter); das berühmte Apollo-Theater stolperte ebenfalls von einer Krise zur nächsten, und auch andere Gastlichkeiten hatten ihre Sorgen.

Im April 1910 hieß es im Berliner Tageblatt unter der Überschrift »Das Ende der Tingeltangelecke«:

Immer mehr wird die Gegend am Oranienburger Tor ihres bunten Charakters entkleidet. Nachdem die Zahl der Tingeltangel an der Chansonettenecke in den letzten Jahren bis auf drei zurückgegangen ist, schließt am 1. Mai die größte Singspielhalle Berlins, der »Neue Boulevard« in der Friedrichstraße, ihre Pforten. Das Lokal, in dem auf zwei Bühnen mindestens drei Dutzend Artisten tätig waren, wird in ein Kinematographentheater verwandelt. Die Konkurrenz der Kabaretts, der Kinotheater und der Cafés mit Musik verminderte den Besuch der Varietés dieses Genres. Dazu kam, daß die Gegend am Oranienburger Tor, früher ein Studenten- und Wohnviertel, immer mehr zur Geschäftsgegend wurde. Dieser Prozeß, die Citybildung im Norden Berlins, macht immer weitere Fortschritte. Das »Chansonettenviertel« am Oranienburger Tor wird bald nur noch in der Erinnerung seiner früheren Stammgäste leben. [93]

Nostalgische Stoßseufzer eines Zeitgenossen, der heute am Oranienburger Tor spazierengeht: das Chansonettenviertel findet er dort genausowenig wie die Tingeltangelecke. Auch kein Kino, kein Kabarett mehr, Cafés schon, aber mit Musik?

1910 vollzog sich eine fast fieberhafte, hektische Entwicklung. Viele große Vergnügungsetablissements versuchten, den Stier bei den Hörnern zu packen und richteten

Unter den Linden 21 mit Union-Theater

Auf der Prachtstrasse der Welt!

Der neue Clou im Berliner Vergnügungsleben, das zweite

Union- U.T. -Theater

21 Unter den Linden 21

ist unter Mitwirkung namhafter Künstler und Architekten geschaffen worden und wird einen Denkstein in der Geschichte der Kinematographie bilden, deren Prestige in Berlin die

Projektions-Aktien-Ges. „Union" Frankfurt a. M.

begründet hat, und durch diese neue Schöpfung vornehmster Art noch mehr fördern wird.

Heute und folgende Tage:

Wiederholung d. grossen Gala-Eröffnungs-Programms.

Das Festprogramm

enthält ausnahmlos nur Kunstwerke aus allen Gebieten der modernen Kinematographie!

Stimmungsvolle Illustration

der einzelnen Piecen durch unser Theater-Orchester unter Leitung des bekannten

Kapellmeisters Ed. Prasch aus Wien.

Eintritt Mk. 1. Programm u. Garderobe frei.

Berliner Tageblatt vom 21.8.1910

in ihren eigenen Räumen schnell ein Kino ein. So zum Beispiel der große Berliner Eispalast, in dessen Rotem Saal am 9. April 1910 ein Kino zu spielen begann (Eintrittspreise: Cerclepl. M 1,–, Saalplatz M 0,60, Kinder M 0,60 und 0,30). Am Tage und abends war es ein Kino, um Mitternacht wurde der Rote Saal wieder Kabarett. Kommentierte das Berliner Tageblatt:

In dem jüngsten aller »Kinos« werden sehr scharfe und künstlerisch gesehene Szenen auf die Leinwand geworfen, und es ist immer wieder ein Vergnügen zu sehen, wie weit es doch im bildmäßigen Ausdruck die Filmkünstler gebracht haben.[94]

Nachdem das Union-Theater am Alexanderplatz solch einen derartigen Erfolg verzeichnete, richtete Paul Davidson in Berlin bald ein zweites Kino ein. Am 20. August 1910 eröffnete das U.T. Unter den Linden seine Pforten genau an der Stelle, die für das deutsche Kino fast ein historischer Ort war: Genau hier, Unter den Linden 21, hatte Messter seine ersten Filme vorgeführt. Hier stand das sogenannte Berliner Urkino – »an der Prachtstraße der Welt«, wie die stets etwas hochtrabende U.T.-Werbung die Straße Unter den Linden nannte. Direkt neben dem Linden-Cabaret, in dem Claire Waldoff allabendlich auftrat, und neben der Passage zur Beh-

Eingang der Linden-Passage an der Behrenstraße

renstraße, zum Metropol-Theater. Über die erste Vorstellung in Davidsons zweiter Spielstätte berichtete das Berliner Tageblatt:

Ein neues Kinematographentheater ist Unter den Linden 21 eröffnet worden. Das neue Kino hat sich den Namen »Uniontheater« beigelegt. Bei der Eröffnungsvorstellung ging es sehr feierlich zu. Joseph Giampietro vom Metropoltheater sprach einen von Leo Leipziger verfaßten Prolog. Das literarisch angehauchte Programm entsprach dem Inhalt einer großen Zeitung. Als »Hofnachrichten« wurde der Einzug des Kaisers in Mainz am 16. August d. J. vorgeführt; dann folgte ein Bild, das den Kronprinzen nach dem Dienst darstellt. Weiter sah man eine wohlgelungene Aufnahme vom Brande der Brüsseler Weltausstellung. Dann folgten unter anderen Szenen aus dem Leben Molières, eine Fahrt auf dem Mittelländischen Meere, Athalia nach der Tragödie von Racine, und Episoden von der Südpolarexpedition Dr. Charcots.[95]

Anfangs scheint die Union das Konzept gehabt zu haben, in dem größeren Kino am Alexanderplatz populäre, sehr publikumswirksame Filme zu spielen und in dem kleineren, vornehmeren Kino Unter den Linden (400 Plätze) ein auserleseneres Programm zu bieten. Doch schon bald unterschieden sich die Spielpläne beider Theater in keiner Hinsicht. Oft wurden zur selben Zeit die gleichen Filme vorgeführt.

So spielten sie ab 4. September 1910 das Drama »Francesca di Rimini« und »Die gelbe Rose« (eine große Feerie mit farbenprächtigen, auf keiner Bühne möglichen

Plakat-Werbung von Fritz Rumpf für das zweite Berliner U.T.

Effecten), weiterhin die Groteske »Hipp Hipp Hurrah!« sowie den aktuellen Bericht »Ruderregatta auf dem Mekong«. Am Alexanderplatz wurde jedoch auch ein Film aufgeführt, den die Werbung besonders heraushob. Vielleicht hatte er noch keinen deutschen Verleih, vielleicht spielten die Union-Theater ausschließlich französische, italienische und deutsche Filme. Der Titel dieses Films lautete »Ramona«, und die Produktionsgesellschaft veröffentlichte in der deutschen Zeitungsannonce die Initialen ihres Firmenzeichens: A. B. = »American Biograph«. »Ramona« war ein amerikanischer Western von David Wark Griffith, der erste Film über die legendäre Indianer-Prinzessin, die hier von einer gewissen Mary Pickford verkörpert wurde. Niemand hielt es damals in Berlin für notwendig, den Regisseur oder die Hauptdarstellerin dieses Films, dieses »Meisterwerks und Attraktion des Union-Theaters«, zu erwähnen. Beide hatten 1910 noch keinen werbewirksamen Namen. Mary Pickford stand gerade erst ein Jahr in den New-Yorker Biograph-Ateliers, Griffith hatte zwei Jahre mehr Filmerfahrung.

Aber auch die Konkurrenz der Union ruhte nicht. Wurde am 20. August 1910 das U. T. Unter den Linden eröffnet, erfolgte bereits am 3. September die Einweihung von zwei weiteren großen Filmpalästen. In der Friedrichstraße 185 (am heutigen U-Bahnhof Stadtmitte) begann das Empire-Theater mit seinen Vorstellungen. Das Eröffnungsprogramm – »Wasserfest auf dem Mekong«, »Militärische Bilder«, »Flugwoche in Frankreich«, »Rückkehr des Hofes«, »Truppen-Herbstparade« – unterschied sich nicht wesentlich von dem des U.T. Unter den Linden. Das Empire-Kino wies sich protzend als »Kunstspiele« und »Treffpunkt der vornehmen Gesellschaft« aus – die Leipziger Straße, das Banken- und Regierungsviertel waren nicht weit. Das Kino spielte ununterbrochen von 17 bis 23 Uhr.

Die größte, wirklich ernst zu nehmende Konkurrenz erwuchs der Union jedoch im Westen, am Nollendorfplatz. Im dortigen Mozartsaal wurde – gleichfalls am 3. September 1910 – ein Kino eröffnet, das mehr als drei Jahrzehnte deutsche Filmgeschichte mitschreiben sollte. Eigentlich – schon der Name weist darauf hin – war der Mozartsaal nicht als Kino konzipiert worden. Als um 1905 die Bebauung des Areals begann (zuvor diente es vor allem als Holz- und Kohlenplatz), dachte man an einen Konzertsaal, der zusammen mit dem Neuen Schauspielhaus betrieben werden sollte. Doch in dieser Funktion hatte er wenig Erfolg, denn in Berlin gab es schon genügend andere Konzertsäle. Bis 1910 existierte der Saal mehr schlecht als recht. Im Herbst und Winter 1909/10 spielte hier dann allabendlich Johann Strauß aus Wien mit seiner Kapelle, Harry Walden trat als Rezitator auf, Viktor Janson (der spätere Lubitsch-Schauspieler und Regisseur) in einem Programm mit dem Titel »Humoristischer Eliteabend«. Am 30. Januar 1910 standen Henny und Rosa Porten auf der Bühne am Nollendorfplatz, in einer Szene – »Meißner Porzellan« –, die sie bereits vier Jahre früher vor der Filmkamera gespielt hatten!

All das aber konnte das Ende des Mozartsaals als Bühne und Vaudeville-Theater nicht aufhalten. Johann Strauß mußte 1910 mit seiner Kapelle in den »größten Konzertsaal Berlins«, in die Brauerei Friedrichshain am Königstor (heute Saalbau Friedrichshain), umziehen. Im März 1910 meldete dann die Presse:

Der Mozartsaal als Kinematographentheater. Im vorigen Jahr tauchte bereits als Gerücht auf, daß der Mozartsaal, in dem heute neben Vorträgen, Versammlungen und Festen populäre Musikaufführungen stattfinden, in ein Varietétheater umgewandelt werden sollte. Dieser Plan scheiterte aber dann, da die Aufsichtsbehörde aus feuerpolizeilichen Gründen die Konzession versagte. Jetzt wird ein Kinematographentheater in den Mozartsaal einziehen. Die Berliner Kinematographen-Theatergesellschaft hat von der Saalbau-Aktiengesellschaft, der sowohl das Neue Schauspielhaus wie der Mozartsaal gehören, den Saal zunächst für fünf Jahre gepachtet, um hier unter dem Namen Lichtspielpalast vom 1. September ab kinematographische Vorstellungen zu veranstalten, die in ihrer Aufmachung und Inszenierung dem Rahmen des Mozartsaales angepaßt werden sollen. Die Gesellschaft hat sich außerdem den Saal für weitere fünfzehn Jahre gesichert.[96]

Am Sonnabend, dem 3. September 1910, nahmen die »Lichtspiele Mozartsaal« ihren Spielbetrieb auf. Welch ein Weg von den Flohkisten, den Kientöppen bis zum Mozartsaal mit seinen 1500 Plätzen! Dem Charakter des Hauses entsprachen auch die Eintrittspreise. Sie reichten von 75 Pfennig für die Parkett-Plätze bis zu 5 Mark für die Fürsten-Loge! (Das U.T. Unter den Linden verlangte 1 Mark.)

Der Nollendorfplatz im Jahre 1904 (Foto: Max Missmann)

Die rasche Entwicklung des Kinos bot nicht wenigen Zeitgenossen im Jahre 1910 Anlaß für kopfschüttelnde Verwunderung oder gar ernste Besorgnis. Das Feuilleton des Berliner Tageblattes stand dem neuen Medium nicht eben aufgeschlossen gegenüber. Obwohl die Zeitung in ihren Spalten über Sinn oder Unsinn und über die Perspektive der ganzen Sache streiten ließ, machte sie aus ihrer negativen Einstellung der neuen, allzu populären Form von Unterhaltung gegenüber kein Hehl. Es sollte noch viele Jahre dauern, ehe sich auch dieses Blatt wirklich ernsthaft mit dem Film auseinandersetzte, ihn angemessen unter die Lupe nahm.

Die Umwandlung des Mozartsaals in ein Kino war dem Feuilleton-Chef des Berliner Tageblatts, Hans Fischer, einen langen Beitrag wert. Unter der bezeichnenden Überschrift »Der Kinematograph im Frack« äußerte er sich als Kurt Aram über das offenbar größenwahnsinnig gewordene Kino:

Der Kinematograph führte bis vor kurzem ein bescheidenes Dasein in kleinen Seitenstraßen, wo wenig rentable Läden für seine Zwecke hergerichtet wurden. Aber der Erfolg sprach für ihn. So traute er sich bald auch in die Hauptstraßen; und seitdem wir am Alexanderplatz ein hübsches Kinotheater haben, wohnten die Wissenden seinen Premieren lieber bei als mancher Theaterpremiere. Berlin ist aber in Dingen der Kunst und der Geselligkeit eine etwas ängstliche Stadt, wozu es ja auch einigen Grund hat. Man bekennt sich nicht gern zu etwas, bevor es von oben her approbiert worden ist, wobei das »oben« dem einen eine Behörde, dem andern irgend-

Neues Schauspielhaus und Mozartsaal am Nollendorfplatz

ein Kunstpapst bedeutet. Die Liebe zum Kientopp war eine heimliche Liebe. Sie war zwar vom ersten Tag an heiß und herzhaft, aber man zeigte sich nicht mit ihr in der Öffentlichkeit. Sie galt nicht für standesgemäß.

Das wurmte den Kientopp. Er wollte nicht länger eine heimliche Liebe bleiben. Dies moderne Gewächs gleicht durchaus nicht der Frau von ehedem, die in der Liebe alles duldet und trägt, sondern der modernen Frau, die ihr Schicksal resolut selbst in die Hand nimmt und die ängstlichen Liebhaber zwingt, sich auch öffentlich zu ihr zu bekennen. Der moderne Kinematograph reiste mit Roosevelt zur Jagd nach Afrika, begleitet den deutschen Kaiser auf seinen Nordlandfahrten und fährt mit Mikkelson nach dem Nordpol. Vor wem soll er sich da noch genieren? Weshalb soll sich da noch jemand dieser Liebe schämen?

So etablierte er sich denn am Sonnabend keck und selbstbewußt im Mozartsaal, lud die Liebhaber ein und verlangte von ihnen »Gesellschaftsanzug«. O, der Kientopp kennt seine Berliner. Mit dem kleinen Wort »Gesellschaftsanzug« war der Bann gebrochen. Wer von mir, wenn ich ihn besuche, den Frack verlangt, der muß nobel sein. Ich ziehe zwar trotzdem nur den Gehrock oder den Smoking an, aber immerhin, der Kinematograph ist damit gesellschaftsfähig geworden. So nahmen wir denn zu Tausenden die Einladung unsrer heimlichen Liebe an, und es war recht drollig, all die verdutzten Gesichter zu sehn, denn daß sie sich in so guter Gesellschaft befänden, hatten doch nur die wenigsten erwartet. Es war, wie man zu sagen pflegt, alles da, und wie ich uns kenne, werden wir uns nun unserer Liebe nicht mehr schämen, sondern stolz auf sie sein. Und wenn mich nicht alles täuscht, wird dieser Stolz in absehbarer Zeit auch seine höchste Sanktion erhalten. Alles sah sich nämlich unwillkürlich um, ob denn nicht auch

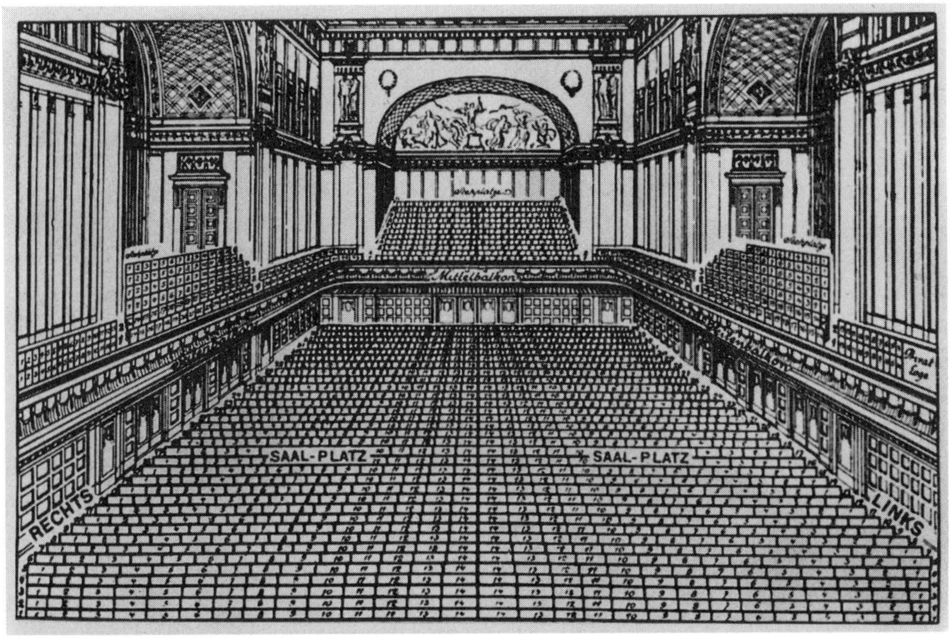

Der Sitzplan des Mozartsaals am Nollendorfplatz

eine Fürstlichkeit anwesend sei, dem gesellschaftlichen Ereignis die letzte Weihe zu geben. Soweit ich sah, fehlte vorgestern diese Fürstlichkeit, aber ich nehme an, sie wird nicht lange mehr fehlen. Wenn sich erst Tausende nach ihr umsehen, erscheint sie bald, denn sie weiß, was sie unserem demokratischen Zeitalter schuldig ist.

Unsere Liebe hatte sich sehr fein gemacht, so daß sich auch eine Hoheit ihrer nicht zu schämen braucht. Kleine Logen hat sie für ihre reichen Liebhaber herrichten lassen, in denen kleine Tische mit modernen Glühlampen stehn, so daß sich die eleganten Liebhaber wie daheim im vornehmen Nachtlokal fühlen können. Auf der Empore stehn in Reih und Glied wie die Badekabinen am Strand kleine Häuschen mit grünen Vorhängen und laden zu längerem Verweilen ein. Der moderne Berliner, der ja kein alter Grieche ist und deshalb weniger Wert auf die schöne Form als auf den faßbaren Inhalt legt, nennt sie »Knutschlogen«. Kurz und gut, unsere alte Liebe hat alles getan, um es uns bei sich so behaglich wie nur möglich zu machen.

Sie weiß aber auch, daß dem modernen Menschen erst wohl wird, wenn er ein bißchen sentimental sein darf, denn in der Sentimentalität wird er sich mit inniger Rührung bewußt, daß er noch Gemüt besitzt. Und so wurde denn der festliche Abend mit Musik eröffnet. Es war wirklich rührend. Wir erinnerten uns der Symphoniekonzerte, für die der Mozartsaal einst bestimmt war. Aber in dieser Form hatte die Musik, mit Respekt zu sagen, Pleite gemacht. Nun darf sie als Dienerin des Kinematographen wieder ihren Einzug halten in den Mozartsaal. Ist das nicht wirklich rührend? Die Augen wurden uns feucht, und wir schämten uns dessen nicht, denn es besteht ja keine Gefahr, daß solche Rührung je wieder die Symphoniekonzerte in diesen Saal zurückrufen wird.

Berliner Tageblatt vom 28.8.1910

Und womit eröffnet ein modernes Kunstinstitut, das auf sich hält, seine Pforten? Sei es ein modernes Theater oder ein moderner Kientopp? Mit einer Übersetzung aus dem Französischen von Rudolf Lothar oder mit einem Prolog dieses Dichters. Unsere »Lichtspiele« beschenkten uns mit einem Prolog von ihm. Unsere Liebe weiß wirklich, was sie uns schuldig ist. Damit wir aber nicht gar zu nachdenklich gestimmt würden, drückte sie fast gleichzeitig jedem von uns gratis einen hübschen Fächer in die Hand. Wir fächelten und fächelten, und trotzdem der Schauspieler im Frack sich eine wahrhaft brünstige Mühe gab, uns den Prolog Wort für Wort in Hirn und Herz zu hämmern, wir fächelten, und die Luft blieb erträglich kühl, so daß man sich des Gedankens freuen konnte: wie herrlich ist es doch von dem geliebten Kinematographen, daß er auch bei Theaterstücken den Schauspielern vorläufig noch den Mund verbietet.

Daß unter den eigentlichen Darbietungen des Kinematographen sehr viel Militärisches war, ist selbstverständlich. Wir sahen Paraden aller Art. Preußische Reiterei, preußisches Fußvolk, preußische Kriegsschiffe defilierten, und die Akkuratesse ihrer Manipulationen ließ sich im Mozartsaal bequemer bewundern als etwa auf dem Tempelhofer Feld oder auf der Ostsee bei Danzig. Auch Sardous »La Tosca« in der abgekürzten Vorstellung des Kinematographen hatte seine Vorzüge, zumal wir zugleich die Hauptdarsteller der Comédie française dabei bewundern durften. Worauf kommt es bei einem Theaterstück an? Der Kinematograph weiß es noch besser als Sardou: aufs Menschenschlachten. Je besser das Stück, um so mehr Menschen werden in ihm umgebracht. Und je vollkommener es alle Todesarten in seine Akte vereinigt, um so vollkommener ist es selbst. »La Tosca« in der Aufführung des Kinematographen gehört darin zum Vollkommensten, was ich je gesehen habe.

Nun aber zum Ernst der Sache. Wer von uns weilte schon am Mekong in Hinterindien? Wer von uns hofft noch, daß er je in seinem Leben dorthin kommen wird? Nun, Pathé frère in Paris führt uns mit seinen Films für ein paar Groschen dorthin und läßt uns einer der bewundernswertesten Leistungen menschlicher Kraft und Schönheit beiwohnen: einer Regatta der Eingeborenen auf dem Mekong. Wie zahm nimmt sich eine Motorboot- oder Segelregatta daneben aus! Was für eine phänomenale Sport- und Kunstleistung zeigen uns diese schmalen, riesenlangen Boote, wo auf dem prachtvoll in die Höhe schnellenden Schiffsschnabel der Steuermann balanciert, während zwei lange Reihen stehender Männer das Boot wie ein tollgewordenes Seeungeheuer durch das Wasser jagen! Ein unvergeßlicher Eindruck, um den die meisten ohne den geliebten Kientopp ärmer wären. Fremde Völker, fremde, ferne Schönheit zeigen, wovon wir sonst nie etwas zu sehen bekommen hätten, da liegt die eine große Tat des Kinematographen, die ihn uns immer wertvoller, immer lieber machen wird.

Der Kinematograph lehrt uns aber auch auf jene neue Art lachen, wie wir sie zuerst durch die englischen und amerikanischen Exzentriks kennenlernten. Vorläufig zeigt seine Kunst hier noch, daß sie jung und zaghaft ist und ihre reichen Möglichkeiten noch wenig ausprobiert hat. Sie handhabt die technischen Möglichkeiten, die sie allein besitzt, um uns lachen zu machen, noch ein wenig plump und stümperhaft. Aber sie wird auch das lernen, schnell lernen, denn niemand außer ihr es vermag, uns auch von Raum und Zeit zu erlösen. Uns so lachen zu machen, das wird noch einmal eine ihrer größten Wirkungen und Attraktionen sein.

Und noch ein drittes, mehr intimes Verdienst ist ihr nicht abzusprechen. Sie vermenschlicht zum Beispiel sogar, wenn der Ausdruck gestattet ist, das Gottesgnadentum, und das ist momentan gewiß nicht ohne Bedeutung. Wir sehen da den Kaiser im Gespräch mit dem Konsul Moor in Bergen, der einen demokratisch-steifen Hut und einen Björnsonkopf sein eigen nennt. Man schmunzelt behaglich, während die beiden Männer so warm und natürlich miteinander reden und agieren. Es schwebt so gar nichts vom Jupiter tonans über der Szene. Oder der Kaiser steht auf Deck, und zu ihm tritt seine Tochter mit ihren beiden Teckelhunden, die auf eine Weise wedeln, daß es nur Freude macht. Dann sitzen Vater und Tochter nebeneinander. Neben jedem einer der Teckel. Die Tochter streichelt den ihren zärtlich. Der andere hat dem Kaiser ein wenig tolpatschig mit den Pfoten den Anzug beschmutzt. Es ist dem Kaiser nicht sonderlich sympathisch, man sieht, er möchte die Bestie am liebsten auf die Erde setzen, aber er tut es nicht. Er ist eben auch ein Vater, der auf die Liebhaberei seiner Tochter Rücksicht nimmt, auch wenn sie ihm nicht sonderlich bequem ist. Derlei sieht sich sehr erfreulich und angenehm an und tut eine stärkere Wirkung als manche besänftigende Zeile in der »Norddeutschen Allgemeinen«.

Wir erwarten vom Kinematographen noch viel. Seine Entwicklung von der »Schmiere« zum gesellschaftsfähigen Theater hat sich, wie die »Lichtspiele« im Mozartsaal beweisen, erstaunlich rasch vollzogen. Die Zeit ist also gewiß nicht mehr fern, wo wir uns auch mit dem Gegensatz zwischen K. V. und K. G. herumschlagen werden, dem Gegensatz zwischen Kinematographenverein und Kinematographengenossenschaft, denn auch hier gibt es Direktoren und Schauspieler, und beide Gruppen werden immer stärker. Edison aber sorgt schon dafür, daß beide in absehbarer Zeit auch auf der Kinematographenbühne nicht mehr den Mund halten müssen.[97]

Möglichkeiten und Perspektiven des Kinos – aus der Sicht anno 1910! Im Mozartsaal wurden die Filme übrigens von einer Kapelle mit zehn Musikern begleitet. Auch das eine vehemente Entwicklung: vom einzelnen Pianisten zum Orchester! Einst waren im Mozartsaal allerdings weitaus größere Klangkörper zu hören gewesen. So dirigierte hier zum Beispiel 1907 der Komponist Hans Pfitzner ein Richard-Wagner-Konzert.

Der Mozartsaal muß als Kino schnell erfolgreich gewesen sein, wie alle neuen kulturellen Angebote haben die Berliner auch dieses rasch angenommen. Sieben Wochen nach seiner Eröffnung erschien eine kuriose »Warnung!« in den Berliner Zeitungen:

Mit Paragraphen aus dem Bürgerlichen Gesetzbuch versuchte das Haus am Nollendorfplatz den Gebrauch des Wortes »Lichtspiele« durch andere Kinos zu verhindern. Kinematographentheater oder kurz Kinos, U. T. oder auch E. T. – so sollten sie sich nennen dürfen, den schönen, und für den Film sehr zutreffenden Namen »Lichtspiele« dagegen wollte der Mozartsaal 1910 für sich reservieren.

Da ständig neue Kinematographentheater eingerichtet wurden, ist anzunehmen, daß sie alle gut besucht waren. 1910 soll es in Deutschland tausend Kinos gegeben haben, allein Berlin verfügte über 139, gefolgt von Hamburg mit 40 und Leipzig mit 31.[98]

Berliner Tageblatt vom 23.10.1910

Warnung!

Seitdem die **Lichtspiele G. m. b. H.** zu Berlin gegründet worden ist, und kinematographische Vorführungen im **„Mozartsaal"** unter ihrem Namen veranstaltet, beginnt eine Anzahl Kinematographen-Theater in ihren Ankündigungen den Namen „Lichtspiele" zu verwenden.

Dieses Vorgehen verstösst gegen §§ 12 und 826 des Bürgerlichen Gesetzbuches, sowie insbesondere gegen § 16 des neuen Gesetzes gegen den unlauteren Wettbewerb.

Letzterer lautet, soweit er hier in Frage kommt:

„Wer im geschäftlichen Verkehr einen Namen, eine Firma oder die besondere Bezeichnung eines Erwerbsgeschäftes, eines gewerblichen Unternehmens oder einer Druckschrift in einer Weise benutzt, welche geeignet ist, Verwechslungen mit dem Namen der Firma oder der besonderen Bezeichnung hervorzurufen, deren sich ein anderer befugter Weise bedient, kann von diesem auf Unterlassung der Benutzung in Anspruch genommen werden.

Der Benutzende ist dem Verletzten zum Ersatz des Schadens verpflichtet, wenn er wusste oder wissen konnte, dass die missbräuchliche Art der Benutzung geeignet war, Verwechselung hervorzurufen."

Die **„Lichtspiele G. m. b. H."** wird, falls die Benutzung des Namens „Lichtspiele" seitens anderer Unternehmungen nicht **unverzüglich** unterlassen wird, **sofort** die erforderlichen gerichtlichen Schritte einleiten und Klage auf Unterlassung und Schadenersatz erheben.

Berlin, den 22. Oktober 1910.

Lichtspiele G. m. b. H.
Mozartsaal

Berliner Tageblatt vom 30.11.1910

Zwar gab es genügend Kinos, doch kurioserweise fehlten in Deutschland die Filme. Ein Blick auf die Angebote der großen Berliner Häuser, selbst auf die Eröffnungsprogramme, zeigt, daß fast alle immer die gleichen Filme spielten. Hinsichtlich der aktuellen Berichte – die natürlich davon bestimmt wurden, was sich in der Welt und in Deutschland gerade »Sensationelles« ereignete – mag das verständlich sein, weniger aber bei den Spielfilmen, den Dramen, den Possen und Grotesken.

Die Kinobesucher verlangten von jenen aktuellen Berichten, den Vorläufern der Wochenschauen, vor allem Sensationen. Dafür eigneten sich Katastrophen genauso wie Kriege, Aufstände wie Aufmärsche, Paraden wie Sportwettkämpfe. Da waren in der Nacht vom 28. zum 29. November 1910 auf dem »Nobelhof«, einem Lagerplatz von Benzin-Gesellschaften an der Köpenicker Chaussee in Boxhagen-Rummelsburg, annähernd drei Millionen Liter Benzin explodiert. Der Brand wütete noch bis in den Dezember hinein. Ab 30. November sahen auch die Besucher der U.T. und des Mozartsaales die Flammen lodern. Ähnlich rasch wurden die vielen Kinogänger über die Ereignisse der Revolution in Portugal informiert.

Bereits zwei Tage vor Leo Tolstois Tod warb der Mozartsaal am 18. November 1910 für »authentische Aufnahmen aus seinem Archiv«. Und wieder staunte das Berliner Tageblatt:

Tolstoi im Kinotheater. In den Lichtspielen im Mozartsaal werden zurzeit Szenen aus dem Leben des verstorbenen Grafen Leo Tolstoi und seinem Gute Jasnaja-Poljana vorgeführt. Der unermüdliche Film zeigt in vollendeter Naturtreue einige reizvolle Augenblicksbilder aus dem Leben des verstorbenen Dichterphilosophen und führt den Zuschauer in die stimmungsvolle Romantik des russischen Bauernlebens. Von vollendeter Plastik sind auch die kinematographischen Aufnahmen des gestrandeten Fünfmasters »Preußen«. Im weiteren Verlauf des Programms wechseln komische und geschickt dramatisch aufgebaute Bilder nach modernen und antiken Motiven einander ab.[99]

Selbstverständlich bekamen die Zuschauer damals ständig Bilder »ihres« Kaisers und seiner großen Verwandtschaft vorgesetzt. Es ist schon lustig zu sehen, welche Ereignisse durch die Teilnahme von S.M. und dessen Gefolgschaft für die Ewigkeit festgehalten wurden. Wie drängelten sich diese Potentaten vor den Aufnahmeapparat: Wilhelm II. soll ja sogar im Neuen Palais in Potsdam eine eigene königliche Filmvorführung besessen haben, die es ihm gestattete, sich ungestört von neugierigen Blicken seiner Untertanen in einem öffentlichen Kino ununterbrochen selbst anzusehen. Gar nicht verwunderlich, wenn man weiß, welchen Kult der Herrscher mit dem eigenen Bildnis getrieben hat. Schon 1904 erschien in England ein Buch (das in Deutschland natürlich erst publik wurde, als S.M. bereits nach Holland geflohen war) über »Das Geheimleben des Berliner Hofes. Das Privatleben Kaiser Wilhelms II. und seiner Gemahlin. Aus den Papieren und Aufzeichnungen einer Hofdame der Kaiserin«. Dort heißt es:

Alle Tische, Konsolen und Kommoden des Zimmers sind Zeugen der eitlen Leidenschaft, die der Kaiser hat, sich photographieren zu lassen; alle sind buchstäblich mit Photographien be-

Wilhelm II. in russischer Marineuniform

deckt, die seine Majestät in jedem erdenklichen Kostüm zeigen – bei den Manövern, auf dem Paradefelde, auf der Jagd, beim Segeln oder beim Einzug in einer Stadt oder in ein Dorf unter den patriotischen Zurufen der Bevölkerung.[100]

Bekam der Kaiser kaiserlichen Besuch, dann schienen die Kinos mit ihren eigenen Operateuren rein aus dem Häuschen zu geraten. Am 4. November 1910 beispielsweise traf Zar Nikolai um 10 Uhr auf dem Bahnhof Wildpark in Potsdam ein, und am Tage darauf warben die U. T.:

Der Zar und unser Kaiser in allen Union-Theatern. Mit allerhöchster Genehmigung aufgenommen.

Und die Konkurrenz, der Mozartsaal, stand nicht nach:

Der Zar in Potsdam. Die Ankunft Bahnhof Wildpark. Begrüßung des hohen Gastes durch den Kaiser. – Fahrt zum Neuen Palais. Das glänzende Gefolge des Zaren. Die Ehrenkompagnien. Abnahme des Parademarsches im Park des Neuen Palais. Eigene Aufnahme der Lichtspiele Mozartsaal auf Allerhöchsten Befehl.

Am Abend konnte der Mozartsaal schon einen neuen Erfolg vermelden:

Die Lichtspiele veranstalten heute im Neuen Palais vor dem Zaren und der Hofgesellschaft eine Vorstellung. Das Programm wurde von Kaiser Wilhelm selbst zusammengestellt.

Zwei Wochen später schließlich kündigte der Mozartsaal einen neuen Höhepunkt seiner Verbindung mit dem Hofe an:

Die Lichtspiele im Mozartsaal haben vom Oberhofmarschallamt den Auftrag erhalten, das vor dem Kaiser und dem Zaren gespielte Programm vor den Hofbeamten zu wiederholen. Kürzlich fand diese Vorstellung vor etwa 800 Hofbeamten statt und errang ungeteilten lebhaften Beifall.[101]

Der Kaiser und das Kino – sie fanden schnell aneinander Gefallen. Der Film war zu jener Zeit wohl die einzige Kunst (aber wer schon rechnete ihn dazu?), die S. M. keinen Ärger bereitete. Er hatte Sorgen mit der Literatur und den furchtbaren neuen Richtungen in der Bildenden Kunst, im Theater machten Stücke wie »Die Weber« und »Nachtasyl« Furore, und in der Musik war ein Mann wie Richard Strauss der ungekrönte Meister! Manchmal schien der Kinematograph wirklich die einzige Freude des Kaisers zu sein – neben der Jagd, den Paraden und seinen braven Soldaten!

Paul Davidson konnte 1910 sein kleines Imperium noch um drei weitere Positionen erweitern. Am 15. Oktober öffnete das dritte Berliner U. T., das U. T. Wedding, Reinickendorfer Straße 14, seine Pforten. 750 Plätze warteten auf Zuschauer. Am 29. Oktober folgte Nummer 4, U. T. Hasenheide (Union-Brauerei) mit 900 Plätzen, und am 5. November das U. T. Moritzplatz, Oranienstraße 147 (neben dem Konzerthaus »Kaiserhallen« und Aschingers Konditorei) mit 950 Plätzen. »U. T. dominieren in Berlin«, konnte die Union stolz verkünden. Immerhin gehörten ihr jetzt fünf Kinos mit insgesamt 3700 Sitzen in der Reichshauptstadt. Um das besondere Profil jedes ihrer Häuser herauszuheben, erhielten sie von der Gesellschaft spezielle Prädikate: U. T. Alexanderplatz war »vorbildlich«, U. T. Unter den Linden »intim und

Die deutsche Kaiserfamilie

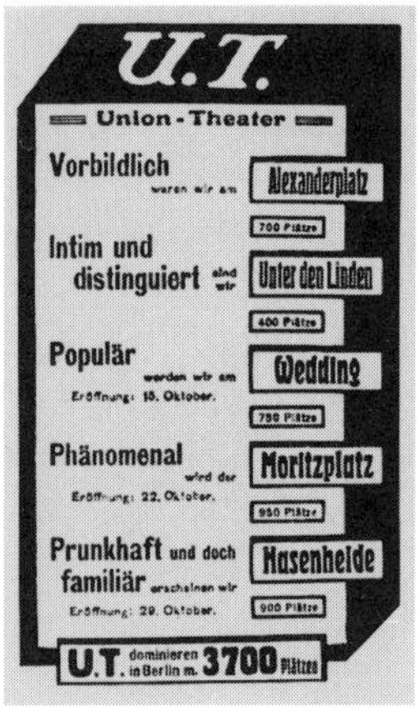

Berliner Tageblatt vom 13.10.1910

distinguiert«, U.T. Wedding »populär«, U.T. Moritzplatz »phänomenal« und U.T. Hasenheide schließlich »prunkhaft und doch familiär« ...

Die Brauerei in der Hasenheide blieb übrigens nicht die einzige, die sich ein Kino zulegte. Auch andere spürten den Zug der Zeit, denn die Leute tranken nun nicht mehr soviel Bier, sondern gingen lieber ins Kino. Nachdem die Brau-Unternehmen ihren Fabriken schon mehr oder weniger große Restaurants, Bierhallen und -gärten angegliedert hatten, richteten sie nun auch noch Filmtheater ein: im Februar 1911 das Böhmische Brauhaus in der Landsberger Allee 11–13 (heute Leninallee) oder die Brauerei Julius Bötzow in der Prenzlauer Allee 241–247.

Was fehlte, waren allerdings ausreichend Filme, und es mangelte an Stars, an Schauspielern, die das Publikum kannte und verehrte, die es immer wieder sehen wollte. Stars der Bühne gab es freilich in Berlin nicht wenige. Fritzi Massary und Josef Giampietro vom Metropol-Theater oder auch Madge Lessing und Guido Thielscher, Paul Wegener und Albert Bassermann, Rudolf Schildkraut und Alfred Abel. Sie alle aber spielten *noch* nicht für das Kino.

Einer der ersten Namen, den man sich damals einzuprägen begann, war der jenes Mannes mit Hut und Stöckchen, der einen Pariser Dandy verkörperte: Max Linder.

Am 4. Dezember 1910 wurde im Norden Berlins, Müllerstraße 182/183, Ecke Sellerstraße, direkt am Weddingplatz, der Lichtspiel-Palast Theater des Weddings eröffnet. Es lief ein Drama in zwei Akten von Urban Gad, und dieser Film, »Abgründe«, war offensichtlich ein Außenseiter, denn keiner der großen Verleiher hatte ihn nach Deutschland gebracht, und auch die U. T.-Lichtspiele schienen bisher nicht sonderlich an ihm interessiert. Für die Werbung der Union bestand »die neueste Sensation« einfach darin, daß hier »berühmte Kopenhagener Schauspieler« auftraten, ohne einen besonders hervorzuheben. Dabei wirkte eine Frau mit, die kurz darauf einer der ersten Filmstars werden sollte: Asta Nielsen. Bald würde sie nicht weit vom Theater des Weddings bei der Bioscop im Atelier Chausseestraße 123 stehen, und 1911 ging dann folgende Meldung durch die Presse:

Riesenhonorar für eine Kinodarstellerin. Als weiterer Beweis für den ganz enormen Aufschwung und die wirtschaftliche Bedeutung der Kinematographie dient die Tatsache, daß die Spielhonorare für Kinoschauspieler ganz gewaltig in die Höhe schnellen. Eine Kinematographenfirma in Frankfurt hat jetzt mit der Kopenhagener Hofschauspielerin Fräulein Asta Nielsen einen Vertrag abgeschlossen, dessen Gesamtsumme 40 000 M beträgt. Fräulein Asta Nielsen, welche auf dem Gebiete der künstlerischen Pantomime außergewöhnlich Hervorragendes leistet, hat dadurch die Verpflichtung, innerhalb dieser Wintersaison die Hauptrollen von zehn Kinoschauspielen darzustellen. Diese zehn Filme, welche als Asta-Nielsen-Zyklus dem Publikum vorgeführt werden sollen, beginnen jetzt bereits berechtigtes Aufsehen zu erregen. Das erste Schauspiel unter dem Titel »Im großen Augenblick« ist zurzeit jetzt die Attraktion in den besten Kinotheatern Deutschlands. Am Sonnabend, 14. Oktober, fand die Premiere des zweiten Schauspiels »Der schwarze Traum« im Union-Theater Moritzplatz statt.[102]

Berliner Tageblatt vom 4.12.1910

Die Bötzow-Brauerei am Prenzlauer Berg

Der findige Paul Davidson – er stand hinter dieser »Kinematographenfirma in Frankfurt« – produzierte die Filme, die er für seine Theater brauchte, gleich selbst, und er machte die Dänin Asta Nielsen zum ersten deutschen Filmstar.

Darüber hinaus versuchte Davidson auch am Erfolg anderer zu partizipieren, wobei er sich nicht wenig erfinderisch zeigte. Im Oktober 1911 weilte – wie alljährlich – der »größte Tenor der Welt« in Berlin. Für das Gastspiel Enrico Carusos im Königlichen Opernhaus Unter den Linden, das am 24. Oktober in Anwesenheit von Kaiser und Kaiserin mit Donizettis »Liebestrank« stattfand, wurden astronomische Eintrittspreise verlangt, und die Schwarzmarkthändler forderten noch unverschämtere Beträge. Drei Tage vor dem großen Ereignis ging der Meister selbst ins Kino.

Caruso bei Caruso. Der gefeierte italienische Tenor erschien gestern abend im Union-Theater, Unter den Linden, das ein »Caruso-Gastspiel« angekündigt hatte. Es wurden hier mittels des Grammophons – begleitet von bildlichen Darstellungen – die Glanzpartien des großen Künstlers aus »Bajazzi«, »Aida« usw. wiedergegeben. Caruso äußerte über das Gebotene seine volle Anerkennung und verweilte während der Dauer einer ganzen Vorstellung, etwa 1 ½ Stunden, in seiner Loge. Das Publikum erkannte ihn natürlich sehr bald und wandte seine Aufmerksamkeit fast ausschließlich dem berühmten Gast zu.[103]

Enrico Caruso (links) 1910 in Berlin

Berliner Tageblatt vom 22.10.1910

Berliner Tageblatt vom 11.12.1910

Noch vor dem eigentlichen Auftritt Carusos im Opernhaus konnte man ihn also im U.T. bereits singen hören!

In Berlin wurden zügig weitere Kino-Paläste eröffnet. Am 16. Dezember 1910 zum Beispiel die Licht-Schauspiele in der Spichernstraße 3 am Nürnberger Platz, wo nun – in den ehemaligen »Prachtsälen des Westens« – 1200 Zuschauer Zerstreuung fanden. Die Premiere bot den Film »Der Sklave von Karthago« und einen gewiß sehr bedeutsamen aktuellen Bericht über »Die Kinder des Kronprinzen«. Das Theater Sanssouci in der Kottbuser Straße 6, das sich mit seinen 1500 Plätzen als das größte Lichtbildtheater Berlins bezeichnete, begrüßte am 31. März 1911 die ersten Zuschauer, und am 14. April begann der Eden-Palast seinen Kinobetrieb.

Auch der Admirals-Palast am Bahnhof Friedrichstraße stellte sich schnell auf den Zug der Zeit ein. Der Neubau, der am 19. April 1911 als Ergänzung des bereits seit 1874 als Admiralgartenbad existierenden Gebäudes – heute Metropol-Theater – seiner Bestimmung übergeben wurde, nahm sowohl eine künstliche Eisbahn, ein russisch-römisches Bad, ein Zwei-Etagen-Café als auch ein Kinematographentheater in sich auf, das – wie die VOSSISCHE ZEITUNG berichtete,

ruhige antike Vornehmheit mit prunkvoller Schönheit in seiner inneren architektonischen Ausgestaltung vereinen soll. Noch ist hier nicht die letzte Hand ans Werk gelegt. Wunder der antiken Stuckkunst sollen hier hervorgehoben werden, prächtige Deckengemälde den Reiz des Raumes erhöhen. [104]

»Das Kino im Frack« – gewiß war auch das Admirals-Theater, das bald zu den großen Berliner Erstaufführungstheatern gehörte, ein solches. Doch schon kündigte sich ein noch vornehmeres Kino an, und zwar an einer der belebtesten Stellen Berlins, am Potsdamer Platz.

In jenen Jahren vor dem Weltkrieg entstanden zahlreiche imposante Gebäude in Berlin. Am 29. Oktober 1911 wurde, nach zehnjähriger Bauzeit, das Berliner Stadthaus bezogen (bis 1990 Haus des Ministerrats der DDR in der Klosterstraße). Am Tage darauf eröffnete Hermann Tietz sein großes Warenhaus – sieben Etagen, 2000 Angestellte – am Alexanderplatz. (Dieser neue Verkaufstempel, schräg gegenüber dem U.T. Alexanderplatz, mag sich auch positiv auf die Zuschauerzahlen des Kinos ausgewirkt haben.) Wiederum einen Tag später war dann die Ankündigung zu lesen, daß am Potsdamer Platz das »erste und eleganteste Lichtspiel-Theater der Welt« – nach Entwürfen des Kaiserlichen Architekten, Geheimrat Prof. Schwechten – entstehen solle. Die VOSSISCHE ZEITUNG meldete:

Berliner Lokal-Anzeiger vom 14.6.1911

Dieses Lichtspiel-Theater ist das erste in Deutschland, welches eine elegante, völlig abgeschlossene Hofloge errichten wird. [105]

Am 3. Februar 1912 war es dann soweit. An der Ecke Königgrätzer/Köthener Straße, neben dem Potsdamer Bahnhof, luden die Kammerlichtspiele am Potsdamer Platz 1200 Besucher ein. 29 Musiker begleiteten die Vorführungen. Der Mozartsaal – bisher *die* vornehme Lichtbildbühne Berlins – hatte nun ernsthafte Konkurrenz bekommen. Zur Einweihung der Kammerlichtspiele sprach Josef Giampietro

Die Eis-Arena des Admiralpalastes

Die Kammer-Lichtspiele am Potsdamer Platz

einen Prolog, verfaßt von Leo Leipziger. Hatte es das nicht schon einmal gegeben? Mit eben diesem Prolog hatte doch Giampietro 18 Monate zuvor das U.T. Unter den Linden eröffnet.

Mittlerweile hatten sich die Zeiten aber geändert. Nicht mehr nur Sarah Bernhardt »gastierte« in den U.T. und den Kammerlichtspielen (natürlich nur in Gestalt von Vorführungen ihres Films »Die Kameliendame«), sondern bald auch andere Bühnengrößen. Am 22. Juni 1912 liefen in den Kammerlichtspielen am Potsdamer Platz die Komödie »Viola« – mit Fritzi Massary, der »beliebtesten aller Soubretten« in der Hauptrolle – sowie das Lustspiel »Don Juan heiratet« mit Josef Giampietro – dem Star des Metropol-Theaters – in der Titelpartie.

Während »Viola« allerdings ein neuer Film war, stammte »Don Juan heiratet«, inszeniert von Heinrich Bolten-Baeckers, bereits aus dem Jahre 1909. Damals hatte Giampietro – und damit gilt er als Pionier unter seinen Schauspielerkollegen – in der Markgrafenstraße 94 vor Duskes Kamera gestanden.

Zwei Stars der Operettenbühnen weihen Kinos ein: Fritzi Massary und Josef Giampietro

1911 gehörten zu Paul Davidsons Projektions-Aktiengesellschaft Union 18 Kinos in ganz Deutschland, fünf davon in Berlin. Ein Jahr später verlegte er den Sitz seiner Firma von Frankfurt nach Berlin und begann mit dem Bau von Ateliers in Tempelhof. Gleichzeitig erweiterte er ständig seine Kinokette. An zentralen Punkten der Stadt erwarb er zwei neue Grundstücke: Friedrichstraße 180, Ecke Taubenstraße, und Kurfürstendamm 26 – dort, wo demnächst das sechste und siebente Berliner U. T. entstehen sollten. 1912 wurde aber auch folgendes gemeldet:

Rückgang der Kinematographentheater. In Groß-Berlin ist die Zahl der Kinematographentheater merklich herabgegangen; sie beträgt zurzeit noch nahe an 300, von den kleineren dieser Institute schließt aber eins nach dem anderen seine Pforten. Die große Mehrzahl fristet ein kärgliches Dasein. Das Publikum bevorzugt die größeren Unternehmungen wegen ihrer besseren Ausstattung. Die Ausgaben für Films und Vorführungen sind bei beiden fast gleich. Die kleinen Theater beginnen sich aber erst zu rentieren, wenn sie über mehr als 200 Plätze verfügen. Auf diese Kinos ist auch das Rauchverbot nicht ohne Einfluß geblieben.[106]

Berliner Tageblatt vom 2.2.1912

Der Hauptgrund für diesen Rückgang – so behaupteten es jedenfalls sehr lautstark die Kinobesitzer – bestünde in den hohen Steuerlasten, die die örtlichen Ämter den Kinos auferlegten. Die Höhe der Abgaben wurde nicht zentral und mit landesweiter Verbindlichkeit festgelegt, sondern jede Stadtverwaltung konnte selbst darüber befinden. Selbst innerhalb Berlins gab es beträchtliche Unterschiede; Charlottenburg zum Beispiel erhob extrem hohe Beiträge von den vielen dort ansässigen Kinos. Der Kampf um die Lustbarkeitssteuer zog sich lange hin. Noch 1913 fanden Protestversammlungen der im Schutzverband Deutscher Lichtspieltheater zusammengeschlossenen Kinobesitzer statt. Am 21. März 1913 tagten sie im Saalbau Friedrichshain und drohten mit der Schließung aller Häuser (und dem daraus entstehenden Steuerausfall) bis zum 15 Mai. Doch dazu kam es noch nicht.[107]

Geleitet wurde die Protestversammlung von Arthur Templiner, der im April 1912 zum Vorsitzenden des Interessenverbandes wiedergewählt worden war. Ende 1911

Das Städtische Obdachlosen-asyl in der Fröbelstraße, die »Palme«

hatte Templiner arges Pech gehabt, denn am 2. Weihnachtsfeiertag war es am Spätnachmittag in seinem Kino in der Frankfurter Allee 153 (zwischen Niederbarnim- und Warschauer Straße) zu einem Unglück gekommen. Infolge eines relativ kleinen Brandes waren die Besucher in Panik geraten und hatten zwei Kinder zu Tode getrampelt. Dieser Vorfall goß natürlich Wasser auf die Mühlen der zahlreichen Kinogegner, die in diesen Vorgängen ein »Werk des Teufels« sahen. Der Vorführer, dem die Richter Vernachlässigung der Sicherheitsvorschriften vorwarfen, wurde wegen fahrlässiger Tötung und Körperverletzung zu neun Monaten Gefängnis verurteilt.

Um die Jahreswende 1911/12 beschäftigte die Berliner aber noch eine andere – und in ihren Ausmaßen weitaus schlimmere Katastrophe, die den Kinobrand in den Hintergrund drängte. Im Obdachlosen-Asyl Fröbelstraße, der »Palme«, wo jeweils bis zu 2700 Personen übernachteten, waren bereits mehrere Leute an einer – wie man annahm – Fischvergiftung gestorben, und täglich kamen neue Opfer hinzu. Silvester, als man bereits 71 Tote zählte, stand endlich die genaue Ursache fest: Nicht schlechter Fisch, Methylalkohol war der Grund für die Vergiftungen.

Im März 1912 begann ein zweimonatiger Prozeß gegen Drogisten und Kneipenwirte; Rosa Luxemburg trat in ihm auf und stellte die menschenunwürdigen Lebensbedingungen der Obdachlosen an den Pranger. Als am Ende der Verhandlungen einer der Drogisten fünf Jahre Gefängnis erhielt, hatten insgesamt 92 der ärmsten Berliner wegen des Ausschanks von Methylalkohol ihr Leben verloren.

Die neue Polizeiverordnung für die Kinos vom Juni 1911 war bereits zwölf Monate nach ihrem Inkrafttreten wieder reformbedürftig. Ursprünglich existierten überhaupt keine Vorschriften, überall, wo und wie man wollte, konnte man ein Kino einrichten. Freigebig wurden Konzessionen erteilt, und häufig kam es zu Unfällen. Anfangs waren die Vorführapparate mit Gaslicht oder – noch früher – mit einem primitiven Talglicht ausgestattet. Sie standen zumeist ohne Schutzbarriere mitten im Zuschauerraum, und da das Nitromaterial selbst bei nicht allzu hohen Temperaturen häufig schon Feuer fing, konnten Brände nicht ausbleiben.

In einem Kino in der Admiralstraße 38, in der Nähe des Kottbusser Tors in Kreuzberg, brach am 26. Oktober 1909 ein Feuer aus, am 8. Januar 1910 entzündeten sich Filmstreifen in einem Kino in der Potsdamer Straße 99, und dasselbe passierte am 7. Juli 1910 am Wedding:

Feuer in einem Kinematographentheater. Am Vinetaplatz 3 entstand gestern durch Entzündung eines Filmstreifens in einem Kinematographentheater Feuer. Durch rechtzeitiges Eingreifen der Feuerwehr konnte die Gefahr aber leicht beseitigt werden. Publikum war bei Ausbruch des Brandes nicht im Theater anwesend. – In Berlin sind Brände von Kinematographentheatern nur selten zu verzeichnen. Im letzten Jahre wurde die Berliner Feuerwehr nach dem soeben erschienenen Verwaltungsbericht nur siebenmal nach Kinematographentheatern gerufen. Überall hatten bei der Bedienung des Kinematographen Filmstreifen Feuer gefangen, doch kamen in keinem Falle Personen zu Schaden.[108]

Zu weiteren Berliner Kinobränden kam es am 7. Juni 1911 in Lichtenberg in der Grünberger Straße 13 und am 27. Juli 1912 in einem Kino Stargarder, Ecke Lychener Straße. Ein Feuer im Lager von Duskes Kinematographen- und Filmfabriken G. m. b. H. in der Markgrafenstraße 94 vernichtete am 27. Januar 1912 viele Filme, darunter auch unersetzbare Negative.

Durch die zahlreichen Unfälle aufgeschreckt, sollte im Januar 1912 polizeilich durchgesetzt werden, daß die Projektionsmaschinen nur noch durch eine Handkurbel, nicht mehr durch Motoren anzutreiben seien. Doch diese für Filmvorführer schreckerregenden Pläne fanden schließlich keinen Niederschlag in der neuen Berliner Polizeiverordnung für Kinematographentheater vom Mai 1912.

In Berlin gingen die Brände zumeist recht glimpflich ab. Selten wurde mehr als der eigentliche Kinosaal oder die Projektionsräume zerstört. Im Ausland dagegen waren die Folgen weitaus schlimmer: Auf dem alljährlichen Pariser Wohltätigkeitsbasar in der Rue Jean Goujon, ganz in der Nähe der Champs Elysées, hatte man am 4. Mai 1897 auch einen Kinetographen-Pavillon errichtet. Das Cinéma galt ja noch als Sensation, und Hunderte folgten neugierig den Vorführungen, als plötzlich eine Lampe des Kinetographen-Apparates – gefüllt mit einem Gemisch aus Sauerstoff und Ätherdampf – explodierte. Das Inventar fing sofort Feuer, die Zuschauer drängten in Panik zum engen Ausgang, doch nicht alle gelangten ins Freie. 136 Tote und 200 Verletzte waren die traurige Bilanz, unter den Opfern viele Prominente – Prinzessinnen, Damen des Adels, die den Wohltätigkeitsbasar ausgerichtet hatten.

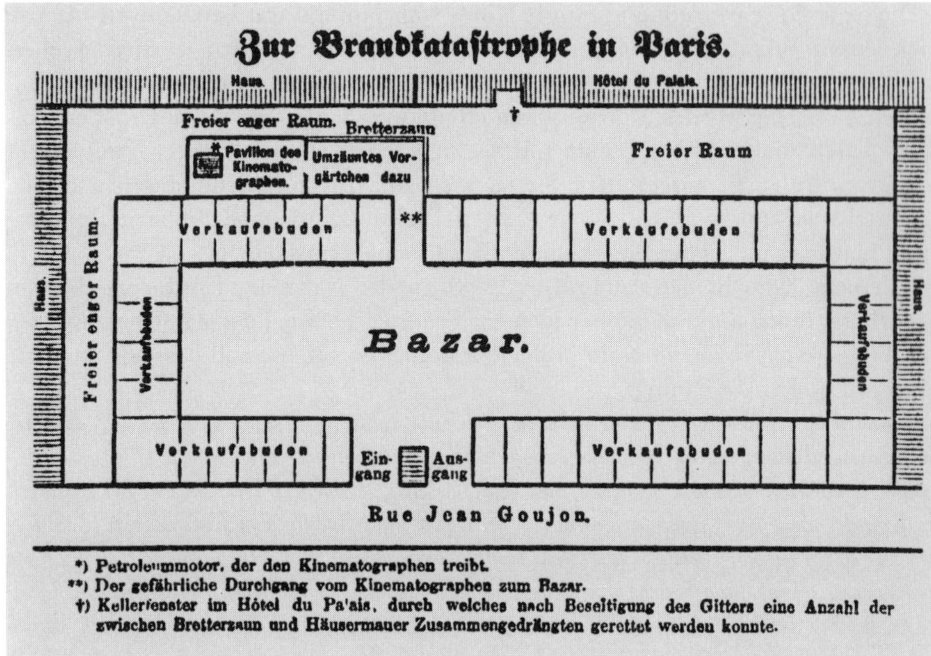

Berliner Lokal-Anzeiger vom 6.5.1897

Am 6. März 1911 gerieten im russischen Bologoje Filme in Brand und entzündeten einen Ätherbehälter, der sofort in die Luft flog. 93 Tote und 45 Schwerverletzte waren zu beklagen. 29 Opfer forderte eine Panik, die am 27. August 1911 während einer Filmvorführung im Opera House von Cannonsburgh, Pennsylvania (USA), ausbrach.

Der spektakulärste Berliner Kinobrand ereignete sich im Sommer des letzten Kriegsjahres in der südlichen Friedrichstraße, im sogenannten Filmviertel. Dort befanden sich auch die Büros einer der renommiertesten deutschen Filmgesellschaften, der Bioskop-Filmverleih G. m. b. H. Am Freitag, dem 21. Juni 1918, war »Wechseltag« bei der Bioskop. Die Theaterbesitzer brachten die abgespielten Filmkopien zurück und holten die neuen ab:

Schwere Explosion in der Friedrichstraße

Eine folgenschwere Explosion, die nach bisheriger Feststellung den Tod von 15 Personen zur Folge hatte, während 27 Personen verletzt wurden, hat sich heute vormittag um ³/₄11 Uhr im Hause Friedrichstraße 235, dicht an der Hedemannstraße, ereignet.

Dort, in der Friedrich-Wilhelm-Passage, hat die Bioskop-Filmverleih-G. m. b. H. die erste Etage des Vorderhauses zu Fabrikzwecken gemietet. Es sind hier gegen 60 Personen beschäftigt. Kurz vor 11 Uhr erfolgte in einem Filmraum die Explosion, die eine wilde Panik unter dem Fabrikpersonal hervorrief. Stichflammen schlugen aus allen Fenstern bis zur Dachhöhe empor. Laute Hilferufe wurden von allen Seiten laut, und an den Fenstern nach der Straße drängten

Berliner Lokal-Anzeiger vom 27.12.1911

Panik in einem Kinotheater in Berlin O.

Zwei Kinder getötet, 8 Personen schwer und viele leichter verletzt.

Furchtbare Schreckensszenen spielten sich gestern abend gegen 6½ Uhr in dem Kinematographentheater von Templiner in der Frankfurter Allee ab. Dort war nach Beginn der Vorstellung ein Vorführungsfilm in Brand geraten. Ein Besucher schrie „Feuer!", und obgleich Personen in Wirklichkeit gar nicht gefährdet waren, entstand alsbald eine Panik, die von grauenvollen Folgen begleitet war. Die Besucher hasteten angstvoll den Ausgängen zu und stießen ihre Vorderleute rücksichtslos zu Boden. Dabei wurden *zwei Kinder getötet, eine Frau und sieben Kinder* wurden *schwer verletzt*, und ungefähr 30 Erwachsene und Kinder trugen leichtere Verletzungen davon. Das *Theater* wurde vorläufig behördlich *geschlossen*. Ueber das schwere Unglück erfahren wir folgende Einzelheiten:

Im Parterre des Hauses Frankfurter Alle 153 zu Lichtenberg befindet sich seit sechs Jahren ein Kinematographentheater, dessen Inhaber seit fünf Jahren Paul Templiner ist. Es faßt annähernd 200 Personen und ist, wie fast alle Kinotheater, ein langgestreckter, nach hinten leicht ansteigender Raum mit langen Sitzbänken, einem Gang in der Mitte und je einem Gang rechts und links. Gleich hinter dem Eingang befindet sich die Schenke. Das an und für sich nur kleine Theater hat drei Notausgänge, von denen einer auf die Straße und zwei auf den nach hinten belegenen Hof münden. Das Personal besteht aus zehn Personen. Gestern nachmittag wurde das Theater um 3 Uhr geöffnet, und in üblicher Weise wechselte das Publikum etwa jede Stunde. Gegen 6½ Uhr befanden sich außer den zehn Angestellten etwa 190 Personen in dem Theaterraum, der also bis auf wenige Sitze vollständig gefüllt war. Es wurde gerade ein Akrobatenfilm vorgeführt, der die bekannte Andrée-Truppe in ihren ausgezeichneten Produktionen veranschaulicht. Plötzlich geriet

der Film in Brand.

Das Publikum bemerkte, wie das Bild von der Leinwand verschwand; ein heller Schein erleuchtete für wenige Sekunden den verdunkelten Raum und Qualm erfüllte mit großer Schnelligkeit das Theater. Das Aufsichtspersonal sprang an die Lichtleitung, um das elektrische Licht einzuschalten, als ein dicht unter dem Operationsraum sitzender Mann mit lauter Stimme „Feuer! Feuer!" schrie. Dieser Schreckensruf wurde von allen Seiten aufgenommen, und viele schrien um Hilfe. Das Personal versuchte zwar die Besucher zu beruhigen: seine Bemühungen die noch im Theaterraum befindlichen Personen das Freie zu erreichen suchten, wobei

beide Parteien aufeinander stießen.

Den Angestellten war es nicht geglückt, das elektrische Licht einzuschalten, weil durch den Filmbrand sämtliche elektrischen Leitungsdrähte geschmolzen waren. Immerhin drang etwas Licht durch die geöffneten Türen in den Raum; die Stimmen der Angestellten, die alle Anstrengungen machten, um das Publikum zu beruhigen, vermochten bei dem Lärm nicht durchzudringen, und als sie sich nun den Besuchern entgegenstellten, wurden sie ebenfalls zu Boden gerissen und sämtlich, wenn auch nur leicht, verletzt. Inzwischen war die Feuerwehr alarmiert worden. Auf die Meldung: „Feuer im Kinematographentheater! Menschenleben in Gefahr!" entsandte sowohl die Lichtenberger als auch die Berliner Feuerwehr mehrere Züge nach der Unfallstelle. Gleichzeitig war die Lichtenberger Polizei alarmiert worden, und im Sturmschritt eilten sämtliche Mannschaften der Revierwache 1 unter Führung des Reviervorstehers Leutnant Puchstein nach der Unglücksstätte. Feuerwehr und Polizei bemühten sich vereint, zunächst den Menschenknäuel, der sich zum Teil am Boden wälzte, auseinander zu bringen und die einzelnen Personen zu beruhigen. Andere Feuerwehrleute gaben aus einer kleinen Spritze Wasser in den Operationsraum, in dem der Film längst verbrannt war und nur noch ein wenig glimmte. Dank den Anstrengungen der Beamten konnte nun in wenigen Minuten die Ruhe wieder hergestellt werden. In dem Raume sah es fürchterlich aus. Ueberall lagen Verletzte am Boden; viele waren bewußtlos, viele schrien vor Schmerzen. Und zwischen den Menschen lagen umgestürzte Bänke und Stühle, zerfetzte Kleidungsstücke, zerrissene Hüte, zerbrochene Schirme und Stöcke. Mit größtmöglicher Beschleunigung wurde der Raum, in welchem man mittlerweile die Reservegaslampen angezündet hatte, zu einem Lazarett umgewandelt. Die Samariter er Feuerwehr holten ihre Sauerstoffapparate und begannen, den Leblosen künstlich Atem einzuflößen. Dabei erwies sich der beißende Qualm hinderlich, und nun wurde ein Teil der Gefährdeten nach der nahen Unfallstation in der Warschauer Straße, ein anderer Teil in die Wohnung des im Nebenhause Frankfurter Allee 154 wohnenden Augenarztes Dr. Georg Tobias geschafft. Während auf der Unfallstation der diensthabende Arzt sich mit den Heilgehilfen um die Verletzten bemühte, war Dr. Tobias in seiner Wohnung, unterstützt von seiner Gattin und dem zufällig bei ihm weilenden Arzt Dr. Max Cohn aus der Manteuffelstraße 37 um die Patienten bemüht. Auf der Unfallstation erwies sich, daß

sich die bedrohten Bewohner, in der unverkennbaren Absicht, auf die Straße zu springen. Einige von ihnen, deren Kleider lichterloh brannten, sprangen auch wirklich aus den Fenstern auf die Straße, wobei sie sich schwere Verletzungen zuzogen. Als der erste Löschzug an der Brandstelle erschien und in größter Eile die mechanische Leiter aufrichtete, versuchten die Bedrohten in wildem Gedränge jeder als Erster die rettende Leiter zu erreichen. So kam es, daß gleichzeitig etwa 20 Personen die Leiter beschwerten, die unter der Last zusammenzubrechen drohte. Unterdessen waren über ein Dutzend Löschzüge an der Brandstelle eingetroffen, die gegen 40 Personen unversehrt in Sicherheit brachten. Die Löscharbeiten erfolgten sowohl von der Friedrichstraße wie von der Hedemannstraße aus. Da von vornherein feststand, daß nicht alle Personen gerettet sein könnten, und daß sich noch einige in den brennenden Räumen befinden müßten, so galt es, diese aufzufinden. Es war dies deshalb erschwert, weil keine Hilferufe zu vernehmen waren, und auch die Flammen ein schnelles Vordringen der Feuerwehrmannschaften erschwerten.

Namentlich auf dem Hofe war die Verwüstung durch das Feuer am größten. Im Vorderhause wie auch im Seitenflügel waren sämtliche Fenster vom ersten Stock bis hinauf zum Dach von der Hitze gesprungen und die Fensterkreuze schwarz angekohlt. Die Explosion war so stark, daß nicht nur sämtliche Räume der Bioskop-Filmverleihgesellschaft vernichtet wurden, sondern auch die Wand zu der an die Bioskop angrenzenden Telefunkengesellschaft durchgeschlagen wurde und einige dort befindliche Arbeiter verletzt wurden.

Während die vollständige Ablöschung des Feuers vor sich ging, wurde die Durchsuchung der Räume in der Filmfabrik ausgeführt. Hierbei wurden bis Mittag 15 Tote geborgen. Von diesen wurden 13 in den vorderen Räumen und zwei in den rückwärts gelegenen Lokalitäten von der Feuerwehr aufgefunden. Die Leichen waren so stark verkohlt, daß eine Identifizierung augenblicklich nicht möglich war. Es soll sich unter ihnen auch ein Geschäftsführer der Gesellschaft befinden. Außerdem wurden sieben Personen in schwerverletztem Zustande, zuerst von den anwesenden Ärzten Dr. Friedländer, Zander, Hoth, Brettheimer und Bernstein behandelt und dann in Kraftwagen der Feuerwehr nach dem Urbankrankenhaus gebracht.

Unter den Schwerverletzten befindet sich auch der Schauspieler Fleck, der aus dem Fenster gesprungen ist und sich dabei einen Beckenbruch zugezogen hat. Außerdem haben noch 20 Personen leichtere Verletzungen erlitten. Während des Brandes war die Umgebung der Passage in weitem Umkreise durch ein großes Polizeiaufgebot für den Straßenverkehr gesperrt. Heute nachmittag soll die Identifizierung der Toten auf dem Polizeirevier in der Wilhelmstraße stattfinden. Zu diesem Zwecke sind sämtliche Arbeiter der Gesellschaft vorgeladen. Es wird sich dann erst nach den Lohnlisten feststellen lassen, welche Arbeiter den Tod in den Flammen gefunden haben.

Sämtliche Räume des vier Stockwerke hohen Geschäftshauses sind vollständig ausgebrannt. (...)

Bericht eines Augenzeugen

Ein Augenzeuge, der bei der Bioskop-Gesellschaft arbeitet, erzählt uns: »Vormittags gegen 11 Uhr gab es plötzlich in den Geschäftsräumen einen starken Knall. In demselben Augenblick schossen Stichflammen in den Raum. Die Waren, die auf den Tischen und Regalen lagen, entzündeten sich sofort und entwickelten einen derartigen Qualm, daß es kaum möglich war, zu

Plakat für ein neues Kino im Berliner Westen. Entwurf: Paul Leni

atmen. In das Krachen der explodierenden Filmrollen mischten sich die Schreie der Verletzten, die sich nach dem Fenster flüchteten. Die Treppe war derart verqualmt, daß ich mich nicht hinauswagte. Ich wandte mich nach dem Vorderfenster und sprang, während mein Rock bereits in Flammen stand, auf die Friedrichstraße. Glücklicherweise kam ich ohne Verletzung davon.«[109]

Als Ursache der Katastrophe wurde Selbstentzündung von Filmmaterial oder von Filmkleber im Schneideraum – in den Kriegsjahren benutzte man extrem leicht brennbares Material – oder auch Unvorsichtigkeit der Mitarbeiter beim Umgang mit Filmkopien angenommen.

Waren die Gefahren in Filmtheatern damals auch keineswegs gering, den Siegeszug des Kinematographen konnten sie nicht aufhalten.

Hatte man bislang Kinos in bereits existierenden Häusern eingerichtet, wurde jetzt neu gebaut. So entstanden die Kammerlichtspiele am Potsdamer Platz, das Cines-Theater am Nollendorfplatz, das U. T. Kurfürstendamm und das Marmorhaus am Kurfürstendamm. Auch die Kinos drängten nach dem Westen; am 16. November 1912 öffneten die Kant-Lichtspiele in der Charlottenburger Kantstraße 54 ihr Haus für tausend Besucher, und eine Woche später folgte das Lichtspielhaus Wittelsbach, Berliner Straße 165, am Bayerischen Platz in Schöneberg.

Und die Kinounternehmer ließen sich auch immer wieder etwas Neues einfallen. Als an warmen Sommerabenden die Berliner nicht mehr zuhauf in die Tanz- und Kinopaläste strömen wollten, verlegten sie ihre Vorführungen eben ins Freie und spielten an der frischen Luft – so wie das Schloß Weißensee (ein populäres Vergnügungsetablissement, das wenige Jahre später abbrannte). Nach Jahrzehnten sollte man sich dieser Gepflogenheit entsinnen und fast am selben Ort Filme im Freien zeigen – was man dann Sommerfilmtage nannte.

Bis 1912 hatten in den deutschen Kinos vor allem Filme aus Frankreich den Spielplan bestimmt. Danach aber erwuchs ihnen vor allem in den italienischen Produktionen eine starke Konkurrenz. Insbesondere mit historischen Monumentalwerken eroberten die Italiener immer größere Teile des Weltmarkts. Sichtbares äußeres Zeichen für diese Entwicklung war die Einrichtung einer ganzen Kino-Kette in Berlin (die französischen Firmen Gaumont oder Pathé besaßen dagegen keine eigenen Filmtheater in der deutschen Hauptstadt), die schon mit ihrem Namen dokumentierte, daß sie sich vor allem dem italienischen Kino verpflichtet fühlte. Am Gründonnerstag, dem 20. März 1913, eröffnete die mächtige italienische Cines ihr erstes Berliner Kino. Zur Premiere zeigte sie den Film, der ihr bisher das meiste Geld eingebracht hatte: »Quo vadis?«, nach Sienkiewicz.

Die Cines hatte ihr Lichtspielhaus übrigens genau dort errichten lassen, wo bereits ein anderes großes Kino – der Mozartsaal – dominierte.

Wo am Nollendorfplatz früher die Renversche Villa sich erhob, ist in den letzten Monaten ein auffallender Neubau entstanden. In seinen eigentümlichen Formen sticht er von der Umgebung bemerkenswert ab. Er fesselt das Auge, und der Beschauer wird sicher nicht ohne Gefallen an der originellen Schöpfung des Architekten Oskar Kaufmann vorübergehen. Mancher mag sich vergeblich gefragt haben, welchen Zwecken das Gebäude zu dienen berufen ist, bis man erfuhr, daß die Lichtbildindustrie sich hier ein neues Heim geschaffen. Die römische Kinematographenfirma Cines ist es, die sich mit der Errichtung dieses Theaters in die Reihe der gleichartigen deutschen Unternehmungen einschaltet, und sie hat – das muß man zugeben – alles getan, um zunächst wenigstens äußerlich mit allen Ehren zu bestehen.

Das Cines-Nollendorf-Theater präsentiert sich als ein Schmuckkästchen reizendster Art; es ist mit auserlesenem Geschmack ausgestaltet. Dekorativ fein abgetönt, wirkt der Saal in seiner schlichten Vornehmheit sehr angenehm. Ein intimer Zauber breitet sich aus, und man hat zunächst nichts weniger als den Eindruck eines Filmtheaters, bis man ganz oben, dicht unter der Decke, der Bühne gegenüber, in der Mauer die bekannten Projektionslöcher entdeckt, durch die all die Wunder des Kinos auf die Leinwand geworfen werden. Nun beginnt die Vorstellung, und Hanns Heinz Ewers nimmt das Wort, um in längerer Rede – nicht eben neue Wahrheiten zu verkünden. Dennoch hat die Cines-Gesellschaft gut daran getan, in die Leitung des Hauses einen Literaten zu berufen, dessen Schalten und Walten sicher von Segen sein wird. Man braucht ihm allerdings nicht unbedingt zuzustimmen, wenn er sich ziemlich lebhaft gegen diejenigen wandte, die im Lichtbildtheater unserer Tage wahre Kunst noch nicht zu erblicken vermögen.[110]

Berliner Lokal-Anzeiger vom 19.3.1913

Der Clou des Kinos – mit einer dreißig Quadratmeter großen Leinwand – war ein Dach, das sich auseinanderschieben ließ und das den Besuchern in der warmen Jahreszeit das Gefühl vermittelte, einer Filmvorführung im Freien beizuwohnen.

Der Architekt Oskar Kaufmann, der zuvor das Hebbel-Theater gebaut hatte, begann nach dem Kino-Neubau am Nollendorfplatz die Arbeiten für ein weiteres Theater: nach seinen Entwürfen entstand die Volksbühne am Bülow- (heute Rosa-Luxemburg-) Platz.

»Quo vadis?« lief im Cines-Theater am Nollendorfplatz bis zum 26. April 1913, dann wechselte der Film in den Cines-Palast am Zoo. Das einstige Domizil des Theaters Groß-Berlin wurde – mit Plätzen für fast 1400 Zuschauer – die zweite Berliner Spielstelle der Cines. Als das legendäre Apollo-Theater in der Friedrichstraße Konkurs anmeldete, erwies sich auch hier die Cines als Retter in der Not. Sie pachtete das Theater und nahm es als Cines-Apollo am 28. August in Betrieb. Geboten wurde eine Mischung aus Varieté und Kino, auch Gastspiele fanden hier statt – im September 1913 stand zum Beispiel die berühmte »Alexander's Ragtime Band« aus den USA auf dieser Bühne.

Und als schließlich das Friedrich-Wilhelmstädtische Theater in der Chausseestraße – ein Operetten-Haus – in Schwierigkeiten geriet, griffen auch hier die Ita-

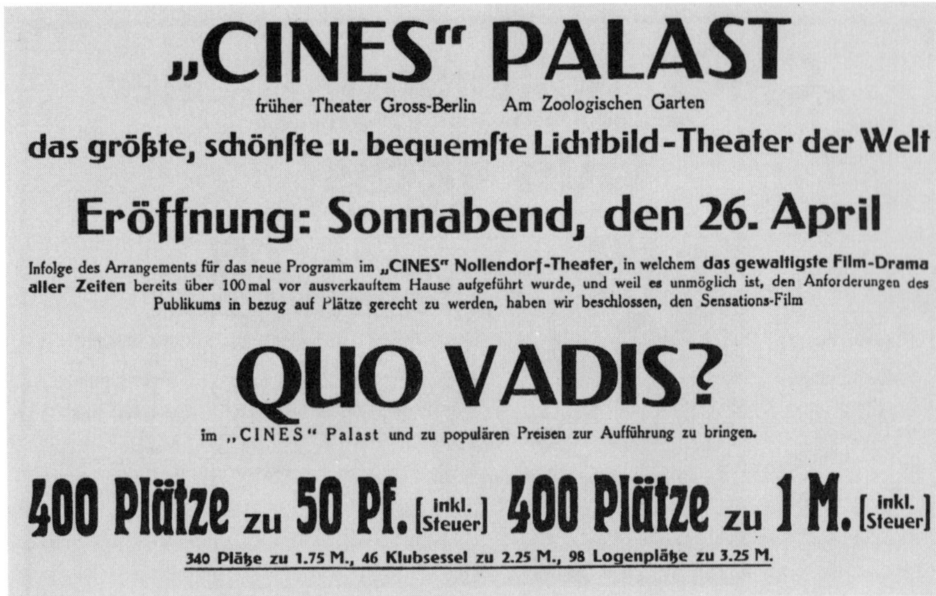

Berliner Tageblatt vom 25.4.1913

liener zu und eröffneten am 12. September das Cines-Friedrich-Wilhelmstädtische Theater.

Doch so schnell, wie die Cines-Theater in Berlin entstanden, so schnell verschwanden sie auch wieder. Nur anderthalb Jahre währte die Erfolgssträhne, dann brach der Krieg aus, was zur Folge hatte, daß italienische Filme vom deutschen Markt abgeschnitten wurden. Ab 25. Februar 1915 hieß das Cines-Theater am Nollendorfplatz U.T. Nollendorfplatz – das zehnte U.T. in Berlin!

1913 war häufig von den »Wandlungen des Kinos« die Rede. Die Zahl der kleinen Handtuch-Kinos ging zurük, die der pompöser eingerichteten, größeren Theater stieg.

Die Ursachen liegen nicht nur in der schwer empfundenen Lustbarkeitssteuer, sondern in dem Entstehen der sogenannten Kinopaläste, die in ihren lichterfunkelnden, vornehm ausgestatteten Räumen tausend und mehr Personen für billiges Geld aufnehmen. Die Zeiten des »Kientopps« sind, äußerlich wenigstens, vorbei; vor den gallonierten Dienern, den Logen, der Musikkapelle und der verschwenderischen Pracht ringsum verstummt der Berliner Wortwitz, der das ominöse »Kientopp« geboren hat. Heute sagt man schon Kinotheater, wenn der Sinn auch nicht stimmt. Diese umwälzenden Wandlungen sind in einem Zeitraum von acht Jahren vor sich gegangen. Denn das erste Berliner Kino – es mag wohl kaum 150 Personen gefaßt haben – entstand zu Ende des Jahres 1905 in der Chausseestraße, das zweite in der Kommandantenstraße. Andere folgten, aber fast alle lagen weit außerhalb der City und der Vergnügungsstraßen. Der Erfolg des ersten großen Kinotheaters führte 1908 dann zu einer Hochflut, zu mehr als 500 Kinos in Berlin. Neue, große Prachtbauten sind entstanden, sie nennen sich

Das Friedrich-Wilhelmstädtische Theater in der Chausseestraße, ab 1913 ein Cines-Theater

»Kinopaläste«, und haben die kleinen Theater an die äußerste Peripherie gedrängt. Im Verlaufe von kaum zwei Jahren sind 200 kleine Kinos zugrunde gegangen an der geringen Ausnutzungsmöglichkeit. (...) Dieser Abzug hält an, und er wird in Verbindung mit der Lustbarkeitssteuer, den hohen Leihpreisen, die für die »Autorenfilms« gefordert werden, auch weiter anhalten. Es ist zu erwarten, daß die Zahl der 300 Kinotheater, die Berlin jetzt annähernd besitzt, beträchtlich verringert wird. Allerdings sind einige neue, große Kinos im Bau, aber es liegt in der Natur dieses Aufsaugungsprozesses, daß für etwa zwanzig kleine ein großes Kino entsteht. Mit den kleinen Theatern stirbt auch der würdevolle Portier, der den Vorübergehenden die schmerzlichen Vorgänge des im Inneren lautlos vorüberhuschenden Dramas so bodenständig zu erklären wußte; der Rhapsode verschwindet und auch der Klavierspieler tritt ab, der in dem unvergeßlichen Augenblick, da der Graf der sterbenden Geliebten in die brechenden Augen blickt, das »Puppchen, du bist mein Augenstern« so schön zu spielen wußte.[111]

Solch ein vornehmer Kinopalast war auch das Marmorhaus am Kurfürstendamm 236, das am 1. Mai 1913 mit »Das goldene Bett« von Walter Schmidthässler eröffnet wurde. Die Premieren dieser Kinos glichen denen großer Bühnen. Film-Premieren gehörten jetzt zu den gesellschaftlichen Ereignissen – Wandlungen des Kinos! Diese zeigten sich aber auch in der Architektur der Gebäude, die Pracht und Luxus demonstrieren sollten:

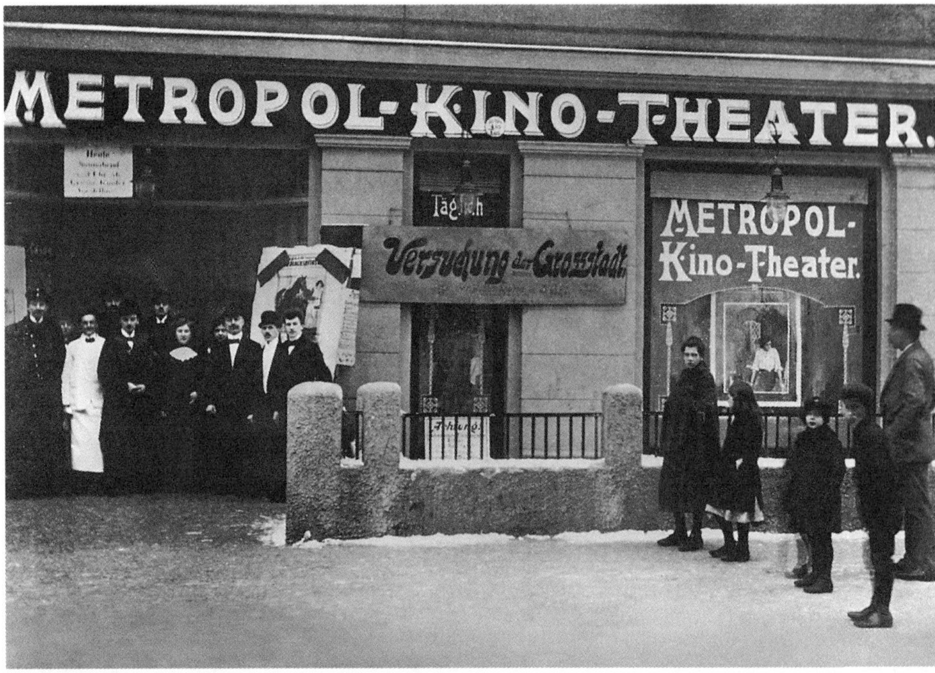

Ein kleines Kino um 1912

Berliner Tageblatt vom 1.5.1913

Ein neuer Lichtspielpalast wird am Kurfürstendamm, gegenüber dem romanischen Haus, Mitte des Monats unter dem Namen »Marmorhaus-Lichtspiele« eröffnet und auch für den verwöhnten Westen Berlins eine Sehenswürdigkeit bilden. Das Marmorhaus mit seiner Fassade aus echtem schlesischen Marmor birgt ein Theater von intimster Wirkung. Schon das Vestibül mit der vergoldeten Kuppel und den Malereien von Cesar Klein, und die schöne Glashalle, von der vier Treppen nach dem Parkett und dem Rang hinaufführen, versprach viel für das Innere des Theaters. Dieses selbst zeichnet sich vor allem durch seine Behaglichkeit aus. Die Aktiengesellschaft für Kinematographie und Filmverleih in Straßburg hat das Haus von dem Eigentümer Reichenbach gemietet. Artistischer Leiter ist ein bekannter Bühnenkünstler, der frühere Oberregisseur Theo Siegmund.[112]

1913 war für das deutsche Kino ein außerordentlich wichtiges Jahr. Am 31. Januar erlebte Max Macks Film »Der Andere« in den Kammerlichtspielen am Potsdamer Platz seine Uraufführung. Am 4. April folgte im selben Kino die populäre Kriminalposse »Wo ist Coletti?«. Im Mozartsaal und im U. T. Friedrichstraße hatte am 22. August ein Werk Premiere, das für viele Filmhistoriker den Beginn des künstlerischen deutschen Films markiert: »Der Student von Prag« mit Paul Wegener in der Titelrolle. Am 4. Oktober eröffnete das U. T. Kurfürstendamm mit Max Reinhardts Film »Die Insel der Seligen« seine Pforten.

1913 erschien in Leipzig auch ein Kino-Buch, herausgegeben von Kurt Pinthus, das Bekenntnisse junger Schriftsteller – Else Lasker-Schüler, Max Brod, Walter Hasenclever, Paul Zech und Heinrich Lautensack – zu dem neuen Medium vereinte.

1913 erweiterte Paul Davidson kontinuierlich sein Imperium. Im Februar hatte er den Mozartsaal übernommen, und im Laufe des Jahres kamen noch vier weitere Union-Theater in Berlin hinzu, so daß er jetzt in der Reichshauptstadt über neun Theater verfügte. In der Tempelhofer Oberlandstraße begann Davidson dann sogar ein eigenes Filmstudio zu bauen. Es war nach dem Vorbild der Fotografen-Ateliers eingerichtet worden, befand sich im I. Stock eines Gebäudes, über den Werkstätten und den Räumen für Garderobe und Requisiten. Bald sollte hier Ernst Lubitsch seine Filme drehen. Das Union-Filmatelier Tempelhof wurde die Grundlage für die späteren Ufa-Ateliers – und heute ist die »Ufa-Fabrik« in Berlin ein Zentrum alternativer Lebenskultur Jugendlicher.

In der Friedrichstraße 180, Ecke Tauben- (heute Johannes-Dieckmann-) Straße, weihte dann Davidson im Bavariahaus sein sechstes Berliner U. T. ein. Es war »die größte Sehenswürdigkeit der Reichshauptstadt«, »das wunderbarste Lichtspieltheater der Welt« – wie die Superlative der Union-Werbung verhießen.

U. T. Friedrichstraße: Ein neues Filmpalais. Im Bavariahaus, Ecke der Friedrich- und Taubenstraße haben jetzt die Uniontheater einen »Filmpalast« eröffnet. Es ist nicht nur ein Kinoraum, sondern ein mit allen technischen und architektonischen Voraussetzungen geschaffenes Theater, das 1 000 Personen Platz geben wird. Die Wandbekleidung aus gebeiztem Eichenmaterial, das zarte Grün der Polsterungen und einige helle Lilafarben geben dem Theater ein intimes Aussehen. Die Logen wirken elegant. Von der reichgeschmückten Decke versenden drei oval geformte Lichtquellen diskretes Licht. In den Pausen kann man sich in dem großen breiten Foyer ergehen, das in Schwarz-Grün gehalten ist. Die Eröffnungsfeier versammelte ein zahlreiches Publikum, das den aktuellen und dramatischen Vorführungen mit Ausdauer folgte. Dr. Egon Fridell bestieg nach einer komischen Filmsoloszene von Leo Peukert (Lustspielhaus) die Bühne und hielt eine witzige Verlegenheitsconférence über Kinos, Frauen, Ansichtskarten, Staatsmänner und – Kinos. Die Hauptnummer des Programms war der Film »Richard Wagner«, der einen kinematographischen Beitrag zur Biographie des Meisters darstellen soll. Einzelne Szenen von einprägsamer Schärfe, aber es sind auch fühlbare Lücken da und einiges wirkt überflüssig. Auf jeden Fall aber sind es fesselnde Bilder, die das Leben Richard Wagners anschaulich illustrieren.[113]

Der Ort war gut gewählt. Zwischen Leipziger Straße und Unter den Linden gelegen, war es nicht weit entfernt vom Filmviertel in der südlichen Friedrichstadt, und auch nicht weit von einigen Stellen, die in der Geschichte des Berliner Kinos ihre Bedeutung besitzen: Im ersten Stock des Hauses Friedrichstraße 65[a], Ecke Mohrenstraße, schräg gegenüber dem Bavariahaus, hatte im Mai 1896 der Cinématographe Lumière die Berliner begeistert. Direkt neben dem Bavariahaus, Friedrichstraße 179, fanden bereits im September 1909 im Théâtre de Paris Kinovorstellungen statt. In der Friedrichstraße 185, direkt am Eingang zum U-Bahnhof Stadtmitte, zeigte das Empire-Theater (E. T.) seine »Kunstspiele« seit September 1910. Und auch das U. T. Unter den Linden erreichte man schnell durch die Passage in der Behrenstraße …

Berliner Tageblatt vom 4.6.1913

Es war ein zentraler Berliner Ort (heute befindet sich auf dem Grundstück des im zweiten Weltkrieg zerstörten Bavariahauses ein großes Bürogebäude).

Eröffnet wurde das Theater (in dem sich auch ein Bierlokal: Spezial-Ausschank »Zur Bavaria« befand) mit einem deutschen Film. Die einheimische Industrie entwickelte sich, und so brauchte man nicht mehr unbedingt französische Produktionen, wenn man einen neuen Kinopalast würdig einweihen wollte. Oskar Messter steuerte zur Eröffnung »Richard Wagner« bei, inszeniert von William Wauer, hinter der Kamera stand Carl Froelich. Wauer zählte zu den interessantesten Persönlichkeiten der Berliner Kunstszene vor und nach dem ersten Weltkrieg. Er war Maler, Kunstkritiker und später auch Mitarbeiter von Herwarth Waldens berühmter Zeitschrift Der Sturm. Froelich wurde ein sehr bekannter Regisseur, Kameramann und Produzent. Die Titelrolle des Messter-Films spielte der gebürtige Italiener Giuseppe Becce (später einer der meistbeschäftigten Berliner Stumm- und Tonfilm-Komponisten), der auch für »Richard Wagner« eine Begleitmusik »im Stil von Wagner« komponiert hatte, da Wagners Erben für die Verwendung von Originalmusik eine zu hohe Geldsumme verlangten.

Messter hatte immer eine gute Nase für die geschäftliche Seite seines Metiers. Eine reichliche Woche vor Inbetriebnahme des U.T. Friedrichstraße wurde in ganz Deutschland der hundertste Geburtstag von Richard Wagner gefeiert. Überall waren die Werke des Ton-Meisters zu hören. Und Messter konnte mit einem Film aufwarten, der u.a. in der Bayreuther Villa Wahnfried gedreht worden war. Doch dessen ungeachtet muß die Qualität dieser Film-Biographie nicht sehr hoch gewesen sein. Zwar bedachte die Frankfurter Zeitung den Film mit einer langen Kritik, die allerdings wenig schmeichelhaft ausfiel:

Ein pomphaftes Vorspiel. Herolde oder solche Leute, leiten vielverheißend die Sache ein. Dann erscheint Bild I: Wagner das Kind, am Sterbebett des Stiefvaters. Ein kahlköpfiger Greis, der in seinem Sessel fürchterliche Windungen vollführt. Schluchzende Mutter, schluchzende Kinder. Klein-Richard, von einem Pastor oder Herrschaftskutscher oder Leichenbeschauer geführt, kommt herein. Inbrünstige Umarmungen und Segen. Klein-Richard, auf des Vaters Wunsch, ans Klavier. »Die Erschütterung des Knaben machte sich in seinem Spiel so geltend, daß der Sterbende mit den Worten: ›Sollte Richard Talent zur Musik haben?‹ zurücksank und entschlief.« Das heißt, er entschläft eigentlich gar nicht, sondern wird offenbar von der in grausamster Weise auf ihm herumkletternden Familie erdrosselt. Man kommt aber nicht zur Entrüstung. Denn das Harmonium setzt ein und verursacht sofort jenen Grad von Rührung, der angesichts eines Toten und eines Gebete murmelnden Pastors oder Herrschaftskutschers oder Leichenbeschauers geziemlich ist.

Bild II: Jung Richard besucht eine Tante, schläft im Bett des Sachsenkönigs und sieht dort nächtlicherweise die Ahnenbilder aus ihrem Rahmen steigen und kaum verständliche Freiübungen ausführen. (Die Musik spielt Menuett aus »Don Juan«, während sie bisher hauptsächlich die g-moll-Symphonie verunstaltete.) Hierdurch »zeigt sich auch weiterhin frühzeitig die phantastische Veranlagung des jungen Wagner in einer nervösen Erregbarkeit«.

Giuseppe Becce und Many Ziener in »Richard Wagner«

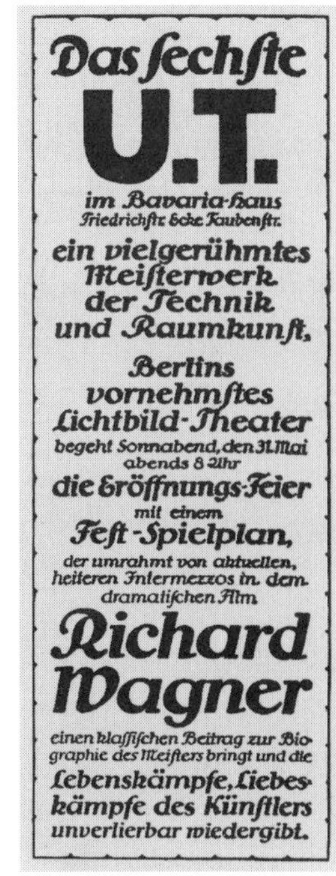

Berliner Tageblatt vom 30.5.1913

Das Dirigententalent wird entdeckt: Der Jüngling reißt bei einem Gartenfest dem ersten Geiger das Instrument aus der Hand und fuchtelt damit – wodurch zwar die ohnehin dürftige Kapelle eines wertvollen Bestandteiles beraubt, hingegen in etlichen Beinen Tanzlust erregt wird. Diese Probe führt ihn ins erste Engagement, wo er sich mit Minna Planer, als einem »angenehmen jungen Mädchen« verlobt.

Die Flucht nach Frankreich: Das Ehepaar besteigt eine schmucke, moderne Segeljacht, mit der die Reise, bei freundlichster See, anscheinend ganz nett sein muß. Leider ist das ein Irrtum. Die Affiche erklärt, daß es im Gegenteil eine stürmische Fahrt ist, und daß Wagner dabei »in seinem rastlos arbeitenden Gehirn die grandiose Vision des ›Fliegenden Holländers‹ entstehen läßt«. Die Vision sieht man auch, das rastlos arbeitende Gehirn hingegen nicht; es wird durch ebenso rastlose Gestikulationen ersetzt. Und die Musik macht verzweifelt Anstrengungen, die Senta-Ballade zu markieren. »Der quälende Gedanke an seinen Fliegenden Holländer« verläßt ihn übrigens auch in Paris nicht, obwohl es ihm schlecht geht und Minna »von den genialen Eigenschaften ihres Mannes vor der Hand nur die unangenehmsten Folgeerscheinungen bemerkte.«

In diesem Stile geht's weiter.[114]

Nicht als Premierentheater, sondern als großes »Volkslichtspielhaus« wurde das U.T. Weinbergsweg konzipiert. Es war für die einfachen Leute um das Rosenthaler Tor gedacht, für jene, die an der Grenze der späteren Stadtbezirke Mitte und Prenz-

Berliner Tageblatt vom 30.8.1913

lauer Berg in den riesigen Mietskasernen wohnten, die an keinen Filmpremieren teilnehmen konnten oder vielleicht auch gar nicht wollten, für die das Kino jedoch oftmals die einzige Kulturstätte darstellte. Nur zwei Minuten Fußweg vom Rosenthaler Platz entfernt, lag das U. T. Weinbergsweg direkt neben dem traditionsreichen Walhalla-Theater. Dieser alten, immer wieder vom Konkurs bedrohten Unterhaltungsbühne – in die später auch Caros Lachbühne einzog – erwuchs im benachbarten Kino starke Konkurrenz. Anfangs vermutete man sogar, daß Davidson sein U.T. in den Räumen des ehrwürdigen Theaters einrichten würde, doch er wollte hier einen Neubau. Mit seinen 1700 Plätzen sollte dieses U.T. »der größte Kinozuschauersaal von Groß-Berlin« werden. Das langgestreckte Gebäude mit einem turmartigen Aufbau, der an zwei Seiten die fast zehn Meter hohen Lettern U.T. trug, war durch das abendliche Farbenspiel schon von weitem zu sehen. Der Saal mit seinen roten Läufern war in den Farben schwarz und grün gehalten, ergänzt durch grüne Ranglogen.

Sucht man das U. T. Weinbergsweg heute, so findet man keine Mauer, keinen Stein mehr davon. Bis in die Jahre des zweiten Weltkriegs hinein spielte das Kino als Ufa-Theater Weinbergsweg, dann wurde es – wie so viele andere auch – zerstört. Heute erstreckt sich dort, wo die Zehdenicker Straße in den Weinbergsweg einmündet und wo einst das U.T. und das Walhalla-Theater miteinander konkurrierten, ein 1954/56 angelegter Volkspark mit einigen Skulpturen. Irgendwo am Rande des grünen Geländes sitzt Heinrich Heine, von dem die Kinder auf ihre Art Besitz ergriffen haben …

Der Kontrast zwischen dem U.T. Weinbergsweg und dem U.T. Kurfürstendamm war beabsichtigt. Im Berliner Westen oder in der Friedrichstraße befanden sich die Premierenkinos, im Osten dagegen die großen Nachspielhäuser für die Massen. Auch das U.T. Alexanderplatz erlebte immer weniger Premieren, bereits im Juli 1913 schloß es vorübergehend seine Pforten. Als – bedingt durch den Bau des U-Bahnhofs – der Alex neugestaltet wurde, erfuhr auch das Kino einen Umbau, wodurch es die Zahl seiner Sitzplätze auf 1200 verdoppeln konnte.

Das U.T. Kurfürstendamm war – wie das am Weinbergsweg – ein Neubau. Seinem Charakter und dem Standort gemäß – Kurfürstendamm 26 – suchte es jedoch ganz deutlich Anleihen bei der Theaterarchitektur:

Der Unionpalast. Heute wird am Kurfürstendamm das neue Lichtspielhaus, der »Unionpalast« eröffnet. Das neue Theater, das 1000 Personen fassen wird, unterscheidet sich von den meisten Kinotheatern schon dadurch, daß es ganz im Stile der Schaubühne erbaut ist. Ein weiterer Vorzug sind die dunkel getönten Farben, die diskreten Schmuckwirkungen; echtes Palisanderholz dient als Wandverkleidung und wurde auch zum Bau der Logen verwendet, die sich im sanften Rund über das Parkett hinziehen. Wie die Fassade kennzeichnet auch das Foyer ein antikisierender Stil, den die Erbauer Nentwich und Simon mit viel Geschmack entwickelt haben. Vom Foyer genießt man durch hohe Fenster einen Ausblick auf den Kurfürstendamm; hier mag den Architekten die Bauart der Pariser Großen Oper zum Vorbild gedient haben. Das Ve-

UNION PALAST

Entwurf und Bauleitung Architekten HENTWICH u. SIMON

Das achte
Berliner

UT

Kurfürstendamm 26. Kurfürstendamm 26.

Der Clou von Berlin WW!

ERÖFFNUNG:
Sonnabend,
4.
Oktober 1913
Abends 8 Uhr.

Preise der Plätze:

Separat-Loge . . M. 3.– 36 Plätze
Parkett-Loge . . M. 2.50 32 "
Mittel-Parkett . M. 1.50 250 "
I. Balkon . . . . M. 1.– 220 "
II. Balkon M. 0.75 . . . . 100 Plätze.

Café Equitable
Friedrich-Ecke Leipziger-Str.
Täglich Hugo Fleischer- und L. Löwenthal-
Konzerte
von nachmittags 4 Uhr
bis morgens 6 Uhr

Admiralspalast
Einziger Eispalast mit prunkvollen Eisballetten.
Flirt in St. Moritz
Tango auf dem Eise
Hilde Rückert
Restaurant I. Ranges
Auch während der Vorstellung kann gespeist werden.

Licht-Spiele
Mozart-Saal
Nollendorfplatz
Der Riesenerfolg
und die
ungeheuere Nachfrage
veranlassen uns, den Romanfilm
Die letzten Tage von Pompeji
bis auf weiteres
2 × täglich
um 6½ und 9¼ Uhr aufzuführen.
Nur numerierte Plätze!!
Vorverkauf an der Kasse 11–2 Uhr.
Abendkasse ab 5 Uhr.

Kammer Licht Spiele
Am Potsdamer-Platz
Humoristische Woche
Programm:
Naturbild,
Neuestes, Allerneuestes,
Vergebene Liebesmüh,
Nauke als Courmacher.
Ferner mit Alleinaufführungsrecht:
„Nellys Verlobung“
Komödie in 3 Akten.
In der Hauptrolle
Waldemar Psilander.
Wer andern e. Grube gräbt.
Der Hypnotiseur.
Morgen Freitag
Première.
Vollständig neues Programm.
Preise der Plätze
75 Pfg. bis 3 Mark.

Chat noir
Friedrichstr. 165. Tägl. 11–2 Uhr nachts
Am Flügel: Dir. Rud. Nelson.
Das neue Eröffnungs-Programm
KÄTE ERLHOLZ
HEINZ KRÜGER
SCHNEIDER-DUNCKER
KITTY ASCHENBACH.

Admirals Theater
am Bahnhof Friedrichstrasse
Morgen
Première!
des von der gesamten Presse glänzend besprochenen Films
Germinal.
Nach dem Roman von
Emile Zola.
Täglich 3 Vorstellungen.

Neu! Im Zoo Neu!
AQUARIUM
geöffnet von 10 Uhr morgens bis 8 Uhr abends.

METROPOL-PALAST
Behrenstrasse 53–54
Bier-Cabaret
Direktion: Rudolph Nelson.
Das grosse Oktbr.-Progr.
?Stuart?
KÄTE ERLHOLZ
WILLI AGOSTON
MARTIN KETTNER
GUIDO GIALDINI
Hortense Mentyn. Grete Sellin
Walter Ritter. Mart. Freudenberg

LUXUS-ARENA
im Berliner Eispalast
Eleganteste
Reitbahn Berlins
Tägl. Konzertreiten.
Geöffnet Wochentags von 5 Uhr nachmittags bis 12 Uhr nachts.
Sonntag ab 3 Uhr nachmittags.
Entree bis 8 Uhr abends frei, ab 8 Uhr 50 Pf.
Freitag, den 3. u. Sonnabend, den 4. Oktober 1913
Letztes
Gr. Amateur-Preisreiten
um den
Eispalast-Pokal.
In den Gesamträumen
Gr. Festball.

Grand Gala
Potsdamerstr. 91
Das apparteste Wein- u. Vergnügungs-Restaurant
in Berlin W.
bietet delikateste Küche zu normalen Preisen.
2 Kapellen.
Geöffnet von 10–4 Uhr.
Ausstattung u. Ausstellungen v. Hohenzoll. Kunstgewerbehaus.

Conc.-Direct. Herm. Wolff
Jascha
Heifetz
II. Konzert
7. Oktober, 8 U.
im Konzertsaal
der Hochschule f. Musik.
Kart. Mk. 2, 3, 4, 5, 6 b. Bote u. Bock u. A. Wertheim.

Berliner Tageblatt vom 2.10.1913

Berliner Tageblatt vom 4.10.1913

stibul prangt im Schmucke von Kadiner Kacheln, die sehr gefällig wirken. Das Parterre ist bereits gestern eröffnet worden, als »Café des Westens«.[115]

Am 4. Oktober 1913 wurde das Kino eingeweiht – natürlich nicht mit irgendeinem Film, sondern mit einem Werk von Max Reinhardt. Nachdem schon im Januar verlautete, daß die Union einen Vertrag mit Reinhardt abgeschlossen habe, der vorsah, »die bedeutendsten Bühnenwerke des Deutschen Theaters im Film« aufzunehmen, griffen sich die Kritiker ob des Kino-Größenwahns an den Kopf:

Wenn Max Reinhardt damit beginnt, die Pantomime »Venezianische Nacht« dem Film zu übergeben, so läßt sich dagegen nichts sagen. Die Pantomime ist dem stummen Lichtspiel nahe verwandt und kann bei der Transponierung nicht viel verlieren. Aber wirklich auch die anderen »bedeutendsten Bühnenwerke« des Deutschen Theaters? Heute abend im Lichtspielhaus: »Faust« von Goethe, »Hamlet« von Shakespeare, »Die Gespenster« von Ibsen. Immer herrran, meine Herrschaften!«[116]

Der Kritiker aber sollte sich noch wundern, wozu das Kino bald in der Lage sein würde! Max Reinhardt dementierte allerdings wenig später die Meldung und verkündete, die Vereinbarung beziehe sich lediglich auf die Pantomime »Eine venezianische Nacht«. Reinhardt drehte mit einem Teil seines Ensembles im Frühjahr und Sommer 1913 in Italien die Filme »Eine venezianische Nacht« und »Die Insel der Seligen«. Die Kritiker zeigten sich freilich weit weniger enthusiastisch über das »heitere Flimmerspiel« von Professor Max Reinhardt als die Werbeabteilung der Union:

Uniontheater am Kurfürstendamm. Ein Haus in großem klassischen Stil. Plakate: »Reinhardtpremiere.« Da sagte man sich mit stillem Lächeln, daß das Kino größenwahnsinnig geworden ist.

Ich bin ein Freund des Kinos. Es kann ein hübsches und, wenn man das Wort nicht allzu tragisch nimmt – was man in dieser Zeit doch nicht darf –, ein künstlerisches Spiel geben. Und niemand ist zu schade, um dabei mitzuwirken. Aber es ist eine unerträgliche Vermessenheit, wenn es in Erscheinung und Programmen die Allüren einer ernsten Schaubühne annimmt.

Dazu gehörte in diesem Falle auch, daß ein von allen guten Geistern verlassener Manager uns gestern über drei Stunden Flimmerei vorsetzte. Oder vorsetzen wollte. Viele zogen es vor, ihre Augen beizeiten zu retten. Und es war ein großer Nachteil für das Hauptstück, daß vorher eine Stunde lang Kaiser- und Königsbesuche, einmal war es auch bloß ein Prinzenbesuch, sich vor uns abrollten, die man einzeln aushalten kann, aber nicht als Reihe. Das hätten Kahane, der Dichter, und Reinhardt, der Regisseur der »Insel der Seligen«, nicht dulden dürfen. Auf frischere Augen hätten die großen Schönheiten, die der Reinhardtfilm aufweist, – sie sind leider nicht sehr zahlreich –, stärker gewirkt, und sie hätten die anderen Szenen mit durchgerissen.

Kahane hat eine sehr langwierige und verwickelte Handlung komponiert. Wenn der freundliche Ästhetiker des Textbuches diesem »Flimmerspiel« nachrühmt, es sei, als erstes, sozusagen aus der Natur des Kinematographen entwickelt, so täuscht er sich vollkommen. Es ist genauso verfilmte Erzählung – von Drama überhaupt nicht zu reden – wie viele andere Spiele. Was man an ihm loben kann, ist nur, daß es Gelegenheit zu den paar schönen Szenen gibt, die ich schon erwähnt habe. Touristen aus dem Norden kommen in ein südliches Seebad und von da auf eine Insel, auf der noch die alten Wald- und Meergeschöpfe leben. Beide Welten stoßen zusammen. Manchmal in recht plumpen, zweimal in widerwärtigen Szenen. Nur da, wo Reinhardt aus der sonnigen Natur und schönen Menschen Bilder entwickelt, entsteht Herrliches, das gewiß über alle bisherige Leistung des Kinos hinausgeht und gute Wege zeigt. Ich finde es aber in den Bildern des Textbuches fast noch reiner als in den beweglichen Kinos.

Kurz formuliert: ein Stück der Welt Böcklins bekommt Leben, wenn die kühle Schlankheit der Galathea (Mary Dietrich) aus den Wogen auftaucht, oder der Faun (Ernst Matray) sein halbtierisches Wesen austobt, oder im sonnigen Dickicht hockend Faunknäbchen das Flötenspiel lehrt, oder wenn der Meergott (Diegelmann) mit der verführerischen Circe (Leopoldine Konstantin) kost. Auch wenn die geringeren Götter im Wasser und auf Klippen ihr Spiel treiben. Manchmal ist da die Wirklichkeit restlos in Märchentraum aufgelöst.

Weniger unterscheiden sich die einfach realistischen Szenen vom Üblichen. Aber sehr reizvoll sind die jungen Menschenkinder in der blühenden südlichen Wildnis auch.

Ein kurzes Spiel, das nur solche Szenen enthält, hätte gewiß ergötzt. Was sich langatmig und oft stillos zwischen sie schiebt, Rüpelszenen oder »neckische« Taten eines Theateramor, hob diese Wirkung wenigstens für das Publikum von gestern auf. Manches, wie die Kneipszene, in der man einander Wein in den Mund gießt, oder das Bild, in dem Circe zwei Greise »animiert«, wurde geradezu als harte Zumutung empfunden.[117]

Das U. T. Kurfürstendamm wurde 1913 von der Union als »Clou von Berlin W« angepriesen, und es gehört zu den ganz wenigen, die auch heute noch existieren.

Paul Davidson eröffnete 1913 noch ein weiteres großes Kino. In Schöneberg, Hauptstraße 49, in der Nähe der Paul-Gerhardt-Kirche, nahm das neunte Berliner U. T. am 28. November seinen Spielbetrieb auf – mit Urban Gads »Filmprimadonna«. In der Titelrolle der Star der Union: Asta Nielsen. Zu diesem wurde noch ein zweiter Film gezeigt, Edmund Edels »Tangofieber«. (Der anstößige Tango war damals in aller Munde, vom Kaiser über die Kirche bis hin zum »gemeinen« Volk beschäftigte er lebhaft die deutsche Öffentlichkeit. So durften weder die kaiserlichen Soldaten in Uniform Tango tanzen noch die Schauspielerinnen des Königlichen Schauspielhauses an Tango-Wettbewerben teilnehmen!)

Das U. T. Schöneberg bot tausend Zuschauern Platz. Insgesamt verfügte die Union nun über eine Kapazität von fast 10000 Sitzplätzen. Hinzu kam der Mozartsaal, der ja zeitweilig mit zum Union-Imperium gehörte. Mit ihren Kinos in Dresden, Kassel, Elberfeld, Barmen, Mannheim, Ludwigshafen, Saarbrücken und Stuttgart sowie mit ihrer Filmproduktion, der die besten und populärsten deutschen Schauspieler zur Verfügung standen, stellte die Union 1913 eine der mächtigsten deutschen Filmgesellschaften dar.

Doch die Konkurrenz rührte sich bereits. So fügte der Besitzer der Kammerlichtspiele am Potsdamer Platz am 17. Dezember 1913 seinem Unternehmen die Kammer-

Berliner Tageblatt vom 2.12.1913

Berliner Tageblatt vom 17.12.1913

lichtspiele Tauentzien-Palast hinzu. Als erster Film lief hier die dänische Produktion »Atlantis« von August Blom, nach dem Roman von Gerhart Hauptmann.

Drei große Filmpaläste waren innerhalb eines Jahres in Berlin W, in der Gegend um die Gedächtniskirche, entstanden. Wenngleich eine Nummer kleiner als die Union, so richteten auch andere Gesellschaften mehrere Kinos in der Reichshauptstadt ein. Genau wie Davidson begann die Biophon am Alexanderplatz; bereits 1910 hatte sie in der Alexanderstraße 38/40 das erste Biophon-Theater (B.T.L.) eröffnet. 1913 gab es schon drei weitere: in der Potsdamer Straße 38, in der Friedenauer Rheinstraße 14 und in Moabit, Turmstraße 12.

Das Auf und Ab der Filmindustrie setzte sich fort. 1914 wurde in Berlin kein Filmpalast mehr eingeweiht, und die Union schloß ihre Jahresbilanz – trotz aller Erfolge – mit einem Minus von 1356054 Mark ab. Warf der Krieg bereits seine Schatten voraus? Hatte man damals bereits andere Sorgen? Daß jedoch gerade der Krieg dem deutschen Kino einen ungeahnten Aufschwung bescheren, daß auch Paul Davidson mit seiner Union gewissermaßen ein Kriegsgewinnler werden würde, vermutete damals noch niemand. 1915 aber wies der Saldo bereits einen Bruttogewinn von 700000 Mark aus.[118]

Während die Filmproduktion im Laufe des Krieges beachtlich zunahm, blieb die Zahl der Berliner Kinos mehr oder weniger konstant, nur einige wenige von mittlerer Größe kamen hinzu. Keine luxuriösen Kinopaläste mehr, wie sie noch 1912/13 entstanden waren. Das Berliner Prater-Theater in der Kastanienallee 7–9 wurde beispielsweise zum Kino umgebaut und am 7. September 1917 mit dem Detektiv-Film »Die Havard-Prämie« von Paul Rosenhayn eingeweiht.[119] (Dreißig Jahre später, nach dem zweiten Weltkrieg, fanden in diesem Kino, das nun DEFA-Filmtheater Kastanienallee hieß, mehrere Uraufführungen bedeutender Filme statt.)

Im März 1918 glaubte man noch, Premieren-Programme des Kinos müßten ebenso »patriotisch« umrahmt werden wie vier Jahre zuvor nicht selten Theateraufführungen:

Die Eröffnung des »Lichtspiel-Palastes« Schönhauser Allee.

Das frühere Puhlmannsche Theater hat eine Wandlung in ein Lichtspieltheater durchgemacht, zu dessen Eröffnung der Besitzer, Herr Carl Sühring, der frühere Teilhaber der Firma »Scala-Film-Verleih« Einladungen hatte ergehen lassen. Das fast 600 Plätze fassende Theater ist reizend ausgestattet und war am Eröffnungsabend überfüllt. Auch die Behörden hatten Vertreter gesandt. Während des Abends, der ein abwechslungsreiches Programm bot – nur Neuheiten wurden vorgeführt –, traf die Nachricht von dem ersten neuen großen Siegen an der Westfront ein. Herr Sühring ließ seinem Publikum die Mitteilung verkünden, und nun geschah etwas, was an Spontanem geradezu erhebend war. Das meist aus Arbeitern bestehende Publikum erhob sich von seinen Sitzen und stimmte begeistert »Heil Dir im Siegerkranz« an. Für die neue Direktion des Theaters aber möge dies ein Omen für das Blühen und Gedeihen ihres Unternehmens sein.[120]

Am Ende des ersten Weltkrieges hatte die Union Großproduktionen wie »Car-

Berliner Tageblatt vom 17. 12. 1913

Pola Negri und Harry Liedtke in »Carmen« von Ernst Lubitsch

men« und »Madame Dubarry« – inszeniert von Ernst Lubitsch – herausgebracht, doch da war die Firma bereits ein Teil der Ufa. Und sofort nach Kriegsschluß setzte ein neuer Kino-Boom ein. Heute ist eine solche Entwicklung vielleicht schwer zu verstehen, doch widerspiegelt sie sehr gut die Situation jener Jahre. Es war eine Zeit des Elends, des Hungers und der Not. Die aus dem Krieg heimgekehrten Soldaten fanden keine Arbeit, oft auch kein Dach über dem Kopf und nichts zu essen. Es kam zu Plünderungen in Berlin. Im Herbst 1919 drohte der Stadt eine Gas-Katastrophe, da die Gaswerke nicht über eine produktionsnotwendige Kohlenmenge verfügten. Viele Berliner wußten nicht, wie sie ohne Brennmaterial den bevorstehenden Winter überleben sollten. Mehrere Krankenhäuser konnten nicht beheizt werden.

Das schlimmste Berliner Übel war jedoch die Wohnungsnot, die den Magistrat zu ungewöhnlichen Maßnahmen zwang. Die großen Hotels und auch das Berliner Schloß (dessen einstiger Hausherr ja Deutschland fluchtartig verlassen hatte) sollten zwangsweise mit Quartiersuchenden belegt werden, wozu es jedoch nicht kam. Allerdings wurden die Zellen der ehemaligen Stadtvogtei am Molkenmarkt vermietet!

Schlimme Zustände, und doch gab es gerade in dieser furchtbaren Zeit einen unglaublichen Boom für Kinobesitzer. Zwar hatte der Minister für Volkswohlfahrt – in der Wohnungsmangelverordnung vom 17. Januar 1919 – festgelegt, daß keine Luxusbauten (dazu zählten Kinos, Bars und Cafés) mehr errichtet werden dürfen:

... nach einem Erlaß an den Oberpräsidenten in Charlottenburg ist die Einrichtung oder Umänderung von Kinos nur zu gestatten, wenn der Nachweis erbracht wird, daß das Wohnungsamt die betreffenden Räume zu Wohnzwecken nicht verwenden kann, und daß bewirtschaftete Baustoffe für den Neu- und Umbau nicht gebraucht werden ... [121],

aber am 19. Oktober 1919 wurde dennoch das größte Berliner Kino, der Ufa-Palast am Zoo, mit »Madame Dubarry« eingeweiht. Am selben Tage begannen die Richard-Oswald-Lichtspiele in der Kantstraße ihren Betrieb mit dem Film »Die Arche«. Zu der Zeit lagen allein in Berlin 615 Anträge auf Erteilung einer Kino-Konzession vor. [122]

Bald darauf aber mußten wieder zahlreiche Kinos dichtmachen. Statistiken belegen die Berg- und Talfahrt der Berliner Kinos. (Ein Vergleich ist allerdings immer nur unter Vorbehalt möglich, denn vor 1920 wurden von einigen Behörden die vielen Vororte Berlins mitgezählt, während andere sich nur auf das eigentliche [Alt-]Berlin beschränkten.) Eine wahrhaft atemberaubende Entwicklung verzeichneten die Berliner Kinos zwischen 1905 und 1919. Gab es 1905 erst 21 Kinos, waren es vierzehn Jahre später bereits 218. Der gewaltigste Sprung vollzog sich indes zwischen 1905 und 1907: von 21 auf 132 Kinotheater![123]

Interessante Aspekte ergibt die territoriale Aufschlüsselung: Der Arbeiterbezirk Lichtenberg zählte 1919 23 und der Stadtbezirk Cöpenick acht Kinos, wonach – entsprechend der Bevölkerungszahl – auf 7000 Einwohner ein Filmtheater kam. In Charlottenburg dagegen waren es 9000 Einwohner und in Alt-Berlin 12000 pro Kino. 1919 standen den 3804048 Berlinern 328 Lichtspiele zur Verfügung – statistisch gesehen kamen damals auf einen Kinosessel 28 Personen (im Alter von 18 bis 60 Jahren).[124]

1924 hatte sich die Zahl der Kinos wieder etwas verringert: auf 317. In jenem Jahr wurde aber auch der reizvolle Vergleich mit der »Konkurrenz« angestellt, mit den »Gast- und Schankwirtschaften, darunter Dielen, Bars, Likörstuben, Schlemmerlokale und Luxusgaststätten«. So gab es im Stadtbezirk Mitte 3115 Gastwirtschaften, dagegen nur 37 Kinos. Einem Kino standen hier 86 Schankwirtschaften gegenüber; pro Kneipe 116 Einwohner, dagegen 8000 pro Kino. Am Prenzlauer Berg waren es 25 Kinos und 1217 Lokale, in Lichtenberg 20 Kinos und 967 Gaststätten. Die größte Differenz wies der Villenvorort Zehlendorf auf, wo nur ein einziges Kino existierte – gegenüber 147 Lokalen.[125]

Auch die Berliner U. T. blieben von konjunkturellen Schwankungen nicht verschont. Einige Kinos wurden geschlossen, manche spielten unter anderem Namen weiter. Das U. T. Unter den Linden hieß zunächst Decla-Lichtspiele, später Lichtspiel-Palast Unter den Linden, aus dem U. T. Moritzplatz wurde bereits 1922 das Theater am Moritzplatz, das U. T. Friedrichstraße nannte sich zunächst Bavaria-Lichtspiele, später Ufa-Theater. Noch 1943, mitten im Krieg, spielten vier ehemalige U. T. als Ufa-Theater: am Kurfürstendamm, in der Friedrichstraße, am Weinbergsweg und am Alexanderplatz …

Ernst Lubitsch

Ein Junge aus der Schönhauser

Der Reiz eines alten Hauses · Die Umzüge des Schneidermeisters Simon Lubitsch · Jüdisches Leben rund ums Schönhauser Tor · Ernst Lubitsch als Schüler des Sophien-Gymnasiums Weinmeisterstraße · Das Berliner Scheunenviertel · Lehrjahre im Stoffgeschäft der Brüder Hoffmann · Lubitschs Doppelleben · Zwei Anfänger in der Schumannstraße · Erste Schritte vor einer Kamera · Filmerfolg mit Fortsetzung: »Die Firma heiratet« · 1914: Ein neuer Komiker ist geboren · Massenpsychose nach Kriegsausbruch · Ein »Zwischenfall«: Der Selbstmord Victor Arnolds · Lubitsch in der neuen Volksbühne am Bülowplatz · Debüt eines 23jährigen Filmregisseurs: »Fräulein Seifenschaum« · Die Serie der Lubitsch-Lustspiele · Sally, ein jüdischer Aufsteiger · Der Abschied des Schauspielers Lubitsch vom Deutschen Theater · November 1918: »Die Welt geht unter« ... im Apollo-Theater in der Friedrichstraße · Die Revolution und die Berliner Bühnen · Pressevorführung unter Geschützesdonner · Straßenkämpfe ums Schönhauser Tor · Der Erfolgsregisseur fährt nach Amerika ...

Da, wo die Schönhauser Allee eigentlich noch nicht die Schönhauser ist – obwohl sie natürlich genau dort beginnt, an der Kreuzung, wo die Autos mehrspurig aus dem Zentrum in Richtung Pankow hinausbrausen – steht ein Haus, das äußerlich so gar keinen Blickfang bietet. Es ist so unscheinbar wie viele andere in seiner Umgebung auch, und offensichtlich haben sich schon Generationen an ihm mit »Schönheitsoperationen« versucht. In seinem jetzigen Zustand würde ihm wahrscheinlich niemand eine Träne nachweinen, falls eines Tages mit der Abrißbirne sein letztes Stündchen schlüge. Schönhauser Allee 183, Ecke Lottumstraße, ist weder für den spazierenden Betrachter noch den eiligen Autofahrer von irgendeinem Reiz. Anders dagegen verhält es sich mit dem gegenüberliegenden, 1911 errichteten Haus Schönhauser Allee 8, einem Wohn- und Geschäftsgebäude, das über die Jahrzehnte hinweg seine Fassade mit den reizvollen Figuren und Ornamenten einigermaßen retten konnte. Auch Schönhauser Allee 184 kann sich der Aufmerksamkeit von Denkmalschützern sicher sein; nicht ohne Grund haben es die Autoren des Buches »Die Bau- und Kunstdenkmale in der DDR. Hauptstadt Berlin I« in ihren Band mit einem Foto aufgenommen, und es heißt da kurz und informativ:

Wohnhaus Schönhauser Allee 184, Ecke Lottumstraße. Fünfgeschossiges Mietshaus mit imponierendem abgeschrägten Eckrisalit in neugotischen Formen, um 1880. Die seitlichen Straßenfassaden durch Neuputz vereinfacht.[126]

Ein ebenso reizvoller Eckrisalit hat vielleicht auch einmal den Giebel von Nummer 183 geziert, vielleicht waren auch die Fenster von schönen Ornamenten gerahmt ... Wenn auch davon nichts mehr geblieben ist, so gibt es schon noch etwas, das unser Augenmerk auf dieses alte, im Lauf der Zeit uniform gewordene Berliner Mietshaus lenken sollte: Hier, in diesem fünfstöckigen Gebäude ist ein Junge aufgewachsen, der später einer der ganz großen Filmregisseure werden sollte. Ernst Lubitsch – von hier aus hat er seinen Weg genommen. Und nie – auch nicht, als er zu den einflußreichsten Männern der amerikanischen Filmindustrie gehörte – hat er verleugnet, daß er vom Schönhauser Tor stammte, aus jener Grenzregion zwischen Berlin-Mitte und Prenzlauer Berg. Immer, wenn er im sonnigen Kalifornien mit Landsleuten reden konnte, soll er weniger Deutsch als vielmehr Berlinisch gesprochen haben. Ernst Lubitsch war ein Berliner, ein Junge aus der Schönhauser, und dazu hat er sich stets mit Stolz bekannt.

Geboren ist Lubitsch jedoch nicht in der Schönhauser Allee 183, sondern – wie die Geburtsurkunde ausweist – in der einstigen elterlichen Wohnung Lothringer Straße 82 a. Am Freitag, dem 29. Januar 1892, frühmorgens sieben Uhr, erblickte er das Licht der Welt. Ein Teil der Lothringer Straße heißt heute Wilhelm-Pieck-Straße, und wenn die Straßenbahn von dort in die Alte Schönhauser einbiegt – genau an der Stelle stand Lubitschs Geburtshaus, nur einen Steinwurf von der Schönhauser Allee 183 entfernt.

Die Lubitschs waren keine Berliner, doch woher kamen sie? Noch vor einiger Zeit nahm die Filmhistorikerin Lotte H. Eisner an, daß die Familie aus Ungarn stamme. Andere vermuteten, daß sie – wie so viele ihrer jüdischen Glaubensbrüder – von irgendwoher aus dem Südosten des k. u. k. Imperiums nach Berlin gezogen sei. Aus Galizien vielleicht, jener für die deutsche Kultur und Kunst so ungemein fruchtbaren Gegend. Es ist die Heimat von Elisabeth Bergner, Alexander Granach, Joseph Roth, Bruno Schulz und vieler anderer bedeutender Künstler.

Keine dieser Spekulationen aber ist richtig, denn aus den beim Standesamt I (II) des Magistrats von Berlin, DDR, liegenden Unterlagen ist ersichtlich, daß Simon Lubitsch am 17. August 1852 in Grodno, Rußland, geboren wurde. Heute liegt die Stadt direkt an der polnisch-sowjetischen Grenze, damals lag sie tief im Imperium des russischen Zaren. Die Mutter Ernst Lubitschs kam am 27. April 1850 in Wriezen an der Oder als Anna Lindenstaedt auf die Welt.

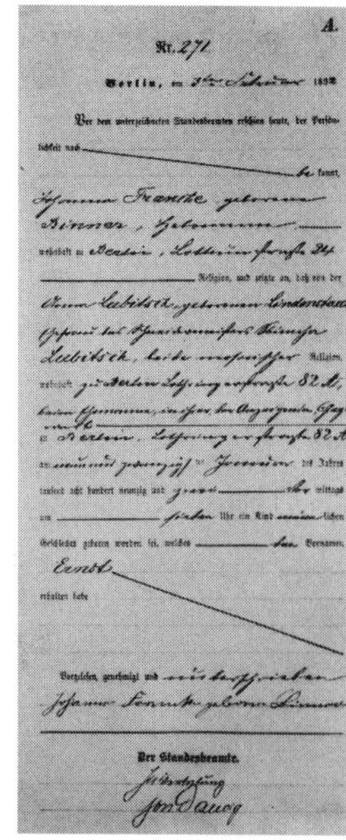
A.
Nr. 271
Der Standesbeamte.

Die Geburtsurkunde

Simon Lubitsch, der eigentlich – laut Geburtsurkunde des Sohnes – Ssimcha Lubitsch hieß, muß ungefähr Mitte der 80er Jahre nach Berlin gekommen sein; 1887 taucht sein Name erstmals im Berliner Adreßbuch auf. In der Schönhauser Allee 182 – dort befand sich eine Badeanstalt – richtete Simon Lubitsch eine Schneiderwerkstatt ein. Um 1891 zog die Familie in die Lothringer Straße 82 a, II. Stock. Vielleicht war die alte Wohnung zu klein geworden, denn immerhin hatte Ernst bereits drei ältere Geschwister: Else, Richard und Margarethe. 1896 wechselten die Lubitschs wieder in die Schönhauser, in den zweiten Stock jenes heute noch existierenden Gebäudes mit der Nummer 183. Das Nachbarhaus, die 182, war inzwischen von der Katholischen Kirche erworben worden. Die Herz-Jesu-Gemeinde, die in der Fehrbelliner Straße 98/99 eine Kapelle besaß, errichtete an der Ecke Schönhauser Allee/Fehrbelliner Straße ein zum Teil heute noch bestehendes katholisches Zentrum, zu dem die 1899 erbaute Herz-Jesu-Kirche, die Höhere Töchterschule St. Theresia, das Arbeiterinnen-Hospiz mit Klein-Kinderbewahranstalt sowie eine Niederlassung der Grauen Schwestern gehörten.

Ernst Lubitschs Geburtsurkunde weist aus, daß seine Eltern »mosaischer Religion« waren. Eine jüdische Familie wohnte also in unmittelbarer Nachbarschaft einer großen katholischen Gemeinschaft. Auch an anderen Stellen der Stadt fand man Beispiele, wie die verschiedenen Glaubensrichtungen auf sehr engem Raum friedlich miteinander auskamen. In der Großen Hamburger Straße gab es nicht nur das katholische St.-Hedwigs-Krankenhaus, sondern in unmittelbarer Nähe auch den alten jüdischen Friedhof sowie die jüdische Knabenschule. Hier war durchaus noch etwas von der im alten Preußen mitunter gerühmten geistigen Toleranz erhalten geblieben.

Zählte Simon Lubitsch zu den orthodoxen Juden, ging er mit seinen Söhnen regelmäßig oder nur selten in die Synagoge? Welches Gotteshaus besuchten sie? Die Neue Synagoge in der Oranienburger Straße, den Friedenstempel in der Rykestraße oder die traditionsreiche Synagoge in der Heidereutergasse 4–5? Auch die Synagogen der orthodoxen Reformgemeinde »Adass Jisroel« in der Gipsstraße 12a und in der Artilleriestraße 31 (heute Tucholskystraße 40) lagen in unmittelbarer Nähe ihrer Wohnung; zu Fuß in nicht mehr als fünf Minuten zu erreichen. Die kurzen Wege waren schon deshalb günstig, weil es den gläubigen Juden verboten war, am Sabbat ein Verkehrsmittel zu benutzen.

Zum Friedhof hatten es die Lubitschs gleichfalls nicht weit. Der in der Schönhauser Allee 23–25 war zwar bereits seit 1880 geschlossen, doch bei Erbbegräbnissen wurde noch bis ins Jahr 1940 bestattet.

Daß sich rings um das Schönhauser Tor derart viele Synagogen und Friedhöfe befanden, ist nicht verwunderlich. Hier, in jener Gegend um den heutigen Rosa-Luxemburg-Platz, im sogenannten Scheunenviertel, lebten jahrzehntelang Tausende armer, zumeist aus Ost- und Südosteuropa ausgewanderter Juden. 1914 kam Mischket Liebermann mit ihren Eltern aus Galizien nach Berlin, und als sie ihre Autobiographie schreibt, ziehen die Bilder von einst vorbei:

Münzstraße, Grenadierstraße, Dragonerstraße, Schendelgasse, Mulackstraße ... Ein Armenviertel, ein Scheunenviertel. Auch ein Hurenviertel. So eins, wo die Alten, Verbrauchten auf den Strich gingen. Ich denke an das Stück Mittelalter zurück, das es in der Nähe vom Alex gab, an das Ghetto, in dem ich meine Kindheit verbrachte. Ja, auch in Berlin gab es ein Ghetto. Ein freiwilliges. Lange vor Hitler. Genauer – bis zur Hitlerei. Denn dann gab es die unfreiwilligen. Und die Gaskammern.

Das Ghetto lag in der Grenadierstraße und ihrer Umgebung. Zwischen dem Bülowplatz, dem heutigen Luxemburgplatz, und der Münzstraße. Ausgerechnet in dieser Gegend hatten sich die Ostjuden niedergelassen, die 1914 vor den Kriegswirren aus Galizien geflüchtet waren. Was heißt ausgerechnet. Natürlich hatte das seine guten Gründe. Hier gab es die billigsten Wohnungen und die wenigsten Antisemiten. Einer folgte dem anderen nach. Bald wohnten sie Haus an Haus, Tür an Tür. Im Zusammenrücken glaubten sie Schutz zu finden, und wer weiß, vielleicht auch ein Stückchen Heimat.[127]

Mischket Liebermann kannte dieses Ghetto sehr genau, hier arbeitete ihr Vater, der Rabbiner Pinchus-Elieeser, und seine große Familie wohnte gleich neben der Synagoge in der Grenadier- (heute Almstadt-) Straße.

Als Mischket Liebermann ins Scheunenviertel zog, war Ernst Lubitsch schon ein junger Mann mit recht hochfliegenden Plänen im Kopf. Doch greifen wir der Entwicklung nicht voraus. Bevor er an die Verwirklichung seiner Ideen ging, sollte aus dem kleinen Ernst erst einmal »etwas werden«. Vater Lubitsch meldete seinen Jüngsten in jener Schule an, die bereits damals ein gewisses Renommee unter den Berli-

Grenadierstraße 40–51

ner städtischen Lehranstalten aufwies und die nicht allzu weit von der elterlichen Wohnung entfernt lag: Es war das Sophien-Gymnasium in der Weinmeisterstraße, ihr angegliedert auch eine Vorschule, die Ernst Lubitsch von 1899 bis 1902 besucht haben soll. Nun stellen wir uns vor, wie der kleine Ernst – sagen wir 1905 – mit seinem Ranzen auf dem Rücken zur Schule lief. Er verließ die Wohnung im II. Stock des Hauses Schönhauser Allee 183 und grüßte unten freundlich den Portier, denn einen solchen muß das bürgerliche Haus, das dem Zigarettenfabrikanten P. Juhl aus Pankow gehörte, zweifellos gehabt haben. Auch läßt sich diese Tatsache einer Äußerung Eduard von Wintersteins entnehmen, der in der Einleitung seiner Memoiren, »Mein Leben und meine Zeit«, zu berichten weiß:

Als ein später sehr berühmter Filmregisseur noch Anfänger bei uns am Deutschen Theater war, erzählte er mir eines Tages, bei einer Unterhaltung mit dem kleinen Portierssohn seines

Im Scheunenviertel: Grenadier-, Ecke Münzstraße

Hauses in Berlin N habe ihm dieser gesagt, auf dem Theaterzettel des Deutschen Theaters stehe ein Name von Winterstein, ob denn der wirklich adlig wäre? Als er dies bejahte und bemerkte: »Der ist sogar Freiherr!« habe der Junge gemeint: »Och, wie ist denn der so runtergekommen?«[128]

Winterstein nennt keinen Namen, doch es ist sehr gewiß, daß dieser künftige Filmregisseur nur Ernst Lubitsch gewesen sein kann.

Der Schüler Lubitsch also betritt – an jenem Tag des Jahres 1905 – die Straße. Der Verkehr auf der Schönhauser Allee mag – im Vergleich zu heute – geruhsamer gewesen sein, wenngleich die Pferdedroschken die Konkurrenz der Benzinkutschen langsam zu spüren begannen. Nahezu täglich konnte man in den Zeitungen schon Meldungen von Unfällen lesen. Ernst überquerte achtsam die Lothringer Straße und warf dabei einen kurzen Blick auf das Haus mit der Nummer 82 a, in dem er zur

Welt gekommen war. Vielleicht schaute er aber auch nach rechts, wo er in der Ferne den Rosenthaler Platz sah. Dort hatte gut 150 Jahre früher ein junger Mann aus Dessau Einlaß nach Berlin begehrt. Da er Jude war, durfte er die Stadt einzig durch das Rosenthaler Tor betreten, und als er gefragt wurde, was er denn hier wolle, soll seine Antwort kurz und bündig gewesen sein: »Lernen.«[129] Das war 1743, und der Wißbegierige hieß Moses Mendelssohn.

Ob man sich 1905 an ihn erinnerte, ob die Lehrer ihren Schülern von diesem Philosophen und großen Menschenfreund erzählten? 1905 brauchte kein Jude mehr um die ganze Stadt herumzulaufen, um dann an der einen Stelle nach entsprechender Kontrolle hereingelassen zu werden. 1905 gab es sowohl das Rosenthaler als auch das Schönhauser Tor nicht mehr. Jetzt lebten in der deutschen Reichshauptstadt 98 893 Juden, zusammen mit 1 704 612 evangelischen und 223 948 katholischen Christen. (1750, als Berlin erst 100 000 Einwohner zählte, waren davon 2 000 Juden.)[130]

Der Schulweg Ernst Lubitschs führte ihn die Alte Schönhauser hinab, und viel-

Das Rosenthaler Tor

leicht klangen ihm die väterlichen Ermahnungen im Ohr, nicht in der berüchtigten Mulackstraße haltzumachen, nicht ins Scheunenviertel abzuschweifen, auf der Straße stehende Frauen zu meiden und nicht etwa in eine der Destillen einzukehren. Doch gerade das dürfte für den 13jährigen sehr interessant gewesen sein; er hat, wie die frühen Filme erkennen lassen, viele der Eindrücke genau registriert.

Das Berliner Scheunenviertel spiegelte ein wenig die Atmosphäre und Kultur jener ostjüdischen Stetel wider, aus denen die meisten Einwanderer gekommen waren. Sie hatten sich dereinst gleich in der Nähe des Rosenthaler Tores angesiedelt; Bretterbuden, Ställe oder eben Scheunen dienten ihnen als notdürftige Unterkünfte. Die Ortswahl resultierte auch aus einer städtischen Verordnung, die verlangte, leicht brennbare Gebäude nur außerhalb der Stadtmauern zu errichten.

Es ist außerordentlich zu bedauern, daß das Scheunenviertel, in dem es neben Not und Elend auch Freude und Vergnügen gab, keinen Chronisten gefunden hat, keinen, der – wie Scholem Alejchem oder Isaak Bashevis Singer andernorts – das Leben in diesem Berliner Ghetto literarisch aufbewahrt hat. So bleiben uns lediglich ein paar Überlieferungen, ein paar Fotos, ein paar Seiten aus den Lebensbeschreibungen von Menschen, die hier aufgewachsen sind. Schließlich finden sich noch einige Artikel in Zeitungen, die das Viertel aber fast immer nur als einen Ort des Lasters und des Verbrechens betrachteten.

Für den Schneidermeister Simon Lubitsch dagegen, der eine »Betriebswerkstätte für Damenmäntel« eingerichtet hatte, war das Scheunenviertel gewiß ein Ort, der ihm eine große Kundschaft sicherte. Gewiß traf er hier auch den einen oder anderen Bekannten aus der Heimat wieder. Hier wohnten 6000 Menschen auf engstem Raum. 1906/07 allerdings wurden die niedrigen kleinen Häuser, die Scheunen und Bretterbuden zwischen Prenzlauer und Schönhauser Tor, zwischen Lothringer Straße und Babelsberger Platz (ab 1909 Bülowplatz) abgerissen. (Nur der südliche Teil des Scheunenviertels um die Grenadier-, Dragoner- und Münzstraße blieb erhalten.) Immer wieder mußte sich das Stadtparlament mit der nun entstandenen, wüsten Gegend, die ständige Polizeipräsenz erforderte, befassen. Die um das ehemalige Scheunenviertel herum ansässigen Geschäftsleute, denen die Kunden fehlten, drängten auf schnelle Neu-Bebauung. Immerhin ging es um eine Fläche von 32221 Quadratmetern, die für 6,5 Millionen Mark zum Verkauf anstanden;[131] Grundstücke waren zu jener Zeit der ständig dichteren Besiedlung Berlins kostbar. Noch mehrere Monate lang stritt man sich über die Zukunft des Bülowplatzes. Daß Wanderzirkusse – wie 1910 Hagenbecks Raubtierschau – hier einen idealen Ort für ihre Vorstellungen fanden, konnte natürlich nur eine vorübergehende Lösung sein. Einige Abgeordnete plädierten für »monumentale Bauten« an dieser zentralen Stelle der Stadt, andere dagegen vor allem für städtische Einrichtungen. So sollte zum Beispiel die Berliner Stadtbibliothek hier ein neues Domizil bekommen. Schließlich ging aus dem langen Hin und Her lediglich ein Theaterneubau hervor. Im April 1913 erwarb die Neue Freie Volksbühne für 1,77 Millionen Mark das Grundstück und be-

Razzia im Scheunenviertel

gann am 14. September 1913 mit dem Bau ihres Hauses, das bereits 15 Monate(!) später, am 30. Dezember 1914, eröffnet wurde.

Dessen ungeachtet blieb das Scheunenviertel weiterhin ein alltägliches Thema für die Polizei und die Sensationspresse. Daran änderte sich auch nach dem ersten Weltkrieg nichts. Selbst das BERLINER TAGEBLATT, das eigentlich stets auf seine Liberalität bedacht war, veröffentlichte Artikel, die von wenig Verständnis für die im Scheunenviertel lebenden Menschen zeugten. Lautstark begrüßte man die Aktionen des Polizeipräsidenten – immer wieder gab es Razzien – gegen »diese Pest, die an dem Lebenskörper der Großstadt eitert«[132]. Im Jahre 1920, also schon zu Zeiten der Weimarer Republik, schreibt der Berliner Polizeipräsident in seiner Eingabe an das Innenministerium:

Seit Ausbruch der Revolution hat sich in einem Teil des alten Scheunenviertels, der Grenadier-, Dragonerstraße und Umgebung ein wahres Getto entwickelt, das im Berliner Volksmunde allgemein als die jüdische Schweiz bezeichnet wird. Es wimmelt hier von großen Elementen unlauterster Art, die nicht nur in krimininalistischer, sondern auch politischer Beziehung

Almstadtstraße 18 im
Jahre 1984

überaus gefährlich sind, weil sie aus ihrer polnisch-russischen Heimat bolschewistische Ideen hier einführen und weiterverbreiten. Dazu wird die Volksgesundheit durch diese Einwanderer stark gefährdet. Der Begriff Reinlichkeit ist diesen Leuten vollkommen fremd. Die mit Bewohnern unglaublich überfüllten Wohnungen starren von Schmutz und Ungeziefer. Gleichzeitig sind sie angefüllt mit Lebensmitteln und Delikatessen aller Art, die im Wege des Schleichhandels erworben und weiterverschoben werden. Schließlich sei noch erwähnt, daß die vorhandene große Wohnungsnot zum Nachteil der einheimischen steuerzahlenden Bevölkerung durch Aufnahme einer solchen Menge von Ausländern unnötigerweise weiter gesteigert wird. Irgendwelche Rücksichten auf diese Existenzen, die hier keinerlei ehrliche Arbeit leisten, keine Steuern zahlen, sich jeglicher Kontrolle entziehen, andererseits aber jede Gelegenheit benutzen, um die deutschen Gesetze zu umgehen und das deutsche Vermögen zu schädigen, oder gar zu vernichten, dürfte völlig überflüssig sein. Vielmehr wäre es mehr als nötig, diese Ausländer bis zur Abschiebung in ihre Heimat in Gefangenenlagern unterzubringen oder, richtiger gesagt, unschädlich zu machen.[133]

Und sein Bericht endet mit den Worten:

Schließlich ist durch die übergroße Ansammlung dieser jüdischen Händler die Möglichkeit einer verstärkten antisemitischen Bewegung nicht von der Hand zu weisen.[134]

Bereits 1923 überfielen faschistische Elemente Bewohner des Scheunenviertels, und sie lieferten damit eine Probe für die Grausamkeiten, die zehn Jahre später den Berliner Alltag bestimmen sollten.

Heute heißt die Grenadierstraße Almstadtstraße, und die frühere Dragonerstraße (nach den Derfflingerschen Dragonern, die 1683 zur Briefbeförderung eingesetzt worden waren) Max-Beer-Straße.

Mit ihren zahlreichen, vor allem jüdischen Geschäften war die Grenadierstraße einstmals sehr belebt. In Nummer 6 hatte die Synagoge der »Friedensgemeinde« ihr Domizil, in Nummer 15 das »Israelitische Heimathaus«, in Nummer 31 der Verein »Agudas Israel« – das Haus gehörte dem »Talmud Tora Verein«. Neben der Synagoge »Schamre Sabbat« in der Nummer 36 gab es eine jüdische Speisehalle; Eigentümer des Gebäudes war die israelitische Reformgemeinde Adass Jisroel. Rabbiner wohnten in 4a, 38–39, 43, und im Haus Nummer 29 lebte Rabbiner Liebermann mit seiner großen Familie …

Heute erinnern an die einstige Grenadierstraße nur noch ein paar alte Häuser, aber deren Tage dürften gezählt sein, zu sehr hat der Zahn der Zeit an ihnen genagt. Auch dieses Viertel ist mittlerweile saniert worden; mit frischem Putz sehen die Häuser nun heller und freundlicher aus – doch gleichen sie denen in jeder beliebigen anderen Straße. 1984 konnte man noch an einer Fassade – Almstadtstraße 18 – verwaschene hebräische Schriftzeichen lesen, mit denen eine Kranzbinderei und ein Restaurant – »Warme Speisen zu jeder Tageszeit« – für ihre Dienste warben … Es gibt noch eine Kneipe in der Almstadtstraße, Ecke Schendelgasse, die bereits seit 1881 Bier ausschenkt und die auch heute an Gästen keinen Mangel hat … Ansonsten ist von dieser »jüdischen Schweiz« nichts mehr erhalten als ein paar Erinnerungen.

Das ehemalige Direktoratsgebäude des Sophien-Gymnasiums im Jahre 1984

Ernst Lubitsch sollte noch einige Zeit durch das alte Scheunenviertel gehen können, und als er seine ersten Filme drehte, nahm er die Helden (die er oft auch selbst spielte) aus diesem ihm vertrauten Kietz. Er nannte sie Moritz Abramowsky, Siegmund Lachmann, Moritz Rosenthal, Moritz Apfelreis, Sally Pinkus, und sie kamen aus Posen, aus Rawitsch, irgendwoher aus dem Osten oder Südosten Europas. 1916, als Lubitsch eines seiner ersten Interviews gab, brach er eine Lanze für den jüdischen Humor:

Der jüdische Humor ist, wo er auch erscheinen mag, sympathisch und künstlerisch, und er spielt allüberall eine so große Rolle, daß es lächerlich wäre, wollte man ihn im Kino entbehren.[135]

Doch kehren wir noch einmal ins Jahr 1905, zum Schulweg des kleinen Ernst zurück. Wenn er endlich vor dem Sophien-Gymnasium angekommen ist – Weinmeisterstraße 15 (die ihren Namen 1699 erhielt, weil sie durch den Garten des Weinmeisters Stohse führte) –, gleitet sein Blick die Fassade hinauf zum Dach, unter dem ein breiter Fries mit Sgraffitomalereien nach antiken Themen entlangläuft. Dann betritt er, so stelle ich es mir jedenfalls vor, seine »Penne« durch den Hintereingang in der Steinstraße. Flink und gewitzt, wie er sicher war, nimmt er die Abkürzung und nicht den Eingang neben dem Direktoratsgebäude mit seinen schönen Sandsteinfiguren, seinen auf die hineinströmenden Schüler kritisch dreinschauenden zwei Eulen. Auch im Innern dieses seitlichen Torflügels befinden sich an den Wänden derartige Sandsteinfiguren, die alle nahezu unversehrt die Zeit überstanden haben. Schon am Äußeren ist erkennbar, daß es sich um eine humanistische Bildungsanstalt gehandelt hat, die auf ihre Schüler gewiß einigen Eindruck machte. Der Rest des Gebäudes, der nach dem Krieg noch übrig blieb – das ehemalige Direktorat –, ist heute ein Schülerfreizeitheim.

Das Städtische Sophien-Gymnasium wurde übrigens fast zur selben Zeit – 1865/66 – wie die imposante Neue Synagoge in der Oranienburger Straße erbaut. Es war, wie es sich im wilhelminischen Berlin gehörte, eine Lehranstalt nur für Jungen. Die Mädchen besuchten die benachbarte Städtische Höhere Mädchenschule, die Sophien-Schule, Weinmeisterstraße 16–17. Ernst mag diese Trennung gar nicht so ideal gefunden haben. Vielleicht stand zwischen beiden Schulen eine hohe Mauer, vielleicht hat diese Mauer Ernst Lubitsch in den Hofpausen zu allerlei Unfug verführt. In Kenntnis seiner frühen Filme kann ich mir das durchaus vorstellen; ich denke zum Beispiel an jene Szene aus dem »Schuhpalast Pinkus«, wo er den Mädchen hinterherrennt und dabei alle seine Schulbücher verliert. Ob die Lehrer des Sophien-Gymnasiums so aussahen wie Hanns Kräly – Lubitschs erster Szenarist – im »Schuhpalast Pinkus«, wie ein Vorläufer des Professors Rath, den seine Schüler »Unrat« nannten? Wahrscheinlich entsprachen die Pädagogen damals zumindest ein wenig diesen Karikaturen. Vor allem wollten sie Autoritätspersonen sein, sie wollten Würde ausstellen, forderten Respekt und Disziplin als höchste Tugenden.

Als Ernst ins Sophien-Gymnasium ging, wurde es geleitet von Prof. Dr. Dielitz. Neben dem Rektor unterrichteten 23 Oberlehrer, von denen 16 den Doktor führten, einer sogar Professor war; es gab drei wissenschaftliche Hilfs- und fünf technische Lehrer (dazu zählten der Gesangslehrer Berthold, Zeichenlehrer Hunke und Turnlehrer Otto). Schließlich kamen noch drei Vorschullehrer hinzu. Das Gymnasium bot seinen zirka 550 Schülern Unterricht in 18 Fächern an. Daß auch Hebräisch und jüdische Religion gelehrt wurden, war um die Jahrhundertwende bestimmt nichts Außergewöhnliches, denn 1905 lernten im Sophien-Gymnasium 288 evangelische und 24 katholische Christen, ein Dissident sowie 247 Juden.[136] Fast die Hälfte der gesamten Schülerschaft nahm beim wissenschaftlichen Hilfslehrer Klein Unterricht in jüdischer Religion. Wöchentlich hielt er zehn Stunden ab; für die 24 katholischen Schüler waren acht Stunden Religion vorgesehen. Hebräisch lehrten – neben Französisch und Latein – die Oberlehrer Ilzig und Tatge. Auch acht Stunden Englisch wurden den Schülern des Sophien-Gymnasiums offeriert. Ob Ernst Lubitsch davon Gebrauch gemacht hat? Freunde und Kollegen aus Hollywood sollten sich später allerdings über die mangelhaften Englisch-Kenntnisse des großen Regisseurs mokieren. Er hätte diese Sprache stets wie ein Berliner gesprochen …

Das Sophien-Gymnasium veröffentlichte in den ersten fünfzig Jahren seines Bestehens – von 1866 bis 1915 – alljährlich Berichte, denen ich meine Informationen über jene Lehranstalt verdanke. Dort sind auch die Aufsatzthemen für die jeweiligen Klassen verzeichnet; 1906 zum Beispiel hatten die Schüler der Ober-Secunda drei Themen zur Wahl: »Jedem ist das Elend finster, jedem glänzt sein Vaterland«; »Was erscheint uns in Goethes ›Hermann und Dorothea‹ als unmodern?« und »Was hat man vom Reisen?« Lubitsch, könnte ich mir denken, hat das letztere Thema gereizt, und er dürfte ihm lustige Seiten abgewonnen haben, andere jedenfalls, als sich seine Lehrer wohl vorstellten.

Ernst Lubitsch war offensichtlich kein allzu guter Schüler. Er schaffte es nicht bis zur Ober-Prima oder gar bis zum Abitur, sondern verließ das Gymnasium schon als Sechzehnjähriger. So konnte er nur das »Einjährige« vorweisen – was der mittleren Reife späterer Jahre entspricht. Jene, die es bis zur erfolgreichen Matura brachten, sind in den Jahresberichten verzeichnet. Man kann da von ihrer sozialen Herkunft lesen und auch von ihren Studienzielen. Jura rangiert weit vorn, auch Philosophie ist zu finden, und manchmal ging solch ein Abiturient in den »Höheren Postdienst« …

Die Annalen geben mitunter auch Auskunft über Wanderungen und Ausflüge der Schüler, aber leider sagen sie nichts über Aktivitäten auf einem Gebiet, das Ernst Lubitsch schon damals als das seinige betrachtet haben dürfte: Von der Laienspielgruppe des Sophien-Gymnasiums ist weder bekannt, welche Stücke sie spielte, noch wer darin mitwirkte. Lediglich einer Äußerung des Regisseurs Lothar Mendes, der mit Lubitsch zur Schule ging, ist zu entnehmen, daß Ernst in den dortigen Aufführungen stets die alten Männer verkörpert habe.[137] Wer weiß, wie Lubitsch aussah, wer einige seiner frühen Rollen auf der Bühne oder im Kino kennt, der kann sich vorstellen, daß der Fünfzehn-, Sechzehnjährige durchaus in derartigen Rollen bestanden hat.

Lubitsch war übrigens nicht der einzige Absolvent des Sophien-Gymnasiums, der später Filmregisseur wurde. Auch Gerhard Lamprecht hat bis zum Abitur 1916 in der Weinmeisterstraße die Schulbank gedrückt. Während dieser Zeit muß er schon von der Leidenschaft fürs Kino gepackt gewesen sein – bereits 1909/10 soll er als Vorführer im Dittschlagschen Kinematographentheater in der Münzstraße, Ecke Kaiser-Wilhelm-Straße, gearbeitet haben, begann er Filme und Filmprogramme, Fotos und Dokumente zu sammeln. Der Vater, Gefängnispfarrer Hans Heinrich Lamprecht, hatte mit seinem Sohn anscheinend weniger Ärger als Simon Lubitsch mit Ernst. Doch vermutlich war auch Pastor Lamprecht über Gerhards Berufswunsch – Schauspieler – genauso entsetzt, wie der alte Lubitsch über den seines Sprößlings. Aber genau wissen wir natürlich nicht, wie Schneidermeister Lubitsch, der sich mitunter auch Kaufmann nannte, reagierte, als Ernst von seinem »Theaterfimmel« sprach. War er entsetzt und strikt dagegen, oder vereinbarten Vater und Sohn irgendeinen Kompromiß? Bekam Ernst von irgendwoher Hilfe – vielleicht von der Mutter oder von einem Onkel? Lubitsch selbst hat später nur mitgeteilt, daß er seit seinem sechsten Lebensjahr Schauspieler werden wollte:

Ich bin ein echter Berliner. Das ist eigentlich selbstverständlich. Ich war gerade sechs Jahre alt, als ich zum ersten Male den Wunsch äußerte, Schauspieler zu werden. Damals aber war mein Vater anderer Meinung – nämlich, ich sollte zunächst zur Schule gehen und dann Kaufmann werden. Als ich älter war, stellte mein Vater mit Genugtuung fest, daß ich ein ganz brauchbarer Bursche geworden sei. So nahm er mich, drei Jahre nachdem ich die Schule verlassen hatte, als Buchhalter in sein Konfektionsgeschäft auf.[138]

Mehr ist nicht zu erfahren, und es macht sich schmerzlich bemerkbar, daß Lubitsch keine Autobiographie geschrieben hat, wohl auch noch nicht an Memoiren dachte, als er 1947 im Alter von nur 55 Jahren in Hollywood starb.

Daß Ernst nicht das Abitur machte, daß er nicht dem väterlichen Wunsche entsprach, zu studieren, um es »einmal besser zu haben« als er, dürfte Simon Lubitsch manchen Krach und einige schlaflose Nächte beschert haben. Was macht man mit einem Sohn, der unbedingt Schauspieler werden, der einen wenig seriösen Beruf ergreifen will? Vorerst fügte sich der Sechzehnjährige aber den Wünschen des Vaters, der den Sohn im Stoffgeschäft der Gebrüder Hoffmann (»Kleiderstoffe engr.«), Königstraße 9–10 (heute Rathausstraße), als Lehrling anmeldete. Dort sollte Ernst Kommis werden. Sein Lehrherr hat später erzählt, wie sich Lubitsch anstellte:

»Ich war Expeditionsleiter und habe Ernst Lubitsch zum Kommis ausgebildet. Wenn ich nicht aufpaßte, hockte er hinter den Stoffballen und lernte Schiller oder sowas Ähnliches.« »Was mußte er als Stift denn tun?« »Messen, messen, messen. Bei uns gingen die Stoffe kilometerweise durch die Regale. Und notieren, notieren. Und Rechnungen schreiben. Aber die mußte ich immer kontrollieren, sie stimmten selten.« »Waren noch mehr Stifte da?« »O ja, eine Menge. Übrigens hatten die fast alle einen Theaterfimmel.«[139]

Lubitsch im Jahre 1919

In dem 1956 erschienenen Buch von Curt Riess »Das gab's nur einmal« findet sich auch eine Passage, in der die Auseinandersetzungen zwischen Ernst und Simon Lubitsch über den weiteren Lebensweg des Jungen beschrieben werden. Riess schmückt die Kontroverse sehr farbkräftig aus, und so ist zu bezweifeln, ob diese Schilderung der Wahrheit entspricht. Da sie sich aber zumindest partiell mit dem Bilde deckt, das ich mir von dem jungen Lubitsch mache, soll sie hier zitiert werden:

Mit sechzehn Jahren verläßt Ernst Lubitsch die Schule. Er eilt in das Kontor des Vaters. Er sagt: »Ich will Schauspieler werden!« Der alte Lubitsch – eigentlich ist er gar nicht so alt, wie er wirkt – ist von ganz unten heraufgekommen. Er hat als Flickschneider begonnen. Er hat Pfennig auf Pfennig gelegt. Mark auf Mark. Er hat sich unter den größten Mühen mit ungeheurer Arbeit sein Geschäft aufgebaut. Er arbeitet noch jetzt von früh um acht bis abends um neun. Er arbeitet sogar am Sonntag. Nur am Sabbat ist das Geschäft geschlossen, denn der alte Lubitsch ist ein strenggläubiger Jude. Der Feiertag ist ihm heilig. »Du bist verrückt geworden!« sagt er. »Was willst du beim Theater? Das Theater ist kein solides Geschäft. Jeden Tag hört man davon, daß ein anderer Theaterdirektor pleite gegangen ist.«

»Aber ich liebe das Theater. Ich werde nur glücklich sein, wenn ich auf den Brettern stehe ...« Da entschließt sich der alte Lubitsch, seinem Sohn etwas zu sagen, das ihm sehr schwer fällt. Er zieht ihn zu dem großen Spiegel, vor dem sich immer die Mannequins umziehen. »Schau dich mal an! Und du willst ans Theater? Ich würde nichts sagen, wenn du ein hübscher Kerl wärst! Aber mit dem Gesicht?«

Ernst Lubitsch schweigt.

»Du kommst ins Geschäft. Bei mir kannst du auch mit diesem miesen Gesicht Geld verdienen.«

Ernst Lubitsch tritt in das Geschäft des Vaters ein. Nach einem halben Jahr wird er Kommis. Er könnte zeigen, was er kann. Er zeigt es auch – und der alte Lubitsch schüttelt den Kopf. »Mein Sohn ist«, um seine eigenen Worte zu gebrauchen, »ein rechter Schlemihl. Wenn er ein Kleid in den Schrank hängen soll, fallen fünf andere Kleider von den Bügeln. Wenn er Stoffballen heranschleppen soll, verliert er sie auf dem Weg zum Ladentisch, stolpert schließlich und fällt selbst der Länge nach hin.«

Der alte Lubitsch sagt: »Du bist anbetamt, mein Sohn!«

Ernst Lubitsch weiß es. Aber was soll er tun, da ihm doch alles mißlingt? Sein Vater entschließt sich, ihn zum Buchhalter zu machen. Da kommt er wenigstens nicht mit der leidigen Kundschaft in Kontakt.[140]

Auch andere Quellen versichern, daß der Junge in der Firma seines Vaters beschäftigt gewesen sei, zum Kommis aber, soviel steht fest, wurde er bei den Gebrüdern Hoffmann ausgebildet.

Als sich Lubitsch eines Feierabends im September 1909 Zeit läßt und von der Königstraße nach Hause läuft, zur Schönhauser Allee, entdeckt er am Alex (an der Nordseite des Platzes), am Grand-Hotel die Werbung für ein Kinematographentheater der Union. Bestimmt lockte es ihn, in dieses U.T. hineinzugehen, und vielleicht hat er dann öfter diesen Fußweg genommen. Den Eintritt – 30 Pfennig – wird

Grenadier-, Ecke Münzstraße mit Biograph-Theater um 1929

er schon das eine oder andere Mal vom kargen Lehrlingsentgelt abgezweigt haben. Und so saß er dann im Kino, staunte die Leinwand an, bewunderte die großen Tragöden, amüsierte sich über die Grotesken, oder er spielte selbst im Zuschauerraum mit – so, wie es fast zur gleichen Zeit ein ebenfalls noch gänzlich unbekannter junger Engländer namens Charles Chaplin getan hat. Damals konnte er noch nicht ahnen, daß er nur wenige Jahre später genau diese Leinwand des U.T. Alexanderplatz erobert haben und daß er dann sogar dem berühmten Alfred Kerr auffallen würde:

... Es gibt einen Darsteller für Doppelgängerschaft im Kino. Ich glaube, der Mann heißt Lubitsch. Dieser Lubitsch bringt wenigstens Klarheit. Er tritt an einer Tür in die Erscheinung und schmeißt sich, wenn ich nicht irre (das U.-T. am Alexanderplatz sei mein Zeuge) selber hinaus. Heil, wackerer Lubitsch.[141]

Kerr hat Lubitsch allerdings erst mit vier Jahren Verspätung wahrgenommen, denn seinen ersten Triumph im U.T. Alexanderplatz feierte er noch vor Ausbruch des Krieges.

Der Schauspieler Victor Arnold

Möglicherweise ist das U.T. an jenem Septemberabend des Jahres 1909 für Lubitsch auch gar nicht mehr die Sensation gewesen. Wahrscheinlich hat er schon während seiner Schulzeit im Sophien-Gymnasium heimlich – trotz aller Verbote der Lehrer und des Vaters – ein Kino betreten. Ganz in der Nähe des Scheunenviertels, in der Münzstraße, bei Pritzkow... Vielleicht ließ er aber auch als Siebzehn-, Achtzehnjähriger das Kino links liegen und verachtete es. Vielleicht liebte er nur das Theater, sah er sich als Schauspieler auf den Brettern einer großen Bühne, wünschte er sich ins Königliche Schauspielhaus am Gendarmenmarkt oder ins Deutsche Theater in der Schumannstraße. Bei den Gebr. Hoffmann soll er heimlich Schiller studiert haben, träumte er von Carlos, Hamlet, Romeo oder gar Faust, nicht aber von irgendeiner Rolle als Schlemihl oder Hanswurst in einer dubiosen Groteske, die die Zuschauer in den immer zahlreicheren Berliner Kinematographentheatern beklatschten... Immerhin war damals, 1910, ja noch kein deutscher Schauspieler von Rang auf der Leinwand zu bewundern. So strebte vermutlich auch Ernst Lubitsch nach »Höherem«. Er wollte nicht in irgendein Amüsiertheater, nicht zum Apollo oder zum Metropol. Er wollte auch nicht an das so überaus erfolgreiche Theater der Gebrüder Herrenfeld, die bekannteste jüdische Bühne der Stadt, die mit ihren Possen allabendlich die erlebnishungrigen Berliner begeisterte, die manche ihrer Stücke über tausendmal spielen mußte, und die im August 1911 bereits ihr zwanzigjähriges Jubiläum feiern konnte.

In den Jahren 1910/11 begann für Lubitsch das, was er selbst sein Doppelleben nannte. Tagsüber arbeitete er im Geschäft des Vaters, und abends pflegte er seine Passion: Das Theater. Um so bedauerlicher, daß er keine autobiographischen Aufzeichnungen aus jener Zeit hinterlassen hat. Vielleicht könnte man daraus erfahren, wie er Victor Arnold kennenlernte und wie sich seine Schauspielstudien bei ihm gestalteten.

Wie kam Lubitsch zu Arnold, dem berühmten Darsteller der Reinhardt-Bühnen, warum ging er nicht zu Alexander Moissi, dem damaligen Gott aller theaterbegeisterten Berliner, warum ging er nicht zu Albert Bassermann oder zu Paul Wegener? Lag es vielleicht an Lubitschs Äußerem? Auch Victor Arnold war keine strahlende Erscheinung – klein und etwas dick, dennoch gehörte er von Anfang an zum Reinhardt-Ensemble. Er war mit dabei, als im Kleinen Theater Unter den Linden Maxim Gorkis »Nachtasyl« aufgeführt wurde, er stand dort neben Reinhardt auf der engen Bühne, und er wechselte später mit ihm ans Deutsche Theater. Er verkörperte nicht den Hamlet – das überließ er seinem Kollegen Moissi –, doch dafür den Polonius; er spielte den Flaut/Thisbe im »Sommernachtstraum«, den Schlewein in »Viel Lärm um nichts«, den Wolke im »Bürger Schippel« sowie Molières Sganarelle und George Dandin. Die Kritiker überschlugen sich nahezu vor Begeisterung. Als Arnold 1913 im Rahmen von Reinhardts Shakespeare-Zyklus im legendären »Sommernachtstraum« den Flaut darstellte, jubelte Fritz Engel, der Theaterkritiker des Berliner Tageblatts:

Neuengagements der Reinhardt-Bühnen. An das Deutsche Theater und die Kammerspiele wurden von Max Reinhardt folgende Neuengagements abgeschlossen: die Damen Dora Angel, Riza Bajor, Grete Berger, Mary Dietrich, Elsa Duesberg, Maria Kromer, Gina Mayer, Ellen Neustädter, Paula Reimann, Lia Rosen, Salome Steuermann, Johanna Terwin, Maria Vera, Maria Wolff, Elsa Wagner sowie die Herren Alfred Breiderhoff, Joseph von Fielitz, Leonar Fiebag, Fritz Hofbauer, Siegfried Knöttig, Fritz Kortner, Ernst Lubitsch, Stephan Lux, Willi Prager, Fritz Profe, Robin Robert, Erich Sterneck.

Berliner Lokal-Anzeiger vom 9.8.1911: Neuengagements der Reinhardt-Bühnen

... wenn sein künstlicher Busen wackelt, so ist das Clownerie, die letzte komische Kunst geworden ist.[142]

Vielleicht ist es gerade Victor Arnold, dieser große Komödiant gewesen, der Lubitsch auf den Wert des Komischen in der Kunst hingewiesen hat. Vielleicht war es Arnold, der Lubitsch von dessen Komplexen befreite und ihm klarmachte, daß die Bühne nicht nur Adonis-Gestalten braucht. Arnold hatte schon damals seinen Aktionsradius beträchtlich erweitert. Er trat nicht nur im Deutschen Theater und den Kammerspielen auf, sondern auch in verschiedenen Kabaretts. Und er war Gründer einer komischen Künstlervereinigung mit dem bezeichnenden Namen »Die Klatschbasen« ...

Wie lange Lubitschs Studium bei Victor Arnold dauerte, wie oft er den Schauspieler besuchte und ob die Studien innerhalb der Reinhardtschen Schauspielschule stattfanden – wir wissen es nicht.

Genausowenig wissen wir, wann und wo Lubitsch seine allerersten Erfahrungen bei Berliner Kabaretts sammelte. Der junge Mann hatte ja noch keinen werbewirksamen Namen, den man in der Presse nachlesen könnte. Doch am 9. August 1911 stand dann im Berliner Lokal-Anzeiger und in einigen anderen Tageszeitungen eine Meldung. Neu ins Ensemble der Reinhardt-Bühnen war neben einem halben Dutzend weiterer Schauspieler – u. a. Johanna Terwin und Elsa Wagner – auch Ernst Lubitsch aufgenommen worden. Welch ein Gefühl muß das für den 19jährigen gewesen sein! Endlich war er dort angekommen, wo er schon seit fast 13 Jahren hin wollte. Und er betrat nicht die Bretter irgendeines Provinztheaters oder einer

Fritz Kortner

zweitklassigen Berliner Bühne, sondern begann genau dort, wo eigentlich alle deutschsprachigen Schauspieler jener Zeit engagiert werden wollten: bei Max Reinhardt am Deutschen Theater in der Schumannstraße! Mit einem Male waren die ganz Großen der deutschen Bühne, waren Albert Bassermann, Paul Wegener, Alexander Moissi, Eduard von Winterstein seine Kollegen! Was wohl mag Schneidermeister Lubitsch nun zu seinem Sohn gesagt, was mag der Sohn der Portiers von der Schönhauser Allee 183, was mögen die ehemaligen Mitschüler aus dem Sophien-Gymnasium, die jetzt Jura oder Philosophie studierten, gedacht haben? Ihr einstiger Mitschüler, den sie als Spaßmacher wohl nicht sehr ernst genommen hatten – jetzt stand er plötzlich auf der Bühne des Deutschen Theaters! Oder hielten Sie es gar nicht für einen solchen Aufstieg; vielleicht schauten sie arrogant auf die Schauspieler herab und bedauerten, daß einer von ihnen so »heruntergekommen« war.

Wie schade, daß wir nirgendwo nachlesen können, wie sich Lubitschs Einzug in die Heiligen Hallen des Deutschen Theaters gestaltete. In den meisten Schauspieler-Memoiren füllen die Beschreibungen derartig gravierender Einschnitte nicht wenige Seiten. Auch Fritz Kortner, der zur gleichen Zeit wie Lubitsch ans Deutsche Theater engagiert wurde, macht da keine Ausnahme. In »Aller Tage Abend« porträtiert er sie alle, Reinhardt und dessen Stab – Kahane, Hollaender, Gersdorff ... Mit dem Talent eines Schriftstellers – der er offenbar auch war – läßt er die Atmosphäre an diesem Theater nachfühlen. Den jungen Burschen aber, der mit ihm begann, mit dem er zusammen auf der Bühne stand, den hat er scheinbar nicht bemerkt. Der Name Lubitsch jedenfalls kommt in Kortners Memoiren nicht vor. Nicht einmal im amerikanischen Exil, in Hollywood, haben sich offenbar die Wege der beiden gekreuzt. Vielleicht blickte Kortner, der schon einige Theatererfahrung mitbrachte, geringschätzig auf diesen Berliner Niemand, auf den Protegé eines Victor Arnold, herab. Vielleicht war in seinen Augen der gleichaltrige Lubitsch nicht viel mehr als ein besserer Statist, den ein hoffnungsvolles junges Talent einfach übersieht ...

Ausführlich beschreibt Kortner eine seiner ersten Aufgaben, die Rolle eines Chorführers in der »Ödipus«-Inszenierung Reinhardts, mit der das Ensemble zu einem Gastspiel nach St. Petersburg reiste. Nicht ohne Vergnügen schildert er, wie sich der deutsche Kronprinz, ein häufiger Besucher des Deutschen Theaters, für die Juden Reinhardt und Kortner am Hofe des Zaren verwenden mußte, damit auch sie die russische Hauptstadt betreten durften! Juden war der Aufenthalt in Petersburg nur unter ganz besonderen Umständen erlaubt, entsprechende Anträge mußten lange vorher eingereicht werden.

Ernst Lubitsch fuhr wohl nicht mit nach Petersburg, denn sonst hätte der Kronprinz ja auch für ihn intervenieren müssen. Doch so bekannt war er damals noch nicht, den großen Kritikern jener Zeit fiel er noch nicht auf. Lubitschs Name findet sich nur deshalb hin und wieder in den Zeitungen, weil die fast vor jeder Premiere des Deutschen Theaters die Mitwirkenden benannten.

Max Reinhardt leitete 1911 das Deutsche Theater seit sechs, die Kammerspiele seit fünf Jahren, und er hatte beide Spielstätten zu den führenden Bühnen Deutschlands entwickelt. Mögen auch manche seiner Aufführungen umstritten gewesen sein, so setzten seine Shakespeare-Inszenierungen – vor allem die Komödien – Maßstäbe. Die als Privattheater geleiteten Bühnen stützten sich in ihrem Repertoire nicht allein auf die großen Klassiker, sondern immer auch auf populäre Lustspiele, auf gängige Stücke à la mode. Reinhardt und dessen Mitarbeiter waren ständig auf der Suche nach Rennern, die jahraus, jahrein volle Häuser garantierten. Mit den bei der Kritik umstrittenen, beim Publikum aber um so beliebteren Pantomimen schienen sie etwas derartiges gefunden zu haben. Pantomimen-Gastspiele des Deutschen Theaters machten den Namen Max Reinhardts und seines Ensembles auch außerhalb Deutschlands schnell bekannt.

Reinhardt begann am 12. August die Spielzeit 1911/12 wie die vorangegangenen auch: natürlich mit Goethes »Faust«, dieses Mal jedoch mit Teil zwei. »Faust II« hatte am 15. März 1911 in einer Neuinszenierung seine Premiere erlebt – mit einer mehr als siebenstündigen Aufführung. (Für deren Vorbereitung war das Theater zwei Tage geschlossen gewesen.) Bassermann spielte den Mephisto, Friedrich Kayßler den Faust, Else Heims die Helena. Durchaus möglich, daß diese gewaltige Inszenierung, die das gesamte Ensemble forderte, auch für Lubitsch eine kleine Rolle bot. Bekannt darüber ist allerdings nichts. Verbürgt dagegen, daß Lubitsch zwei Wochen nach Eröffnung der neuen Spielzeit in einem Stück von Friedrich Freksa, »Der fette Cäsar«, mitwirkte. Felix Hollaender hatte diese Tragikomödie, die erste DT-Premiere der Spielzeit 1911/12, inszeniert; Paul Wegener verkörperte Didius Julianus, einen römischen Senator, und Ernst Lubitsch Fibula, einen Wedelträger! Kein Kritiker, der den Debütanten in dieser vermutlich sehr kleinen Rolle wahrgenommen hätte. Sie richteten ihre ganze Aufmerksamkeit auf Wegener und natürlich auf das Stück, verglichen es mit der vorherigen Arbeit des Autors, mit der Pantomime »Sumurun«, die einer der größten Erfolge des Reinhardt-Ensembles vor dem ersten Weltkrieg wurde. Dagegen fiel »Der fette Cäsar« natürlich ab.

Rollen wie den Wedelträger Fibula spielte Lubitsch in den folgenden sechs Jahren am Deutschen Theater, in den Kammerspielen und ab 1914 auch in der Volksbühne noch öfter. Zu der Zeit übertrug man Kortner schon Aufgaben anderen Kalibers – so zum Beispiel in Kleists »Penthesilea«, wo er den Antomedon interpretierte. 1911 war Lubitsch noch in Wilhelm von Scholz' Groteske »Vertauschte Seelen« zu sehen, als Schneider Hosenschlitz und als Sklave. Eduard von Winterstein hatte inszeniert, in den Hauptrollen Paul Wegener und Victor Arnold. Im Januar 1912 stand Lubitsch gemeinsam mit Kortner in Wilhelm Schmidtbonns Tragödie »Der Zorn des Achilles« auf der Bühne. In der Inszenierung von Felix Hollaender spielte Alexander Moissi den Patrokles, Wegener den Achilles, Eduard von Winterstein den Agamemnon, Kortner den griechischen Fürsten Kronios und Lubitsch »einen Verwachsenen« …

Heute sind lediglich seine Aufgaben in den Erstaufführungen bzw. Premieren des

Deutschen Theaters nachweisbar. Verschiedene Stücke, vor allem die Shakespeareschen, standen viele Jahre auf dem Spielplan, und die Stars, über die das Deutsche Theater reichlich verfügte, wollten nicht jahrelang ein und dieselbe Rolle spielen. So gab es ständig Umbesetzungen, und es ist anzunehmen, daß diese auch die Darsteller der kleinen Rollen betrafen. Mithin dürfte Lubitsch in weit mehr Aufführungen des Deutschen Theaters beschäftigt gewesen sein, als heute bekannt ist.

Am 29. Februar 1912 begann Max Reinhardt mit den Proben zu Molières »George Dandin oder Der beschämte Ehemann«. In der Titelrolle Victor Arnold, Else Heims als dessen Frau, Harry Liedtke als Clitander, Johanna Terwin als Zofe und Ernst Lubitsch als Dandins Bursche Colin. Lehrer und Schüler, Arnold und Lubitsch, standen gemeinsam auf der Bühne, und zum ersten Mal arbeitete Max Reinhardt direkt mit Ernst Lubitsch zusammen.

Als das Stück nach sechswöchigen Proben am 13. April seine erste Aufführung erlebte, gestaltete sich die Vorstellung zu einem Triumph für Autor, Regisseur und Hauptdarsteller. Den kleinen Mann an Arnolds Seite schien jedoch wieder niemand gesehen zu haben. Nun mag es nicht sonderlich bedeutsam sein, ob ein junger Schauspieler von den Kritikern im Parkett bemerkt wird, doch gerade dem Neuling könnte ein Rezensentenwort Ermunterung und notwendige Selbstbestätigung geben. Jene Zeilen, in denen sie erstmals Erwähnung fanden, heben sich Schauspieler zumeist bis an ihr Lebensende auf, sie fehlen in kaum einer Autobiographie. Lubitsch mußte offenbar darauf verzichten, zumindest habe ich keine derartigen Kritiker-Äußerungen ausfindig gemacht. Vielleicht aber war ihm das Vertrauen von Reinhardt und Arnold wichtiger, denn beide sorgten mit dafür, daß Lubitsch über fehlende Beschäftigung nicht zu klagen hatte. Wenn er auch künstlerisch nicht zu brillieren verstand, er gehörte zum Ensemble des DT, und das zählte. Während seiner zweiten Spielzeit trat er erneut zusammen mit Victor Arnold auf. Dieser galt als ein großartiger Molière- und Sternheim-Interpret. In dessen »Don Juan«, der am 13. September 1912 Premiere hatte, spielte Arnold den Leporello, Moissi verkörperte die Titelrolle, Wegener Philipp II., und für Lubitsch blieb der Part eines Souffleurs.

Mit dem gesamten Ensemble stand Lubitsch in der Reinhardt-Inszenierung von Shakespeares »König Heinrich IV.« auf den Brettern, die ihm so viel bedeuteten: Wegener agierte als König, Moissi als Prinz of Wales, besetzt waren auch Bassermann, Kortner, Harry Liedtke, Victor Arnold … und Lubitsch. Im ersten Teil als Peto, im zweiten als David.

Max Reinhardt orientierte seinen Spielplan auch nach dem Kalender. Als Weihnachtsattraktion 1912 bot er das Märchenspiel »Der blaue Vogel« von Maurice Maeterlinck. Victor Arnold stellte Tylette, eine Katze, dar, und seinem Schüler oblag es, die Pappel und den Schnupfen zu gestalten. Die beiden Kinder-Hauptrollen spielten Lia Rosen und die neunjährige Mathilde Danegger aus Wien.

Lubitsch stand auch auf der Bühne der Kammerspiele, als Wedekind seine Stücke inszenierte. In »Franziska« war er der Partner des Dichters.

Max Reinhardt, der Theaterleiter

Ein Star des Deutschen Theaters: Alexander Moissi 1907 als Romeo

Die Zeit vor dem ersten Weltkrieg ist für das deutsche Theater nicht weniger bedeutsam gewesen als die der vielgerühmten zwanziger Jahre. Und Ernst Lubitsch hat sie miterlebt, ihm passierte nicht das, was Neulingen, die sofort an ein großes, berühmtes Theater kommen, so oft widerfährt: Er mußte nicht lange auf Rollen warten, er wurde schnell gefordert, wurde gebraucht und vielfältig eingesetzt. Als Max Reinhardt im November 1913 seinen Shakespeare-Zyklus mit dem »Sommernachtstraum« eröffnete, spielte Lubitsch den Schnauz, an der Seite von Moissi als Oberon, Gertrud Eysoldt als Puck und Victor Arnold als Flaut. Im Dezember wurde »Hamlet« wieder aufgenommen, und neben dem soeben aus Nürnberg für die Titelrolle engagierten Werner Krauss verkörperte Arnold wieder den Polonius und Ernst Lubitsch den zweiten Totengräber.

Für den damals Zwanzigjährigen dürfte es von gewaltiger Bedeutung gewesen sein, mit den Stars des Theaters – Wegener, Moissi, Bassermann, Krauss – auf einer Bühne stehen und viel von ihnen lernen zu können. Seine Schauspielschule, seine Universität war das Deutsche Theater in Berlin. Dadurch bekam er frühzeitig guten Kontakt zu den Schauspielern, die er später für seine Filme verpflichtete. Die Themen und Stoffe seiner Werke holte er sich allerdings nicht vom Spielplan des Deutschen Theaters, sondern entlehnte sie Stücken, die auf den zahlreichen Berliner Unterhaltungsbühnen präsentiert wurden – »Der G. m. b. H.-Tenor«, »Die Puppe« und »Das fidele Gefängnis« (»Die Fledermaus«).

Wie ist Lubitsch nun eigentlich zum Kino gekommen? Gut möglich, daß er anfangs gar kein Interesse dafür zeigte und viel lieber im Deutschen Theater aus der dritten Reihe einen Schritt nach vorn getreten wäre. Doch denke ich mir, daß damals, 1912, in den Garderoben und im Casino des Deutschen Theaters viel übers Kino gesprochen wurde. Kinos schossen wie Pilze aus dem Boden und bildeten für die Theater eine immer mächtigere Konkurrenz. Manche Intendanten (zum Beispiel der des Wiener Burgtheaters) verboten daraufhin ihren Schauspielern, vor eine Kamera zu treten. Reinhardt konnte das von seinen Schauspielern nicht verlangen; er selbst war viel zu sehr an diesem neuen Medium interessiert. Bereits 1910 hatte er seine Aufführung von »Sumurun« abfilmen lassen – mit geringem Erfolg allerdings. 1912 verhandelte er mit der Projections-A. G. Union, infolgedessen entstanden die Filme »Eine venezianische Nacht« und »Insel der Seligen«. Albert Bassermann trat ebenso vor die Kamera wie Alexander Moissi oder Paul Wegener. Wegener beeindruckten nicht nur die mit dem Kinematographen verbundenen finanziellen Möglichkeiten, sondern er hatte auch schon sehr konkrete Vorstellungen von den großen künstlerischen Potenzen des Kinos. Die Schauspieler fühlten sich zum Film hingezogen, sie drängten – jeglichen warnend-kulturkritischen Stimmen zum Trotz – in die Ateliers, ob das die Intendanten und die Kritiker nun wollten oder nicht. Die Kinobranche indes verwies stolz auf jeden Sieg und vermerkte hinter den Namen der Schauspieler auch deren jeweilige Theater.

Wie und wann sich Lubitsch direkt dem Kino zuwandte, blieb bislang weitestge-

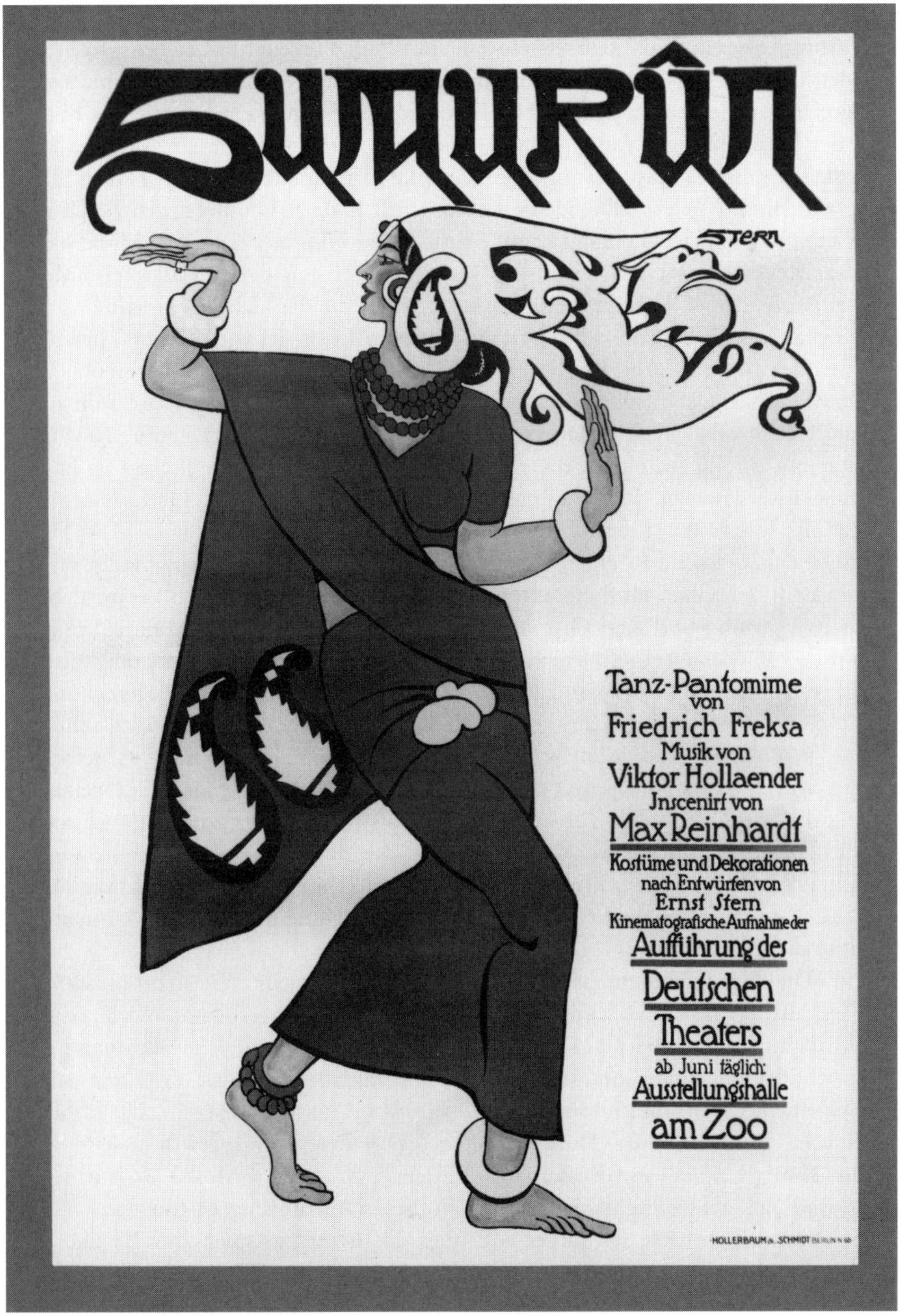

Poster von Ernst Stern für den ersten »Sumurun«-Film

Berliner Tageblatt vom 17.4.1914

hend im dunkeln. 1913 soll er bei der renommierten Deutschen Bioscop GmbH unter Vertrag gewesen sein, die in jenem Jahr mit Paul Wegener in der Hauptrolle den »Studenten von Prag« drehte. Auch Asta Nielsen arbeitete 1913 bei der damals wohl erfolgreichsten deutschen Filmgesellschaft, die gerade ihr neues Atelier in Babelsberg bei Berlin bezogen hatte. Wie es heißt, soll Lubitsch als erste Aufgabe beim Film die männliche Hauptrolle in einer Burleske gespielt haben, für die Hanns Heinz Ewers das Buch schrieb: »Die ideale Gattin«, mit Lyda Salmonowa, gleichfalls vom DT, in der Titelpartie. Niemand kennt heute diesen Film mehr, niemand fand bisher ein paar Zeilen darüber. Nicht anders verhält es sich mit einem Lustspiel, »Meyer auf der Alm«, dessen Existenz noch obskurer ist als die der »Idealen Gattin« …

Belegbar jedoch ist Lubitschs Auftritt in einem Lustspiel von Walter Turszinsky und Jacques Burg, das die Projections-A. G. Union 1913 in ihren Tempelhofer Ateliers gedreht hat. Carl Wilhelm, ein vielbeschäftigter Komödienregisseur, führte Regie, die Hauptrollen in »Die Firma heiratet« verkörperten Albert Paulig, Resl Orla und Victor Arnold. An einem entscheidenden Punkt in Lubitschs Leben ist es also erneut Arnold gewesen, der dem jungen Mann weiterhalf, der ihm, wie Lubitsch später betonte, die erste größere Filmrolle verschaffte. Lubitsch spielt in »Die Firma heiratet« den Lehrling in einem Konfektionsgeschäft, Moritz Abramowsky. Victor Arnold stellt den Chef, Hoflieferanten Mayer, dar, Albert Paulig den Vertreter Siegmund Philippsohn und Resl Orla das Fräulein Trude Hoppe, ein Mannequin oder auch die Probiermamsell, die am Ende natürlich den Chef heiratet. Es mag ein Zufall gewesen sein, daß der erste größere Film des jungen Lubitsch ausgerechnet im Konfektionsmilieu angesiedelt war, in einem Milieu, das der Anfänger sehr gut kannte. Ein glücklicher Zufall war es auf jeden Fall. Vielleicht hatte Arnold den Herren von der Filmgesellschaft seinen Schützling insofern schmackhaft gemacht, als er auf dessen komisches Talent und seine Erfahrung in der Konfektionsbranche hinwies … Moritz Abramowsky, der Lehrling »aus dem Bezirk von Posen«, wie ein Zwischentitel des stummen Films hervorhob. Fünf Jahre zuvor war der junge Mann tatsächlich noch solch ein Lehrling im Stoffgeschäft der Brüder Hoffmann in der Königstraße gewesen …

Von »Die Firma heiratet« existiert heute keine Kopie mehr. Wie so oft müssen wir uns deshalb auf damalige Zeitungsberichte stützen und versuchen, Vorläufer der Filmkritik zu finden. Die Union rührte in der Presse eifrig die Werbetrommel. Am Mittwoch, dem 21. Januar 1914, lud sie ihre Gäste spätabends in das vor einem halben Jahr eröffnete U.T. Friedrichstraße im Bavariahaus zur Premiere ein. Ob Lubitsch dabei war? Im Deutschen Theater dürfte schon Feierabend gewesen sein. Dort wurde »König Lear« – mit Bassermann in der Titelrolle und Moissi als Narr – gespielt, und vielleicht hatte auch Lubitsch in dieser Aufführung zu tun.

Die Presse zeigte sich des Lobes voll über das neue Lustspiel. Der Kritiker des »Fachorgans für das Interessengebiet der Kinematographen-Theaterpraxis«, LICHT BILD BÜHNE, schrieb:

In der Nacht vom Mittwoch zum Donnerstag hatte die »Union« einen Ehren»tag«, denn sie lud in stark vorgerückter Dämmerstunde, nachts um ½12 ihre Leutchen ins U. T. in der Friedrichstraße und zeigte siegesgewiß die Geschichte eines Mannequins. Es war ein mitternächtlicher vergnügter Spuk, eine heitere Stunde, die uns um Jahre verjüngte, denn das ganze Parkett hat ununterbrochen gelächelt, gelacht, gewiehert und gebrüllt, solch eine Fülle von Witzraketen prasselten von der weißen Wand herab. Wir haben seit langem nicht so herzerfrischend nach all dem tiefernsten, literarischen Dramen-Unfug den Kinematograph in solch liebenswürdiger Pose genießen können. Diese Film-Idee in der ganzen Art wie sie angepackt und ausgeführt wurde, ist ein Kunstwerk allerersten Ranges, wird seinen Siegeszug antreten und Sonnenschein verbreiten. Wir können da nur das banale Wort »großartig« anwenden und die kritische Sonde ruhig beiseite lassen. »Die Firma heiratet« ist ein glücklich verfilmter Griff in die Konfektion, ein boshafter, satyrischer und frecher Schritt in die heiligen Räume des Machtbereichs der Mode, wo sich der Chef reich macht, wo der Reisende befiehlt, die Kundschaft gehorcht, die »44er Figur« Figur macht und die Probiermamsell probiert wird. Um im Bilde zu bleiben, können wir nur sagen: das Bild ist totschick, der Schlager der Saison, Nouveauté 1914. – Nur am Film-Anfang liebt es die »Union«, allzusehr durch Namenkultus zu langweilen. Eine ganze Leporello-Liste blitzt da vorüber: Walter Turszinsky, Jacques Burg, Carl Wilhelm, Resel Orla, Victor Arnold, Albert Paulig, Franz Schönemann, Ernst Lubitsch, Glaser & Götz und – Edmund Edel. Das dicht darauf folgende lebendige Lustspiel ließ aber bald den »namentlichen« Filmanfang vergessen.

Als Zugabe-Artikel schenkte man noch der Kino-Kundschaft einen Tanz-Film, der bewies, daß man per Film nicht tanzen lernen kann. – Nachts um 2 Uhr ging man vergnügt direkt oder indirekt nach Hause und dachte noch lange an die vergnügte Laune des Films »Die Firma heiratet«.[143]

Auch der ungenannte Kritiker des Berliner Tageblatts war begeistert:

Der »Gelbstern« im Film. Zu ungewöhnlicher Stunde wurde man ins U. T. im Bavariahaus geladen – nach elf Uhr nachts –, um den Aufstieg von »Fräulein Trude« mit zu erleben. Der amüsante Film, in dem die Karriere eines »Gelbsterns« geschildert wird, heißt »Die Firma heiratet«, und bringt Interieurs aus den großen Ateliers am Hausvogteiplatz. Der Film schildert sehr anschaulich einige Zustände im Leben der avancierenden Konfektioneuse, die so gute Figur macht, daß man sie nicht der Konkurrenz überlassen darf. So wird sie dann schließlich auch die Gattin des Herrn Meyer, des Chefs der Firma Nathusius und Meyer, an deren Himmel dieser Gelbstern siegreich leuchten durfte. Die Verfasser dieses Films, für den man gerne ein Dutzend tragischer Dramenfilms hingibt, treten hinter dem Regisseur Carl Wilhelm zurück, der das populäre Sujet sehr wirksam inszeniert hat. Trude wird von Fräulein Resl Orla, ein Reisender sehr drollig von Albert Paulig gespielt. Das Beste aber gibt Victor Arnold als Chef des Hauses.[144]

Der Film wurde ein beachtlicher Publikumserfolg. Nach seiner Premiere im U.T. Friedrichstraße schickte ihn die Union in neun ihrer Berliner Kinos, wo er zwei Wochen lief; anschließend vervollständigte er seinen Triumph im großen U.T. Kurfürstendamm. Ab 21. Februar zeigte ihn dann das Marmorhaus am Kurfürstendamm.

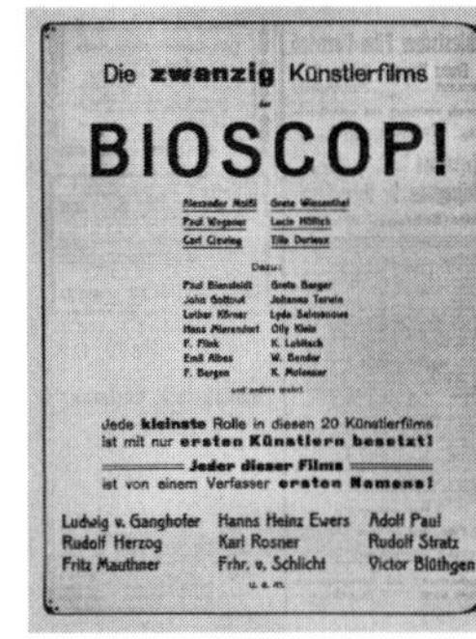

Ein neuer Name unter den Schauspielern der Bioscop: K. Lubitsch

Werbung in der Lichtbild-Bühne vom 24.1.1914

Das Filmdebut von Eduard von Winterstein: »Schuldig« Berliner Tageblatt vom 8.1.1914

Nur zwei Jahre später, mitten im Krieg, wurde der Film schon wieder aus dem Archiv geholt und erneut eingesetzt. Es gab wohl 1914 kein größeres deutsches Kino, in dem dieser dreiaktige Film nicht gelaufen wäre. Aus dem ältesten U. T., dem am Alexanderplatz, vertrieb »Die Firma heiratet« das Drama »Die Augen des Ole Brandis« von Stellan Rye, mit dem bedeutenden Alexander Moissi in der Hauptrolle. Dessen ungeachtet wollten die Zuschauer lieber das Lustspiel mit Victor Arnold, Resl Orla und dem komischen kleinen Lehrling sehen, dessen Namen man sich nun einzuprägen begann.

Das U.T. Alexanderplatz war 1914 nach umfangreichen Umbauten wiedereröffnet worden, mit einer fast verdoppelten Platzzahl von 1100 Sitzen. Die Union warb für den Film mit dem Slogan »Brillanter Humor – Famose Witze« und gab am 17. März 1914 stolz bekannt, daß »Die Firma heiratet« bereits 500 Aufführungen erlebt habe!

Im Januar 1914 debütierte ein weiterer Reinhardt-Schauspieler im Kino: Eduard von Winterstein, damals auch häufig als Regisseur am Deutschen Theater beschäftigt, war von Oskar Messter ins Filmatelier geholt worden, um die männliche Hauptrolle in »Schuldig« zu übernehmen. Es handelte sich dabei um die Verfilmung eines Stückes von Richard Voss, in dem Winterstein bereits zweimal auf der Bühne mitgewirkt hatte und das er so charakterisiert:

Ein sehr geschickt gemachtes Theaterstück gröbstem Genres, ein sogenannter »Reißer«, der aber seinen Weg über alle deutschen Bühnen machte, obwohl er von der gesamten Kritik grausam zerfetzt wurde.[145]

Es ging hier um einen Justizirrtum, um einen Mann, der zwanzig Jahre unschuldig in einem Zuchthaus verbringen mußte. Nach Hause zurückgekehrt, findet er seine Gattin mit einem brutalen Unhold zusammen. Als er erlebt, wie dieser die Frau tyrannisiert, erschlägt er den Mann mit einem Beil. Nun ist er wirklich schuldig geworden.

Und zum dritten Male spielte dieses Stück in meinem Leben eine Rolle, als es im Jahre 1911, da der Film über die Welt hereinbrach, auf die Leinwand gebracht wurde. Diesmal stellte ich die Hauptrolle dar. So wurde das Stück, das mich zum erstenmal schauspielerisch irgendwie aufgeweckt hatte, auch der Beginn meiner Filmkarriere.[146]

Allerdings scheint sich Eduard von Winterstein in der Datierung geirrt zu haben. Der Film »Schuldig« wurde im Juli 1913 der Zensur vorgelegt und im Januar 1914 uraufgeführt, und es ist wenig wahrscheinlich, daß Messter seinen Film mehr als zwei Jahre hätte liegenlassen.

Erstaunlich, daß die Reinhardt-Mimen, die immer mehr auf der Leinwand dominierten, überhaupt Zeit fanden, für den Film zu arbeiten. Der heutige Zustand, daß ein Schauspieler fest an ein Theater gebunden ist und daneben – unter nicht geringen Terminschwierigkeiten – Verpflichtungen für andere Institutionen zu erfüllen hat, scheint auch damals schon übliche Praxis gewesen zu sein, selbst wenn es Funk, Fernsehen oder das Synchronstudio noch nicht gab. Max Reinhardt lastete seine Ensemblemitglieder voll aus; waren sie einmal verpflichtet, wurden sie auch ständig ge-

Alexander Moissi und Grete Berger in »Die Augen des Ole Brandis«, von Stellan Rye

fordert. Prozesse um gebrochene oder nicht eingehaltene Verträge zwischen dem Deutschen Theater und anderen Bühnen waren nicht selten. Man riß sich um die Stars der Theater und zeigte sich gar nicht zimperlich bei Abwerbungsversuchen. Immerhin garantierte der Star fast immer ein volles Haus. Fast nie dagegen kam es zu Prozessen zwischen dem Deutschen Theater und den Filmgesellschaften. Das mag einerseits an Reinhardts Aufgeschlossenheit gegenüber dem Kinematographen gelegen haben, aber andererseits wahrscheinlich auch an der Einsicht der Firmen, in einem Prozeß gegen Professor Max Reinhardt – eine Institution – nur auf geringen Erfolg hoffen zu können.

Am 28. Januar 1914 spielten beide – Winterstein und Lubitsch – in Reinhardts Inszenierung von »Romeo und Julia«. Winterstein den Tybalt, Lubitsch den Simson, Alexander Moissi den Romeo. 15 weitere Aufführungen folgten. Lubitsch wirkte in beiden Teilen von »Heinrich IV.« mit; neben ihm übrigens ein anderer junger Schauspieler, der schon im »Blauen Vogel« dabei war: Friedrich Wilhelm Murnau, den Reinhardt dann für seine »Großproduktion« »Das Mirakel« im Zirkus Busch verpflichtete, die am 30. April erstmals in der Manege zu sehen war. Längst empfand der findige Theaterunternehmer seine beiden Bühnen als zu klein. Er wollte ein

Berliner Tageblatt vom 7.6.1914

Reinhardt-Bühnen

Letzte Vorstellungen dieser Spielzeit:

Anfang 8 Uhr	Deutsches Theater Shakespeare-Cyclus	Kammerspiele Wedekind-Cyclus	Circus Busch Das Mirakel Anfang 8¼ Uhr
7. Juni (Sonntag)	Othello	Franziska	Das Mirakel
8. Juni (Montag)	Was ihr wollt	Oaha	Das Mirakel
9. Juni (Dienstag)	Hamlet	Der Stein der Weisen Der Kammersänger	Das Mirakel
10. Juni (Mittwoch)	König Heinrich IV. 1. Teil	Hidalla	Das Mirakel
11. Juni (Donnerstag)	König Heinrich IV. 2. Teil	Der Stein der Weisen Der Kammersänger	Das Mirakel
12. Juni (Freitag)	Kaufmann von Venedig	Marquis von Keith	Das Mirakel
13. Juni (Sonnabend)	Was ihr wollt	Erdgeist	Das Mirakel
14. Juni (Sonntag)	Ein Sommernachtstraum	Franziska	Das Mirakel

»Theater der Tausend«. Die Bilanz zum Spielzeitende ergab 24 neu inszenierte Stücke im Deutschen Theater und in den Kammerspielen. Innerhalb des Shakespeare-Zyklus – zehn Stücke an 208 Abenden – war »Was ihr wollt« (mit Lubitsch als Fabian) die erfolgreichste Inszenierung – von der Premiere am 13. März 1914 bis zum Saisonausklang 51 Aufführungen!

Das Reinhardt-Ensemble wurde am 14. Juni in die Ferien geschickt. Zwei Monate später, am 15. August 1914, sollte die nächste Spielzeit beginnen; geplant waren Neuinszenierungen von Shakespeares »Wintermärchen« und »Der Widerspenstigen Zähmung«. Doch am 15. August 1914 sah die Welt, auch die des Deutschen Theaters, ganz anders aus …

Wie nun ging es mit Lubitsch nach dessen Erfolg in »Die Firma heiratet« weiter? Er spielte fast zur gleichen Zeit bei der Deutschen Bioscop die Rolle eines Ehemannes in dem Film »Bedingung: … kein Anhang« von Stellan Rye. Dieser »Lustspielschlager« wurde im März 1914 von der preußischen Zensur »vollständig verboten«. Die Theaterabteilung im Polizeipräsidium (die auch den Film wachsam verfolgte) hatte viel zu tun; die Beamten leisteten nicht selten ganze Arbeit. Welche

Gründe zu dem Verdikt führten, wie das von der Bioscop angestrengte Verfahren vor dem Verwaltungsgericht ausging, ist nicht bekannt. Nirgends fand sich eine Kritik des Films, nirgends eine Mitteilung über eine spätere Aufführung, niemand scheint »Bedingung: ... kein Anhang« gesehen zu haben.

Als Anfang Juli 1914 die Berliner Filmfabriken einen Zensurstreik ankündigten, war das gar nicht verwunderlich. Sie empörten sich über die zu hohen Zensurgebühren, und das Wort vom »Berliner Filmkrieg« machte die Runde. Der geriet allerdings rasch in Vergessenheit, denn gar zu bald sollte ein ganz anderer Krieg die Aufmerksamkeit fesseln.

Bei der Deutschen Bioscop hatte Lubitsch wenig Glück. Die Projections-A. G. Union dagegen ruhte aufgrund des gewaltigen Erfolgs von »Die Firma heiratet« nicht eher, bis sie eine Fortsetzung im Kasten hatte. Im Juli 1914 konnte nahezu dasselbe Team einen Film mit dem Titel »Der Stolz der Firma« abliefern. Die Geschichte stammte wieder von Jacques Burg und Walter Turszinsky, Carl Wilhelm setzte das Buch in Szene, und erneut spielten Victor Arnold, Albert Paulig, Resl Orla und natürlich Ernst Lubitsch.

Die Gewichtung der Rollen hatte sich inzwischen verändert. In »Die Firma heiratet« ging es in der Hauptsache um die Probiermamsell, das Mannequin Trude, und der Film trug den Untertitel: »Die Geschichte eines Mannequins«. Der zweite Teil hieß »Der Stolz der Firma«, mit dem Untertitel: »Die Geschichte eines Lehrlings«. »Der Stolz der Firma« ist Siegmund Lachmann aus Rawitsch, einem Nest in der Provinz Posen, und der Film erzählt die Geschichte seines Lebens. Der Darsteller des Siegmund Lachmann – »Ernst Lubitsch vom Deutschen Theater, Berlin« – ist laut Union-Werbung mit dieser Leistung in die »allererste Reihe der Kinostars« getreten. Nun hat er es geschafft! Lubitsch, der kleine Ernst aus der Schönhauser Allee, ist ein Star geworden. Nun hat er sogar seinen Lehrer Victor Arnold hinter sich gelassen!

»Der Stolz der Firma« ist der erste Film mit Ernst Lubitsch, von dem einige Kopien die Zeiten überstanden haben. Es sind Dokumente von großem Wert, und die Handlung verfehlt auch auf die Zuschauer von heute nicht ihre komische Wirkung. Siegmund Lachmann arbeitet anfangs im »Grand Bazar« von Rawitsch als Lehrling. Er ist ein Tolpatsch, ein Tunichtgut, ein Schlemihl, der lieber mit den Mädchen poussiert als brav seine Pflichten zu erledigen. Eine Leiter wird für ihn zum Stein des Anstoßes. Er kippt sie um, als er über einen Stoffballen stolpert, sie schlägt durchs Schaufenster, führt zur Panik im »Grand Bazar« und zur Entlassung des Lehrlings. Der denkt zunächst an Selbstmord. Dem väterlichen Strafgericht entzieht sich das Bürschchen dann aber durch Flucht nach Berlin ... Und dort kommt er in den Modesalon von J. C. Berg (den natürlich Victor Arnold spielt). Auch hier stellt er mehrfach den ganzen Laden auf den Kopf, bringt er die gesamte Belegschaft an den Rand der Verzweiflung. Dieser Kerl aus Rawitsch ist zwar meschugge, doch er ist ein Aufsteiger, und er schafft es. Er ehelicht das Töchterchen des Chefs, das

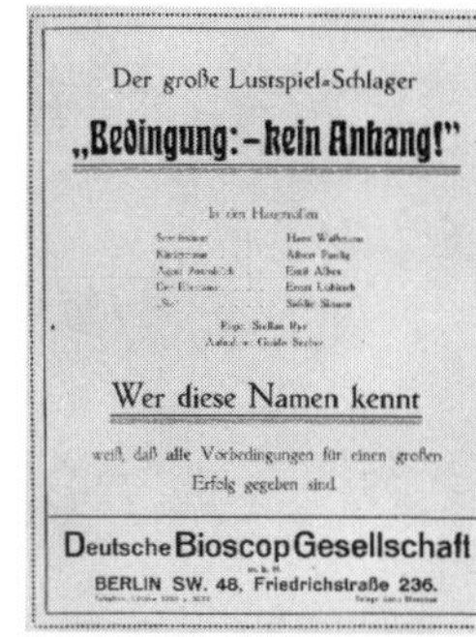

Werbung der Lichtbild-Bühne für einen neuen Film

... und Mitteilung des Zensurverbots

Szenenfotos aus
»Der Stolz der Firma«

schließlich den eigentlichen »Stolz der Firma« zur Welt bringt: einen fröhlich strampelnden Jungen!

Der Film bietet Turbulenz und Klamauk, es gibt viel zu lachen, die Posse wird zur Klamotte. Lubitsch zeigt vor allem sehr grobschlächtigen Humor; er übertreibt oft hemmungslos, besonders in der Gestik. Offensichtlich glaubte er, nur durch diese Überspitzungen die Vorgänge deutlich machen zu können. Die wenigen Zwischentitel dienen nur dazu, dem Ganzen mitunter eine zusätzliche Pointe aufzusetzen.

Berliner Tageblatt vom 31.7.1914

Doch das sind Mäkeleien eines Kinogängers von heute. Damals war das Publikum von dem Film und dem neuen Star begeistert. Sein Porträt zierte die Union-Anzeigen, die in fast allen großen Berliner Tageszeitungen erschienen.

Der maßlose Humor Ernst Lubitsch's als Held des famosen Lustspiels »Der Stolz der Firma« entfesselt täglich in den U. T.-Lichtspielen eine unbegrenzte Heiterkeit des Publikums – so behauptete es wenigstens die Union.

Alles sollte genauso verlaufen wie ein halbes Jahr zuvor mit »Die Firma heiratet«. Am 30. Juli wurde das U. T. Friedrichstraße wieder für eine Nachtvorstellung reserviert. Die Premierengäste sollen begeistert gewesen sein, und die Zeitungen meldeten am nächsten Morgen den Erfolg. Doch bereits wenige Stunden später, am Nachmittag des 31. Juli, erschien das Berliner Tageblatt mit einer alles verändernden Schlagzeile: »Deutschland in Kriegszustand erklärt« ... Es begann ein Krieg, den damals noch niemand Weltkrieg nannte und der noch nicht numeriert wurde ...

Gingen die Besucher des U. T. Friedrichstraße an jenem heißen Sommertag ein paar hundert Meter weiter zur Straße Unter den Linden, begegneten ihnen vielleicht grölende Studenten, die die aktuellen Ereignisse bejubelten. Stündlich brachten die Zeitungen Sonderausgaben. Die Leute hamsterten sogleich Lebensmittel, was wiederum die Preise blitzartig in die Höhe schnellen ließ. Die Hitze dieses Sommers entsprach exakt der Stimmung in der Reichshauptstadt.

Am 1. August stellte die deutsche Regierung Rußland ein Ultimatum und übermittelte an Frankreich eine Anfrage. Am darauffolgenden Sonntag wurde in Berlin mobil gemacht. Die Stadt befand sich in einem Fieberrausch, der sogar solche Menschen erfaßte, die über jedwede militaristische oder chauvinistische Ansichten erhaben schienen. Klabund zum Beispiel leitete am 8. August im Berliner Tageblatt mit dem Gedicht »Kriegsfreiwillige vor!« eine ganze Serie den Krieg preisender Ergüsse ein. In derselben Nummer wurde das Lied »Gott, Kaiser, Vaterland« von Georg von Hülsen, Generalintendant des Königlichen Schauspielhauses, vertont von Leo Blech, Generalmusikdirektor der Königlichen Oper Unter den Linden, veröffentlicht. Gerhart Hauptmann ließ das Gedicht »Reiterlied« und einen Aufsatz unter dem Titel »Gegen Unwahrheit« drucken, in dem der Verteidigungskrieg der Deutschen zur Notwendigkeit erklärt wurde. Sein Bruder Carl, der einige Zeit zuvor noch für Bertha von Suttner gestritten und pazifistische Artikel geschrieben hatte, verfaßte einen offenen Brief an einen amerikanischen Freund, in dem stand:

Unser Sieg wird der Friede Europas sein. Er wird die Einigkeit Europas sein.[147]

Verlesung der Mobilmachung Unter den Linden am 31. Juli 1914

Unter den Linden am 2.9.1914.
Foto: Max Missmann

Der später berühmte Kritiker Herbert Jhering publizierte im Berliner Tageblatt den Artikel »Die Mobilmachung als Kunstwerk«! Und Paul Harms schrieb im Feuilleton dieser Zeitung über den »Krieg als geistige Höchstleistung«!

Am 31. Juli hatte noch im B. T. L. das Lustspiel »Max Linder in Monaco« seine deutsche Erstaufführung erlebt. Das dürfte der letzte französische Film gewesen sein, der in einem deutschen Kino gezeigt wurde. Danach, fünf Jahre lang, kamen Filme des »Erbfeindes« natürlich nicht mehr in deutsche Lichtspieltheater.

Bezeichnend für die Stimmung jener Tage ist auch ein Bericht des Berliner Tageblatts über eine Säuberung der Innenstadt von französischen Namensschildern:

Deutsche Firmenschilder

Das Ballhaus in der Behrenstraße, das unter seinem französischen Namen Palais de Danse so populär war, hat heute seinen Namen geändert. Das Firmenschild wurde unter dem Beifall

Das Verlagshaus Rudolf Mosse bei Kriegsausbruch

der Zuschauer heruntergeholt. Es gibt also kein »Palais de Danse« mehr, und es wird sich in ruhigeren Zeiten zeigen, unter welchem deutschen Namen später wieder getanzt wird.

In den gestrigen Abendstunden, als im Westen der Abbruch der Beziehungen mit England bekannt geworden war, wurde am »Englischen Café« am Kurfürstendamm das Wort »Englisch« heruntergeholt. Die Menge forderte die Abnahme der Bezeichnung, und der Lokalbesitzer leistete dem Wunsche Folge. Auch das Piccadilly-Café folgte dem Beispiel. Es wird jetzt »Deutsches Café« heißen.

Auch aus anderen Teilen der Stadt werden derartige Vorkommnisse gemeldet. In der Friedrichstraße bildete sich heute aus der Mitte des Publikums eine Truppe, die von den Lokalinhabern die Abnahme der fremdsprachigen Bezeichnungen verlangte. An einigen Stellen verrichtete die Feuerwehr diese Arbeit. Alle Ladenbesitzer kamen dem Wunsche des Publikums nach.

Acht Söhne für das Vaterland

Die in Leipzig-Volkmarsdorf wohnhafte Frau Emilie Lindner hat, wie unser Leipziger Korrespondent telegraphiert, acht Söhne unter den Fahnen. Die brave Frau ist stolz darauf.[148]

Doch es waren noch Steigerungen möglich. Zu den eifrigsten Hurrapatrioten jener Zeit zählten jene Künstler, die sich bisher der offenbar gänzlich unpolitischen heiteren Muse verpflichtet fühlten. Paul Lincke schrieb patriotische Lieder, die sogar eine gewisse Popularität erreichten. Das Metropol-Theater brachte im Dezember 1914 das Volksstück »Woran wir denken«, mit Fritzi Massary und Claire Waldoff, heraus, das am Schluß in eine »feierlich-patriotische Huldigung an das Eiserne Kreuz« mündete.

Der äußerst emsige Operettenkomponist mit dem bürgerlichen Namen Max Winterfeld war nun plötzlich mit einem furchtbaren Makel behaftet: Einst hatte er sich den Künstlernamen Jean Gilbert zugelegt, und nun ließ dieser ehrenwerte Herr vermelden, daß er künftig nur noch Gilbert heiße. Später, nach dem Krieg, sollte er sich wieder seines Vornamens erinnern.

Ein erfolgreicher Operettenkomponist, der im Kriege seinen Namen änderte

Die Filmindustrie und die Theater zeigten sich anfangs noch unschlüssig. Man wußte nicht so recht, ob es angesichts der »großen Ereignisse« überhaupt erlaubt sein würde, ob es der »Würde der Stunde« angemessen sei, Theater zu spielen oder Filme vorzuführen. Zwei Wochen später als geplant eröffnete das Deutsche Theater dann die neue Spielzeit mit Kleists »Prinz Friedrich von Homburg«. Werner Krauss spielte den Kottwitz, in einer kleinen Rolle trat F. W. Murnau auf. Doch etwas war anders als sonst. Vor Beginn der Aufführung rezitierte Rosa Bertens die Worte des Deutschland-Liedes!

Einen Tag später folgte Lessings »Minna von Barnhelm«, und am 31. August wurden »Die Räuber« gegeben, mit Werner Krauss als Franz, Eduard von Winterstein als Hermann, Victor Arnold als Pater. Aber wieder war etwas wichtiger als die Aufführung selbst, wie der Kritiker des Berliner Tageblatts meldete:

Zu einem Jubelsturm aber erhob sich die Begeisterung innerhalb und außerhalb der Bühne, als Herr Held dem Publikum die neuesten Siegesmeldungen vorlas. Das war doch die wirkungsvollste Szene der Aufführung, und auch die vortrefflichen Künstler werden mit dieser Kritik gewiß einverstanden sein.[149]

Als am 25. September »Wallensteins Lager« in einer Neuinszenierung seine Premiere erlebte, fügte man das Vorspiel »1914« von Wilhelm Schmidtbonn hinzu, über das Paul Schlenther im Berliner Tageblatt schrieb:

Drei Männer tun noch mehr. Sie schließen Frieden untereinander, Agrarier, Sozialdemokrat und Hansabündler im dreieinigen Händedruck, und im dreibündigen Einklang ihrer Stimmen schwören sie Rache gegen England.[150]

Natürlich wurden in jenen Tagen vor allem klassische deutsche Stücke gespielt. Das Programm des Deutschen Theaters war jedoch vor allem auf William Shakespeare aufgebaut, ausgerechnet auf das Werk eines Engländers! Und so ließ Max Reinhardt am 27. September beim Reichskanzler von Bethmann-Hollweg anfragen, ob er denn noch dürfe ... Er durfte. Begründung: Ein so großer Dramatiker wie

Shakespeare gehört der ganzen Welt, nicht nur den Engländern. Allerdings veränderte sich der Shakespeare-*Zyklus* in einen Shakespeare-*Reigen* – Tribut an die »Entwelschung« der deutschen Sprache!

Als sich allerorts die Freiwilligen zu den Fahnen drängten, wollte auch das Deutsche Theater nicht abseits stehen. So berichtete die Presse am 13. August, daß sich der Sohn Eduard von Wintersteins, Gustav von Wangenheim, freiwillig zum feldgrauen Dienst gemeldet habe. Kurz darauf eilte Paul Wegener zur Truppe, und bald schon berichteten die Zeitungen von seinen Heldentaten: von seiner Tapferkeit bei der Erstürmung der Kirchhofs von Dixmuiden (Flandern) – wofür er das Eiserne Kreuz erhielt – und von seiner Beförderung zum Leutnant Ende 1914. Auch Alexander Moissi konnte es nicht erwarten, Soldat zu werden. Da er als geborener Italiener Schwierigkeiten mit seiner Aufnahme ins deutsche Heer hatte, wandte er sich an den prominenten Berliner Theaterfreund, den Kronprinzen. Moissi wurde »naturalisiert« und konnte bereits am 8. August mit der Ausbildung beginnen.

Doch plötzlich ereignete sich ein Zwischenfall, der Berlins Theater- und Filmwelt irritierte. Plötzlich knirschte etwas in der ansonsten perfekt laufenden Kriegsmaschinerie. Vielleicht ließ diese unerwartete Störung den einen oder anderen Zeitgenossen in seinem hurrapatriotischen Eifer einen Moment innehalten, vielleicht wurde einmal kurz nachgedacht, welcher Wahnsinn da unter dem Jubel der großen Mehrheit des deutschen Volkes abrollte. Einigen war offenbar ein gehöriger Schreck in die Glieder gefahren – zumindest lassen das die betreffenden Stellen in ihren viele Jahrzehnte später geschriebenen Memoiren vermuten. Asta Nielsen erwähnte diesen »Zwischenfall«, und auch Ernst Stern, Reinhardts Bühnenbildner. Plötzlich scherte einer aus, machte einer nicht mehr mit, drehte regelrecht durch in dieser Kriegspsychose. Victor Arnold – einer der Reinhardt-Stars und Lubitschs Lehrmeister – wurde wahnsinnig und nahm sich das Leben. Felix Hollaender, Regisseur vieler Stücke, in denen Arnold gespielt hatte, schrieb für das BERLINER TAGEBLATT den Nachruf:

Er war aus der Klasse der Nestroy und Meixner und hatte eine scharfe Zunge, die gefürchtet war. Sein ätzender Witz verschonte nichts und niemanden. Dabei war er im Herzen gütmütig und kindhaft, scheu, mißtrauisch und abergläubig. Wie die meisten großen Komiker war er im Leben ein schwerer Melancholiker und Hypochonder, der sich innerlich furchtbar quälte. Leicht erregbar und durchaus empfänglich für äußere Einflüsse, versetzte ihn der Ausbruch des Krieges in einen Zustand gesteigerter Angst, den ich nicht zu beschreiben vermag. Er war von der Kriegskrankheit ergriffen worden, über die man in diesen Tagen so mancherlei hört. Zwei Vorstellungen beherrschten ihn – einmal, er müßte verhungern; zweitens, er könnte nie mehr im Leben eine Rolle lernen, geschweige denn spielen. Diese Angst schnürte ihm buchstäblich das Herz zusammen – und kein gütiges Zureden, kein Einwand der Vernunft vermochte ihm zu helfen.

Auf einer Probe von »Zopf und Schwert« trat der völlige Zusammenbruch ein. Er fiel Max Reinhardt zu Füßen, streckte flehentlich die Hände empor und bat mit einem Gesichtsaus-

Ein neuer Freiwilliger: Alexander Moissi (rechts)

druck, dessen Verängstet- und Verstörtsein ich nie vergessen werde, von seiner schauspielerischen Tätigkeit in Zukunft abzusehen, ihn im Bureau anzustellen, ihn nicht verhungern zu lassen. Nichts blieb ungeschehen, um ihn zu beruhigen. Die Rolle wurde ihm sofort auf seinen Wunsch abgenommen und ihm das feste Versprechen gegeben, daß das Theater, dessen ältestes Mitglied er war – als Serenissimus hatte er in »Schall und Rauch« seine Tätigkeit bei uns begonnen –, in jeder Weise für ihn sorgen würde. Dann brachte ich ihn ins Foyer, wo er sich in einem großen Sessel wie ein Igel zusammenrollte und unbeweglich auf mich wartete, bis die Probe beendet war. Am Nachmittag ging ich mit ihm zu einem unserer ersten Nervenärzte, der ihm verschiedene Verhaltensmaßregeln gab und sich in die Hand hinein von ihm versprechen ließ, keine Dummheiten zu machen und in wenigen Tagen wiederzukommen. Auch hier machte er den Eindruck eines Verzweifelten, eines gehetzten Menschen, der keinen Ausweg mehr sieht. Er klammert sich gleichsam an seine Angst fest – oder sage ich lieber, er war an seine Pein geschmiedet und nicht mehr zu befreien. Um ihn aufzuheitern – mir war gar nicht wohl dabei zumute –, sagte ich: »Passen Sie auf, Arnold, in ein paar Tagen werden Sie wieder Ihre Witze reißen und über Ihren jetzigen Zustand lachen.« Er schüttelte den Kopf und erwiderte nur: »Nie mehr kommt aus meinem Munde ein Scherz, verlassen Sie sich darauf.« Wir traten den Heimweg an. Unterwegs schien er etwas zuversichtlicher zu werden – vor allem durch die erneute Versicherung, die ich ihm geben durfte, daß jetzt und auch in Zukunft alle materiellen Sorgen für ihn ausgeschaltet seien. An diesem Nachmittag habe ich ihn das letztemal gesehen. Ein paar Tage später ging er nach Dresden in ein Sanatorium. Seine Herzensnot muß sich in-

Victor Arnold

zwischen auf das furchtbarste gesteigert haben. Und in einer Stunde der Verzweiflung machte er den unseligen Entschluß zur Tat und schied aus dem Leben.[151]

Asta Nielsen erzählt von einem erschütternden Brief, in dem Arnold sie flehentlich um Beschäftigung für den Film gebeten habe. Er wollte weg aus Berlin, wo die Zeitungen täglich die Gefallenen vermeldeten, darunter auch Freunde und Kollegen Arnolds. Einer der ersten, der auf dem »Feld der Ehre« blieb, war Stellan Rye, der Regisseur des »Student von Prag« und von »Bedingung: ... kein Anhang«. Er fand seinen Tod am 14. November 1914 in Flandern (wo auch Paul Wegener kämpfte). Am 21. Mai 1915 fiel im Alter von 41 Jahren Walter Turszinsky, Autor von »Die Firma heiratet« und »Der Stolz der Firma«, oft auch Mitarbeiter von Siegfried Jacobsohns »Schaubühne«.

In seinen Erinnerungen gibt Ernst Stern noch einige zusätzliche Informationen über Victor Arnolds Ende:

Die Kriegs-Psychose begann, ihre Opfer zu fordern. In »Wallensteins Lager« kommt die berühmte Kapuzinerpredigt vor, in der ein Mönch gegen die gottlose, mutwillige Soldateska Wallensteins und auch gegen ihn selbst wettert und tobt. Die Rolle wurde von Victor Arnold, der in Stuttgart den Jourdain gespielt hatte, dargestellt, einem wunderbaren Schauspieler, komisch und tragisch zugleich.

Es ist eine Zeit der Tränen und Not,
Am Himmel geschehen Zeichen und Wunder,
Und aus den Wolken, blutigrot,
Hängt der Herrgott den Kriegsmantel 'runter.
Den Kometen steckt er wie eine Rute
Drohend am Himmelsfenster aus, ...
Die Arche der Kirche schwimmt im Blute, ...

Bisher war Arnold bei der Vorstellung des »Lagers« den Schillerschen Versen gefolgt, nun aber kreischte er weiter:

Und die schrecklichen Reiter schwingen die Knute
Und stürmen herein in furchtbaren Horden
Und ... und morden ... und morden ...!

Diese letzten Zeilen waren Arnolds eigene Hinzufügung, sie wurden seine letzten Worte als Schauspieler. Er brach zusammen und wurde von den Kollegen fortgeführt. Fortgesetzt keuchte er dabei: »Die Kosaken! ... Sie kommen! ... Sie sind da ... Ganz nahe! Ganz nahe!« Er wurde in eine Irrenanstalt gebracht, dort schnitt er sich mit einem Glasscherben die Kehle durch. An einem grauen Tag standen wir an seinem offenen Grab, und als die ersten Erdschollen auf den Sarg fielen, sprang die Witwe hysterisch schreiend mit hinunter. »Victor, Victor! Laß mich nicht allein!«[152]

Das war am 19. September auf dem Friedhof an der Belle-Alliance-Straße (heute: Mehringdamm). Unter den Trauergästen befand sich auch Alexander Moissi in der Uniform des 1. Garde-Feldartillerie-Regiments. Am Grabe redeten Felix Hollaender und Eduard von Winterstein, der vom »toten Kameraden« sprach, der »vierzehn

Victor Arnold (mit Kneifer) in einer Aufführung des Metropoltheaters »Die Klabriaspartie«

Jahre lang als Flügelmann in der künstlerischen Front gestanden hat«. Nicht Kollege oder Freund hieß es, sondern Kamerad, und das Theater war eine »künstlerische Front«. Welch bezeichnende Sprache!

Wie nun überstand Ernst Lubitsch den Krieg? Wie kam unser kleiner Mann aus der Schönhauser Allee durch diese Zeit? Wurde auch er zu den Fahnen gerufen, oder meldete er sich gar freiwillig? Was konnte er später auf die in deutschen Amtsstuben oft gestellte Frage: »Hamse jedient?« antworten? Wahrscheinlich wurde er nicht rekrutiert, weil er zu klein und zu schwächlich war.

Es ist anzunehmen, daß Lubitsch bei der Beerdigung seines Mentors Victor Arnold zugegen war. Ein paar Wochen später stand er schon wieder an einem Grab, dem seiner Mutter, die am 10. Dezember 1914 starb. Sie wurde auf dem großen Jüdischen Friedhof in Berlin-Weißensee bestattet, wo die Eltern im Erbbegräbnis 2136 in der Abteilung M IV liegen. Man kann es noch heute finden. Es ging »Nach Weißensee ...«, wie es in einem Gedicht Kurt Tucholskys heißt, dessen Eltern gleichfalls dort begraben sind. Die Söhne, Tucholsky wie Lubitsch, fanden ihre letzte Ruhestätte außerhalb Deutschlands ...

Am Ende der Spielzeit 1913/14 verließ Fritz Kortner die Reinhardt-Bühnen. Er fand den Spielplan des Hauses, die Orientierung auf publikumswirksame Großproduktionen, auf Pantominen wie »Sumurun«, zum Kotzen und ging von dannen. Erst nach dem Krieg, dann allerdings bei Leopold Jessner am Staatlichen Schauspiel-

haus, begann Kortners große Bühnenkarriere. Lubitsch blieb am Deutschen Theater; der erste Filmruhm ließ ihn nicht übermütig werden. Reinhardt besetzte ihn für die Neuinszenierung von Hugo von Hofmannsthals »Das alte Spiel vom Jedermann« und im April 1915 für die Rolle des Tirolers in seiner Inszenierung von Goethes »Das Jahrmarktsfest zu Plundersweilern«.

Im Sommer 1915 übernahm Max Reinhardt zusätzlich die Leitung der Volksbühne. (Wenn Lubitsch aus dem Fenster der elterlichen Wohnung in der Schönhauser Allee 183 sah, konnte er vielleicht das Dach des imposanten Neubaus von Oskar Kaufmann erblicken.) In einer der ersten Reinhardt-Inszenierungen für dieses Haus, in Schillers »Räubern«, wirkte Lubitsch als Schufterle mit. Neben ihm standen die Großen des Deutschen Theaters: Paul Wegener als Franz Moor, Paul Hartmann als Karl, Emil Jannings als Hermann.

Vierzehn Tage später – am 15. September 1915 – hob sich am selben Ort der Vorhang für Reinhardts Inszenierung von Shakespeares »Der Kaufmann von Venedig«. Rudolf Schildkraut verkörperte den Shylock, Eduard von Winterstein Graziano, Lubitsch Lanzelot, den ungetreuen Diener des jüdischen Kaufmanns. Der Rezensent des BERLINER TAGEBLATTS nahm Lubitsch auf der Bühne zwar wahr, mäkelte aber:

Ernst Lubitsch gab als Lanzelot etwas zu viel des Guten.[153]

Lubitsch spielte in Reinhardts deutschem Krippenspiel »Der Stern von Bethlehem« die Rolle des Kaisers Herodes. Die »Schutzpatrone« des Deutschen Theaters, die Kronprinzessin und Prinz August Wilhelm sowie dessen Gemahlin, beehrten die Premiere am 27. Dezember 1915 mit ihrer Anwesenheit. Genau diese Feerien, die Pantomimen und die phantastischen Ballette, die Reinhardt immer wieder spielte, waren es, die Fritz Kortner so sehr angewidert hatten.

Auf der Bühne ging es bei Lubitsch nicht so recht weiter, wie sah es dagegen im Kino aus? Zog der Erfolg von »Der Stolz der Firma« weitere nach sich? Nach einer kurzen Pause, bedingt durch den Kriegsausbruch, als man sich gar nicht so sicher war, ob angesichts des Ernstes der Zeit im Kino überhaupt gelacht werden durfte, stellte sich die Filmindustrie auf die neuen Verhältnisse ein. Im Januar 1915 wurde »Der Stolz der Firma« erneut eingesetzt und von da ab in nahezu alle deutschen Kinos gebracht. Womit Lubitsch im Anschluß an seine erste große Filmrolle beschäftigt war, entzieht sich weitestgehend unserer Kenntnis, und man kann nur vermuten, daß er in jenen Monaten vor allem nach neuen Filmstoffen suchte. Es existiert ein Brief Lubitschs an seine beiden Biographen Herman G. Weinberg und Theodore Huff, den er ihnen 1946, kurze Zeit vor seinem Tod, geschrieben hat. Dort heißt es:

Obwohl ich im nächsten Film »Der Stolz der Firma« eine Hauptrolle spielte und dieser Streifen ein Erfolg war, kam meine Filmkarriere zum Stillstand. Ich war zum Typ gestempelt, und es schien niemand eine Rolle zu schreiben, die für mich gepaßt hätte. Nach diesen beiden Erfolgen saß ich ganz draußen, und da ich nicht aufgeben wollte, erschien es nötig, mir meine Rollen selbst zu schaffen. Zusammen mit einem meiner Freunde, dem verstorbenen Schauspieler

Seite 298
Das Grab der Eltern Lubitsch auf dem Jüdischen Friedhof in Berlin-Weißensee

Die Volksbühne am Bülowplatz wird gebaut

Die Neue Freie Volksbühne

Erich Schönfelder, schrieb ich eine Anzahl Einakter-Filme, die ich an die Union Company verkaufte. Ich führte Regie und spielte die Hauptrolle. Auf diese Weise wurde ich Filmregisseur. Wenn meine Laufbahn als Schauspieler glatter verlaufen wäre, wäre ich vielleicht nie Regisseur geworden.[154]

Von jenen Filmen, in denen Lubitsch 1914/15 mitwirkte, ist so gut wie nichts erhalten, so daß wir uns nur auf Zeitungsberichte stützen müssen, wollen wir etwas über sie erfahren. Lubitsch hat wohl schon frühzeitig geahnt, daß ihm das Kino große Möglichkeiten bieten würde. Anders ist es nicht zu erklären, daß einer, der gerade mal drei Jahre Erfahrung als Schauspieler an den Reinhardt-Bühnen aufweisen kann, es wagt, den ersten eigenen Film zu inszenieren.

Berliner Tageblatt vom 25.6.1915

»Fräulein Seifenschaum« wurde im Sommer 1914 bei der Union-Film gedreht, und es scheint, als sei die Produktion eine erste Reaktion auf die veränderten Verhältnisse in Deutschland. Erzählt wird eine echte Gegenwartsgeschichte: 1914 waren natürlich auch die Barbiere zu den Fahnen geeilt, und so oblag es den daheimgebliebenen Frauen, die Bärte der Herren zu stutzen. Lubitsch stellt einen Kunden dar, der von Fräulein Seifenschaum eingeseift und von ihrer Mutter rasiert wird. Am Ende verliebt er sich in die Tochter, was ihm Ärger mit der Mutter einbringt und Anlaß ist für viele komische Situationen. Am 25. Juni 1915 konnten die beiden Union-Theater Alexanderplatz und Kurfürstendamm »Fräulein Seifenschaum« (Lustiges von Ernst Lubitsch) vorführen – zusammen mit dem von Messter produzierten Film »Sein braunes Mädel« – ein ungarisches Zigeunerdrama mit Ernst Mierendorff und Erna Morena in den Hauptrollen.

Lubitsch erweiterte bald seinen Aktionsradius. Als 22jähriger gründete er – gemeinsam mit seinem Kollegen Ernst Mátray vom Deutschen Theater – eine eigene Gesellschaft, die Malu-Film, für die er zwei Lustspiele drehte. Am 21. Mai 1915 wird »Aufs Eis geführt« in drei U.T. – Unter den Linden, Moritzplatz und Weinbergsweg – zugleich mit dem Drama »Die Waldschenke« gestartet. Das Buch stammte von Hanns Kräly; an Lubitschs Seite spielte Albert Paulig, der auch schon in »Der Stolz der Firma« mit dabei war. In »Zucker und Zimt«, der zweiten Malu-Produktion, geht es um eine Zimmerwirtin, die an einen Herrn Zimt, von Beruf Handlungsgehilfe, und an einen Herrn Zucker, seines Zeichens Kapellmeister im Kaffeehaus, dasselbe Zimmer vermietet. Da es der eine tagsüber, der andere nachts bewohnt, lassen sich die komischsten Verwicklungen unschwer vorstellen.

Lubitsch begann bereits 1914/15, in seinen frühen Arbeiten, das Ensemble zusammenzustellen, mit dem er in späteren Jahren die großen Filme drehen sollte. Er war äußerst aktiv, er produzierte, inszenierte, spielte in eigenen Filmen und denen anderer. Zudem mußte er ja fast jeden Abend auf einer der drei Reinhardt-Bühnen stehen. Allein aus der Vielzahl unterschiedlicher Aufgaben zeichnen sich die Konturen jenes Bildes ab, das ich mir von Lubitsch ausgemalt habe: Das eines pfiffigen Hans Dampfs in allen Gassen, der aus jeder Situation etwas zu machen versteht, der aus einer Niederlage schnell die richtigen Schlüsse zieht, der sich nicht unterkriegen

Hanns Kräly, Lubitschs bevorzugter Szenarist

Berliner Tageblatt vom 12.8.1915

läßt. Es war ihm damals wahrscheinlich noch gar nicht klar, auf welchem Gebiet sein wirkliches Talent lag. War er nun ein besserer Regisseur oder ein besserer Schauspieler? Wo sollte er sein Terrain abstecken? Auf der Bühne oder im Kino? Lubitsch suchte noch, und er probierte sich aus.

Als Willy Zeyn und Max Mack für die Union zwei Lustspiele inszenierten, besetzten sie natürlich für beide Lubitsch. Das Buch für »Arme Marie« hatten Robert Wiene und Walter Turszinsky verfaßt. Der Film ist mir nicht bekannt, doch könnte er durchaus eine lockere Fortsetzung von »Die Firma heiratet« und »Der Stolz der Firma« gewesen sein. Lubitsch spielt hier den Kommis Moritz Rosenthal, der in einem großen Kaufhaus arbeitet, wo auch die arme Marie als Verkäuferin tätig ist. Um ihren Vater vor der drohenden Exmittierung zu retten, wird sie zur Diebin. Der Lagerverwalter beobachtet den Diebstahl und erstattet – da sie sich ihm verweigert hat – beim Chef des Warenhauses Anzeige. Der aber kommt schnell hinter das Motiv der ganzen Sache, wirft den bösen Denunzianten raus und heiratet die kleine Angestellte. Der entlassene Verwalter versucht daraufhin, die einstige Verkäuferin zu erpressen. In ihrer Angst entnimmt sie der Kasse des Gemahls Geld, wird dabei jedoch überrascht und vom Schlag getroffen. Bevor sie entschläft, vernimmt sie noch, wie ihr der edelmütige Gatte verzeiht. Der Film muß eine Mischung aus Melodram, Traumfabrik und Komik gewesen sein; neben Ernst Lubitsch wirkten noch (die beiden späteren Regisseure) Friedrich Zelnik und Felix Basch mit.

Am 12. August 1915 erlebte im U.T. Nollendorfplatz der Union-Film »Robert und Bertram« von Max Mack seine Premiere, eine Geschichte um zwei Vagabunden (Eugen Burg und der berühmte Bühnenschauspieler Ferdinand Bonn), die aus dem Gefängnis entflohen sind und durch eine gute Tat beweisen, daß sie nicht hinter Gitter gehören. Lubitsch hat in diesem Film – die Außenaufnahmen entstanden in Rothenburg ob der Tauber – nur eine Nebenrolle. Die Union pries das »Spiel voll goldenem Humor aus der schönen guten alten Zeit« mit dem Verschen an:

Wie zweie es so recht verstehn,
Gar lustig durch das Land zu streichen
Müßt Robert ihr und Bertram sehen
Sie finden nirgend ihresgleichen.[155]

Der Krieg dauerte bereits ein Jahr, und all der Jubel des Sommers 1914 war verflogen, jetzt regierte der nüchterne, bittere Alltag, und so sehnte man sich zur »schönen guten alten Zeit« zurück. Den Jahrestag des Kriegsausbruchs nutzte der Kaiser zu einer Rede, in der er behauptete, den Krieg nicht gewollt zu haben. Stolz wies er auf die »Erfolge« des ersten Jahres hin: 1695400 Gefangene; man jubelte über die Besetzung Warschaus durch deutsche Truppen, die eigenen Verluste aber, die vielen Gefallenen, wurden einfach verschwiegen.

Da die tristen Zeiten wenig Grund zum Lachen boten, brauchte man wenigstens im Kino etwas Humor. Die Art von Filmen, in denen Lubitsch auftrat, die er auch selbst drehte, waren daher sehr gefragt. Über allem Spaß durfte jedoch der Patriotismus nicht vergessen werden. Das Marmorhaus am Kurfürstendamm verband seine Werbung für das Lustspiel in zwei Akten, »Liebet die Männer« – dessen Hauptrolle Anna Müller-Lincke verkörperte –, mit der Warnung:

Berliner Bürger, geht nur in Theater, die mit rein deutschem Kapital betrieben werden. Hierzu gehört das Marmorhaus.[156]

Auch das eine Form, die lästige Konkurrenz aus dem Feld zu schlagen!

Ernst Lubitschs künstlerische Geschäftigkeit in jenem ersten Kriegsjahr ist beachtlich. Er schrieb, inszenierte und spielte für das Kino, und er stand auf der Bühne. Er drehte »Blindekuh« und »Als ich tot war« – das eine ein Lustspiel um eine böse Schwiegermutter, die vergeblich versucht, die Verlobung der Tochter mit dem ungeliebten Bräutigam (Lubitsch) zu verhindern; das andere ein offenbar mißlungener Versuch, auch im dramatischen Fach erfolgreich zu sein. In jenem bereits erwähnten Brief an seine Biographen schreibt Lubitsch, daß der Film ein vollkommener Fehlschlag gewesen sei, da das Publikum nicht gewillt war, ihn in einer ernsten Rolle zu akzeptieren. Wie es scheint, war Ernst Lubitsch also schon 1915 nach vier Jahren Theatererfahrung und zweijähriger Filmpraxis, im Alter von 23 festgelegt.

Lubitsch gönnte sich und seinem Publikum keine Pause. Er spielte sowohl in Filmen, die wahrscheinlich ohne große Originalität auskamen, als auch in Produktionen, die schon etwas von seiner späteren Meisterschaft zeigten. Zur ersten Gruppe gehört ganz gewiß das »Phantastische Schauspiel in drei Akten, verfaßt und insze-

Berliner Tageblatt vom 10.8.1915

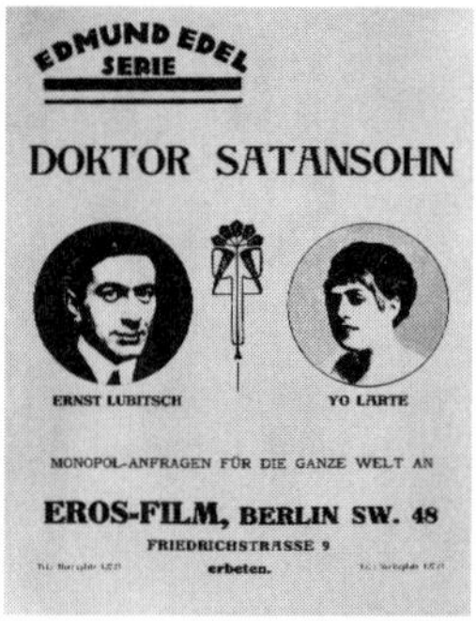

Der Kinematograph vom 16.2.1916

niert von Edmund Edel mit Ernst Lubitsch in der Titelrolle«: »Doktor Satansohn« wurde am 17. März 1916 im Mozartsaal am Nollendorfplatz uraufgeführt; nichts davon ist erhalten, lediglich ein paar Zeilen aus der sogenannten Fachpresse können einigen Aufschluß geben. Innerhalb seiner Rubrik »Neuheiten auf dem Berliner Filmmarkte« äußerte sich Der Kinematograph:

»Doktor Satansohn« heißt die neueste Filmschöpfung von Edmund Edel (Eros-Film). Mal wieder etwas Anderes. So'n bißchen phantastisch ist doch zu wunderschön. Übrigens dreht es sich bei der Geschichte um Schönheit. Nein, auch um Jugend. Beide will die schon etwas über dem gefährlichen Alter stehende Schwiegermutter so gern wiedererlangen, denn sie muß mit neidischen Blicken sehen, wie der Mann ihrer jungen hübschen Tochter diese vergöttert. »Der Teufel soll das Alter holen«, mit diesen Worten wirft sie bei der Nachttoilette ihre diversen falschen Haare beiseite, tut mit ihren Blicken dasselbe, und da steht auch schon leibhaftig der Teufel, vielmehr Herr Satansohn neben ihr. »Ihnen kann geholfen werden, gnädige Frau, ich bin der Inhaber eines Instituts für Schönheitspflege und Körperkultur«. Die gnädige Frau ist sozusagen baff, was sie aber natürlich nicht abhält, in die Behandlung des Doktors Satansohn zu gehen. Die Behandlung ist gründlich, die Schwiegermutter wird in die liebreizende Erscheinung ihrer eigenen Tochter verwandelt, während diese selbst durch Satansohns Einwirkung zu einer kleinen Nippfigur gemacht ist. Aber einen Haken hat die Sache doch! Die also verwandelte Alte mußte die Verpflichtung eingehen, weder sich küssen zu lassen, noch selbst zu küssen. Das wird ihr nun aber verteufelt schwer gemacht, denn erstens ist der junge Ehemann sehr stürmisch, dann aber wird sie, wie z. B. bei einer Schönheitskonkurrenz, in die argsten Verlegenheiten gebracht – kurzum, als nun gar Dr. Satansohn die junge Frau zum Leben wieder zurückgerufen hat, man muß nämlich wissen, daß er sich in sie vergafft hat, und die Alte, immer natürlich in Gestalt ihrer Tochter, zu ihm kommt, um ihn zu bitten, sie nur wieder zurückzuverwandeln, und er in Erregung statt der Jungen die Alte umarmt und sogar küßt, da hält er plötzlich die Schwiegermutter in seinen Armen. Brrrr. Aus. – Ein lachender Philosoph spricht aus dem ganzen Werke, in dem eine reichliche Portion von Lebensweisheit steckt. Wenn solch ein Filmvorwurf dann noch genügend Gelegenheit gibt, neben hübschen Situationen und Szenen auch noch eine ganze Reihe technischer Tricks anzuwenden, dann stempelt ihn das zu einer nicht alltäglichen Erscheinung. Den Dr. Satansohn spielt Lubitsch, in Maske und Spiel teuflisch, mit einem besonders sinnlichen Unterton. Eine ausgezeichnete Leistung. Die jugendliche weibliche Rolle vermittelte uns die Bekanntschaft mit der eigenartigen, überschlanken Schönheit Yo Lartes. Den gequälten Ehemann gab Herr Felix, dessen Abneigung gegen seine Schwiegermutter man nicht recht verstand, denn Marga Köhler war auch als Alte jung und hübsch.[157]

Darüber also wurde im März 1916 gelacht. Humor im dritten Kriegsjahr, das sowohl durch eine Erweiterung der Schauplätze als auch durch zunehmende Aktionen gegen dieses Gemetzel gekennzeichnet war. 1916 erklärte Deutschland auch Portugal den Krieg; im April richtete dann die USA ein Ultimatum an die deutsche Regierung.

Was das Lichtspielwesen betraf, so erfolgte im März 1916 ein generelles Einfuhrverbot ausländischer Filme nach Deutschland. Filme wurden zu Luxusgütern erklärt, und für Luxusgüter bestand ab sofort eine Importsperre. Damit beherrschte die deutsche Filmindustrie nun konkurrenzlos den einheimischen Markt. Sie konnte – da Filme gebraucht wurden – emsig produzieren, und sie nutzte vor allem das komische Genre, das sich immer mehr als die Domäne Ernst Lubitschs herausstellte.

Der Kinematograph vom 21.6.1916

1916 kamen vier Lubitsch-Filme in die Kinos, vier Lustspiele, die allesamt beim Publikum Anklang fanden: »Schuhpalast Pinkus«, »Der gemischte Frauenchor«, »Das schönste Geschenk« und »Der G. m. b. H. Tenor«. Heute ist nur noch der »Schuhpalast Pinkus« zu sehen; Informationen über die anderen drei Filme sind lediglich einigen spärlichen Zeitungsartikeln zu entnehmen. Die lassen sich jedoch schwerlich als Kritiken bezeichnen, denn sie enthalten nicht viel mehr als Inhaltsangaben mit der einen oder anderen kritischen Anmerkung. Für uns, die wir jene Filme nicht kennen, hat auch das seinen Reiz. So beschreibt die Zeitschrift Der Film das am 14. Juni 1916 im U.T. Alexanderplatz und in den Kammerlichtspielen am Potsdamer Platz uraufgeführte Werk »Der gemischte Frauenchor« mit folgenden Sätzen:

Lubitsch stellt sich in diesem Film als Kapellmeister vor und wird als Dirigent eines gemischten Frauenchores berufen, dessen Mitglieder indessen mehr für ihren Kapellmeister als für die Sangeskunst schwärmen. Mit vieler Mühe und noch mehr List hält er sie sich vom Leibe, und schließlich sorgt Lieschen Keck, der allein seine Liebe gilt, dafür, daß ihr Schatz Ruhe bekommt, indem sie die Ehemänner der abenteuerlustigen Mitglieder des gemischten Frauenchores aufhetzt.[158]

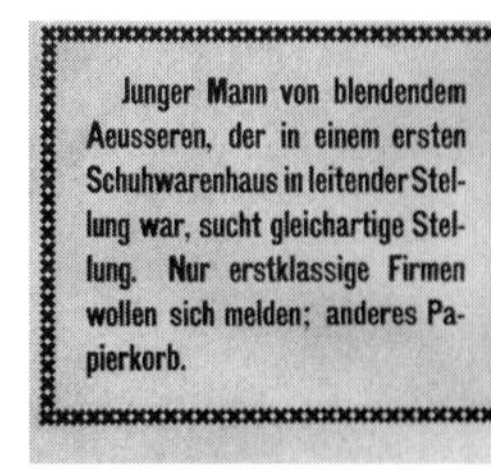

Zwischentitel aus »Schuhpalast Pinkus«

Und über »Das schönste Geschenk« schreibt Argus, der Kritiker der Zeitschrift Der Kinematograph:

Eine hübsche Lustigkeit ist das. Ein junges Mädchen versendet an ihre Verehrer zu ihrer Geburtstagsfeier Einladungen, mit dem Zusatz, daß sie dem, der ihr das schönste Geschenk bringt, die Hand fürs Leben reichen wird. Die verschiedensten Typen von Liebhabern tanzen nun an. Die originellste aber ist Ernst Lubitsch, der beinahe zu spät kommt. Er hat nämlich seinen Hemdenknopf verloren, konnte kein Auto bekommen, und deshalb eilt er schließlich auf Rollschuhen zu ihr, wo inzwischen längst seine Rivalen angelangt sind und schon Präsente überreicht haben. Aber Lubitsch siegt und wird die Braut heimführen, denn er hat ein viertel Pfund Butter gebracht. – – – Wirklich eine nette Kleinigkeit, dieser Lubitsch-Film.[159]

Ein viertel Pfund Butter war damals, im Herbst 1916, für so manches junge Mädchen also das schönste Geschenk … Vielleicht streckte sie es später mit »Sauer's Butter-Pulver«, für das in jener harten Zeit kräftig geworben wurde.

Argus besprach auch die nächste Lubitsch-Premiere, die am 22. Dezember 1916 den Zuschauern der U.T. Friedrichstraße und Unter den Linden sowie der Kammerlichtspiele Potsdamer Platz ein wenig Weihnachtsunterhaltung bringen sollte:

Der neue »Lubitsch«-Film »Der G. m. b. H. Tenor« (Union-Film) wurde in den »Kammerlichtspielen Potsdamerplatz« herzlich belacht. Natürlich ist es ein jüdisches Milieustück. Sally kommt aus der Kleinstadt nach Berlin zum Onkel in die Lehre, und eines Tages wird er ent-

deckt. Er läßt Teig Teig sein. Eine Anzahl Herren hat sich zusammengetan zu einer G. m. b. H., die das Geld für das Gesangsstudium zur Verfügung stellt. Und endlich ist der große Abend gekommen, an dem der Liebling der Musen im Opernhaus den »Lohengrin« singen soll. Durch die Bosheit seines Rivalen wird er aber um den Erfolg gebracht. Ihm wird Juckpulver ins Kostüm gestreut, na, und die Wirkung kann man sich vorstellen. Sally kehrt zu den Bärmetöpfen des Onkels zurück, die bald die seinigen sein werden, denn sein Kusinchen ist nicht zu verachten. – Lubitsch' vis comica ist ja zu bekannt, um darüber noch etwas sagen zu müssen. Aber auch dieses Mal ist festzustellen, daß er allen Situationen die allerhumoristischste Seite abzugewinnen weiß und, wie immer, Wirkungen, ohne zu übertreiben, erzielt. Seine Partnerin ist die zierliche, hübsche Ossi Oswalda, der die Eingeweihten eine große Zukunft voraussagen. Sie sieht reizend aus und macht auch ganz den Eindruck, als ob sie ausgesprochenes Soubrettentalent hat. Herr Janson gab eine scharf umrissene Type als Theateragent.[160]

1916 gab Lubitsch dem Mitarbeiter des KINEMATOGRAPH, Julius Urgiss, ein Interview (das erste, das ich ausfindig machen konnte), in dem er sich für den jüdischen Humor auf der Kinoleinwand einsetzte. »Der G. m. b. H. Tenor« galt, ebenso wie »Schuhpalast Pinkus«, als »jüdisches Milieustück«. Urgiss charakterisiert Lubitsch als den »kleinen lebhaften, noch jugendlichen Menschen«, der nie Zeit hat, der stets auf dem Sprung ist und immer mit neuen Plänen, Gedanken, Arbeiten beschäftigt ist. (Ernst Stern, später Künstlerischer Direktor, beschreibt ihn: »... der kleine, schwarzhaarige, etwas vierschrötige, sehr drollige Lubitsch«.)

Dieser junge Regisseur, der es ablehnt, mit dem Interviewer ernst über die Filmkunst zu sprechen, da er doch schon genug Ernst in seinem Vornamen habe, entwickelt dann sehr kluge Gedanken über den Unterschied zwischen dem Schauspieler im Film und auf der Bühne, über das Komische und das Groteske im Film, über die Funktion der Ausstattung und über Filmregie. Damals reichten offenbar zwei Jahre praktische Erfahrung, wenn einer, der sich vorher nie theoretisch mit dem Medium befaßt hatte, der auf dem Gebiet der Filmregie eigentlich Autodidakt war, seine Ideen über das Kino und dessen Möglichkeiten entwickeln wollte.

Selbst wenn man die drei anderen 1916 von Lubitsch gedrehten Filme nicht kennt, läßt sich behaupten, daß »Schuhpalast Pinkus« ein erster Höhepunkt seiner Regisseurlaufbahn war. Hier wird eine ähnliche Geschichte erzählt wie im »Stolz der Firma« und später im »G. m. b. H. Tenor«. Immer geht es um den Aufstieg eines jungen Burschen, der aus einer östlichen Kleinstadt nach Berlin kommt und im Handelsmilieu tätig wird. »Schuhpalast Pinkus« beginnt mit ein paar herrlich komischen Szenen aus dem Schulalltag. Sally zeigt sich nicht wenig erfinderisch, um seinen Lehrern einen Streich zu spielen und den Mitschülern zu imponieren! An den Rükken des Vordermanns klemmt er seinen Spickzettel, im Turnunterricht hat er nur am Klettern Interesse, weil er dann von oben auf den Schulhof des Lyzeums hinabsehen und den Mädchen zuwinken kann. Überhaupt kümmert sich Sally viel lieber um die Mädchen als ums Lernen.

Szenenfotos aus »Schuhpalast Pinkus«

Der Komiker-Star des Deutschen Theaters: Max Pallenberg

Auch nach dem Rausschmiß aus der Schule interessiert sich Sally vornehmlich für das weibliche Geschlecht, er ist – wie man Burschen seines Schlages damals in Berlin wohl nannte – ein rechter Poussierstengel. Im Schuhgeschäft, wo er als Lehrling angestellt wird, flirtet er nicht nur unverzüglich mit der Tochter des Hauses, sondern auch mit jeder Kundin. Vor allem hat es ihm eine reiche Dame angetan, die er dermaßen bezirzt, daß sie ihm die falschen Schuhe abkauft und später sogar noch eine beachtliche Summe als Kredit überläßt. Dadurch kann sich der kleine, gewitzte Sally Pinkus, der es bisher noch nie zu etwas gebracht hat, einen eigenen Schuhladen kaufen. Doch was heißt Laden, natürlich einen Palast! Daß die gut betuchte, hilfsbereite Dame Sallys Frau wird und er das Geld somit nicht mehr zurückzuzahlen braucht, macht das Glück vollends perfekt. Tusch für Sally Pinkus und für Lubitsch! Am 9. Juni startete die Union den Film in den beiden U.T. Kurfürstendamm und Nollendorfplatz. Nach acht Tagen hatten ihn dort bereits 10 872 Zuschauer gesehen, und eine Woche später setzte er seinen Siegeszug gleich in sechs U.T.-Kinos fort.

Lubitschs Kino-Karriere florierte; Tausende drängten in die Häuser der U.T., um die Lustspiele mit oder von Lubitsch zu sehen. Im Deutschen Theater aber trat er anscheinend auf der Stelle. Dort spielte er weiter die Domestiken, die kleinen Episodenrollen, die Diener und Boten, und selten nur nahmen ihn die Kritiker überhaupt wahr. Vielleicht hatte er sich insgeheim vorgestellt, daß er ganz allmählich jene Lücke im Reinhardt-Ensemble ausfüllen könnte, die durch Victor Arnolds Tod entstanden war. Doch nicht Lubitsch wurde für den freigewordenen Platz »aufgebaut«, sondern Reinhardt verpflichtete im August 1915 einen neuen Star: Max Pallenberg, der dann in der Folgezeit alle Aufführungsrekorde brach und die meisten Zuschauer anzog. Das erste Stück, in dem Pallenberg in den Kammerspielen auftrat, die Komödie »Der Weibsteufel« von Karl Schönherr, ist von 1915 bis 1920 285mal gespielt worden; Molières »Der eingebildete Kranke« – mit Pallenberg in der Titelrolle – brachte es von 1916 bis 1918 am selben Ort auf 87 Vorstellungen ...

Wegen Pallenberg strömten die Leute ins Deutsche Theater oder in die Kammerspiele. Doch wer schon kam wegen Lubitsch? In der Volksbühne übertrug man ihm die winzige Rolle des Fabig in Gerhart Hauptmanns »Fuhrmann Henschel«. In Anwesenheit des Dichters erlebte das von Felix Hollaender inszenierte Stück am 21. Februar 1916 seine Premiere. Die Titelrolle verkörperte Eduard von Winterstein, als dessen Schwager war Emil Jannings zu sehen. Im März bzw. April 1916 besetzte Max Reinhardt Lubitsch für zwei Ballette: In »Die Schäferinnen« – mit der Musik von Rameau – spielte er den Wilder, und in »Die grüne Flöte« – mit Musik von Mozart – stellte er Ho dar, die Schwester des Zauberers! »Die grüne Flöte« wurde im Deutschen Theater von Ende April bis Ende Mai 1916 nahezu en suite gegeben, und doch reichte der Erfolg nicht an den früheren von »Sumurun« heran. Die Kritik stand diesen von Reinhardt seinerzeit bevorzugten Unternehmen ohnehin sehr skeptisch gegenüber, und auch das Interesse des Publikums hielt sich in Grenzen.

Im September 1916 war Lubitsch erneut an der Volksbühne beschäftigt – als Autolycus in Reinhardts Shakespeare-Inszenierung von »Ein Wintermärchen«. Außerdem spielte er – neben Ferdinand Bonn – die Rolle des Martin in August Strindbergs »Meister Olaf«. Das Stück erlebte – in der Regie von Ferdinand Gregori – am 22. September 1916 in der Volksbühne seine deutsche Erstaufführung.

Im Oktober 1916 war Lubitsch auch bei einer Volksbühnen-Inszenierung dabei, die einiges Aufsehen erregte. 13 Jahre nach der historischen deutschen Uraufführung von Gorkis »Nachtasyl« im Kleinen Theater Unter den Linden fand das Stück seine Berliner Wiederaufnahme: In einem Theater, das nicht ohne Grund im Norden der Stadt, nahe dem Scheunenviertel, erbaut worden war. 1903 hatte Richard Vallentin Regie geführt und selbst die Rolle des Satin gespielt, Max Reinhardt den Luka, Victor Arnold den Herbergswirt Kostylew und Eduard von Winterstein den Pepel. In der Neu-Inszenierung saß nun Eduard von Winterstein am Regiepult, und Ernst Lubitsch hatte Victor Arnolds Rolle übernommen. Ist es da verwunderlich, wenn er sich gern als dessen Nachfolger gesehen hätte? Fritz Engel, der Theaterkritiker des Berliner Tageblatts – Paul Schlenther war im April 1916 gestorben, Alfred Kerr kam erst 1919 in die Redaktion –, muß Salz in die offene Wunde gestreut haben, als er schrieb:

Ernst Lubitsch als Herbergswirt noch nicht ganz der Ersatz für Viktor Arnold.[161]

1916 spielte Lubitsch noch auf einer vierten Bühne. Im Juni – Max Reinhardt hatte seine Schauspieler in die Ferien geschickt – verkündete der Tauentzien-Palast eine neue Attraktion: Nicht mehr nur Filme wurden hier vorgeführt, sondern nun auch noch eine Art Mischform zwischen Film und Theater. In dem Filmsketch »Der schwarze Moritz« spielte Lubitsch einen Herrn namens Moritz Apfelreis, der sein Erbe erst dann erhalten soll, wenn er seine beiden Brüder durch einen Nachkommen aus dem Rennen geschlagen hat. Moritz, keine Frage, schafft es. Das Besondere eines Filmsketchs bestand darin, daß der Film an bestimmten Stellen der Handlung unterbrochen wurde und die Leinwand-Figur plötzlich in natura auf der Bühne erscheint. Lubitsch spielte all seine Partner auf dem Podium glatt an die Wand, Margarethe Kupfer ebenso wie Erna Alberty. Er sang und er tanzte, er schien ein Allround-Talent zu sein. Was er in seiner Frühzeit bei Victor Arnold erlernte, als er in Kabaretts und Varietés aufgetreten sein soll, das konnte er hier nun anwenden.

»Der schwarze Moritz« hatte am 2. Juni 1916 Premiere im Tauentzien-Palast. Am gleichen Tag meldeten die Zeitungen das Ende der großen Seeschlacht am Skagerrak; wie immer wurden stolz die vernichteten Bruttoregistertonnen des Gegners gezählt, die eigenen Verluste aber reduziert oder gar verschwiegen. Die Filmsketche erreichten während des Krieges übrigens eine derartige Popularität, daß sich im August 1918 sogar die Gerichte damit befassen mußten. Es ging um ein steuerrechtliches Problem, und die Richter erklärten diese Mischform zwischen Theater und Film als zum Schauspiel gehörig.

1919 schrieben Lubitsch und Hanns Kräly einen weiteren Filmsketch, »Die Wohnungsnot«, in dem dann 1920 Ossi Oswalda und Viktor Janson auf der Bühne des Kinos Schauburg agierten. Lubitschs Produktivität im Tempelhofer Filmatelier der Union ließ auch 1917 nicht nach. Dort entstand der Einakter »Die neue Nase«, eine Komödie, über die nicht einmal aus Zeitungsartikeln etwas zu erfahren war. Vermutlich gab es keine Berliner Uraufführung, so daß kein Journalist auf den kurzen Film aufmerksam wurde. Ähnlich erging es »Käsekönig Holländer«, einem Werk, das die gestrenge Berliner Filmzensur »Für die Dauer des Krieges« verbot, und das erst 1919 aufgeführt werden konnte. Auch über »Ossis Tagebuch« ist bislang nichts zu ermitteln gewesen. Alle drei Filme aber dürften in Lubitschs Schaffen keine herausragenden Punkte markieren. Bedeutsamer war da wohl ein heute ebenfalls verschollener Film mit dem Titel »Der Blusenkönig«, in dem Lubitsch wiederum aus jenem Umfeld erzählt, das ihm vertraut war. Er blieb damit einem Muster treu, das für ihn fast so etwas wie ein Erfolgsrezept geworden war. DER KINEMATOGRAPH meinte:

»Der Blusenkönig« (Union-Film) führt uns in das Konfektionsmilieu, wie es in Berlin rund um den Hausvogteiplatz zu Hause ist, mit all seiner Schnoddrigkeit, mit all seinen Vorzügen, deren größter die Tüchtigkeit ist. Sally Katz ist der Held. Wir lernen ihn als Stift kennen, und müssen sehen, wie er Knall und Fall wegen seiner Frechheit entlassen wird. Wenn man nun aber glaubt, daß er dadurch kuriert ist, täuscht man sich, die Frechheit wird immer größer und findet erst einmal ihren Höhepunkt in einer Annonce, die Katz aufgibt und auf Grund deren Inhalt er auch tatsächlich eine neue Stellung bekommt. Und in ihr steigt er, auch nur durch seine Frechheit, bis zum Reisenden und macht ebenfalls durch seine Frechheit Geschäfte, mit der er die gesamte Konkurrenz schlägt. Nur gegenüber der sehr miesen Tochter seines Chefs versagt seine Heldeneigenschaft und es ist nur gut, daß der Vater des Mädchens ihn bittet, von der Partie zu lassen, er will ihn lieber zum Kompagnon machen. Schließlich ist die erste Konfektioneuse auch viel hübscher. – – – Das ist in kurzem Umriß der Inhalt des Films. Er ist in der Hauptsache auf Situationskomik gestellt, enthält aber andererseits auch eine ganze Reihe fein beobachteter Szenen. Dazu kommt der Humor in den Zwischentiteln, der ganz in dem Ton der Konfektion gehalten ist und herzlich belacht wird. Die Darstellung beruht ganz auf dem Hauptdarsteller. Ernst Lubitsch, der Berufene, spielt nicht den Sally Katz, er ist einfach Sally Katz. Seine Beweglichkeit ist außerordentlich und außerdem steht er über der Sache mit unnachahmlicher Beherrschung. Auch in seinem Aussehen ganz – – Sally Katz. Die anderen Mitwirkenden haben nur verhältnismäßig wenig zu tun. Käthe Dorsch sieht als Konfektioneuse bildhübsch aus und Guido Herzfeld gibt dezent den Chef, der vor der Intelligenz immer gute Miene zum bösen Spiel macht. Wie gesagt das Publikum amüsiert sich sehr und der »Union-Palast« Kurfürstendamm ist stets überfüllt.[162]

Lubitsch, der Regisseur und Hauptdarsteller, kam, sah und siegte genauso wie Sally Katz, sein frecher Held, der Blusenkönig vom Hausvogteiplatz! Das Publikum des Berliner Westens, des U.T. Kurfürstendamm, jubelte ihm zu – und schien dabei die harten, unruhigen Zeiten zumindest für Stunden völlig zu vergessen. Am Premierentag von »Ossis Tagebuch«, am 5. Oktober 1917, berichtete die Presse von der

Seite 311
Szenenfoto aus »Der Blusen-König«

Ossi Oswalda und Hermann Thimig in »Ossis Tagebuch«

erbitterten Schlacht zwischen England und Deutschland in Flandern, und am Vorabend der Premiere vom »Blusenkönig«, am 31. Oktober, meldete sie stolz den Zusammenbruch der italienischen Armee am Tagliamento, wobei sich 60 000 italienische Soldaten ergeben hätten. Tags darauf, am 1. November, folgten dann einige, zunächst noch unklare Nachrichten aus dem Osten. In Petersburg solle es Unruhen gegeben haben, die Lage sei unsicher ... Am nächsten Donnerstag, dem 8. November 1917, wußte man schon etwas mehr: Das Berliner Tageblatt verkündete »den bolschewistischen Aufstand in Petersburg«, und vier Tage später begrüßte der Chefredakteur der Zeitung, Theodor Wolff, die Oktoberrevolution ...

Mitten im aufregenden Kriegsmonat November 1917 kam auch ein Film in die Berliner Kinos, in dem Lubitsch nach längerer Zeit wieder einmal als Schauspieler für einen anderen Regisseur tätig war. Sein Kollege vom Deutschen Theater, Paul Wegener, hatte den phantastischen Märchenfilm »Hans Trutz im Schlaraffenland« inszeniert und Lubitsch für die Rolle des Teufels besetzt, der den braven Hans Trutz verführt. Wahrscheinlich war Wegener bereits im Theater das Talent des jungen Mannes beim Darstellen von Kobolden und Teufelchen aufgefallen, sicher hat er Lubitsch auch als »Doktor Satansohn« gesehen. Wegener selbst spielte jenen Hans Trutz, einen armen Bauern, der dem Teufel seine Seele verkauft und dadurch ins Schlaraffenland kommt. Doch so schön das süße Nichtstun und das Schlemmen anfangs auch ist, bald stellt sich Langeweile und Müdigkeit ein, und der gute Trutz beginnt im Schlaraffenland zu arbeiten! Der Teufel ist entsetzt – ob er will oder nicht, der Bauer sehnt sich zu Weib und Kind, zu Arbeit und seiner vertrauten Umgebung zurück.

Paul Wegener, der von Beginn an versuchte, seine Kino-Arbeiten auch publizistisch zu begleiten, hat sich schon frühzeitig grundlegende Gedanken über das Medium Film gemacht. Über »Hans Trutz im Schlaraffenland« äußerte er sich im Welt-Spiegel, der Illustrierten Beilage des Berliner Tageblatts, »Aus der Werkstatt des Films«:

Heute liegt ein neuer Film fertig vor, der in Anlehnung an die Formenwelt der Hans Sachsschen Zeit das Schicksal eines armen Bauern behandelt, der durch einen Teufelspakt ins Schlaraffenland geführt wird. Die ethische Tendenz, die der Handlung innewohnt, wird durch so bunte Vorgänge und Bilderfülle vorgetragen, daß sie wohl lehrhafte Langeweile ausschließt. Geister und Dämonenspuk, burleske Teufelsszenen, Breughelsche Bilder des Schlaraffenlandes wechseln in bunter Folge. Es ist natürlich äußerst schwer, solche Gedanken und Tendenzen in der heutigen Kinowelt, die über die Ware bestimmt, durchzusetzen. Die Filmverleiher und Theaterbesitzer sind noch rein auf die »Sensation« eingestellt. Der sentimentale Kolportageroman und der »spannende« Detektivfilm beherrschen den Markt. Aber »Student von Prag«, »Golem« und »Rübezahl« haben in gewisser Weise schon eine Bresche gelegt und nicht nur ein großes Publikum, sondern auch Nachfolger gefunden. So hoffe ich auch, daß die Schicksale meines Bauern Hans Trutz, wie er Weib und Kind verläßt und sich dem Teufel verschreibt, wie er sich durch die dampfende Breimauer ißt, wie ihm das üppige Schlaraffenland bald zum

Lubitsch als Teufel in »Hans Trutz im Schlaraffenland«

Ekel wird, wie er sich mannhaft mit Tod und Teufel herumbalgt, bis ihm sein Weib und Engelshilfe Rettung bringt, viele Freunde alter Volkssagen interessieren wird. [163]

Die Kritik hob besonders die Originalität aller im Schlaraffenland spielenden Szenen hervor, und sie lobte den Darsteller des Teufels. Argus, der Kritiker des KINEMATOGRAPH, sah Lubitschs Beitrag als:

Eine Riesenleistung bezüglich der künstlerischen Widergabe, für den Darsteller eine Preisgabe der persönlichen Schönheit. [164]

Am 16. und am 30. November 1917 kamen zwei weitere Lustspiele des Regisseurs Ernst Lubitsch in die Kinos: »Wenn vier dasselbe tun« und »Das fidele Gefängnis«. Beide Filme weichen etwas vom üblichen Schema früherer Lubitsch-Produktionen ab, denn sie sind weder im Konfektions- noch im Warenhaus-Milieu angesiedelt. Auch gibt es keinen leichtfüßigen Lehrling, der zum Chef irgendeiner Firma aufsteigt – mithin fehlten für Lubitsch selbst die Rollen. In »Wenn vier dasselbe tun« spielt Emil Jannings einen Witwer, der sein hübsches Töchterlein (Ossi Oswalda) abgöttisch liebt; Margarethe Kupfer ist die verwitwete Besitzerin einer Buchhandlung, die ihren jungen Angestellten (Fritz Schulz) drangsaliert. Wie sich sowohl die beiden älteren als auch die jüngeren Leute zu zwei Paaren zusammenfinden, zeigt der Film in einer Fülle lustiger Episoden.

»Das fidele Gefängnis« ist die originelle, auch heute noch sehr komisch wirkende Version des populären »Fledermaus«-Stoffes. Harry Liedtke verkörpert Alex von

Emil Jannings und Ossi Oswalda in »Wenn vier dasselbe tun«

Reizenstein, einen schönen jungen Mann, Frackträger und »Poussier-Stengel«; Kitty Dewall als dessen Frau, die hier Alice und nicht – wie in der Operette – Adele heißt. Der Film lehnt sich eng an die Handlung der Vorlage an und läuft mit einem beachtlichen Tempo ab. Einer ulkigen Szene folgt die nächste, eine Pointe jagt die andere. »Das fidele Gefängnis« weist schon eine ganze Menge jener Qualitäten auf, die die späteren Lubitsch-Filme auszeichnen: Dem Dekor kommt eine große Bedeutung zu; die Personen durchschreiten unablässig weite Räume, auch Türen und Treppen übernehmen eine wichtige Funktion. Der berühmte »Lubitsch-Touch« ist bereits erkennbar.

Störend in beiden Filmen allerdings wirkt ein etwas grober, aufgesetzter Humor. Es sieht so aus, als seien alle Schauspieler von Lubitsch angehalten worden, möglichst dick aufzutragen und gehörig zu übertreiben. So ist man anfangs recht amüsiert von Jannings' Gefängniswärter, der herrlichen Studie eines stets berauschten Aufsehers, der ständig mit den Augen rollt und aussieht wie ein Walroß. Doch bald gewöhnt man sich an die vordergründige Mimik, und der Effekt ist begrenzt.

Lotte H. Eisner, die berühmte deutsche Filmhistorikerin, nannte die frühen Lubitsch-Filme ungemein derb. Das scheint mir – ungeachtet des Vergnügens, den diese zwei erhalten gebliebenen Filme auch heute noch bereiten, eine durchaus zutreffende Beobachtung zu sein.

Es sollte jedoch nicht mehr lange dauern, bis Ernst Lubitschs Komik subtiler wurde, bis er entdeckte, daß auch im Komischen eine Untertreibung oft wirkungsvoller ist als eine Übertreibung.

Eindrucksvoll der Aufwand, den die Union für solch einen verhältnismäßig kleinen Film wie »Das fidele Gefängnis« ermöglichen konnte. Mitten im Kriegsjahr 1917, als viele Deutsche hungern mußten, sparte die Filmgesellschaft weder an Komparsen noch an Baumaterial und Kostümen, wie gerade die Maskenball-Szenen beweisen. Es wurde eine Pracht entfaltet, die selbst in Friedenszeiten einiges Aufsehen erregt hätte. Da erscheint eine Girl-Truppe auf Rollschuhen – Jubel, Trubel, Heiterkeit, die Damen sind so ausgelassen, daß sie gar auf dem Tische tanzen ... Eine finanzstarke Traumfabrik bot auch 1917 ihrem Publikum das, was sie glaubte, ihm schuldig zu sein: Ablenkung und Flucht vom tristen Kriegsalltag wenigstens für eine Stunde.

Der Kinematograph vom 19.12.1917

Das Jahr 1918 brachte für Ernst Lubitsch einige entscheidende Änderungen. Für die Union war er inzwischen der erfolgreichste Regisseur geworden. Lubitsch-Filme galten als Publikumsrenner, sie waren ein Begriff. Paul Davidson, der Generaldirektor der Union, hatte noch viel vor mit Lubitsch. Das Deutsche Theater bot dem Schauspieler ohnehin keine Entwicklung mehr; weshalb sollte er sich weiter mit wenig befriedigenden Rollen bescheiden? Nach siebenjähriger Zugehörigkeit zum Reinhardt-Ensemble wurde die Saison 1917/18 seine letzte am DT. Die Jahre dort

Erich Schönfelder und Emil Jannings (rechts) in »Das fidele Gefängnis«

sind für ihn jedoch eine ganz wesentliche Lehrzeit gewesen, und Reinhardts Inszenierungen haben Lubitschs spätere Filme wohl weit stärker geprägt, als er es 1918 ahnen konnte.

Seinen Abschied vom Deutschen Theater nahm er mit einem Stück, das für ihn – wie vormals auch für Reinhardt – eine gewisse Bedeutung erlangen sollte: Am 18. März 1918 stand in den Kammerspielen erneut Reinhardts großer Vorkriegs-Erfolg, Friedrich Freksas Pantomime »Sumurun«, auf dem Programm. Neben Ernst Deutsch, der neu an das Theater verpflichtet worden war, standen all jene Ensemble-Mitglieder auf der Bühne, die bereits in der Vergangenheit insbesondere in den Pantomimen und Ballett-Aufführungen mitgewirkt hatten: Katta Sterna, Ernst Mátray, Joseph Klein und auch Ernst Lubitsch. Lillibil Christensen (und nicht Pola Negri, wie oft behauptet wird) spielte in dieser Inszenierung als schöne Tänzerin die Hauptrolle. Es ist nicht genau bekannt, aber man kann wohl annehmen, daß Lubitsch den Buckligen verkörperte, den er dann zwei Jahre später auch in seinem Film »Sumurun« darstellte. Diese Aufgabe war vermutlich Lubitschs letzte Rolle im Deutschen Theater, wie sie 1920 auch seine letzte als Filmschauspieler werden sollte. »Sumurun« muß in den Kammerspielen 1918 erneut ein immenser Erfolg gewesen sein; das Stück wurde bis Saisonschluß nahezu en suite gegeben und brachte es auf 67 Aufführungen.

Wenige Monate vor der Flucht des Kaisers aus Deutschland und der Abdankung der Hohenzollern kam – am 11. Januar 1918 – ein (heute verschollener) Lubitsch-Film in die Kinos, der vor allem vom Kontrast zwischen einem ungezogenen Prinzen und einer steifen Herzogin mit deren nicht minder verknöchertem Hofstaat gelebt haben muß: Thematisch und in der Heldenwahl bedeutete »Prinz Sami« Neuland für Lubitsch. Noch nie hatte er sich bisher mit adligen Potentaten befaßt, der Film könnte jedoch fast als ein Ausblick auf Künftiges gelten, denn sollte Lubitsch später nicht auch dafür bekannt werden, daß er jedweden Herrschaften die ganze Gloriole nahm und sie auf das menschliche Maß brachte?

Für »Prinz Sami« wurde wieder das ganze Lubitsch-Ensemble versammelt, jene Akteure, mit denen er in den letzten Filmen zusammengespielt hatte, und die auch in der folgenden Zeit immer wieder von ihm beschäftigt wurden: Wilhelm Diegelmann und Margarethe Kupfer, Viktor Janson, Erich Schönfelder und, in einer kleinen Rolle, Hanns Kräly. Lubitsch selbst spielte Prinz Sami, einen Herrn mit sehr schlechten Manieren (die blaublütige Variante von Sally Pinkus, Siegmund Lachmann, Moritz Apfelreis & Co.?), der am Hofe der vornehmen Herzogin von Arragonien (Ossi Oswalda) allerlei Unfug anstellt, um schließlich in den Armen der Dame zu landen.

Als »Prinz Sami« in den U. T.-Kinos Nollendorfplatz, Kurfürstendamm, Friedrichstraße und Unter den Linden anlief, waren bereits die Friedensverhandlungen zwischen der deutschen Regierung und den Sowjet-Vertretern in Brest-Litowsk im Gange. Als sechs Wochen später »Der Rodelkavalier« über die Leinwand flimmerte,

Lubitsch (rechts) in »Prinz Sami«

wartete man bereits auf den Friedensschluß mit Sowjetrußland – der schließlich am 3. März 1918 genau um 17 Uhr in Kraft trat. Im gleichen Monat jedoch starteten deutsche Flugzeuge in Richtung Paris, kam es zu einer weiteren blutigen Artillerie-Schlacht bei Verdun. Im Westen nichts Neues! Auch »Der Rodelkavalier« gilt heute als verschollen, so daß uns wieder nur die Schilderung durch den KINEMATOGRAPH-Kritiker bleibt:

Die »Union« hatte zur Separatvorstellung ihres neuen Lustspiels »Der Rodelkavalier« von Schönfelder und Lubitsch geladen. Der Titelheld heißt dieses Mal Sally Pinner und wird selbstverständlich von Lubitsch selbst gegeben. Anders als sonst, nämlich ohne die geringste Aufdringlichkeit und trotzdem charakteristisch vom ersten bis zum letzten Bilde. Er ist gar nicht einmal die Hauptperson in dem Stück und wiederum dreht sich doch alles um ihn. Er will die Hauptperson sein und muß zum Schluß als der Hereingefallene abziehen. Das heißt, er bleibt und beginnt zum soundsovielten Male mit demselben Partner eine Partie Sechsundsechzig bis tausend. Lubitsch ist zum Schreien echt und komisch, und er hat sich selbst ausgezeichnet unterstützt durch sehr humoristische und schlagfertige Zwischentitel. Der Inhalt des Films dreht sich um das verwöhnte Töchterchen eines Kommerzienrats, das einfach dem Herrn Papa auskneift, weil es einen ungeliebten Mann heiraten soll. Ossi fährt nach Krummhübel, wo es sehr schön ist, wo viel Schnee liegt und wo Sally Pinner regiert. Wie gesagt, er fällt glatt ab und Ossi bekommt den Mann ihrer Wahl. Was soll der Herr Kommerzienrat auch machen. –

Lubitsch und Trude Hesterberg in »Der Fall Rosentopf«

Der Schmiss des Ganzen, abgesehen von der gut genützten Gelegenheit, hübsche Landschaftsaufnahmen zu bringen, der Humor des Stückes und der Darstellung erzielen zusammen eine jeden befriedigende Wirkung. Ossi Oswalda sieht entzückend aus, spielt allerliebst und hat alle Anwartschaft auf die Nachfolgerin von Dorrit Weixler. Ferry Sikla, Julius Falkenstein und Harry Liedtke waren noch in größeren Rollen beschäftigt.[165]

Einige Wochen darauf warb die Union für ihren zugkräftigsten Regisseur und Schauspieler mit den Worten:

Sprudelnde Laune, Witz und Humor – wer könnte sie besser verkörpern als Ernst Lubitsch, der nimmer müde Erfinder und Darsteller lustiger Qui-pro-quos.[166]

In »Der Fall Rosentopf« – uraufgeführt am 20. September 1918 im U.T. Friedrichstraße – läßt Lubitsch noch einmal seinen Helden Sally Katz auftreten. Der löst als eifriger Gehilfe des berühmten Detektivs Ceeps (der natürlich wie alle berühmten Film-Detektive jener Zeit – von Stuart Webbs bis Joe Deebs – in England arbeitet) besagten Fall Rosentopf. Mit dieser sogenannten Detektivposse hat sich Lubitsch offenbar von der Figur des Sally verabschiedet, doch der Abschied dürfte nicht allzu schmerzlich gewesen sein. Sally ohne sein gewohntes jüdisches Berliner Milieu, Sally fernab der Warenhäuser, Schuhpaläste und Konfektionsgeschäfte – das war nicht mehr der echte Sally.

1918 kamen noch zwei weitere Lubitsch-Komödien in die Kinos – »Ich möchte

Ein Regisseur und sein Star: Lubitsch und Ossi Oswalda

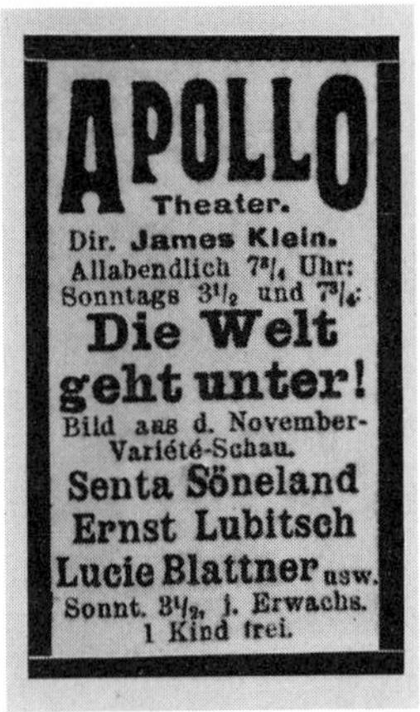

Berliner Tageblatt
vom November 1918

Seh' ich Dich,
geliebte Puppe,
ist mir alles and're
schnuppe.
Uns ist schon bedeutend
besser,
Ja, wir sind so scharf,
so scharf wie'n Messer.

Senta Söneland und Ernst Lubitsch in »Die Welt geht unter«

kein Mann sein« und »Das Mädel vom Ballett« –, beide mit Ossi Oswalda. Lubitsch selbst spielte nicht mit. 1918 erschienen aber auch zwei Filme, die seiner Karriere eine neue Richtung geben sollten und die sich deutlich von seinem bisherigen Schaffen unterschieden: »Die Augen der Mumie Ma« und »Carmen«. Union-Generaldirektor Davidson, der seine Firma bereits damals der Ufa zugeführt hatte, wollte hoch hinaus, er plante Großproduktionen, die dem deutschen Film nach Kriegsende auch wieder den internationalen Markt öffnen sollten. »Die Augen der Mumie Ma« und »Carmen« gehörten zu den ersten Werken dieser Richtung.

Bevor »Carmen« jedoch in den Kinos startete, stand Lubitsch ein letztes Mal auf den Brettern, die ihm nicht die Welt bedeuten sollten. Sein Engagement im Deutschen Theater hatte er ja, wie wir wissen, im Frühjahr 1918 mit einer Rolle in »Sumurun« beendet; der Bühne endgültig Valet sagt er aber woanders: Im alten ehrwürdigen Apollo-Theater in der Friedrichstraße 218. Dieses Haus mit seiner abwechslungsreichen Geschichte hatte wieder einmal einen Tiefpunkt erreicht. Längst waren die großen Zeiten eines Paul Lincke vorüber, als hier Operetten wie »Frau Luna« ihre glanzvollen Premieren erlebten. Vorbei auch die Zeit, da die italienische Cines-Filmgesellschaft das Theater betrieb. Während des ersten Weltkriegs diente das Apollo wieder dem Varieté, hier traten Otto Reutter und Claire Waldoff auf.

Am 1. Oktober 1918 begann dann etwas Neues, erstmals hob sich der Vorhang zur »Großen Ausstattungsschau mit vielen Bildern: Die Welt geht unter!« In den Hauptrollen des Programms Senta Söneland und Ernst Lubitsch, die dann allabendlich auf der Bühne des Apollo-Theaters zu sehen waren. Die Schau erwies sich als großer Erfolg, so daß sie im folgenden Monat und auch im Dezember noch – allerdings ohne Lubitsch – auf dem Spielplan stand. Von der ganzen Revue ist nicht mehr als ein Foto mit den beiden Stars sowie ein Vers erhalten geblieben, der vielleicht den Charakter der Schau etwas andeuten kann.

Obwohl »Die Welt geht unter!« en suite lief, ging das Apollo-Theater dennoch pleite. Am 6. November 1918 kam es zur Zwangsversteigerung des Hauses mit einem Bargebot von 1,38 Millionen Mark.[167]

Die Welt ging unter! – und dennoch wurde weitergespielt, am Mittwoch, dem 6. November, am Donnerstag, am Freitag, auch am Sonnabend sollte eine Vorstellung stattfinden, wenngleich schon am Vortag einige Ungewißheit darüber herrschte. In der Reichshauptstadt gab es, wie nicht zu überhören war, »Krawalle«, und das Berliner Tageblatt wußte über die Lage zu berichten:

So telephonierte zum Beispiel Professor Reinhardt vom Deutschen Theater an, ob er angesichts der Krawalle am Monbijouplatz spielen lassen dürfe. Die Nachprüfung ergab, daß ein Vater seinen Sohn, der ihn bestohlen hatte, unter Begleitung einer größeren Menschenmenge zur Polizeiwache geführt hatte. Eine andere Meldung an die Polizei berichtete, daß an der Neuen Schönhauser Straße, Ecke Rosenthaler Straße etwa 1 000 Personen demonstrierten. Die Matrosen seien dabei, die Straßenbahnschienen aufzureißen usw. Polizeibeamte des entsprechen-

den Reviers fanden aber nur, daß eine Prügelei zwischen zwei Matrosen und eine Ansammlung eines Haufens Neugieriger stattgefunden hatte. [168]

Für Samstag, den 9. November, hatte Reinhardt »Faust II« angesetzt, im Metropol-Theater wollte die Massary wieder als »Faschingsfee« brillieren, im Theater am Nollendorfplatz sollten »Drei alte Schachteln« auftreten und die U. T. Alexanderplatz und Unter den Linden hatten das Bauern-Lustspiel »Die Heimkehr des Odysseus« (mit Henny Porten und Bruno Decarli) im Programm. Doch aus all dem – auch aus der Ausstattungsrevue mit dem bezeichnenden Titel »Die Welt geht unter« – wurde nichts; am 9. November 1918 fielen die Vorstellungen in den Theatern und Kinos, in den Varietés und Kabaretts aus. Berlin stand unter dem Zeichen der Revolution.

Am Sonntag und Montag blieben die Theater noch geschlossen, doch am Dienstag bereits spielten sie wieder. An jenem Tag feierte das Friedrich-Wilhelmstädtische Theater in der Chausseestraße die tausendste Aufführung der Operette »Das Dreimäderlhaus!« Bald darauf drohte den Theatern eine erneute Schließung, dieses Mal jedoch lediglich wegen eines angekündigten Schauspielerstreiks.

Wieder muß man außerordentlich bedauern, daß Ernst Lubitsch über diese bewegten Tage nicht Buch geführt hat, daß uns keine Aufzeichnungen von ihm zur Verfügung stehen, aus denen ersichtlich wäre, wie er jene Ereignisse erlebt und empfunden hat.

Pola Negri, die Hauptdarstellerin in Lubitschs Großfilmen »Die Augen der Mumie Ma« und »Carmen« schildert jedoch in ihren 1970 in Amerika erschienenen Memoiren sehr anschaulich das damalige Geschehen in Berlin. Natürlich aus ihrer Perspektive betrachtet, aus der Sicht einer in Berlin lebenden Polin, die am Anfang einer vielversprechenden Karriere als Filmstar stand. Mag ihre Autobiographie auch an vielen Stellen mehr der Legende entsprechen als der historischen Wahrheit, die Erinnerung an die Berliner Novembertage vermittelt doch ein recht farbiges Bild jener Zeit:

Die Arbeit an meinem ersten deutschen Film »Die Augen der Mumie Ma« begann im Mai 1918. Die Filmstudios waren in Berlin-Tempelhof, ein ganzes Stück vom Zentrum der Stadt entfernt. Um rechtzeitig im Studio zu sein, mußte ich morgens vor Sonnenaufgang aufstehen und mit dem Verkehrsmittel vorliebnehmen, das gerade zur Verfügung stand. Es war reine Glückssache. Es gab keine Taxis, und bei den Straßenbahnen mußte man damit rechnen, daß sie anhalten und irgendwo auf der Strecke stehengelassen würden. Wenn das, wie nur allzuoft, geschah, bedeutete es einen langen und angstvollen Fußmarsch durch eine arme und spärlich besiedelte Wohngegend. Vor jedem Schatten, der sich im morgendlichen Schummerlicht bewegte, lief ich weg, so schnell meine Beine mich trugen. Auf diesen Wegen von Charlottenburg nach Tempelhof sprach ich alle Gebete, die ich kannte. Die meisten jungen Schauspielerinnen beten um Erfolg, ich wünschte mir nur, heil im Studio anzukommen.

»Die Augen der Mumie Ma« war kein weltbewegendes Kunstwerk, aber ein großer Erfolg. Es war ein romantisches pseudo-orientalisches Gemälde, in dem Jannings mich liebte, und ich

Pola Negri und Emil Jannings in »Die Augen der Mumie Ma«

liebte Liedtke, und am Ende ging es für alle schlecht aus. Auch wenn der Film nicht der beste aller Zeiten war, mein Instinkt in bezug auf Lubitsch war richtig. Mit ihm zu arbeiten, war ein faszinierendes Erlebnis. Wir ergänzten einander vollkommen. Er wußte, daß sein analytisches Vorgehen leicht kalt und distanziert wirken würde, wäre es nicht mit meiner Emotionalität gekoppelt. Von Anfang an zeigten sich in seiner Arbeitsweise gewisse Konstanten, die bis zum Ende seiner Karriere anhielten. Er verfolgte die satirische Linie, bis sein Publikum vor Lachen nicht mehr konnte, um es dann unvermittelt mit einer tragischen Wendung zu konfrontieren, so daß es sich fragen mußte, was denn so amüsant gewesen sei. Er sorgte für ersteres, während ich letzteres beitrug. Das war die Grundlage unserer glücklichen Zusammenarbeit und einer der Gründe, warum wir zusammen niemals Mißerfolg hatten. In den folgenden Jahren sollte ich viele Filme ohne ihn machen und er ohne mich. Einige waren gut, einige waren schlecht. Als Team waren wir jedoch immer erfolgreich.

Obwohl um uns herum die Welt in Stücke ging, gab es zwischen Lubitsch und mir in jenen frühen Ufa-Tagen viele urkomische Momente bei den Dreharbeiten. Vielleicht konnten wir uns nur im damaligen Berlin so erfolgreich entfalten. Die Tragikomödie des Lebens in Deutschland war unser Metier. Sogar unsere Witze hatten einen Hauch von Fatalität. (...)

»Die Augen der Mumie Ma« war ein enormer Publikumserfolg, der sich auf die Karriere aller, die daran beteiligt waren, auswirkte. Einer der Gründe dafür war sicherlich, daß der stark romantische, orientalische Fatalismus des Films genau die Art von Wirklichkeitsflucht bot, nach der ein kriegsmüdes Volk sich sehnte. Ein weiterer Grund war, daß die Leute, die anfingen, den Film als Kunstform ernst zu nehmen, hier Techniken entdeckten, die allem, was zu der Zeit in Deutschland gemacht wurde, weit voraus waren. Bestimmte Einstellungsgrößen und Kamerapositionen, die Lubitsch damals entwickelte, gehören noch heute zum filmischen Vokabular. Seine fließenden Übergänge von der Tragödie zur Komödie beeinflussen noch immer viele Regisseure, wie beispielsweise die Franzosen Truffaut und Godard oder den Amerikaner Billy Wilder, der ja vieles von dem, was er weiß, direkt von Lubitsch gelernt hat, als er als Drehbuchautor für ihn arbeitete. Ernsts spätere brillante Arbeit als Regisseur leichter Komödien verstellt allzuoft den Blick auf seinen früheren Beitrag zur Innovation der Regiekunst.

Der Produzent Paul Davidson

Paul Davidson war entzückt von den Ergebnissen unserer Zusammenarbeit und drängte uns, möglichst bald mit einem neuen Film anzufangen. Wir trafen uns zu einer Besprechung unseres nächsten Projekts. Sie waren ganz begeistert von der Idee, einen Film nach »Carmen« zu drehen. Ich hatte Zweifel und fragte, ob sie glaubten, daß es wirklich ohne die Musik funktionieren würde. Davidson antwortete: »Geraldine Farrar hat vor ein paar Jahren in Amerika in einer Carmen-Version gespielt; und wenn sich eine große Opernsängerin wegen der fehlenden Musik keine Sorgen gemacht hat, warum sollten Sie's dann?« Lubitsch fügte hinzu: »Und das war ein schlechter Film. Wir werden einen guten drehen. Wir sind an der Handlung interessiert. Mérimées Geschichte war ein Klassiker, lange bevor Bizet eine Oper daraus gemacht hat.«

Davidson bekräftigte seinen Glauben an den Film durch ein riesiges Budget. Nur für eine Außenaufnahme gingen wir an den Kalksee, einen tiefen See außerhalb Berlins, mit rauhen Hügeln im Hintergrund, die als Versteck der Schmuggler dienen konnten. Alle übrigen Schauplätze von »Carmen« wurden auf dem Studiogelände in Tempelhof eigens gebaut.

Für den Abend des 8. November 1918 luden wir die Presse und die leitenden Leute der Ufa zu einer Sondervorstellung von »Carmen« in den Vorführsaal des Studios ein. Lubitsch war noch mit dem endgültigen Schnitt beschäftigt, mir wurde für die Vorführung ein neues Abendkleid geschneidert, und das Studio bereitete einen Champagner-Empfang vor. Keiner von uns schenkte den umwälzenden Ereignissen, die sich überall abspielten, viel Aufmerksamkeit. Wenn man am Rande des Abgrunds lebt, nimmt man ihn bald nicht mehr wahr, und wenn Zeitungen tagtäglich von Katastrophen voll sind, hört man bald nicht mehr hin. (...)

Am Morgen jenes Vorführungstages hatte München von Berlin die bayerische Unabhängigkeit gefordert. Überall gärte es, und die Roten wie die Weißen – die Sozialisten wie die Royalisten –, all die verschiedenen politischen Fraktionen des Landes waren bereit, nach einem Staatsstreich zu rufen. Deutschland war völlig demoralisiert von der bevorstehenden Niederlage. Und wir bereiteten eine Party vor ...

Pola Negri als »Carmen«

An jenem Abend war mein Lamé-Kleid ein glitzernder Triumph. Der Champagner war perfekt gekühlt und löste die Zungen: Gelächter, Scherz und Plauderei. Das Studio-Orchester spielte Melodien aus »Carmen«, um uns in die richtige Stimmung für den Film zu versetzen. Die Konversation floß so frei und prickelnd wie der Champagner. Sogar die düsteren Ahnungen der Bankiers, die der Ufa die Kredite gegeben hatten, wurden vom Glanz der Zusammenkunft überdeckt.

Wir nahmen im Vorführsaal Platz, und der Film begann. Bei meinem ersten Auftritt gab es Beifall. Durch den Applaus und noch einen Moment danach hörte ich in der Ferne ein schwaches Geräusch. Es klang – doch das konnte nicht sein – wie Gewehrfeuer. Ich sah mich um, ob andere es ebenfalls wahrgenommen hatten, aber da war nichts als intensive Konzentration auf den Film, unterbrochen nur durch gelegentlichen Beifall für bestimmte filmische Effekte. Als Escamillo auftrat, intonierte das Orchester die markige »Torero-Arie«. Minuten später wiederholte sich das Geräusch. Diesmal wurde es nicht von Klatschen übertönt. Ich lehnte mich hinüber zu Lubitsch und flüsterte: »Ernst, hast du gehört ...« Seine Antwort kam schnell und knapp. »Ja, scht! Da kann keiner was machen. Sieh dir den Film an.« Das entfernte Gewehrfeuer rückte jetzt näher und untermalte fortwährend den Film. Jeder im Publikum mußte es bemerkt haben, aber man starrte weiterhin auf die Leinwand, und keiner verriet auch nur mit einer Kopfbewegung seine Wahrnehmung. Ich kauerte mich auf meinem Sitz zusammen, entsetzt über unsere ruhige Selbstbezogenheit, über die Tatsache, daß wir alle wußten, was vorging, doch lieber so taten, als geschehe nichts. Es war ja so viel einfacher, die Augen zu verschließen, als Fragen zu stellen.

Am Ende des Films gab es enthusiastischen Applaus. Alle blieben im Vorführsaal, scheinbar, um uns zu gratulieren, tatsächlich aber, weil sie nicht wußten, was sie sonst tun sollten. Das Gewehrfeuer dauerte an. Wir konnten nicht sicher sein, was uns außerhalb dieses angenehm fensterlosen Raums erwartete, also tranken wir weiter und lachten fröhlich und diskutierten über den Film.

Paul Davidson schlich sich für ein paar Minuten fort. Als er zurückkehrte, winkte er mich beiseite und sagte: »Es ist ein Gefecht zwischen den Roten und den Weißen. Diese Irren beschießen sich gegenseitig von den Dächern aus. »Was sollen wir tun?« »Wenn wir alle auf einmal weggehen, bieten wir ein zu deutliches Ziel. Wir gehen am besten einzeln oder zu zweit. Was ist mit Ihnen? Wie kommen Sie nach Haus? Es gibt keine Taxis. Ich halte es nicht für sicher, zu fahren. Soll ich Ihnen ein Zimmer im Adlon besorgen?« »Nein, nein, ich bin in Charlottenburg besser aufgehoben. Wenn die U-Bahn fährt, kann ich die nehmen.«

Davidson schickte seinen Assistenten los, um die Verkehrsmöglichkeiten zu erkunden. Die U-Bahn fuhr, und ich wollte lieber gehen, solange ich noch konnte. Als ich mich verdrückte, war die Party noch in vollem Gange, als sei nichts auf der Welt in Unordnung. Die Straßen waren vollkommen verlassen. Die einzigen Geräusche kamen von den Gewehrschüssen direkt über mir, die mit ohrenbetäubendem Krach durch die Luft peitschten. Um nicht von einer verirrten Kugel getroffen zu werden, bewegte ich mich in kurzen, seitlichen Schritten vorwärts, den Rücken immer dicht an der Hauswand. Der halbe Block bis zur U-Bahn-Station war der längste Spaziergang meines Lebens. Als ich endlich dort ankam, war ich schweißgebadet. Ge-

Pola Negri und Harry Liedtke in »Carmen«

fahren hatte ich schon vorher gekannt, aber niemals war der Tod so nah gewesen, daß er neben mir herzulaufen schien.[169]

Soweit Pola Negri. Bleibt die Frage, ob Ernst Lubitsch auch so war wie all die anderen Filmleute, die in der Vorführung von »Carmen« zusammensaßen, die Sekt tranken und den Kopf in den Sand steckten? War es wirklich möglich, damals, Ende 1918 in Deutschland, keine Notiz zu nehmen von dem, was sich »da draußen«, vor dem Atelier, abspielte? War Lubitsch nicht viel zu sehr Berliner, mit wachem Geist und feinem Gespür, um nicht unbeteiligt zu bleiben und sich nicht in den Wänden eines Filmstudios einzuschließen? Seine bis dahin äußerst erfolgreich verlaufene Karriere jedenfalls setzte er ohne Unterbrechung fort. Stets steckte er voller Ideen und Pläne.

Dachte er noch manchmal an die Schönhauser, ging er noch manchmal durchs Scheunenviertel? Hatte er noch Zeit, sich das eine oder andere Mal seiner Schulzeit im Sophien-Gymnasium zu erinnern? Ein nostalgischer Spaziergang durch seinen Kietz konnte damals sehr gefährlich sein. Im Februar 1919 lieferten sich auf den Berliner Straßen revolutionäre Arbeiter und Vertreter der (neuen) Staatsmacht bisweilen erbitterte Kämpfe. Besonders im Zentrum der Stadt, in der Gegend um das Sophien-Gymnasium, in der neuen Schönhauser, der Weinmeister- und der Kleinen Hamburger Straße kam es zu heftigen Gefechten. In recht tendenziöser Art berichtete das Berliner Tageblatt über die Straßenkämpfe vom 8. Februar 1919, in deren Verlauf sechs Menschen getötet wurden:

Berliner Straßenkämpfe im März 1919

Rosenthaler Straße am Hackeschen Markt nach den Märzkämpfen 1919

Hennes
54
Paul Finger
Grundstücke Hypotheken

„Adria"
Wilhelm Neumann & Söhne
Wein-Restaurant

Unterdessen spielte sich in der Weinmeisterstraße in der Sophienschule ein zweiter Kampf ab. Gegen 1 Uhr mittag hatte dort eine Abteilung der Gardeschützendivision die Sophienschule besetzt und dort Maschinengewehre aufgebaut. Plötzlich drang eine Menge von halbwüchsigen Burschen und anderen verdächtigen Elementen gegen die Schule vor. Unter den Rufen: »Rache für Liebknecht!« und »Nieder mit den Scharfrichtern« erzwang sich die Menge Eintritt. In der Aula des Gebäudes kam es zu einem Handgemenge. Die Soldaten drangen mit dem Gewehrkolben auf ihre Bedränger ein, schlugen ein große Anzahl nieder und drängten den Rest auf die Straße zurück. Hierbei wurden 12 Angreifer festgenommen.[170]

In jenen Tagen warben die U. T.-Kinos für ihre Lubitsch-Woche, in der gleich mehrere seiner Filme – zum Vergnügen des Publikums – hintereinander vorgeführt wurden.

Lubitsch war mittlerweile zu einer der bedeutendsten Persönlichkeiten des deutschen Films geworden. Seine Produktionen wie »Die Austernprinzessin« (1919), »Rausch« (1919), »Die Puppe« (1919), »Sumurun« (1920), »Anna Boleyn« (1920) und vor allem »Madame Dubarry« (1919) begeisterten Millionen und regten die Kritiker zu langen Betrachtungen an.

1919 wechselte Ernst Lubitsch endgültig aus seiner vertrauten Gegend um die Schönhauser Allee in eine andere Umgebung. Er war etwas geworden, nun zog er dorthin, wo die reichen Leute wohnten: In den noblen Berliner Westen; Berlin W 30, Bamberger Straße 20.

Ein Jahr später verließ Simon Lubitsch, der Vater, gleichfalls die Schönhauser Allee, und auch die Fabrikation für Damenmäntel erfolgte fortan an feinerem Ort: Berlin W 8, Leipziger Straße 38 – im Nachbarhaus saß die Redaktion der bedeutenden Tageszeitung FILM-KURIER.

Im Dezember 1921 fahren Lubitsch und Paul Davidson nach Amerika, wo der Regisseur als der »Griffith Europas« gefeiert wird. »Madame Dubarry« ist in den Vereinigten Staaten bereits bekannt. Ein Jahr später reist er erneut in die USA, doch dieses Mal mit einem Vertrag in der Tasche: Engagiert von Mary Pickford, für sie und mit ihr einen Film zu drehen ... Am 2. Dezember 1922 bringen ihn die Freunde nach Bremerhaven zum Schiff. Auch Simon Lubitsch ist dabei, der Schneidermeister aus Grodno in Rußland. Der 70jährige »war den Tränen nahe bei der Vorstellung, sein Sohn fahre nach Kalifornien in eine Welt voller Indianer, Berglöwen, Klapperschlangen und einer Unzahl anderer wilder Tiere« – wie sich Hanns Kräly erinnert, der Lubitsch nach Hollywood begleitete.

Lubitsch, damals 30 Jahre alt, sollte aus dem fernen Kalifornien nie wieder auf Dauer zurückkehren ... Lediglich zweimal – 1927 und 1932 – besuchte er noch die Heimat. Sein Vater starb am 15. Februar 1924 in Berlin-Schöneberg, in einer Wohnung, die Sohn Ernst noch vor seinem Weggang gemietet hatte. »Lubitsch, Ernst, Oberregisseur, Schöneberg, Kufsteiner Straße 13«, lautete die Eintragung im Adreßbuch des Jahres 1922. Begraben wurde Simon Lubitsch an der Seite seiner Frau auf dem jüdischen Friedhof in Berlin-Weißensee, nicht weit entfernt vom Ehrenmal der

Filmschauspieler Lubitsch als Buckliger in seinem Film »Sumurun«

Lubitsch mit Pola Negri

Lubitsch 1937 zusammen mit Helene Thimig und Max Reinhardt in Hollywood

im ersten Weltkrieg gefallenen jüdischen deutschen Soldaten ... Daß sein Sohn an der Trauerfeier teilgenommen hat, ist wenig wahrscheinlich. Der Weg von Kalifornien nach Berlin war damals noch sehr, sehr weit ...

Ernst Lubitschs weitere Karriere ist in den Filmgeschichten nachzulesen. Der Berliner, dessen frühe Filme so sehr vom heimischen Milieu geprägt waren, erzielte auch in Amerika immense Erfolge. In den zwanziger Jahren wurde er einer der einflußreichsten Regisseure Hollywoods, seine Filme machten Schule dort und anderswo, sie sind auch heute nicht nur Filmhistorikern bekannt. Selbst der Übergang zum Tonfilm tat seiner Entwicklung keinen Abbruch. Der letzte Lubitsch-Film, den man zu seinen Lebzeiten in deutschen Kinos sehen konnte, war 1936 »Desire« (Sehnsucht). Inszeniert von Frank Borzage, mit Marlene Dietrich in der Hauptrolle, zeichnete Ernst Lubitsch als Produktionschef der Paramount für die künstlerische Oberleitung verantwortlich.

Die anderen Filme Ernst Lubitschs durften in Nazi-Deutschland nicht gezeigt werden – weder »Die lustige Witwe« (1934), »Ärger im Paradies« (1932), »Engel« (1937) noch »Blaubarts achte Frau« (1938). Bereits im Mai 1933 erschien im Film-Kurier ein anonymer Artikel, in dem Lubitsch als »ein witziger Amüsierkünstler – der Schaumschläger einer zweifelhaften Erotik« charakterisiert wurde. Am 28. Januar 1935 schließlich erfolgte seine Ausbürgerung, die Aberkennung der deutschen Staatsbürgerschaft. Im November und Dezember 1941 arbeitete Ernst Lubitsch in den Samuel Goldwyn Studios in Hollywood und drehte seine sehr persönliche, intelligente Abrechnung mit den Nazis: »Sein oder Nichtsein«. Als der Film in den amerikanischen Kinos lief, begann in Berlin und vielen anderen europäischen Städten »die Endlösung der Judenfrage«. Die jüdischen Bürger – Männer, Frauen, Kinder – wurden in provisorisch eingerichtete Sammellager verschleppt und von dort aus in die verschiedenen Konzentrationslager deportiert. Die zentrale Berliner »Erfassungsstelle« lag nicht weit vom Sophien-Gymnasium entfernt, sie befand sich in der ehemaligen jüdischen Knabenschule in der Großen Hamburger Straße, in unmittelbarer Nähe des katholischen St.-Hedwig-Krankenhauses. Wer Augen hatte zu sehen, dem konnte nicht verborgen bleiben, wie die jüdischen Mitbürger aus dem Scheunenviertel, aus der Grenadier- und Artilleriestraße, vom Bülow-Platz – der jetzt Horst-Wessel-Platz hieß – und wohl auch aus der Schönhauser Allee für die Todestransporte zusammengetrieben wurden. Was empfanden die anderen Berliner, die katholischen Schwestern des St.-Hedwig-Krankenhauses zum Beispiel oder die Mädchen von der Höheren Töchterschule St.Theresia in der Fehrbelliner Straße?

Ernst Lubitsch hat seine deutsche Heimat, er hat Berlin nach 1932 nicht wiedergesehen. Am 30. November 1947 ist der große Regisseur in Hollywood im Alter von nur 55 Jahren gestorben. Auf dem kalifornischen Friedhof Forest Lawn liegt er begraben …

Die Weißenseer
Franz-Joseph-Straße
im Jahre 1914

Klein-Hollywood in Weißensee

Kinos und Filmateliers in Weißensee · »Talent-Schmiede« in der Franz-Joseph-Straße · Ein junger Schauspieler kommt zum Film: Richard Oswald · »Der Hund von Baskerville« · Joe Deebs und Stuart Webbs: Weißensee als Eldorado der Film-Detektive · Bühnenstar Bassermann zu Aufnahmen in Weißensee · Phantomas am Weißen See · Ein junger Mann aus Wien: Fritz Lang · Joe Mays Monumentalfilme · Abenteuer und Exotik, schöne Frauen und ferne Länder: Kientopp im ersten Weltkrieg · Gigantomanie im deutschen Film · May-Town bei Berlin: Filmstadt Woltersdorf · »Was fehlt dem deutschen Kino?« · Streik in Woltersdorf · »Das größte Filmatelier der Welt«: Johannisthal · Expressionismus in Weißensee: »Das Cabinet des Dr. Caligari« · Hunger und Elend in Berlin · Filmpremieren am laufenden Band · Das Ende der Weißenseer Filmateliers

Vier Kinos standen den 45700 Bewohnern der Gemeinde Weißensee bei Berlin 1914 zur Verfügung. Eines davon wurde von Hedwig Birke in der Berliner Allee 14 betrieben; kinematographische Vorstellungen organisierten des weiteren G. Eigner in der Langhansstraße 143, Th. Windorf in der Straßburgerstr. 69 und O. Richter in der Berliner Allee 193. Vier Kinos, das war damals nicht viel; zwei Jahre zuvor hatte es in der dortigen Gegend immerhin schon sieben gegeben. Das seinerzeit fast überall einsetzende Kinosterben wurde hauptsächlich begründet mit der seit Januar 1913 auf alle Filmvorführungen erhobenen, sehr hohen Lustbarkeitssteuer. 1914 spielten in Berlin (wozu Weißensee damals noch nicht gehörte) insgesamt 167 Lichtspieltheater. Treptow besaß 1913 lediglich ein Kino, Pankow zwei, Lichtenberg jedoch bereits 13.[171]

1924 verfügte Weißensee wieder über sechs Kinos und – im Vergleich dazu – über 329 Gast- bzw. Schankwirtschaften. Statistisch gesehen kamen 191 Bürger dieses inzwischen zu Groß-Berlin gehörenden Stadtteils auf eine Restauration, dagegen 9000 auf ein Kino[172], was 1924 für die Weißenseer Filmfreunde durchaus ein günstiges Verhältnis war. Mehr Kinos für weniger Einwohner konnten lediglich Mitte, Charlottenburg und Cöpenick aufweisen. Heute existieren auf dem Territorium des früheren Weißensee (ohne Hohenschönhausen) noch zwei Kinos, und selbst das ist noch ein recht günstiges Verhältnis; in manch einem bevölkerungsdichten Berliner Stadtteil gibt es kein einziges Kino mehr.

Heute in Weißensee nicht mehr zu finden sind allerdings die Filmateliers. Was kaum einer noch wissen mag, wenn er ins Rio oder ins Toni am Antonplatz geht: Von 1914 bis zum Ende der Stummfilmzeit war Weißensee Filmstadt, wurden hier einmal Filme gedreht, die noch heute einen Stellenwert in der Geschichte der deutschen Kinematographie haben.

1912 siedelte die Deutsche Bioscop mit ihren Produktionsstätten nach Babelsberg über, und kurz darauf begann die Union mit der Errichtung von Ateliers in Tempelhof. Filme entstanden in Staaken, in Marienfelde, später auch im Grunewald. Die Glashäuser in der City mögen zwar für die Schauspieler verkehrsgünstiger gewesen sein, zumeist waren sie aber technisch veraltet und oft auch viel zu klein. Außerdem breitete sich Berlin immer weiter aus, der Stadtrand verschob sich auch 1914 schon ständig nach draußen, wenngleich das die offiziellen Karten noch nicht so auswiesen. Bislang galten die Gleise der Stadtbahn (der späteren Ringbahn) als imaginäre

Berliner Tageblatt vom 1.2.1914

nördliche Grenze, doch jetzt wurden bereits die Grundstücke jenseits der Schienen eifrig bebaut und verkehrstechnisch erschlossen. So dauerte es nicht mehr allzu lange, bis man von den Büros im Zentrum, vom Filmviertel in der südlichen Friedrichstadt, in die Ateliers an der Peripherie gelangte.

Ein am 27. April 1920 nach vielen, langjährigen Kämpfen verabschiedetes Gesetz verfügte schließlich die Schaffung von Groß-Berlin, das sich nunmehr aus acht Städten (Alt-Berlin, Charlottenburg, Cöpenick, Lichtenberg, Neukölln, Schöneberg, Spandau und Wilmersdorf), 59 ehemaligen Landgemeinden und 25 ehemaligen Gutsbezirken zusammensetzte und eine Fläche von 8674 Hektar umfaßte.[173]

1913 jedenfalls fuhren die Herren der Vitascope von ihrem Büro in der Lindenstraße nach Weißensee hinaus und suchten sich einen günstigen Standort für ihre neuen Ateliers. Das Glashaus in der Kreuzberger Lindenstraße genügte dieser sich ständig vergrößernden Gesellschaft nun nicht mehr. Die Herren passierten die Greifswalder Straße und die Berliner Allee (heute Klement-Gottwald-Allee), sie kamen am Weißen See vorbei mit seinem Vergnügungspalast Schloß Weißensee (der einige Zeit später abbrannte), und dann waren sie fast schon auf dem Lande. Schon damals aber muß der Ort vor den Toren der Reichshauptstadt seine Verkehrsprobleme gehabt haben:

Für den Amtsbezirk Weißensee ist vom Regierungspräsidenten die Höchstgrenze der Fahrgeschwindigkeit für Kraftfahrzeuge auf 25 Kilometer festgesetzt worden.[174]

Ganz in der Nähe der Rennbahn und des Güterbahnhofs Weißensee lag die damals noch weitgehend unbebaute Franz-Joseph-Straße (die heute den Namen des großen Berliner Malers Max Liebermann trägt). Hier, an dieser Stelle, siedelten sich

Lichtbild-Bühne vom September 1913

1913 mehrere Filmgesellschaften an, um ihre Studios zu errichten. 1913 wurde auf der gesamten südlichen Seite der Franz-Joseph-Straße (links von der Berliner Allee aus) nur gebaut, und bereits ein Jahr später arbeiteten dort zwei Filmgesellschaften: In Nr. 5–7 die Pathé Frères & Co. GmbH und in Nr. 9 die Continental Kunstfilm GmbH.

Anfang 1914 kamen dann die ersten in Weißensee entstandenen Filme in die Berliner Kinos. Die mit der Projektionsfilm-A. G. Union (PAGU) fusionierte Vitascope machte sich mit Hochdruck an die Arbeit. In Weißensee kurbelte sie weiter jene Art von Filmen, die sie schon zuvor in der Stadt produziert hatte: Lustspiele mit Hedda Vernon, Grotesken und Detektivfilme. Harry Piel inszenierte in Weißensee seinen Sensationsfilm »Die braune Bestie«, Max Mack »Die Welt ohne Männer« (mit Madge Lessing) und die Komödie »Das Paradies der Damen« (mit Hanni Weise und Felix Basch). Henri Etiévant drehte in der Franz-Joseph-Straße das Drama »Pauline« mit Gertrud Arnold und dem berühmten Tenor Einar Linden; Harry

Dreharbeiten im Weißenseer Vitascope-Atelier: Regisseur Walter Schmidthässler, Kameramann Hepke und Architekt Hermann Warm

Poster von Ernst Deutsch für eine in Weißensee gedrehte Produktion

Piels »Die Millionen-Mine« erzählte von den »sensationellen Wagnissen des Detektivs Fred Brown«.

Wie fast alle Berliner Ateliers entwickelte sich auch das der Vitascope in Weißensee zu einer Art »Talent-Schmiede«. Das Kino bot als noch sehr junge Industrie eine vielversprechende Zukunft, es brauchte frische, einfallsreiche Kräfte. Einer dieser Filme, der gleich mehrere junge Leute mit Ideen zusammenführte, war die im Frühjahr 1914 in der Franz-Joseph-Straße gedrehte Vitascope-Produktion »Der Hund von Baskerville«. An der Kamera stand ein damals 24jähriger Operateur, der bislang an der Seite des erfahreneren Kollegen Axel Graatkjaer einige Filme mit Asta Nielsen fotografiert hatte und der jetzt erstmals selbständig als Operateur arbeitete: Karl Freund, der später einer der ganz Großen seines Fachs im deutschen Stummfilm werden sollte. Die Bauten stammten von Hermann Warm, der auch schon für die Vitascope in ihrem Atelier in der Lindenstraße als Architekt tätig war – u.a. für einige Filme mit Albert Bassermann und für die äußerst erfolgreiche Komödie »Die blaue Maus« von Max Mack. Das Drehbuch für die Adaption des vielgelesenen Conan-Doyle-Romans »Der Hund von Baskerville« hatte ein 34jähriger Schauspieler geschrieben, der erst vor einigen Wochen aus Düsseldorf nach Berlin gekommen war: Richard Oswald. Nach dreizehn Jahren Wanderschaft durch österreichische und deutsche Provinztheater wechselte der gebürtige Wiener vom Rhein an die Spree. Sein Drehbuch fand den Gefallen der Vitascope-Herren, und so wurde es von Regisseur Rudolf Meinert verfilmt.

Am 12. Juni 1914 erlebten die beiden größten Berliner U. T.-Kinos – Friedrichstraße und Kurfürstendamm – die Premiere des Films, und zwei Wochen später hatten ihn schon 48974 Berliner gesehen – ein neuer Besucherrekord! »Was sagt Berlin? ›Der Hund von Baskerville‹ ist das raffinierteste Zugstück, das je im Film erschien!«, verkündete stolz die Union-Werbung in den Zeitungen. Sherlock Holmes wurde gespielt von Alwin Neuss, einem – neben Ernst Reicher und Max Landa – der populärsten Detektive des deutschen Stummfilms. Als sein Partner agierte Friedrich Kühne vom Deutschen Theater.

Der Reiz für die Zuschauer ging natürlich von den Namen Conan Doyle und Sherlock Holmes aus und von dem grusligen Hund von Baskerville. Sie strömten nicht wegen Richard Oswald, Karl Freund oder Hermann Warm in die Kinos, denen es aber gelungen war, aus dem populären Roman einen nicht minder populären Film zu machen. Eine ganz wesentliche Aktie daran hatte eben jener Anfänger, den in Berlin jedoch niemand kannte, weil er nicht einmal als Schauspieler auf einer hauptstädtischen Bühne auf sich aufmerksam machen konnte. Oswald verfaßte lediglich ein gutes Filmmanuskript, erzielte damit einen gewaltigen Erfolg und war fortan ein Mann des Films!

Die Union hatte Ende Juli 1914 außer dem »Hund von Baskerville« noch ein weiteres »Zugstück« im Programm: Das Lustspiel »Der Stolz der Firma« mit dem jungen Ernst Lubitsch in der Hauptrolle. Beide Filme boten gewiß gute Kino-Unterhal-

Berliner Tageblatt vom 12.6.1914

Berliner Tageblatt vom 10.12.1914

tung, aber sie entsprachen wohl nicht dem, was man im August 1914 den »Geist der Zeit« nannte. So wurde der Triumphzug des »Hunds von Baskerville« durch die deutschen Filmtheater zunächst einmal infolge des Kriegsausbruchs unterbrochen. Wenn überhaupt, dann sollten (wollten) die Kinobesitzer jetzt »patriotische« Werke vorführen. Nach einigen Tagen der Besinnung begannen die Gesellschaften mit der Produktion von Filmen, die, wir wir wissen, als »feldgrauer Filmkitsch« in die Geschichte der deutschen Kinematographie eingegangen sind. Doch dauerte es nur wenige Wochen, bis die Zuständigen die eigentliche Funktion des Kinos während des Kriegs begriffen: Ablenkung. Im Kino wollten und sollten die Menschen lachen, sich amüsieren und ein wenig gruseln. Der wirkliche Horror des Krieges sollte möglichst draußen bleiben, der sanfte Horror dagegen, wie der des »Hunds von Baskerville«, war erwünscht.

So ging denn die Vitascope alsbald daran, in Weißensee eine Fortsetzung des »Hunds von Baskerville« zu drehen. Die kam schon am 30. Oktober 1914 unter dem Titel »Das einsame Haus« in die Union-Theater. In den anderen Kinos liefen patriotische Ergüsse wie »Es braust ein Ruf wie Donnerhall« (ein Bolten-Baeckers-Kriegsfilm mit Leo Peukert), »Unser Kaiser – unser Stolz«, »Durch Pulverdampf und Kugelregen«, »Feinde ringsum«, »Ich kenne keine Parteien mehr«, »Einer, der nicht wiederkam« (mit Henny Porten, deren Ehemann einige Monate später wirklich nicht zurückkehrte) und »Goldene Herzen in eiserner Zeit«. Im Vergleich mit diesem »feldgrauen Kitsch« machte der Nachfolger des »Hunds von Baskerville« eine gute Figur. Das Buch stammte wiederum von Richard Oswald, und an der Inszenierung waren fast die gleichen Leute beteiligt wie zuvor. Nur stand anstelle Karl Freunds (kämpfte er schon auf dem »Feld der Ehre«?) dieses Mal Werner Brandes hinter der Kamera.

Im Frühjahr 1915 entstand dann ein dritter Teil, geschrieben und inszeniert von Richard Oswald, doch »Das unheimliche Zimmer« wurde sogleich von der kaiserlichen Zensur »für die Dauer des Krieges« verboten.

Oswald lieferte der Vitascope 1914 noch ein drittes Erfolgsbuch, »Ein seltsamer Fall«, nach Robert Louis Stevensons Novelle »Dr. Jekyll and Mr. Hyde«. Alwin Neuss spielte – unter der Regie von Max Mack – die Hauptrolle; der Film kam am 6. November in die Berliner U.T.-Kinos.

Im Herbst 1914 – als die Filme, für die er die Bücher verfaßt hatte, große Einnahmen verbuchten – beschäftigte sich Richard Oswald schon wieder mit anderen Projekten: Mit dem Schreiben von Szenarien wollte er es nicht bewenden lassen, und so versuchte sich der ambitionierte Autor selbst als Regisseur. Im Tempelhofer Union-Atelier drehte er – mit einem der größten deutschen Schauspieler, Rudolf Schildkraut, in der Hauptrolle – den Film »Iwan Koschula«, die in Galizien spielende Geschichte eines ruthenischen Hausierers. Oswald war geschickt, geschäftstüchtig und außerordentlich schnell. Über Nacht wurde er Filmszenarist, über Nacht wurde er Regisseur, und gleichsam über Nacht fand er einen aktuellen Stoff aus den ersten

Tagen des Weltkriegs. Schließlich verpflichtete der Debütant sogleich einen der bekanntesten deutschen Bühnendarsteller, und Schildkraut nahm an, weil er wahrscheinlich seinen Kollegen Albert Bassermann und Paul Wegener nicht nachstehen wollte.

Am 11. Dezember 1914 kam der Film bereits in die U. T. Friedrichstraße, Kurfürstendamm, Alexanderplatz und Schöneberg. Auf den Plakaten und Ankündigungen stand neben dem Namen des Stars Rudolf Steinkraut – und das war damals nicht immer so – auch der des Szenaristen und Regisseurs: Richard Oswald. Für einen, der noch nicht einmal zwölf Monate lang Filmateliers von innen kannte, eine erstaunliche Blitzkarriere, nicht wenig aufschlußreich und charakteristisch für die deutsche Kinoindustrie jener Zeit.

Ein junger, erfolgreicher Regisseur: Richard Oswald

Fortan fungierte Richard Oswald als Autor und als Regisseur seiner Filme. In der Hauptsache stützte er sich auf populäre literarische Vorlagen und auf prominente Akteure. In jenen Jahren vor und nach Beginn des ersten Weltkriegs versuchte nahezu jeder Berliner Schauspieler, der etwas auf sich hielt, zu filmen. Den Bühnenstars Bassermann und Wegener folgten zahlreiche prominente Berliner Theatergrößen wie Eduard von Winterstein, Tilla Durieux, Alexander Moissi, Paul Bildt, Georg Alexander, Friedrich Zelnik, Curt Goetz und Harry Liedtke. Aber auch viele andere, die gerade erst in Berlin angefangen hatten zu spielen – wie Werner Krauss, Emil Jannings, Fritz Kortner, Conrad Veidt, Hans Albers, Ernst Deutsch –, traten vor die Kameras.

Sie alle strömten in die Ateliers, und sie strömten vor allem auch zu Richard Oswald, der jetzt beim Kientopp anscheinend seine Berufung gefunden hatte. Schade jedoch, daß er in Berlin nicht auch sein Glück als Filmschauspieler versuchte. In Düsseldorf soll er 1911 lediglich in »Zouza«, einer Tragödie in zwei Akten, mitgewirkt haben, inszeniert von Dr. Reinhard Bruck, der später als Regisseur im Schauspielhaus am Gendarmenmarkt tätig war. So ist Oswald nur in einigen seiner frühen Filme auf dem Vorspann zu sehen, wo er sich – der Zeit gemäß – als Regisseur im Bild präsentierte. Ansonsten blieb er hinter der Kamera, ließ sich aber im Atelier oder in seinem Büro öfter bei der Arbeit fotografieren: Zumeist im weißen Mantel – was noch auf die Nähe der Filmemacher zu den Fotografen, Optikern und Chemikern verwies.

Für seine zweite Regiearbeit, »Die Geschichte der alten Mühle« – nach Hermann Sudermann, holte sich Oswald die Stars des Kleinen Theaters Unter den Linden, Alfred Abel und Ferdinand Bonn, ins Studio. Ihnen muß genau wie Schildkraut das Filmen Spaß gemacht haben, denn beide spielten gleich noch in Oswalds folgender Produktion mit, der Komödie »Lache, Bajazzo«. Als Partnerin war Johanna Terwin vom Deutschen Theater engagiert worden. Im Dezember 1914 kamen drei Filme des ungemein produktiven Oswald in die Kinos, doch »Lache, Bajazzo« wurde von der Zensur aus unbekannten Gründen »für die Dauer des Krieges verboten«. Allzu übermütige Komödien paßten zu der Zeit nicht so recht ins Programm, auch im

Kino sollte man etwas vom »Ernst der Zeit« spüren, wollte man die »Würde« respektiert sehen.

Oswald nutzte für seine Filme insbesondere die Werke der gehobenen Literatur. Er verfilmte Sudermann, E. T. A. Hoffmann (Und wandern sollst du ruhelos, Hoffmanns Erzählungen), Edgar Allan Poe (Unheimliche Geschichten), Oscar Wilde (Das Bildnis des Dorian Gray), Henrik Ibsen (Peer Gynt), er machte aus einem der größten deutschen Bühnenerfolge jener Zeit, dem Singspiel »Das Dreimäderlhaus«, 1918 einen Film, und er adaptierte Georg Hermanns populären Roman »Jettchen Gebert« für einen Zweiteiler. Nach Originalfilmszenarien entstanden eigentlich nur die beim Publikum nach wie vor so beliebten Detektiv-Geschichten.

Anfang 1915 startete die Greenbaum-Film GmbH ihre Produktion in der Weißenseer Franz-Joseph-Straße 5–7. Als »Chef-Regisseur« amtierte Richard Oswald, und Mitte des Jahres kündigte die Firma bereits eine Serie von Filmen unter Oswalds Regie an. Der erste hieß »Und wandern sollst du ruhelos ...« (Die schöne Sünderin) nach E. T. A. Hoffmann und Edgar Allan Poe. Neben Erich Kaiser-Titz, Guido Herzfeld, Käte Oswald (die Frau des Regisseurs) wirkte ein Mann namens Lupu Pick mit, der erst vor kurzem aus Hamburg ans Kleine Theater Unter den Linden verpflichtet worden war. Als Oswalds zweiter Beitrag lief der Detektivfilm »Die verschleierte Dame«, von ihm stammten aber auch die Werke über »Das Laster« (Alkoholismus) und über »Dämon und Mensch« (das Gute im Verbrecher) ...

Ende Mai 1916 begann bereits eine neue Etappe seines nahezu atemberaubenden Aufstiegs in der deutschen Filmindustrie: *Mit einem Stammkapital von 21 000 Mark gründeten der Regisseur Richard Ornstein, genannt Richard Oswald, in Berlin-Tempelhof und der Kaufmann René Durlach in Straßburg im Elsaß die Richard Oswald-Film-GmbH. Der Gegenstand des Unternehmens: Anfertigung, Kauf und Verkauf von Filmen sowie Vornahme sämtlicher mit der Filmherstellung und dem Filmhandel zusammenhängender Geschäfte.*[175]

Nun war er Regisseur und Produzent in einem. Sein erster, in dieser Personalunion entstandene Film war 1916 »Hoffmanns Erzählungen«. Damit gab der 32jährige Werner Krauss vom Deutschen Theater (in der Rolle des Dapertutto) seinen Einstand beim Film.

Richard Oswald, der aussah wie ein ordentlicher Buchhalter oder ein preußischer Studienrat, hatte es innerhalb kürzester Frist geschafft, einer der erfolgreichsten deutschen Filmproduzenten zu werden. Was mit dem »Hund von Baskerville« begann, setzte sich nach dem Krieg mit einer ganzen Serie sogenannter »Aufklärungsfilme« fort, durch die er vor allem in die Filmgeschichte einging. In jener Zeit – um das Jahr 1919 – richtete Oswald als erster und einziger Produzent in Deutschland gleich zwei Kinos ein, die seinen Namen trugen und in denen in erster Linie seine eigenen Filme liefen. Am 19. September 1919 wurden in der Charlottenburger Kantstraße 163 die Richard-Oswald-Lichtspiele (das ehemalige Prinzeß-Theater) mit dem

Szenenfoto aus dem Richard-Oswald-Film »Jettchen Gebert«

Szenenfotos aus Oswalds »Unheimlichen Geschichten«

Film »Die Arche« eröffnet. Am 10. Oktober folgten dann in der Köpenicker Straße 68 die zweiten Richard-Oswald-Lichtspiele. (Der Saal hatte einst das Deutsch-Amerikanische Theater, später das National-Theater und auch die Volksbühne beherbergt.)

Im Oktober 1919 wurde Oswald Künstlerischer Leiter des Bioscop-Konzerns. Er produzierte und inszenierte weiterhin mit großem Erfolg, und bis in die Zeit des Tonfilms hinein gehörte er zu den bekanntesten deutschen Filmregisseuren. 1933 entstand sein letzter einheimischer Film – »Ein Lied geht um die Welt« mit Josef Schmidt. Anschließend mußte er als Jude Deutschland verlassen. Über Österreich, Frankreich und die Niederlande emigrierte er nach Hollywood, wo es ihm gelang, noch drei Filme zu drehen. 1963 ist er in Düsseldorf gestorben.

Als Nachbar der seit 1915 in der Weißenseer Franz-Joseph-Straße 5–7 produzierenden Greenbaum-Film hatte sich – in Nummer 9 – die Continental Kunstfilm GmbH niedergelassen. Das war jene Gesellschaft, die früher in der Chausseestraße 123 die ersten Stuart-Webbs-Filme herstellte und die im Frühjahr 1914 gegen Ernst Reicher, den Webbs-Darsteller, und gegen den Regisseur Joe May vor Gericht zog, weil die beiden eigene Webbs-Filme drehen wollten. Der Kriegsausbruch unter-

Richard Oswald 1924 bei Dreharbeiten zu »Lumpen und Seide«

Lichtbild-Bühne vom 6.3.1915

brach die Streitigkeiten und zunächst auch die Produktion der Detektivfilme. Doch Anfang 1915 wurde in Weißensee mit voller Kraft an die Herstellung neuer Webbs-Abenteuer gegangen.

Joe May, der Wiener, der eigentlich Julius Otto Mandl hieß, wurde 1914 zu den Fahnen gerufen, nach wenigen Wochen aber wieder aus der Armee entlassen. Sogleich machte er sich Gedanken über künftige Erfolgsfilme. Seine größten Gewinne waren an Stuart Webbs geknüpft, und warum er diese Art von Filmen 1915 nicht direkt fortsetzte, ist nicht bekannt. Vielleicht hatte er sich mit Reicher überworfen, vielleicht befürchtete er auch weitere Rechtsstreitigkeiten mit der Continental? Deshalb wohl, um diesem Problem aus dem Weg zu gehen, »erfand« er einen neuen Detektiv, der freilich – trotz Weltkriegs – wieder ein Engländer sein mußte. Sollte er bei den Zuschauern glaubhaft wirken, bedurfte es offenbar nur eines britischen Passes. Zwar wurde das englische Milieu nicht sonderlich betont, aber der Name des Detektivs ließ eigentlich niemanden über dessen Herkunft im Unklaren: Er hieß Joe Deebs – und über Nacht hatte Stuart Webbs einen Konkurrenten bekommen.

Für »Das Gesetz der Mine«, den ersten Joe-Deebs-Film, zeichnete Joe May als Autor, Regisseur und Produzent. Joe Deebs wurde gespielt von Max Landa, der den Detektiv bis Mitte 1918 in elf Filmen verkörperte, 1918/19 inszenierte dann Harry Piel die Joe-Deebs-Filme, die bis Mitte 1919 von Joe May produziert wurden. 1919/20 war Carl Auen in der Rolle des populären Detektivs zu sehen, ihn lösten Curt Goetz und Ferdinand von Alten ab. Die Akteure und die Regisseure wechselten, die Figur aber blieb erhalten.

Produzent Joe May

»Das Gesetz der Mine« wurde am 30. Juli 1915 gleich in fünf großen Berliner Kinos gestartet: In den Kammerlichtspielen am Potsdamer Platz, in den U.T. Kurfürstendamm, Nollendorfplatz, Friedrichstraße und Alexanderplatz. Die Werbung der Union-Theater zeigte sich wie immer höchst euphorisch:

Einen Erfolg wie es noch kein Detektivdrama aufzuweisen hat, erzielte an den ersten beiden Aufführungstagen »Das Gesetz der Mine«, Autor und Regisseur: Joe May. Noch nie wurde ein Film gezeigt, der so scharfsinnig und logisch aufgebaut, so glänzend inszeniert, so hervorragend gespielt wurde. Der erste Schlag des Detektivs Deebs ist schon das Gesprächsthema aller Kreise.[176]

Der erste Darsteller von Joe Deebs: Max Landa

Diese Filme unterschieden sich in keiner Weise von denen mit Stuart Webbs. Beiden oblag es, möglichst komplizierte Fälle zu lösen. Wichtig war das Milieu, in dem sich die Verbrechen ereigneten. Einer zeitgenössischen Kritik können wir einiges über die Geschichte des siebenten Deebs-Films entnehmen, der am 22. Dezember 1916 uraufgeführt wurde:

Auch der »Tauentzien-Palast« brachte wieder einen Detektivschlager, und zwar einen, der witzig ist. Joe May ist der Verfasser von »Das rätselhafte Inserat«, Harry Liedtke gibt den Joe Deebs, und für die Regie zeichnet verantwortlich Herr Gerhard. Drei gewiegte Faktoren sind also am Werke gewesen. Es ist erstaunlich, wie es möglich ist, noch immer wieder neue Detektivabenteuer zu erfinden. Deebs hat im vorliegenden Falle den Erfolg, einem jungen Mann zu seiner Erbschaft zu verhelfen. Dessen Vater hat auf dem Sterbebette dem Sohn eröffnet, daß er kein Vermögen hinterlasse, er solle aber einen Brief, den er ihm übergibt, erst nach mehreren Jahren lesen, und zwar erst dann, wenn er an einem bestimmten Tage ein ihn interessierendes Inserat finden würde. Es stellt sich natürlich heraus, daß der Verblichene ein horrendes Vermögen hinterlassen hat, aber das Geld ist von Gaunern abgehoben worden. Man faßt sie aber, und der rechtmäßige Besitzer erhält das Geld. Der Vater hatte nur bezweckt, daß sein Sohn ein Mädchen nicht heiraten sollte, das es nur auf sein Geld abgesehen hatte. Die Handlung ist sehr kompliziert, aber doch so geschickt angelegt, daß man eigentlich nicht weiß, was man mehr

Lichtbild-Bühne vom 4.9.1915

bewundern soll: die Erfindungsgabe oder das Geschick, alle Situationen zu klären. Die Geschichte ist äußerst spannend, und sie wird unter einer verständigen, oft sehr gute Momente bringenden Regie vorzüglich dargestellt. Neben Harry Liedtke sind in größeren Rollen Else Roscher, Hugo Flink und Leopold Bauer beschäftigt.[177]

Ernst Reicher

Nach dem Zwist mit der Continental gründete auch Ernst Reicher 1915 eine eigene Filmgesellschaft, die Stuart-Webbs-Film-Company, Reicher und Reicher, Berlin. Wer sich hinter dem zweiten Reicher im Firmennamen verbarg, ist nicht so ganz klar. Sollte damit Ernst Reichers Vater gemeint sein, Emanuel Reicher, der berühmte Berliner Bühnenschauspieler? Doch der konnte wirklich nur dem Namen nach beteiligt sein, denn während des Krieges hielt er sich nicht in Berlin, sondern in Amerika auf.

Sohn Ernst drehte im Sommer 1915 gleich drei Stuart-Webbs-Filme: Für »Der gestreifte Domino« und »Die Toten erwachen« entstanden die Atelierszenen in der Franz-Joseph-Straße 9, die Außenaufnahmen vor den Toren Berlins, in Bad Saarow-Pieskow. Opus drei nannte sich »Das Mitternachtsschiff«, und in der Titelrolle agierte der Herr Produzent persönlich vor der Kamera – wie in fast allen Webbs-Filmen, die bis in die Tonfilmzeit hinein hergestellt wurden. (Es gab aber auch Ausnahmen: So spielte zum Beispiel 1921 in »Der große Chef« unter der Regie von Max Obal Hans Richter den Detektiv.) Neben der Kamera saß einer der ältesten und erfahrensten Regisseure des deutschen Stummfilms: Adolf Gärtner. Er, der bereits in den Anfangsjahren der deutschen Kinematographie in den Berliner Glashäusern gearbeitet, der für Messter in der Blücherstraße 32 Regie geführt hatte bei einigen frühen Erfolgsfilmen mit Henny Porten, er drehte alle neun Webbs-Titel der Jahre 1915/16. Diese, und auch die folgenden, waren immer nach dem gleichen Muster gestrickt – wie fast alle anderen Detektivfilme der damaligen oder die Krimis der heutigen Zeit. Da hilft zum Beispiel im 16. Webbs-Abenteuer, »Die Pagode« (1917), der Meisterdetektiv einem Erfinder (Werner Krauss), wieder an seine wertvollen Pläne zu kommen, die ihm ein paar Schurken gestohlen hatten. Ein Japaner (Lupu Pick), eine Pagode und ein geheimnisvoller Regenschirm spielen wichtige Rollen. Mit dem Schirm spritzt der findige Detektiv schnell und unbemerkt eine Art Tinte unter die Schuhsohlen der Ganoven, um so deren weitere Aktionen zu verfolgen ...

In seinem 19. Abenteuer, »Die Diamantenstiftung« (1917), gerät der Kriminalist selbst in Mordverdacht, weil er sich gerade zu der Zeit, als ein Juwelier ermordet wird, mit dessen Tochter zu einem zärtlichen Rendezvous zurückgezogen hat. Gentleman Webbs kann sein Alibi natürlich nicht preisgeben und die Dame diskreditieren ... Argus, der Kritiker des KINEMATOGRAPH, besprach Ende des Jahres 1916 das 13. Abenteuer des Detektivs, »Die Peitsche«, den letzten Webbs-Film unter der Regie von Adolf Gärtner:

Die Stuart-Webbs-Films marschieren ihren gesonderten Weg weiter. Sie sind eine Klasse für sich. Schon im Stoff. Webbs ist nicht, wenigstens in den weitaus meisten Fällen nicht, der Detektiv, der unfehlbar ist, der die unmöglichsten Gefahren besteht, um zu seinem Ziel zu kom-

Szenenfotos aus dem Stuart-Webbs-Film »Die Toten erwachen«

men. Er macht vielmehr alles geistig, wenn man so sagen darf, er schlägt mit geistigen Waffen. Dabei entwickelt er eine beneidenswerte Dosis Humor, und zwar einen Humor, der sich in philosophischer Art darüber hinwegsetzt, wenn eine Sache einmal mißlungen ist. Und Webbs anerkennt, neben ihm gibt es noch mehr tüchtige, feinkombinierende Denker, und er macht gern, selbst vor dem Verbrechergenie, seine Reverenz. Daß er zum Ende doch der Sieger bleibt, versteht sich von selbst. Übrigens hat Webbs seine Kundschaft meist nur unter den oberen Zehntausend, einer Gesellschaft, in der er sich besonders wohl fühlt. Und alle diese offensichtlichen Vorzüge finden sich auch in seinem XIII. Abenteuer, das sich »Die Peitsche« nennt. Dazu, nämlich zu dem Titel, eine Frage. Warum heißt der Film »Die Peitsche«? Die scharfe Kombinationsgabe des Stuart Webbs dürfte darauf sicherlich leichter eine erschöpfende Antwort geben können, als es das durch zu starken Filmgenuß der Zerrüttung entgegengehende Hirn eines Filmkritikers vermag. Aber eigentlich ist der Titel ja Nebensache; die Hauptsache bleibt, daß der Film wieder ausgezeichnet ist. Er zeigt alle Vorzüge der Webbs-Marke. Es dreht sich um die Entwendung einer sehr wertvollen Agraffe und um den Verdacht, der auf der Freundin der Bestohlenen ruht. Sie war nicht die Täterin, sondern ein ungetreuer Diener hatte seine Hand im Spiel. Kindesentführung, beinahe Ehescheidung und sonst noch mehr ereignen sich. Aber weder der Titel noch der Inhalt machen es hier, auch nicht das glänzende Spiel von Ernst Reicher als Webbs mit seinem beneidenswerten Schuß Komik, von Esther Carena, der schönen rassigen Frau mit den Schlangenbewegungen, der man gern den Diebstahl zutraut, und von all den anderen Herrschaften (nicht zu vergessen sind die beiden entzückenden Kinder), hier ist es die ganze Mache, der Schmiss. Adolf Gärtner ist der Regisseur, der Webbs-Regisseur. Er sorgt hier für ein außerordentlich flottes Spiel und häuft Überraschungen auf Überraschungen. Helles Lachen entfachte der Moment, wo sich eine Kinderverwechslung herausstellt. Und dann jene Verhaftungsszene der beiden Verbrecher. Das war ganz prachtvoll gedacht und ausgezeichnet von allen Mitspielenden gebracht. Das ist geistreiche Komik, von der man wünschen möchte, sie würde nach Gebühr anerkannt. Jedenfalls hat das »Marmorhaus« wieder seinen Schlager. Dem Stück voraus ging ein Film »Die Millionenbraut«, ein Lustspiel von Manfred S. Noa.[178]

Im Januar 1919 wurde das 26. Abenteuer des Stuart Webbs, »Die Launen des Glücks«, uraufgeführt, der letzte Beitrag, den die Stuart-Webbs-Film-Company, Reicher und Reicher in Weißensee fertigte. Die folgenden Geschichten, beginnend mit dem zweiteiligen Film »Die Brüder von St. Parasitus« und »Das Schloß am Abhang«, entstanden (wie auch alle weiteren) bereits in München.

In der Weißenseer Franz-Joseph-Straße 5–7 wurde im Herbst 1915 von der Greenbaum-Film-GmbH ein Klassiker der Horror-Literatur erstmals verfilmt: Gaston Lerouxs »Das Phantom in der Oper«. Ernst Matray inszenierte und wirkte auch selbst als Darsteller mit, in den Hauptrollen waren der Däne Nils Chrisander und Aud Egede Nissen zu sehen. Zehn Jahre später sollte die Hollywood-Adaption dieses Romans (mit Lon Chaney in der Hauptrolle) auch in Berlin Furore machen, und die Zuschauer schienen schon wieder vergessen zu haben, daß der erste Film nach diesem Stoff in Weißensee gedreht und am 26. Mai 1916 uraufgeführt worden war. (In

Albert und Else Bassermann

den achtziger Jahren feierte dann ein Musical nach dem unverwüstlichen Stoff in London, New York und Wien triumphale Erfolge.)

Als Star der Greenbaum-Film GmbH galt in jenen Jahren des ersten Weltkriegs ein Mann, der damals »Deutschlands größter Schauspieler« genannt wurde: Albert Bassermann. 1910 sagte man ihm noch nach, er weigere sich, »photographisch abgebildet« zu werden. Mittlerweile jedoch war er durch seine Mitwirkung in dem Lichtspiel »Der Andere« fast zu einem Filmpionier unter den deutschen Schauspielern geworden. Wie schnell änderten sich die Zeiten! Die Kritiken, seine Filmarbeiten betreffend, fielen allerdings weit weniger enthusiastisch aus als die über seine Theatertätigkeit. Das spielte für den Star aber offensichtlich keine große Rolle; er hatte Interesse am Kientopp gefunden und drehte zusammen mit Max Mack noch drei weitere Filme für die Vitascope. 1916 schloß er dann mit der Greenbaum-Film einen Vertrag über mehrere neue Produktionen ab, und von 1916 bis 1920 war er Stammgast des Greenbaum-Ateliers in der Weißenseer Franz-Joseph-Straße 5–7. Dort hat er in siebzehn Spielfilmen vor der Kamera gestanden. Der erste in Weißensee gedrehte Bassermann-Film – »Du sollst keine anderen Götter haben« – wurde am 14. September 1917 im Mozartsaal uraufgeführt, der letzte, »Die Nächte des Cornelius Brouwer«, kam 1921 in die Kinos. Neun dieser Filme hatte der Stuart-Webbs-Regisseur Adolf Gärtner inszeniert, der 1916 seine Arbeitsstelle wechselte – von Nummer 9 der Franz-Joseph-Straße zu Nummer 5–7.

Die Bücher für die Bassermann-Filme schrieb fast ausnahmslos ein ziemlich unbekannter Autor namens Hans Henning; einige Filme stammten von einer gewissen Else Schiff, besser bekannt als Else Bassermann, der Gattin des Stars. Es ist sehr wahrscheinlich, daß sie ihren Mann immer wieder ins Atelier drängte. Obwohl Bassermann mit keinem seiner Filme auch nur einen ähnlichen Erfolg erzielte wie auf der Bühne, trug er durch sein Ansehen wesentlich dazu bei, die Greenbaum-Produktion finanziell stabil zu halten.

Als zweite Basis schuf sich die Firma einen Helden namens Phantomas. Eigenartig, daß die Helden der populärsten deutschen Unterhaltungsfilme jener Zeit entweder englische Detektive oder französische Abenteurer waren – wo man doch 1914 die deutsche Sprache »gesäubert« hatte, »entwelscht«, von »Feindsprachen gereinigt«, man sich fragte, ob denn in diesen »ernsten Zeiten« der Engländer William Shakespeare auf deutschen Bühnen noch gespielt werden dürfe ... Und dann eroberten Stuart Webbs, Joe Deebs und Phantomas die deutschen Kinos – und sie kamen allesamt aus der Weißenseer Franz-Joseph-Straße!

Fantômas war der Held eines in seiner Heimat sehr populären Romans von Pierre Souvestre und Marcel Allain, nach dem der Regisseur Louis Feuillade in den Jahren 1913/14 einen vierteiligen Film gedreht hatte. Der dürfte jedoch den deutschen Kinogängern unbekannt geblieben sein, weil er nicht in ihren Kinos lief. Vielleicht aber kannten ihn die Herren von der Greenbaum-Film, und sie nutzten ihn als Anregung für sich? Im Januar 1917 kam jedenfalls in den Kammerlichtspielen am Potsdamer Platz einer der ersten deutschen Phantomas-Filme mit dem Titel »Der Erbe von Het-Steen« auf die Leinwand. Erich Kaiser-Titz spielte den Helden dieser »Detektivserie«, der als Jäger und Gejagter über Dächer und durch Kanäle hetzt. Die weiteren Produktionen hießen »Das Nachtgespräch«, »Ein Tropfen Gift«, »Am Hochzeitsabend«, »Ein scharfer Schuß«, »Das gestohlene Hotel«, »Die Glocken der Katharinenkirche«. Inszeniert waren sie zumeist von Adolf Gärtner, der seine ersten Erfahrungen mit Detektivabenteuern bei Ernst Reicher bzw. Stuart Webbs gesammelt hatte. Dieser produktive Regie-Pionier des deutschen Stummfilms kurbelte in Weißensee sowohl die Filme mit Albert Bassermann als auch die der Phantomas-Serie mit Erich Kaiser-Titz, der 1918 von Rolf Loer abgelöst wurde. An die Stelle Gärtners trat Carl Boese – später einer der aktivsten Regisseure deutscher Unterhaltungsfilme. Ständig tauchten in den Berliner Ateliers neue Gesichter auf, so auch in der Weißenseer Franz-Joseph-Straße. 1916 zum Beispiel wurde ein 26jähriger Landsmann Joe Mays bei ihm vorstellig, der behauptete, Filmszenarien schreiben zu können – und so entstand 1917 der insgesamt neunte Film der Joe-Deebs-Detektivserie nach einem Buch von Fritz Lang: »Die Hochzeit im Excentricclub«, in dem Joe Deebs schon nicht mehr von Max Landa, sondern von Harry Liedtke, dem Schauspieler des Deutschen Theaters, verkörpert wurde. Am 27. April 1917 erlebte der Film im Tauentzienpalast seine Uraufführung. Argus, der Kritiker des KINEMATOGRAPH, war – wie fast immer – begeistert:

Regisseur Carl Boese

Lupu Pick in »Die Pagode«, dem 16. Stuart-Webbs-Abenteuer

Der neueste Joe Deebs-Film läuft jetzt im »Tauentzien-Palast«. Er heißt »Die Hochzeit im Exzentrik-Klub« (May-Film). In der Begebenheit dreht es sich um die Herbeischaffung einer außerehelichen Tochter. Ihr Vater ist als Millionär gestorben und hat in seinem Testament bestimmt, daß sein Neffe nur dann die Reichtümer erhält, wenn er bis zu einem bestimmten Termin das Mädchen, das als Kind mit der Mutter spurlos verschwunden war, findet und sich mit ihr in den Räumen des Klubs, einer Gründung des Verstorbenen, trauen läßt. Wie das geschieht, ist so abwechselungsreich, so geschickt und spannend gemacht, daß eine einfache Wiedergabe auch nicht annähernd alle die Vorzüge aufführen kann. Komplikationen ausgesuchtester Art wollen das Gelingen der Arbeit, die Joe Deebs in die Hand genommen hat, verhindern. Aber Deebs ist nicht umsonst so tüchtig, in der letzten Minute noch führt er die zwei zusammen, erhält ihnen die Riesenerbschaft und gewinnt für sich selbst die für die Herbeischaffung der Tochter ausgesetzte Million. Der Film ist ganz besonders gut gelungen und erregte bei dem dichtgefüllten Hause allseitige gespannteste Aufmerksamkeit. Das Publikum applaudierte lebhaft. Regie, Inszenierung, Photographie und Darstellung wetteiferten, um zum Gelingen beizutragen. Das Ganze durchweht auch ein feiner Humor, der nirgends aufdringlich ist. Harry Liedtke als Joe Deebs, Bruno Kastner als der reiche Erbe, Käthe Haack und Georg Bauer sind alle mit Lust und Liebe bei der Sache, und da auch die Nebenrollen vortrefflich be-

Poster von Ludwig Kainer für einen neuen Joe-Deebs-Film

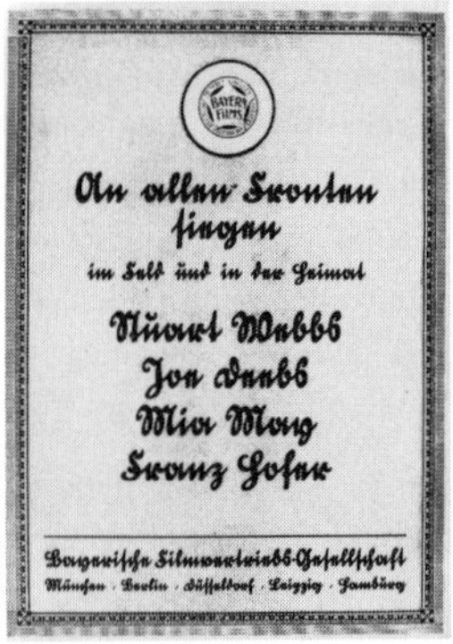

Der Kinematograph vom 7.3.1917

setzt sind, kam ein Film zustande, dem man eine Riesenaufführungsziffer mit tödlicher Sicherheit voraussagen kann.[179]

Die Berliner erlebten das vierte Kriegsjahr. Der Kaiser wurde »fortschrittlich« und »großzügig«; er verkündete seinem Volk die Abschaffung des Klassenwahlrechts. Die Zeitungen vermeldeten ebenso stolz, daß im März 861 000 Tonnen feindlicher Schiffe versenkt worden seien. Im Deutschen Theater stand Max Pallenberg in Molières »Der Geizige« auf der Bühne (in einer kleinen Rolle – als Wechsler – wirkte Ernst Lubitsch mit); Curt Bois trat zusammen mit Adele Sandrock im Kabarett Kurfürst auf, und im Lessing-Theater führte Victor Barnowsky »Madame Legros« auf, ein neues Stück von Heinrich Mann. Leopold Jessner veröffentlichte im BERLINER TAGEBLATT einen Beitrag, worin er betonte, daß »Die Sommer-Spielzeit in der Kriegszeit eine städtische Pflicht« sei …

In den Kinos begeisterte sich das Publikum an den Abenteuern von Joe Deebs, Stuart Webbs oder Phantomas; es lachte über Lotte Werkmeister, Melitta Petri und Leo Peukert. Im April 1917 durfte sogar noch ein amerikanischer Film in Berlin gezeigt werden: »Sibirien«, mit Clara-Kimball-Young. Kurz darauf, im selben Monat noch, druckten die Zeitungen die Kriegsbotschaft Präsident Wilsons ab …

All die äußeren Einwirkungen schienen jedoch auf die Filmproduktion in Weißensee so gut wie keinen Einfluß zu haben.

Im April 1917 streikten in Berlin fast 300 000 Arbeiter, es gab Friedensdemonstrationen, aus Rußland trafen unklare Meldungen über einen Bürgerkrieg ein, die Spartakusgruppe forderte in einem Flugblatt die deutschen Arbeiter auf, dem russischen Beispiel zu folgen … Je ernster und hoffnungsloser die Lage wurde, je mehr die Bevölkerung hungerte, je mehr Streiks in der Stadt organisiert wurden, desto emsiger produzierte man in der Franz-Joseph-Straße Film-Unterhaltung.

Am 31. August 1917 kam bereits wieder eine Joe-May-Produktion aus Weißensee in die Kinos, die nach einem Buch von Fritz Lang entstanden war:

Mia May entzückte ihr Stammpublikum im »Tauentzienpalast«. Der Film heißt »Hilde Warren und der Tod« (May-Film) und nennt sich eine Phantasie. Joe May erzählt darin folgendes: Hilde Warren ist eine gefeierte Schauspielerin und der Intendant des Hoftheaters hat eine ehrliche Neigung zu ihr gefaßt. Aber die Hand zum Ehebund will sie ihm nicht reichen, ihr steht die Kunst höher als alles andere. Da tritt in ihr Leben der junge Hector Roger, der von ihrem Liebreiz gefangen wird, und mit dem sie sich vermählt. Lange dauert das Glück nicht, denn Roger wird als lange gesuchter Mörder verhaftet. Er versucht zu fliehen, wird aber von einem Polizisten erschossen. Das Kind, das sie zur Welt bringen wird, wird das Kind eines Mörders sein. Und wie schon einmal im Leben gaukelt ihr die Phantasie den Tod vor. Aber sie will den Kampf mit ihm aufnehmen um des Kindes willen, das sie im Schoß trägt. Jahre sind vergangen, ihr Knabe hat die schlechten Eigenschaften seines Vaters geerbt. Wieder tritt der Intendant in ihren Weg, und noch heute will er sie heiraten, wenn sie sich von ihrem Kind trennen will. Die Liebe zum eigenen Kinde ist stärker als die Liebe zu dem Manne, der sie liebt und sie weist ihn ab. Der Sohn wächst heran und auch er wird zum Mörder. Die Polizei ist

Vier Detektive des deutschen Stummfilms: Hans Mierendorff, Heinrich Peer, Ernst Rückert, Carl Auen

Berliner Tageblatt vom 2.9.1917

ihm auf den Fersen – die Mutter selbst drückt die Kugel auf ihn ab. Das Gefängnis läßt ihr noch einmal den Tod erscheinen, den sie herbeisehnt und dessen Umarmung sie sich nun nicht mehr entziehen will. – – – – Ein Schicksal, menschlich rührend, ein Charakter, mit dem man bangt und dessen Erlösung man als eine Befreiung von irdischer Qual mitempfindet. Für Mia May eine große Rolle mit großen Aufgaben. Wie die Künstlerin sie löst, zeigt uns deutlich, welche darstellerische Kraft in ihr steckt. Erst die Lebensbejaherin, dann die noch immer starke Frau, auf die das Schicksal unerbittlich herniederbricht. Wie ihr der Tod als Erlöser erscheint, wirkt wahrhaft erschütternd. Ein neues Ruhmesblatt zu Mia Mays alten Erfolgen. Mierendorff, Kastner und Matray sind vollwertige Partner. Inszenierung und Photographie sind wieder von gediegenem Geschmack. Es war ein voller Erfolg, ein Erfolg mit Berechtigung.[180]

Am selben Tag wie »Hilde Warren und der Tod« zeigte das Passage-Theater Unter den Linden einen Film mit Adele Sandrock in der Hauptrolle: »Unsühnbar«. Dieser Titel bezog sich auf eine Äußerung Hindenburgs, der behauptet hatte, Arbeitsniederlegungen in den Fabriken seien eine »unsühnbare Schuld« an den Frontsoldaten. »Draußen im Felde« tobte die Schlacht bei Verdun ...

Als neuer Werbefilm für die nächste Kriegsanleihe lief in den Kinos »Hann, Hein und Henny« mit Henny Porten, und im Metropol-Theater erlebte die Operette »Die Rose von Stambul« mit Fritzi Massary eine glanzvolle Premiere. Joe May produzierte und inszenierte 1917/18 weiterhin Joe-Deebs-Filme. Nach dem Weggang Harry Liedtkes übernahm Max Landa erneut jene Rolle, die er 1915 mit aus der Taufe gehoben hatte. 1918/19 drehte Harry Piel die letzten sieben Joe-Deebs-Filme für Joe May in Weißensee, anschließend wurde die populäre Filmfigur an eine andere Gesellschaft »verkauft«, und fortan entstanden jene Detektiv-Produktionen in Tempelhof und anderswo.

Obwohl May bei seinen Detektivfilmen über geringe Resonanz nicht klagen mußte, strebte er nach Größerem, nach Monumentalem. 1917 wurde die Basis für diese Pläne geschaffen, indem die Oberste Heeresleitung die Ufa gründete. »Der Schirmherr des deutschen Films«, Paul von Hindenburg, sowie Erich von Ludendorff hatten gehandelt! Die May-Film wurde – nominell zwar weiterhin selbständig – Teil des mächtigen Konzerns, und jetzt konnte May endlich über Mittel verfügen, die ihm vorher fehlten.

Der Krieg war vorbei und verloren, doch der deutsche Film zählte zu jenen Bereichen der Industrie, die gestärkt daraus hervorgingen. Frankreich gehörte zwar zu den Siegern, trotzdem mußte der französische Film den Verlust seiner dominierenden Weltmarktstellung beklagen. Nun beherrschten amerikanische Filme die Welt, denen aber durch die deutsche Produktion ein starker Konkurrent erwuchs. Joe May war einer der ersten, der die neuen gewaltigen Möglichkeiten des deutschen Films ausnutzte, und in Weißensee brach eine neue Epoche an. Jetzt entstanden in der Franz-Joseph-Straße 5–7, im ehemaligen Greenbaum-Atelier, Monumentalfilme.

Zu Beginn des Jahres 1919 drehte May in seinem Weißenseer Atelier »Veritas Vin-

Joe May auf dem Vorspann seines Films »Hilde Warren und der Tod«

Mia May und Georg John in »Hilde Warren und der Tod«

Der Kinematograph vom 16.10.1918

cit«, ein sehr aufwendiges, dreiteiliges Werk, dessen erster Teil in Rom zur Zeit des Kaisers Decius spielt, der zweite in einem mittelalterlichen deutschen Städtchen und der letzte an einem Fürstenhof kurz vor Ausbruch des Weltkriegs. Wie der Vorspann vermerkt, basieren die drei Geschichten auf Ideen von Michelangelo, einem Baron Zois und Joe May! Und der scheute nun weder Mittel noch Kosten, um einen gewaltigen Film – gewaltig mehr in den äußeren Dimensionen als im Gehalt – auf die Beine zu bringen. Eine dreiviertel Million Reichsmark hatte ihm die Ufa zur Verfügung gestellt, damit nach den Entwürfen von Paul Leni in Weißensee das historische Rom mit seinen Arenen und Triumphbögen errichtet werden konnte. Da das Gelände in der Franz-Joseph-Straße für derart kolossale Dekorationen nicht Platz genug bot, nutzte man kurzerhand für die Außenaufnahmen das Gelände der benachbarten ehemaligen Trabrennbahn – Rom in Weißensee.

Ein anderer Vorreiter auf dem Gebiet des Monumentalfilms war Ernst Reicher, der »Vater« von Stuart Webbs. Bis Ende 1918 hatte er 25 Webbs-Abenteuer gedreht, und genau wie sein einstiger Mitarbeiter Joe May versuchte er nun, neue Wege zu finden. Auch er ließ in Weißensee mächtige Dekorationen errichten, um »Das Buch Esther« – eine Geschichte aus dem Alten Testament – zu verfilmen. Ernst Reicher selbst spielte den Juden Ahasver, Stella Harf die Esther. Des weiteren wirkten der Operntenor Michael Bohnen sowie Wilhelm Diegelmann und Leonhard Haskel mit. Reicher hatte zusammen mit Uwe Jens Krafft das Buch geschrieben und den Film

Szenenfotos aus »Veritas Vincit«

Szenenfoto aus »Veritas Vincit«

auch inszeniert. Doch trotz des großen Werberummels – in den Zeitungen erschienen u. a. Fotos von den gewaltigen Bauten – stand dieses am 22. Mai 1919 im Marmorhaus gestartete Werk im Schatten von »Veritas Vincit«. Historische Monumentalfilme schienen Ernst Reicher ganz und gar nicht zu liegen. Sein Name in der deutschen Filmgeschichte bleibt fast ausschließlich an die Figur des Detektivs Stuart Webbs gebunden. »Das Buch Esther« sollte die letzte Produktion der Stuart-Webbs-Film-Company, Reicher u. Reicher, Berlin, sein, die in Weißensee entstand. Hatte sich die Firma übernommen? Reicher jedenfalls verkaufte sein Atelier und ließ sich in Grünwald bei München nieder, wo er weitere Abenteuer mit Stuart Webbs produzierte …

Anfang 1919 wurde aus dem Stuart-Webbs- das Lixie-Atelier, das nun einer Gesellschaft gehörte, die sich »Film Atel. Weißensee« nannte und die für ihre Zwecke nicht nur Nr. 9, sondern auch die Häuser 10–12 mietete. Häufiger Nutzer des Lixie-Ateliers war die im Februar 1915 von Erich Pommer gegründete Decla. Der Name leitete sich ab von »Deutsche Eclair Gesellschaft«, für die Pommer einst gearbeitet hatte. Auch die Decla schwamm natürlich im Strom der Zeit mit und drehte eifrig Detektivfilme. Und auch ihr Held – Tom Shark – ließ keinen Zweifel an seiner Na-

Seite 363
Szenenfoto aus »Das Buch Esther«

tionalität. Verkörpert wurde er von Alwin Neuss, der diese Filme 1916/17 selbst inszenierte. 1919 verpflichtete Pommer dann einen jungen Mann, der gerade erst Joe May die Bücher für zwei erfolgreiche Filme geliefert hatte. Dieser Autor hieß Fritz Lang, und Pommer machte ihn gewissermaßen über Nacht zum Filmregisseur. Seine erste große Decla-Produktion war der zweiteilige Abenteuerfilm »Die Spinnen«. Lang verstand sein Handwerk, und er bot den deutschen Zuschauern des Jahres 1919 vor allem das, wonach sie suchten: Zwei Stunden Ablenkung von einem deprimierenden Alltag, Abenteuer, Exotik, geheimnisvolle schöne Frauen, ferne Länder, Nachtclubs, Los Angeles, Mexiko, die rätselhaften Inka-Schätze ...

Lang schrieb eine deftige Story, an der gewiß auch Joe May seine Freude gehabt hätte. Doch da Lang selbst inszenieren wollte, ging er eben zu Pommer, der gerade seine Produktionsstätten von Marienfelde (aus dem ehemaligen Eiko-Atelier) nach Weißensee verlegte. Dort entstanden die Atelierszenen für »Die Spinnen«; die Außenaufnahmen wurden in Hamburg-Stellingen gedreht. Hagenbecks Zoo lieferte die für die exotischen Abenteuer der Helden um Kay Hoog notwendigen wilden Tiere; das Hamburger Völkerkunde-Museum stellte zahlreiche Requisiten zur Verfügung.

Noch gigantischer ging es beim nächsten Filmprojekt der Decla zu, das ebenfalls im Weißenseer Lixie-Atelier hergestellt wurde. Otto Rippert, jener erfolgreiche Regisseur, der sieben Jahre zuvor in der Chausseestraße die »Titanic« versenkt hatte, war während des Krieges außerordentlich bekannt geworden durch eine sechsteilige Serie um »Homunculus«, einen Menschen aus der Retorte. Jetzt sollte er für Pommer die »Pest in Florenz« realisieren; das Buch dafür stammte wiederum vom vielbeschäftigten Fritz Lang. Auch »Pest von Florenz« gehörte zu den sogenannten Großfilmen, die damals am laufenden Band in Berlin entstanden. Der Krieg war gerade vorüber, die Revolution im Sande verlaufen. Es gab wenig zu essen, viele Menschen hungerten, suchten Arbeit. In Berlin herrschte extreme Wohnungsnot, und es wurde sogar in Erwägung gezogen, die kaiserlichen Paläste und Schlösser mit Einquartierungen zu belegen. Der einstige Hausherr hatte sich ja inzwischen aus dem Staube gemacht. Die Krankenhäuser in Buch und anderswo wußten nicht, wie sie ohne Kohlen über den Winter kommen sollten. Streiks gehörten zum Alltag, in den Verkehrsbetrieben zum Beispiel, aber auch in der Filmindustrie. Im Norden Berlins kam es zu Plünderungen. Jene, die noch nicht vom alltäglichen Kampf um etwas Eßbares, um ein warmes Zimmer aufgezehrt waren, diskutierten über den Friedensvertrag von Versailles, der schon damals von vielen Deutschen als »Schandfrieden«, als »Schmach« betrachtet wurde. Die heimkehrenden Männer fanden oft kein Zuhause mehr vor, und die Freikorps riefen diese demobilisierten Soldaten auf, ihnen beizutreten – die Zeitungen waren voll solcher Annoncen.

Doch trotz allgemeinen Hungers und Elends, trotz Chaos und Niedergeschlagenheit steigerten die Filmgesellschaften ihr Aktienkapital! Der Bioscop-Film-Konzern zum Beispiel ernannte Richard Oswald zu seinem künstlerischen Leiter und erhöhte sein Kapital von 5,5 auf 30 Millionen Mark.[181] Die Decla war etwas bescheidener

Seite 364
Die May-Filmwerke mit Ateliers, Kopierwerk, Freigelände und Werkstätten in Weißensee

Szenenfotos aus »Der goldene See«, dem ersten Teil des Abenteuerfilms »Die Spinnen«

und stockte »nur« auf 15 Millionen Mark auf.[182] Stolz stellte sie der Presse ihr Programm vor: »Pest in Florenz« – ein Film der »Decla-Weltklasse«. Die spendable Gesellschaft lud die Journalisten nach Weißensee ein, wo sie im September 1919 die Dreharbeiten verfolgen konnten. Sie kamen alle – mit Droschken und Mietwagen, die die Decla großzügig bezahlte –, sie fuhren hinaus durch die Berliner Straße, am Weißen See vorbei zur Franz-Joseph-Straße. (Galt noch immer Tempo 25 auf den Weißenseer Straßen?) Die Herren Journalisten zeigten sich höchst erfreut und rührten anschließend eifrig die Werbetrommel:

Der Kinematograph vom 29.10.1919

Italien in Berlin. Man nimmt ein Auto, das man nicht einmal selbst zu bezahlen braucht, fährt ungefähr 25 Minuten in der besten Gesellschaft und steht plötzlich auf einem großen Platz in Florenz. Vor uns erhebt sich das Palazzo Vecchio, daneben stehen die berühmten Uffizien, und rechts von uns befindet sich die Loggia di Lanzi, wo der berühmte Herzog von Medici seine Wachmannschaft beherbergte. Der Magistrat von Florenz nahm in diesen heiligen Hallen feierliche Handlungen vor. Wenn das Stück in unserer Zeit spielte, würde in diesem Palast so eine Art Lebensmittelkartenausgabe untergebracht sein. Aber wir sollen uns im Geist teils in das Jahr 1348 zurückversetzen, teils in die Zeit um 1498. Über die Pest von Florenz hat Boccaccio manches erzählt. Das ist den wenigsten bekannt, denn man liest von Boccaccio meistens andere Sachen. Das Thema ist natürlich nicht nach Boccaccio bearbeitet, sondern stellt eine freie dichterische Komposition dar, in die man unter anderem Savonarola, den berühmten Bußprediger hineinkomponiert hat. Doch vom Inhalt will ich nichts erzählen. Das wird die Decla zur gegebenen Zeit selber tun. Rippert wollte die große Prozession filmen. Das sollten wir uns ansehen. Die Sache sollte gegen ein Uhr losgehen und fand dann, wie üblich, gegen vier Uhr statt. Drei Stunden lang Milieustudien und drei Stunden lang Pressekalauer. Da war eine junge Frau, die durch die Pest so abgemagert war, daß ihr die Strümpfe schlotternd um die Knie hingen. Da war irgendein Requisit, das aussah wie ein Speiseeiswagen, da war ein Erzbischof mit dem Monokel und ein Priester, der das Bier aus der Flasche trank. Da waren andere, die sich fortwährend kratzten und schuppten, sodaß man beinahe von »Floh«-renz sprechen konnte. Manche Leute haben die Pest auch ganz gut überstanden, z. B. Herr Pommer, der noch ganz wohlgenährt aussah. Gegen vier Uhr kam die Prozession, die wir butterbrotkauend an uns vorüberziehen ließen, während wir uns unsere Gedanken darüber machten, daß die Musik ausgerechnet das symphonische Intermezzo aus Cavalleria rusticana spielte. Die Musik war schlecht, sehr schlecht sogar, der Film wird aber, soweit man es nach einer Aufnahme beurteilen kann, gut werden. Er wird Decla-Klasse sein.[183]

Eine kostenlose Droschkenfahrt und obendrein noch Butterbrote! Das war schon etwas im September 1919. Die Journalisten zogen reizvolle Parallelen zwischen dem alten Florenz und dem modernen Weißensee, wobei sie natürlich allzu unangenehme, makabre Vergleiche mieden: Im Mittelalter wurde Florenz des öfteren von der Pest heimgesucht – im Oktober 1918 führte eine Grippeepidemie in Berlin zu mehreren Cholerafällen. Zu den Opfern dieser furchtbaren Krankheit gehörte übrigens auch die erste Frau des schon damals sehr bekannten Kritikers Alfred Kerr.

Im September 1919 schienen die Auswirkungen der jüngsten Seuche längst wieder

Titelblatt der Zeitung Film-Kurier vom 26.9.1919

Erscheint täglich. Erscheint täglich.

Nr. 96. 15 Pfg.

Film-Kurier

für Film-Variete-Kunst-Mode-Sport-Börse

Redakt.: Berlin W 8, Leipziger Str. 39. Fernspr. Zentr. 762. 10647. Alle Sendungen für den redaktionellen Teil sind nur an diese Adresse, ohne Hinzufügung einer persönlichen Anschrift zu richten. Für unverlangt eingesandte Manuskripte übernimmt die Redaktion keine Verantwortung. Zurückverlangten Manuskripten ist Rückporto beizufügen.

Freitag, 26. September 1919.

Verlag: Berlin W 8, Leipziger Str. 39. Fernspr. Zentr. 762. 10647. Annahme von Anzeigen und Abonnements. Bezugspreis: Vierteljährlich M. 9.—, monatl. M. 3.— (ausschl. Bestellgeld). Bestellungen bei allen Postanstalten. Zeilenpreis: Mm-Zeile 50 Pfg. zuzüglich Teuerungszuschlag. Kleine Anzeigen das Wort 30 Pfg., in der fettgedr. Ueberschrift 60 Pfg.

Florenz in Weißensee

Neu eintretende Abonnenten erhalten die bisher erschienenen Fortsetzungen des Romans

Der goldene See

von Fritz Lang

kostenlos nachgeliefert

Der Film des Tages.

Das Unternehmen d'Annunzios, das man anfangs mehr von der scherzhaften Seite zu nehmen und als ein harmloses Intermezzo aufzufassen geneigt war, hat doch allmählich eminent politische Bedeutung bekommen. Zunächst hat es bewiesen, daß auch heute noch trotz der hochtönenden Phrasen Wilsons vom endgültigen Siege des Rechtes über die Macht die Gewalt vor Recht geht und daß der alte römische Satz: „Der Besitzende ist der Glücklichste" seine Gültigkeit noch nicht verlor. Ebenso wie die Rumänen sich den Teufel um den Willen des obersten Ententerates gekümmert und Budapest besetzt haben, so triumphiert in Fiume, zum zweitenmal binnen kurzer Frist, eine kleine Schar bewaffneter Draufgänger über die Entscheidungen vom grünen Tisch der Diplomaten und anscheinend auch über den Weltdiktator Wilson. Das ist ein bedenkliches Beispiel, das kleine unzufriedene Völker nur allzusehr zur Nachahmung reizen könnte. Zum anderen aber zeigt der Garibaldizug d'Annunzios — und das ist psychologisch und politisch vielleicht noch interessanter —, daß der ja in allen Ländern vorhandene Ultrachauvinismus auf Militaristen und Monarchisten stärker wirkt, als selbst die von diesen Elementen stets verherrlichte „Treue zum angestammten Herrscherhause". Denn unbeirrt durch ihren Fahneneid, eilen aus ganz Italien Offiziere und Soldaten zum blauen Banner d'Annunzios, der heute tatsächlich Herr von Italien ist, ein Schauspiel, das die stark bolschewistischen Sozialisten des Landes — Italien gehört bekanntlich zur dritten d. h. zur bolschewistischen Internationale — voll Schadenfreude und heimlicher Hoffnung betrachten, es könnte daraus der von ihnen bisher stets vergeblich angestrebte Sturz der Monarchie und der Triumph des Bolschewismus erwachsen. Es wäre ein feiner, wenn auch gefährlicher Witz der Weltgeschichte, wenn der Ultrachauvinist d'Annunzio den Anstoß zur Begründung eines Sowjet-Italien geben würde.

Frank.

„Pest in Florenz".

Der Berliner Städte-Ersatz. — Florenz ohne Elektrische. — „Tout comme chez nous." — Florentiner Schnupfen. — Die traurige Cavalleria. — Der Renaissance-Zwicker.

Die Filmszene ist das Weltbild. Die Zeit der einfachen Innenräume und landläufigen Naturaufnahmen ist vorbei, immer bunter, immer wechselvoller muß der Schauplatz werden. Aber die meisten Gegenden der alten Mutter Erde sind heute noch feindliches oder zumindest freundliches Ausland, die Bahnverbindungen sind teuer oder funktionieren nur je nach Laune, es bleibt also nichts übrig, als daß der sprichwörtliche Prophet daheim bleibt und sich den dazu gehörigen Berg kommen läßt, d. h. daß er sich in Ermangelung der Wirklichkeit selbst eine Art Städte-Ersatz schafft.

Als vor vielen Jahren „Venedig in Wien" zur Erheiterung der Gemüter an schönen Sommerabenden — gebaut wurde, staunte man die gelungene Nachbildung wie ein Wunderwerk an. Wie bedeutungslos erscheint der Einzelfall gegenüber der Städte-Invasion im Weichbild Berlins, die wir jetzt miterleben. In Neubabelsberg ist Venedig, Neapel, Perugia und Konstantinopel angekommen, in Woltersdorf hat sogar das sagenhafte Ophir greifbare Gestalt erhalten und in Weißensee wohnt nun der jüngste Fremde von Distinktion, das leibhaftige Florenz des Cinquecento.

Die Piazza della Signora ist da wunderbar lebendig geworden. Im Hintergrunde, mächtig, gebieterisch und wehrhaft wie eine Zwingburg des Mittelalters, der Palazzo vecchio, der Sitz der Signoria, des Rates der Alten. Die anderen Gebäude durch seine Maße fast erdrückend, dehnt er sich zu imposierender Breite und Höhe. Von der Fassade grüßen die Wappenschilder längst verklungener Geschlechter. Rechts davon der kunstvolle Säulenvorbau des Palazzo degli Uffici mit seinen prächtigen, berühmten Skulpturen. Der Reliefschmuck ziert nicht nur theatermäßig die sichtbare Vorderseite, sondern ist naturgetreu bis in die verborgensten Ecken aufgeführt, um Aufnahmen von allen Seiten, auch im Durchblick auf den Palazzo vecchio, zu ermöglichen. Dicht anschließend die berühmte Loggia dei Lanzi, die den deutschen Landsknechten als Unterkunft diente und — in mißverständlicher Orthographie sich auf das Wort „Lanze" beziehend — daher ihren Namen erhielt. Zwischen diesen Bauwerken, die durch andere Paläste und Prunkbauten zu einem geschlossenen Gesamtbild ergänzt werden, weitet sich der Platz, der einen Entwicklungsraum für 10—15 000 Menschen gibt.

*

Auf der Piazza flutet die bunt bewegte Menge durcheinander. Männer, Frauen, Kinder, Reiche und Arme, Große und Kleine. Leute mit typischem Alltagsgesicht, stolzen Schnurrbärten und erwartungsvoll staunenden Augen: die eingeborenen Florentiner aus Weißensee; daneben selbstbewußte, überlegen lächelnde und klassenbewußte Gestalten: die Florentiner aus der Filmbörse, die schon gewohnt sind, ihre Persönlichkeit in die Vorzeit zu versenken.

Mitten durch die bunte Schar rast ein „Zivilist" mit charakteristischem Künstlerkopf und wirr fliegenden Haaren. Otto Rippert, der Regisseur. Wie eine hin und her schwirrende Motte wirkt er zwischen den vielfachen Farben. Er tobt, rast, schreit, zerrt, stampft; lehrt die Soldaten Spieße halten; erklärt den Leuten das Wesen einer Prozession; versucht, Ausdruck in die teilnahmslosen Mienen der Massen zu bringen. Bald steht er am Kurbelkasten, um das Gesichtsfeld zu kontrollieren, bald am anderen Ende des Platzes, um den feierlichen Zug zu ordnen. Und man bedauert, daß die Technik des 15. Jahrhunderts sich noch nicht zu einer elektrischen Straßenbahn aufgeschwungen hatte, die dem nachgeborenen Regisseur sein schweres Amt erleichtern könnte.

*

Abseits von den anderen steht ein edler Florentiner im Gespräch mit zwei Berlinern neueren Datums. Er gestikuliert lebhaft und ereifert sich in der Erörterung einer anscheinend sehr wichtigen Frage.

Ich trete näher und höre ihn über Zwangswirtschaft, Finanzpolitik, Dilettantismus in der Regierung schimpfen, er flucht nächtig nach rechts und links und ist mit der Mitte ebenso wenig zufrieden. Es scheinen also im alten Florenz ähnliche Zustände geherrscht zu haben wie bei uns.

Und dann kam die Pest ...

*

Der Aufenthalt in Florenz ist nicht sehr angenehm und sicherlich nicht gesundheitsfördernd. Man erzählt sich viel von der heißen, ewig lachenden Sonne Italiens. Die Weißenseer Sonne lacht auch, aber es ist ein frostiges Lachen und man knöpft den Mantel zu, um nicht angesichts der südlichen Landschaft einen nördlichen Schnupfen zu bekommen.

Das Klima ist das einzige, was dem Architekten nicht in naturtreuer Kopie gelungen ist. Und am lebhaftesten bedauert das der Operateur, der immer warten muß, bis die filmfeindlichen Wolken an der Sonne vorbeigezogen sind.

*

Endlich ist es so weit.

„Los! Aufnahme!"

Die Prozession setzt sich in Bewegung. Endlos scheint der Zug. Voran die Kinder. Dann Männer und Frauen aus dem Volk. Mönche aller möglichen Orden. Priester in hohem Ornat. Unter einem Baldachin schreitet ein Bischof, die goldene Monstranz in der Hand, segnend hebt er sie nach allen Seiten.

Andächtig kniet die Menge. Die Frauen falten betend die Hände.

Irgendwo spielt eine verborgene Musik.

Es scheint, als bestünden die einzigen Beziehungen zwischen dieser braven Kapelle und dem Wunderland Italien in dem Intermezzo aus „Cavalleria rusticana". Unermüdlich, unaufhörlich gleiten die Terzengänge des Anfangs schwermütig nach abwärts. Das Tempo ist dem ernsten Anlaß angepaßt, gravitätisch schreitend, die ganze Stimmung dieser Musik traurig und bekümmert.

Ich habe noch nie so viel heulendes Elend in dem Intermezzo gehört wie in dieser Interpretation. Der elegische Tonfall wird mir lange in Erinnerung bleiben, er wurde an dem Tag uns ungezählte Male ins Gedächtnis geblasen.

Die Zeremonie der Segenspendung ist beendet. Das Volk erhebt sich. Der Zug geht weiter.

„Halt! Halt!"

Rippert brüllt es mit dem Ausdruck der Verzweiflung, und die Aufnahmeapparate stoppen.

Was ist los?

Wie ein Pfeil schnellt Rippert auf einen Florentiner los, der eben würdevoll am Apparat vorbeiziehen will.

„Unglücksmensch — Sie haben ja einen Zwicker auf!"

Die Aufregung ist begreiflich. Nur der Unglücksmensch glotzt mit verständnislosem Lächeln. Es will ihm nicht eingehen, warum denn ausgerechnet ein Florentiner keinen Zwicker tragen darf.

Oder sollte vielleicht die Kurzsichtigkeit eine Erfindung aus späterer Zeit sein?

Kopfschüttelnd legt er das verhängnisvolle Requisit ab.

Alles war umsonst.

Die ganze Aufnahme muß wiederholt werden.

Dr. J. B.

Film-Kritik

„Der Herr der Liebe".

Pressevorführung in den Richard Oswald-Lichtspielen.

Der Film, der seinerzeit soviel Aufregung in den Gemütern strenger Polizeibeamten hervorgerufen hat, ist nunmehr zum erstenmal öffentlich gezeigt worden. Ohne irgendwie Anstoß oder Bedenken zu erregen, wie gleich festgestellt werden muß. Der „Herr der Liebe" ist ein Gutsbesitzer in den Karpathen, mit der ganzen Selbstherrlichkeit und brutalen Willkür des Bojarentums. In diesem Machtgefühl will er jede Frau, der er begegnet, unter seinen Willen zwingen. Der Bogen, der zu straff gespannt ist, zerspringt und zu spät sieht der Herrenmensch ein, daß er ein tollkühnes Spiel mit seinem eigenen Glück gespielt hat. Das

Abonnenten des „Film-Kurier" erhalten die **Illustrierte Wochenbeilage** gratis

vergessen, und man berauschte sich lieber an der Größe und den gewaltigen Möglichkeiten, über die die deutsche Filmindustrie so kurz nach Kriegsende verfügte:

»Italien in Berlin« hieß mal eine Ausstellung, die vor grauen Jahren hier Sensation machte. Viel mehr Sensation macht aber zweifellos »Florenz in Weißensee«. Und zwar ist es die »Decla«, die dort auf ihrem Aufnahmegelände die schöne Arnostadt sehr stilecht aufgebaut hat für die Aufnahmen ihres großen Films »Die Pest in Florenz«. Wer am Sonnabend vormittag die herbstlichen Lüfte und die Launen der Frau Sonne nicht scheute, konnte dort draußen eine interessante Szene erleben. Ganz Weißensee war auf den Beinen, teils in Zivil, als gaffende Zuschauer, teils aber auch, um als Edelknaben, Mädchen aus dem Volke, Ritter, Chorknaben und was nicht alles, mitzutun. Denn die Massenszene, die gekurbelt wurde, stellt eine ungeheure Komparserie auf die Beine, und man bedauerte nur, daß unsere Films noch keine Farbe hergeben, so entzückend farbenprächtig wirkte das Bild in der mittäglichen Herbstsonne.

Teppiche flattern von hohem Balkone, Laub und Blumen werden gestreut, Bewegung kommt in die bis dahin Äpfel kauende oder plaudernde oder sich lagernde Masse: es geht los. Drei oder vier Regisseure laufen aufgeregt hin und her, treffen die letzten Anordnungen, Rufe ertönen: Drei Herren noch auf die Brücke! Wer zum Kuckuck hat all die als Herren verkleideten Damen nach vorn gestellt?!

Rasch wird noch ein paar Ungeschickten beigebracht, wie das Zeichen des Kreuzes gemacht wird – Geschwindigkeit ist keine Hexerei – und schon kurbelt der Mann im weißen Mantel, wir sind mitten in der Aufnahme. Feierliche Musik ertönt unsichtbar hinter irgend einer Kulisse und gemessenen Schrittes – zu gemessen: schneller, schneller gehen! tönt eine Stimme und dreifach erklingt ihr Echo von den anderen ringsum aufgestellten Regisseuren – naht der Priester mit der heiligen Monstranz, ehrfürchtig von der Menge gegrüßt. Hinter ihm die Chorknaben mit den brennenden Kerzen. Es macht weiter nichts, daß der pietätlose Herbstwind eine Kerze ausbläst. Ein gefälliger Zuschauer ist mit brennender Zigarette zur Stelle und repariert den Schaden. Dann die Hände falten! brüllt der Regisseur, der Ruf pflanzt sich fort, und der Zug rollt weiter, eine schier unabsehbare Menge buntester Gestalten.

Man fühlt, allen Zufälligkeiten der Stunde zum Trotz: hier wird etwas Großes vorbereitet. Hier wird, mit unermüdlichem Fleiß und einer Hingabe ohnegleichen an Wirkungen gearbeitet, die ihren Erfolg auf das Publikum nicht verfehlen können, weil sie aus reifem Verständnis für den Vorgang, aus künstlerischem Blick für Dekorationen und Effekte und aus einer zielbewußten, straffen Leitung des Ganzen erwachsen.

Man darf der Vorführung des Films »Pest in Florenz« nach diesem Blick hinter die Kulissen mit großen Erwartungen entgegensehen.[184]

Über die Dreharbeiten zu diesen Monumentalproduktionen wurde damals weit mehr geschrieben als später über die fertigen Werke. Der Aufwand war offensichtlich bei weitem interessanter und eindrucksvoller als der eigentliche Gehalt des Films. Es ist schon fast gespenstisch: Da müssen Tausende hungern, Tausende müssen in ihren engen Behausungen frieren, Tausende blicken in eine ungewisse, düstere Zukunft – und gleichzeitig wird ein gigantischer Apparat in Bewegung gesetzt, um einen Film zu drehen. Nicht nur in Weißensee, auch in Tempelhof und in Ba-

Szenenfotos aus »Pest in Florenz«

belsberg traten riesige Komparsenheere vor die Kameras. Während in Weißensee die »Pest in Florenz« rekonstruiert wurde, entstand fast zur gleichen Zeit in den Union-Ateliers und auf dem Ufa-Freigelände in Tempelhof Ernst Lubitschs Monumentalfilm »Madame Dubarry«. In Versailles waren Außenaufnahmen für einen deutschen Film 1919 noch nicht möglich, und so spielten eben Louis XV und dessen Familie im Park von Sanssouci Blindekuh ...

Angesichts dessen, was das deutsche Volk 1919 durchmachte, was es in den Jahren zuvor schon erleiden mußte, sind diese Filme mit ihrem Ausstattungsluxus, ihren opulenten Massenszenen eigentlich eine Verhöhnung des Publikums. Der Film und das Kino mußten nicht darben; ein Indiz für die ständig wachsende Bedeutung und den Einfluß der Kinematographie war auch die Gründung einer neuen Zeitung: Neben zwei großen Film-Wochenzeitschriften sowie mehreren kleinen Blättern erschien jetzt täglich der FILM-KURIER, und der berichtete gleichfalls recht fleißig über die Dreharbeiten zu den Monumentalfilmen. Über »Florenz in Weißensee« wußte der Reporter vom Ort des Geschehens zu vermelden:

Die Filmszene ist das Weltbild. Die Zeit der einfachen Innenräume und landläufigen Naturaufnahmen ist vorbei, immer bunter, immer wechselvoller muß der Schauplatz werden. Aber die meisten Gegenden der alten Mutter Erde sind heute noch feindliches oder zumindest freundliches Ausland, die Bahnverbindungen sind teuer oder funktionieren nur je nach Laune, es bleibt also nichts übrig, als daß der sprichwörtliche Prophet daheim bleibt und sich den dazu gehörigen Berg kommen läßt, d. h. daß er sich in Ermangelung der Wirklichkeit selbst eine Art Städte-Ersatz schafft.

Als vor vielen Jahren »Venedig in Wien« zur Erheiterung der Gemüter an schönen Sommerabenden – – gebaut wurde, staunte man die gelungene Nachbildung wie ein Wunderwerk an. Wie bedeutungslos erscheint der Einzelfall gegenüber der Städte-Invasion im Weichbild Berlins, die wir jetzt miterleben. In Neubabelsberg ist Venedig, Neapel, Perugia und Konstantinopel angekommen, in Woltersdorf hat sogar das sagenhafte Ophir greifbare Gestalt erhalten, und in Weißensee wohnt nun der jüngste Fremde von Distinktion, das leibhafte Florenz des Cinquecento.[185]

Ein weiterer Ort, wo damals Monumentalfilme gedreht wurden, war Woltersdorf, draußen vor den Toren der großen Stadt. Wer weiß heute noch davon, wer kann sich noch an das Hollywood im Osten von Berlin erinnern?

Die Filmleute flohen immer weiter vor der sich ständig ausdehnenden Millionenstadt. Längst lagen Tempelhof und Weißensee nicht mehr j.w.d. Es fehlte an Platz, und die Gesellschaften mußten für ihre Außenaufnahmen mitunter sehr weit fahren. Joe May war es, der auf die Idee kam, in Woltersdorf eine Filmstadt zu errichten – May-Stadt, oder besser May Town, Mayville... Durchaus vorstellbar, daß er angeregt wurde durch das ebenso gigantische Projekt des amerikanischen Produzenten Thomas Harper Ince, des Schöpfers von Inceville. Woltersdorf ist auch heute noch nicht Berlin eingemeindet. Damals fuhr man mit der Stadtbahn bis Rahnsdorf und von dort mit der Straßenbahn bis zur Woltersdorfer Schleuse. Oder man wurde von der May-Film mit dem Auto abgeholt und gelangte über Erkner nach Woltersdorf. Heute ist es nicht viel anders. Will man ein wenig von der reizvollen Umgebung Woltersdorfs sehen, so fährt man mit der Straßenbahn von Rahnsdorf aus. Zieht man indes eine Pkw-Fahrt vor, gelangt man am schnellsten über die Fernverkehrsstraße 1 von Berlin in Richtung Frankfurt (Oder) nach Rüdersdorf/Woltersdorf.

Es will einem nur schwer in den Sinn, daß hier in diesem kleinen Ort, der bestimmt wird durch etliche Betriebe von Industrie und Landwirtschaft, vor fast siebzig Jahren eine ganze Filmstadt existiert haben soll. Wie viele Limousinen ließ wohl damals Joe May täglich nach Woltersdorf brausen? Mercedes-Wagen mit 100 PS, auch für die Journalisten, die nach Woltersdorf eingeladen wurden – darunter machte es die Gesellschaft nicht. Mit Besitzerstolz führte Joe May als Produzent und Regisseur die Herren Berichterstatter durch seine Stadt am Woltersdorfer See. Zunftgemäß zu Pferde durchmaß er sein Reich – auch das eine Anspielung auf den Produzenten und Regisseur zahlreicher amerikanischer Western, Thomas H. Ince:

Joe May ergreift eins von den Pferden, die da weiden, frei, unangebunden, drückt mir die Zügel in die Hand, schwingt sich in den Sattel. Ich schnalle mir die Bügel richtig, springe herauf. Ich gebe dem Pferd einen Klaps. Das steigt hoch. Hallo ...

Fünf Minuten nach der Ankunft galoppieren wir über das Feld, daß die Grasbüschel nur so herumfliegen. Wir sprengen durch Joe Mays Filmstadt. Zu Fuß könnte man das gar nicht schaffen. In gewaltiger Ausdehnung liegt der ganze Komplex da, von einem Stacheldrahtzaun eingeschlossen, der sich über Hügel und durch Mulden schlängelt. Das Ganze sieht aus wie etwa eine Ausstellung im Bau. May erklärt:

»Im ganzen habe ich hier etwa hundert Morgen Land«, er deutet mit der Hand herum, »wir haben auf diesem Fleck in idealster Weise alles, was man von einem Filmgelände verlangen kann. Dort Steppe, hier Rasen, da hinten Wald, Berge, Sandwüste, Felsen. Und auf der anderen Seite stößt das Terrain ganz ans Wasser, mit zum Teil breitem schilfigen Ufer. Es ist in der Tat erstaunlich, und jedes Motiv scheint hier vorhanden.[186]

May schwebte vor, in Woltersdorf Ateliers zu errichten, Kopierwerkstätten, Garderoben, Handwerksstätten; eine Funkanlage und eine eigene Stromversorgung waren im August 1919 schon im Bau. Alles sollte die Ausmaße einer vollkommen unabhängigen Filmstadt haben. Lastkähne brachten Material nach Woltersdorf, LKW pendelten zwischen Berlin und der Filmstadt ... Vieles blieb Projekt, manche kühnen Pläne blieben unausgeführt. Die Gigantomanie eines 39jährigen Filmproduzenten überstieg offenbar doch die ansonsten recht gewaltigen finanziellen und technischen Möglichkeiten der deutschen Filmindustrie in der Nachkriegszeit.

Immerhin aber wurden in Woltersdorf die Bauten für »Die Herrin der Welt« errichtet, eine achtteilige Abenteuergeschichte, die an den entlegensten Orten der Welt spielt, in Amerika, Afrika und China. In Woltersdorf erstand die sagenhafte afrikanische Stadt Ophir mit Baalstempel und Totenschlucht, ein afrikanischer Negerkral mit 26 Eingeborenen-Hütten, eine 8000 Quadratmeter umfassende China Town samt 28 Meter hohem Tempel ...

Joe May und seine Mitarbeiter bei Dreharbeiten zu »Herrin der Welt«

Daß jedoch hinter dem gewaltigen Aufwand so gut wie nichts stand, bemerkten auch die Kritiker, als der Film um die Jahreswende 1919/20 in die Kinos kam. Ein gigantischer bunter Luftballon war aufgeblasen und – wie es sich gehört – mit entsprechender Reklame in die deutschen Kinos geworfen worden. Für jeden aufgeschlossenen, »modernen« Zeitgenossen, suggerierte die Werbung, sei es einfach unmöglich, diesen Film nicht zu sehen. So strömten die Menschen in die Kinos, denn Exotik war gefragt bei den vielen hungernden und frierenden Deutschen in jenem Winter 1919/20. Die Stimmen der Kritiker, die dem Ganzen die fehlende Substanz vorwarfen, die diese Luftblase lächerlich machten, wurden nicht beachtet. Joe May hatte sein Spiel gewonnen; die deutschen Kinos waren monatelang mit den acht Teilen von »Herrin der Welt« ausgelastet.

Zu den Kritikern dieser Gigantomanie-Welle im deutschen Film gehörte auch ein gewisser Ignaz Wrobel alias Kurt Tucholsky. Lubitschs Großfilm »Madame Dubarry« veranlaßte ihn zu der Frage: »Was fehlt dem Kino?«

Als Messter damals anfing, die ersten kleinen Films zu stellen, ging man bald dazu über, sich einem Innenarchitekten zu verschreiben, der die Dekorationen aufzubauen hatte. Erst viel später begannen kühne Neuerer, auch den Maler hinzuzuziehen, der das Bildhafte zu besorgen hatte. Der Filmregisseur hat damals gemurrt: was wollte ein Malersmann beim Film? Das verstand er alles viel besser. Und überhaupt ... Heute würde der verlacht werden, der einen großen Film aufbaut, ohne den Maler gefragt zu haben, wie die Bilder wohl auf ihn wirkten. Aber weiter ist man noch nicht. Am Kern der Sache ist man noch nicht.

Der Kern der Sache ist der, daß die Seele des Filmwerks – denn irgendeine hat es ja – heute noch in den Händen von Leuten ruht, die selbst keine haben. Wie seelenlos ist das alles! Wie äußerlich! Wie ganz und gar an der Oberfläche haftend! Wir haben neulich mit Schaudern ein solches Beispiel erlebt. Da hatten sie den »Prinz Kuckuck« verfilmt, und wenn der gute Ottju das aus dem Fegefeuer, in dem er sich wahrscheinlich seiner vielen schlimmen Gedichte wegen befindet, angesehen hat, dann hat er sicherlich ein noch viel verdammenswerteres gemacht, vor lauter Zorn und Ärger. Es war wieder die alte Geschichte: alles Bildhafte war von dem Maler, der die Angelegenheit bearbeitet hatte, in musterhafter Weise gelöst worden – von der Seele des Romans spürtest du keinen Hauch. Das Ganze hatte gar nichts mit dem »Prinzen Kuckuck« zu tun – es war irgendeine Mordstragödie, die zufällig denselben Namen hatte. Man hatte eben einen Maler, aber keinen – keinen was?

Nennt den Mann Dramaturgen. Nennt ihn Literaten. Sucht euch einen Namen für ihn aus. Aber es genügt nun nicht, sich irgend einen Namen von Klang zu kaufen und mit dem krebsen zu gehen. Es fragt sich vor allem, wie viel ein solcher Mann zu sagen hat. Er muß in Dingen des Geschmacks, der Psychologie, der Motivierung, der kulturhistorischen Gestaltung unbedingt erste und oberste Instanz sein. Wird ihm letzten Endes vom Unternehmer gesagt: »Man muß das schon so machen, wegen des Publikums, und sonst kauft den Film keiner« – dann ist er überflüssig. Man muß es eben nicht so machen, weil man ja dauernd den Anspruch erhebt, ernst genommen zu werden, unter die hohen Künste aufgenommen zu werden. Und so wie Goethe von Menschen gesagt hat, er würde sie, wären sie Bücher, nicht lesen, so habe ich häufig das Gefühl: Mit dem Regisseur würdest du keine zwei Worte sprechen können und wollen – warum sollst du dir die Leistung eines solchen Gehirns ansehen?

Was dem Kino fehlt, ist der maßgebende und durchdringende Einfluß der Männer von Geschmack und Bildung. Verträgt es diesen Einfluß wirtschaftlich nicht, so ist es gerichtet. Verträgt es ihn aber – und ich glaube, daß es sich heute diesen Luxus getrost erlauben kann, – so bedeutet es eine Vernächlässigung der Filmindustrie, sich solche Männer nicht heranzuziehen. Es gibt sie.

Das Odium, das dem Kino immer noch anhaftet, wäre zu beseitigen. Es ist so nicht zu beseitigen, wenn in den ernstesten Films die Unternehmer nicht einmal imstande sind, die Text-

Mia May in »Herrin der Welt«

inschriften in richtigem Deutsch abfassen zu lassen, geschweige denn, Charaktere darzustellen und Anachronismen zu vermeiden. Und es ist auch kaufmännisch unklug, mit minderwertigem Zeugs Geld »scheffeln« zu wollen – denn der Goldstrom läßt bald nach. Auf die Dauer erhält sich doch immer nur der solide Kaufmann, der den Leuten gute Ware liefert. Er überdauert den Schieber, der schnell massenhaft Geld verdient hat und sich in ein paar Jahren nach neuen Erwerbsquellen umsehen muß, weil die alten versiegt sind.

Was fehlt dem Kino?

Der Dramaturg.[187]

Zu der Zeit kannte Tucholsky »Die Herrin der Welt« noch nicht, gegen die »Madame Dubarry« heute fast wie ein Meisterwerk erscheint.

Joe May hatte sein Epos zusammen mit drei Szenaristen geschrieben, nach der Vorlage eines Romans von Karl Figdor. Doch all das nützte wenig. Am 5. Dezember 1919 startete der erste Teil mit dem Titel »Die Freundin des gelben Mannes« in den Ufa-Lichtspielen Tauentzien-Palast. Eine Woche darauf folgte Teil 2, »Die Geschichte der Maud Gregaards«; das ging so weiter bis zum 30. Januar 1920, als der achte Teil, »Die Rache der Maud Fergusson«, anlief. Alle Ufa-Theater waren in diesen Wochen und auch noch danach, bis in den Frühling des Jahres 1920 hinein, mit

Joe Mays Werk ausgebucht. Für andere Filme – wie Murnaus »Satanas«, Langs »Harakiri« oder selbst »Das Cabinet des Dr. Caligari« – blieb wenig Aufmerksamkeit übrig. Schwer hatte es auch solch ein großartiger Film wie Ernst Lubitschs »Puppe«, der dann allerdings »Madame Dubarry« im riesigen Ufa-Palast am Zoo ablöste und dadurch in den Blickpunkt rückte.

1919 wurden in Deutschland viele Filme gedreht, Groß-, Monumental- und Aufklärungsfilme, auch Serien. Zudem wurden auch immer mehr Kinos eröffnet. Paradox, wenn man bedenkt, daß viele Menschen nicht wußten, wo sie unterkommen und eine Wohnung finden sollten. So verbot dann der Minister für Volkswohlfahrt der Weimarer Republik die Errichtung oder den Umbau von Luxusbauten – wozu auch die Kinos rechneten. Doch am 13. Januar 1920 erklärte der Reichspräsident den Ausnahmezustand, es drohte eine wirtschaftliche Katastrophe in Deutschland. Die Menschen wollten dem bedrückenden Alltag entfliehen und sich an den Abenteuern der Maud Gregaards in China, Afrika und Asien erwärmen …

Joe May hatte bei »Herrin der Welt« die künstlerische Oberleitung, er war der Produzent, er hatte am Drehbuch mitgeschrieben und die ersten drei Teile der Serie auch selbst inszeniert. Er beschäftigte viele Menschen, doch zu welcher Sorte Arbeitgeber May gehörte, verdeutlicht ein Beitrag des FILM-KURIER über die Dreharbeiten in Woltersdorf. Am 18. September 1919 berichtete Bobby E. Lüthge unter der Überschrift: »Streik in Woltersdorf!« über einen Drehtag bei Joe May. Zunächst hebt er gebührend die Großzügigkeit in Mays Pressezelt hervor (wo sich die Reporter erst einmal mit Sekt und anderen Sachen stärken konnten), dann aber kommt er auf das Wesentlichere:

Ophir meckert. Wissen Sie, was das ist, meckern? Also das ist die neueste Errungenschaft des Films. Nachdem man also schon über die Mitte der Aufnahmen hinaus ist, fällt es den Leuten plötzlich ein, sie werden – streiken. Wenn so etwas im Atelier vor sich geht, so fangen die Herrschaften an zu meckern wie Ziegen, damit der Herr Regisseur Bescheid weiß.

Auf einmal erklären also die 3 000 Menschen hier, sie machen nicht mehr mit. Sie wollen mehr Geld. Noch *mehr Geld. Die Forderung ist unverschämt. Das ist glatte Erpressung. Das ist der bolschewistische Geist. Oh, wenn die Herrschaften doch wüßten, wie das in Amerika ist. Wenn da nicht täglich die Leute der Komparserie bereit sind, bei der Aufnahme fast ihr Leben aufs Spiel zu setzen, werden sie überhaupt nicht engagiert …*

May macht kurzen Prozeß. Er steigt die Stufen herauf, geht ganz ruhig durch das Gewühl der aufgeregten Menschen, klimmt auf ein Praktikabel und redet.

»Die Aufnahmen werden unter diesen Umständen abgebrochen. Sie sind sämtlich entlassen. Ich denke nicht daran, mich von Ihnen tyrannisieren zu lassen. Wer für das Geld weiterarbeiten will, kann es tun. Die anderen haben sofort den Platz zu räumen.«

Unter Gebrüll strömt alles herunter. Alles will aufhören. Aber sie kommen nicht weit. Auf einmal stocken sie, besinnen sich, bleiben stehen, gehen zurück.

Sie machen weiter. Aha. Die Rädelsführer werden herausgeholt, in die liebevolle Begleitung der Gendarmen genommen, und fünf Minuten darauf befinden sie sich außerhalb der Stachel-

Seite 376
Szenenfoto aus »Herrin der Welt«

Streik in Woltersdorf!

Der Film des Tages.

Während Reichswehrminister Noske mit leichtem Achselzucken über die reaktionäre, monarchistische Bewegung hinweggehen zu können glaubt, sind weite Kreise des liberalen Bürgertums und der Sozialdemokratie, denen man weder Mangel an politischem Verständnis noch Unkenntnis der tatsächlichen Vorgänge infolge längeren Aufenthaltes in der Schweiz vorwerfen kann, ernstlich besorgt über die Kühnheit der Reaktion, die in allen Teilen des Reiches immer ungenierter das Haupt erhebt. Wagt es doch in der „Kreuzzeitung“ ein Junker und früherer Oberpräsident ganz offen, die Beamtenschaft zur Eidesverweigerung aufzufordern, da sie noch an den dem Könige von Preußen geleisteten Eid gebunden sei (obwohl er selbst fahnenflüchtig geworden ist!) und man niemandem zumuten könne, eine beschworene Eidespflicht durch einen neuen Eid zu verletzen. Wer dieser Ansicht beipflichtet und es mit seinem Gewissen nicht vereinen kann, den Eid auf die republikanische Verfassung zu leisten, für den gibt es nur den einen, sehr einfachen Ausweg: den Rücktritt vom Amte, der ausdrücklich jedem Beamten freigestellt ist. Aber die Herren Junker glauben eben unentbehrlich zu sein und dieser Dünkel geht so weit, daß sie dort, wo sie glücklich beseitigt und durch republikanische Beamte ersetzt sind, an eine eigene politische Organisation zu schreiten wagen. Diese unerhörte Auflehnung gegen die staatliche Ordnung entspringt lediglich der Angst, daß die Entfernung der konservativen Landräte aus ihrem Amt die bisherige, sehr einträgliche Autokratie des Junkertums auf dem Lande für alle Zeiten beendigen könnte. Die Frechheit geht dabei soweit, daß man dem Landwirtschaftsminister, der die Tarifvereinbarungen mit den Landarbeitern bei andauerndem Widerstand der Grundbesitzer im Wege der Zwangsverwaltung durchführen will, jetzt sogar mit einem Rückgang der Erzeugung und Rückhaltung der Nahrungsmittel zu drohen wagt. Die Herrschsucht und die Geldgier dieser bisher bevorzugt gewesenen Kaste schreckt eben vor keinem noch so verwerflichen Mittel zurück, wenn sie sich in ihren heiligsten Interessen gefährdet glaubt. Es wäre verbrecherischer Leichtsinn, die Macht und den Einfluß dieser Gesellschaft zu unterschätzen.

Frank.

Die wilden Filmstatisten.

Michel und die Blumen-Mädchen. — Der Pharusplan von Ophir. — Das Blanko-Feuilleton. — Die verdunkelte Sonne. — Ophir meckert. — Mia, der Fisch. — „Achtung, Krokodile!“ — Der verschluckte Neger. —

Ich schlendere in Ophir umher. Die Aufnahmen nehmen den Fortgang. An den Türen der Häuser hängen Matten, Steinkrüge stehen auf den Straßen, Efeu wächst an den Wänden. Aus einem Haus dringt Lachen. Was ist da? Pressezelt. Hier stärkt man sich. Alle Achtung, was hier geboten wird! Das Tempo und die ganze Stimmung hat sich allen mitgeteilt. Es kommt einem vor, als wenn man, fern von der Stadt mit seinem Benzingestank und Asphalt, fast auf dem Lande wäre. Man ist sich einig, daß es ganz entzückend ist bei Mays. Es ist wie eine Sommerfrische.

„Prost!“ sagt die Illustrierte Filmwoche und hebt das Glas, „auf Ophir!“ — „Wo kann man eigentlich Pharuspläne von Ophir bekommen?“ — „Stört Film und Brettl nicht?“ sagte die B. Z., „der macht schon das achte Feuilleton hintereinander.“ — „Und jedes anders“, meint der Film-Kurier. — „Ich habe eine glänzende Erfindung: das Blanko-Feuilleton. Sorte 1—10. Schon ganz fertige Artikel, vorgedruckt, es fehlen nur die Namen; die setzt man einfach rein. Das wird doch entschieden noch schneller gehen.“ Alles lacht. — „O — phir die paar Menschen muß ich so viel Theater machen“, sagt Mia. — „O — phir Häuser kosten so viel Geld“, seufzt der Direktor F. — „Wo ist denn Michel?“ — „Wo sind denn die Blumenmädchen?“ lautet die Gegenfrage. — „Wenn der alte Pharao sich einen Palast bauen lassen würde, wenn er jetzt noch lebte, dann würde er Sie sicher als Baumeister engagieren, lieber Jacoby-Boy.“ Binder macht eine Aufnahme.

Da wird die Matte zurückgeschlagen: Joe May. Hallo! Er wird mit Hochrufen begrüßt.

„Tunty, ein Glas Sekt! Ich verdürste. Es geht gleich weiter. Meine Herren, das müssen Sie sehen! Die Tauben!“ Tauben? Tauben? Man strömt hinaus.

Das ganze Volk der Ophiroten steht vor dem Tempel, auf der Terrasse und auf dem Platz. Die Priester haben lange Hosiannatrompeten angesetzt. Die Blumenmädchen heben die Hände in die Luft. Jede hält eine Taube in der Hand.

Ein Schuß kracht. Auf dieses Zeichen werfen sie die Tauben in die Luft. 300 Brieftauben flattern los. Es flirrt in der Luft. Ein tausendstimmiger Jubelschrei. Einen Moment scheint es fast, als wäre die Sonne verdunkelt. Die Tauben fliegen alle über den Apparat hinweg, kreisen erst noch über dem Tempel, über der Stadt und fliegen dann heim zu ihren Schlägen. Die Aufnahme ist wunderbar geglückt.

*

Ophir meckert. Wissen Sie, was das ist, meckern? Also das ist die neueste Errungenschaft des Films. Nachdem man also schon über die Mitte der Aufnahmen hinaus ist, fällt es den Leuten plötzlich ein, sie werden — streiken. Wenn so etwas im Atelier vor sich geht, so fangen die Herrschaften an zu meckern wie Ziegen, damit der Herr Regisseur Bescheid weiß.

Auf einmal erklären also die 3000 Menschen hier, sie machen nicht mehr mit. Sie wollen mehr Geld. Noch mehr Geld. Die Forderung ist unverschämt. Das ist glatte Erpressung. Das ist der bolschewistische Geist. Oh, wenn die Herren doch wüßten, wie das in Amerika ist. Wenn da nicht täglich die Leute der Komparserie bereit sind, bei der Aufnahme fast ihr Leben aufs Spiel zu setzen, werden sie überhaupt nicht engagiert . . .

May macht kurzen Prozeß. Er steigt die Stufen herauf, geht ganz ruhig durch das Gewühl der aufgeregten Menschen, klimmt auf ein Praktikabel und redet.

„Die Aufnahmen werden unter diesen Umständen abgebrochen. Sie sind sämtlich entlassen. Ich denke nicht daran, mich von Ihnen tyrannisieren zu lassen. Wer für das Geld weiterarbeiten will, kann es tun. Die anderen haben sofort den Platz zu räumen.“

Unter Gebrüll strömt alles herunter. Alles will aufhören. Aber sie kommen nicht weit. Auf einmal stocken sie, besinnen sich, bleiben stehen, gehen zurück.

Sie machen weiter. Aha. Die Rädelsführer werden herausgeholt, in die liebevolle Begleitung der Gendarmen genommen und fünf Minuten darauf befinden sie sich außerhalb der Stacheldrähte . . . Jetzt geht alles weiter. Es geht noch stundenlang. Wieder sammeln sich die Gruppen um die Führer. Eine Frau wird vor Hitze ohnmächtig. Das Rote Kreuz nimmt sie auf. Pferde springen vorbei. Ein Rosenbaldachin wird getragen. May und seine Helfer haben eine Energie, die an das Unglaubliche grenzt. Die Menge wird in jeder Art für die Aufnahmen ausgenutzt. Da ist noch ein Vorbeizug mit Pomp und Pracht. Auf hohem Tragestuhl wird von 20 Negern eine Königin vorbeigetragen. Ein ganzes Heer von Kriegern folgt ihr.

*

„Die Aufnahmen sind für heute beendet!“ Ich glaube, das war der fesselndste Anblick. Wie ein elektrischer Schlag geht es durch die Menge, die schon müde und träg von der Hitze ist und sich kaum bewegte. Drei Bataillone Menschen poltern die Stufen herunter. Sie rasen und stürzen die Hügel herab und rennen nach den Baracken. Sie rutschen die Sandberge herunter, stampfen über die Steine, schreien und werfen die Spieße in die Luft. Turmhoch wirbelt der Staub empor, denn das Gras, das noch vor ein paar Wochen den ganzen Komplex bedeckte, ist von der Menge niedergetreten und vergilbt, als wäre ein Gasangriff über das Feld gegangen oder ein Heuschreckenschwarm. Nur einmal habe ich ein ähnliches Bild gesehen. Das war, als wir die Rumänen in die Siebenbürgener Schlucht hetzten, als sie in Todesangst die Abhänge herabkugelten. Doch dies hier ist malerischer durch die bunten Phantasiekostüme und die nackten Leiber der Menschen.

*

Dreihundert Menschen baden. Die Filmstadt liegt ja am Wasser. Das ist das Erquickendste vom Tag. Männer, Frauen, Kinder, Weiße, Neger, Braune, Zille, Wennerberg, Simmel, Trier. Alles durcheinander, in wahrhaft paradiesischer Ungeniertheit. Was doch das Milieu alles macht. (Zurück zur Natur!) Sie ziehen sich im Freien aus und an, keiner findet was dabei.

Etwas weiter oberhalb am Wasser hat May seine Badeanstalt. Mia schwimmt wie ein Fisch. Dreimal über den See und zurück (nicht?). Man muß nur aufpassen, daß man im Wasser keinen Neger verschluckt. Na, und auch ein Krokodil soll bei der letzten Aufnahme ausgerissen sein . . .

In langer Kette stehen die Menschen an den Kassen und werden ausgezahlt. In Bergen liegen die Requisiten und Kostüme herum, Haufen von Waffen türmen sich auf. Autos springen an und knattern los.

Blutrot senkt sich die Sonne und vermag nicht mehr, den dichten Staub zu durchdringen, der wie eine graue Wolke über Ophir liegt, der sagenhaften Stadt. Und aus der nur noch gespensterisch die oberen Zinnen des Riesentempels herausragen in scharfer, schwarzer Silhouette.

B. E. Lüthge.

Das „wandernde Auge“.

Von

A. B. Wolf.

Der Glaube, daß alle Dinge poetisch sind, wird mit der Naivität des Auges, des Schauens betätigt: die Dinge erscheinen. Es ist kein reflektierender Aufenthalt, kein Bedenken wird angezettelt, der Baum, der Wald ist im Bilde bis in die Intimität des bewegten Laubes. Das Kino beschreibt nicht lange, es gibt unmitelbar das Bild. Es ist freigebig wie ein Märchenkönig. Schicksale rollen ab, Gutes wird belohnt, Böses wird bestraft, Sympathien und Antipathien heften sich verschwenderisch an die erscheinenden Figuren und allmählich wird das Wunder allgemein: die Menschen träumen mit offenen Augen. Welche Befreiung der dichtenden Sinne, nun unmittelbar mit den Erscheinungen der Dinge in Verbindung treten zu können. Zu welcher Aufrichtigkeit wird das moralische Gefühl erzogen, nun, da es sich unmittelbar mit Bildern aussprechen darf. Das am schwersten zu korrumpierende Organ des Menschen, das Auge, übernimmt die Führung der spirituellen Mächte. Der Zuschauer im Kino muß nicht belesen sein, um begreifen und verstehen zu können, er hat bloß zu schauen. Das erklärt die ungeheure Popularität des Kinos und auch das Internationale an ihm. Das dichtende Auge wandert über alle Grenzen, geleitet von seiner kosmopolitischen Natur. Im politischen Sinne ist das Kino der reinste Ausdruck des demokratischen Gefühls, und es hat nur einen Dichter gegeben, dessen demokratischer Inhalt von eben so großer raumzeitlicher Bewegtheit war; er heißt Walt Whitman.

drähte ... Jetzt geht alles weiter. Es geht noch stundenlang. Wieder sammeln sich Gruppen um die Führer. Eine Frau wird vor Hitze ohnmächtig. Das Rote Kreuz nimmt sie auf. Pferde springen vorbei. Ein Rosenbaldachin wird getragen. May und seine Helfer haben eine Energie, die an das Unglaubliche grenzt. Die Menge wird in jeder Art für die Aufnahmen ausgenutzt. Da ist noch ein Vorbeizug mit Pomp und Pracht. Auf hohem Tragestuhl wird von 20 Negern eine Königin vorbeigetragen. Ein ganzes Heer von Kriegern folgt ihr.[188]

Wahrscheinlich galt auch ein solcher Bericht damals als Reklame für den Film, sprach nicht gegen ihn oder seinen Produzenten! Wenn einer mit bolschewistischem Geist kurzen Prozeß machte, so war das im September 1919 in Deutschland auch in der Kinobranche recht werbewirksam! Nach Wiederherstellung der »Ordnung« und Beendigung der Aufnahmen stürzten sich die verbliebenen Filmleute in die Fluten des Woltersdorfer Kalksees. Etwas weiter abseits lag des Produzenten eigene Badeanstalt, wo Mia May, Star und Frau des Chefs, im Wasser ihre Bahnen zog.

Mia May

Mochte sich die Gesellschaft auch nicht ganz so entwickeln, wie es sich Joe May vorgestellt hatte, mochte Woltersdorf weiter Woltersdorf bleiben und nicht Mayville oder May Town werden – der Besitzer gönnte sich keine Pause. Die Filmstadt diente ihm weiterhin als hervorragendes Gelände für Außenaufnahmen; aber Ateliers, Werkstätten, feste Bauten wurden schließlich nicht errichtet. Im Sommer 1920 ließ Joe May gleich zwei Filme in Woltersdorf drehen, »Der Henker von St. Marien« und »Die Legende von der heiligen Simplicia«. Die Reporter, die May wieder einen Monat vor der Premiere ins Außenrevier Woltersdorf einlud, priesen erneut seinen Amerikanismus, seinen »Mut« zur Gigantomanie. Dem Reporter des FILM-KURIER überschlug es fast die Stimme:

Möge die Filmstadt blühen und wachsen, mögen die Szenenbilder zu glücklichsten Folgen sich aneinander fügen und rund um den Erdball Kunde tragen von deutscher Industrie, deutschem Fleiß, deutschem Unternehmermut und deutscher Kulturtätigkeit.[189]

Die weibliche Hauptrolle beider Filme spielte ein weiteres Familienmitglied, Eva, die Tochter von Joe und Mia May. Das Drehbuch zur »Legende von der heiligen Simplicia« stammte von einer als Schauspielerin bislang glücklosen 38jährigen Frau, die nun erstmals für das Kino arbeitete: Thea von Harbou. Als Schriftstellerin war sie 1920 jedoch bereits recht prominent, hatte mit ihrem Buch »Der Krieg und die Frauen« (1913), dem Pamphlet »Die deutsche Frau im Weltkrieg« (1916) sowie zahlreichen anderen völkischen Werken immensen Erfolg gehabt. Indem sie das »Riesenhafte, Gigantische des Kriegsgedankens – das Schicksalsgewaltige, das Völker und Reiche zermalmt und erschafft« pries, war sie zu einer Bestseller-Autorin geworden. Ihrer Auffassung nach löste der Krieg soziale Probleme, sie wetterte gegen »die fürchterliche Krankheit der Ausländerei« und propagierte »völkisches Bewußtsein«.

Das im Auftrage Joe Mays 1920 verfaßte Filmszenarium für »Die Legende von der heiligen Simplicia« spielte – im Stil melodramatischer Frauenromane – in einer mittelalterlichen deutschen Stadt, die an Rothenburg ob der Tauber erinnerte. Folglich wuchsen auf Woltersdorfer Boden eine Dürer-Stadt, eine Raubritterburg, ein

Seite 378
Titelblatt der Zeitung Film-Kurier vom 18.9.1919

Erscheint täglich.
Nr. 58.

Erscheint täglich
15 Pfg.

Film-Kurier

für Film-Variete-Kunst-Mode-Sport-Börse

Redakt.: Berlin W8, Leipziger Str. 39. Fernspr. Ztrm. 762, 10047. Alle Einsendungen für den redaktionellen Teil sind nur an diese Adresse, ohne Hinzufügung einer persönlichen Anschrift zu richten. Für unverlangt eingesandte Manuskripte übernimmt die Redaktion keine Verantwortung. Zurückverlangten Manuskripten ist Rückporto beizufügen.

Mittwoch, 13. August 1919.

Verlag: Berlin W8, Leipziger Str. 39. Fernspr. Ztrm. 762, 10047. Annahme von Anzeigen und Abonnements. Bezugspreis: Vierteljährlich M. 9.—, monatl. M. 3.— (ausschl. Bestellgeld). Bestellungen bei allen Postanstalten. Zeilenpreis: Mm-Zeile 50 Pfg. zuzüglich 25 % Teuerungszuschl. Kleine Anzeigen das Wort [illegible] Pfg., in der fettgedr. Ueberschrift 80 Pfg.

Die May-Stadt in Woltersdorf

Titelblatt der Zeitung Film-Kurier vom 13.8.1919

Kloster samt Kapelle aus der Zeit der Kreuzzüge sowie eine mittelalterliche Dorfschenke – entworfen von Joe Mays Architekt Martin Jacoby-Boy, und von Baumeister Max Krieg in Woltersdorf aus Gips und Stuck, Holz und Drahtgeflecht errichtet. Dem Reporter des FILM-KURIER fiel es beim Gang durch diese Kulissenwelt nicht schwer, sinnfällige Parallelen zwischen dem Mittelalter und seiner Gegenwart zu ziehen:

Es war eine harte Zeit, damals, als das Recht des Stärkeren des einzige Recht war, das gekannt und beachtet wurde. Aber war jene verklungene Zeit voll rauschenden Rittermären und raunenden Sagensang – war jene Zeit härter als unsere Tage es sind, die den Weltkrieg sahen, und die Revolution, und den Völkerbund, und den Frieden von Versailles, und die Verhandlungen von Spaa, und die vor neuen Verhandlungen zittern, vor neuen Forderungen bangen, vor neuen Diktaten mit Grauen erfüllt sind … Nein, jene verschollene Zeit der Raubritterburg und des wehrhaften Klosters war wohl hart in der Tat, aber die harte Tat geschah rasch; unsere Zeit aber entrechtet unter dem Schein der Gerechtigkeit, knechtet unter der Vorgabe der Freiheit, auch sie ist hart in der Tat, aber ihre harte Tat geschieht obendrein langsam. Jene Zeit kannte die Folter am Individuum; unsere kennt die Folter nicht mehr, hat sie längst abgeschafft, man ist ja so klug und weise, so milde, human und gut geworden: man erfand die Folter an Völkern. Jene Zeit tötete, um selbst zu leben, auch ihre Raubritter, und Stegreifreiter erschlugen nur aus Not den Mann, um sich nähren zu können. Unsere Zeit tötet, um zu vernichten, mit dem Haß vertilgt sie, was Widersacher war oder so erschien und erscheint. Es lebe der Kulturfortschritt der Menschheit![190]

Erscheint täglich.

Erscheint täglich.

Nr. 88.

15 Pfg

Film-Kurier

für Film-Variete-Kunst-Mode-Sport-Börse

Redakt.: Berlin W8, Leipziger Str. 39, Fernspr. Ztrm. 702, 10647. Alle Einsendungen für den redaktionellen Teil sind nur an diese Adresse, ohne Hinzufügung einer persönlichen Anschrift zu richten. Für unverlangt eingesandte Manuskripte übernimmt die Redaktion keine Verantwortung. Zurückverlangten Manuskripten ist Rückporto beizufügen.

Mittwoch, 17. September 1919.

Verlag: Berlin W 8, Leipziger Str. 39, Fernspr. Ztrm. 702, 10647. Annahme von Anzeigen und Abonnements. Bezugspreis: Vierteljährlich M. 9.—, monatl. M. 3.— (ausschl. Bestellgeld). Bestellungen bei allen Postanstalten. Zeilenpreis: Mm-Zeile 50 Pfg. [illegible] Teuerungszuschl. Kleine Anzeigen das Wort 20 Pfg., in der jetzigen Ueberschrift 60 Pfg.

Riesenaufnahme in Woltersdorf

Titelblatt der Zeitung Film-Kurier vom 17.9.1919

Thea von Harbou war von nun an eine vielbeschäftigte deutsche Filmszenaristin. Sie arbeitete für Joe May ebenso wie für die Decla, die sich nach erfolgter Fusion nun Decla-Bioscop nannte. In Weißensee lernte Thea von Harbou jenen um zwei Jahre jüngeren Mann kennen, der als Filmautor Regie-Ambitionen hatte: Fritz Lang. Es entwickelte sich eine künstlerische Verbindung, die dann 1922 auch privat vor dem Standesamt bekräftigt wurde. Die Beziehung ging reichlich zehn Jahre später in die Brüche, als Fritz Lang aus Deutschland emigrieren mußte und Thea von Harbou, inzwischen Mitglied der NSDAP, weiterhin als eine geschätzte Szenaristin und Schriftstellerin dem deutschen Film diente.

1921 schrieben Thea von Harbou und Fritz Lang gemeinsam das Buch für Joe Mays zweiteiligen Großfilm »Das indische Grabmal«, eine Produktion ganz im Stil von »Herrin der Welt«. Wieder diente Woltersdorf als ideales Gelände für prachtvolle indische Bauten. Die Atelieraufnahmen entstanden in Joe Mays Weißenseer Studio, teilweise aber auch schon in der Jofa, dem »größten Filmatelier der Welt« (so der FILM-KURIER). Die Jofa (Johannisthaler Film-Anstalten), deren Ateliers heute noch existieren, hatte der einstige Ingenieur für Flugzeugbau, Hackenberger, auf dem Gelände der Albatros-Flugzeugwerke errichten lassen. Deutschland, das den Weltkrieg entfesselt und verloren hatte, durfte zwar (vorerst) keine Flugzeuge mehr bauen, doch gegen Filme war nichts einzuwenden. Im Mai 1920 wurde in Berlin-Johannisthal erstmals gedreht, und der FILM-KURIER beschrieb die dort vorhandenen großen technischen Möglichkeiten:

Das größte Filmatelier der Welt

Titelblatt der Zeitung Film-Kurier vom 11.5.1920

Die Johannisthaler Filmanstalten bestehen eigentlich aus zwei feuerfesten, glasverdachten Hallen von 137 mal 21 m Nutzfläche, die als Doppelhalle durch große eiserne Schiebetore verbunden sind. Die Halle A dient nur als Aufnahme-Atelier und ist durch verstellbare Sperrholzwände in drei Ateliers von je 45 mal 21 m eingeteilt. Eine Arbeitsgalerie in 10 m Höhe führt durch die ganze Halle; sie ist auf einer Treppe von der Nebenhalle aus erreichbar, das Arbeitspersonal, das auf der Galerie zu tun hat, z. B. die Elektriker, braucht also nicht erst die Ateliers zu betreten und stört daher während der Aufnahme nicht.

Durch alle Ateliers führt ein Normal-Spurgeleise, so daß ein Eisenbahnzug bequem in die Halle hineinfahren kann. Ferner kann man einen Plattenwagen zur Aufnahme des Operateurs durch die Ateliers fahren lassen.

Nach der Ostseite, der Flugplatzseite, können die Ateliers durch große Schiebetore vollständig freigelegt werden, dadurch wird jedes Atelier um das Doppelte nach außen hinaus vergrößert. Der Platz vor den Schiebetoren ist asphaltiert, hier können Außenaufbauten gemacht werden und zwar unter Zuhilfenahme einer Schiebebühne, die nach Bedarf zusammengestellt und mit den aufgebauten Dekorationen hinausgeschoben wird. Der asphaltierte Platz wird auch noch durch ein Bahngeleise flankiert, so daß Eisenbahnszenen im Freien gestellt werden können. Hinter diesem Geleise liegt erst das große Gelände des Flugplatzes, das sich für große Aufbauten und Massenszenen besonders eignet.

In jedem Atelier ist eine Versenkung von 2 m Tiefe und 24 cbm Rauminhalt vorgesehen, die zum Einbauen von Treppenhäusern, Kellern u. a. m. gebraucht wird. Durch diese Versenkung wird eine Bauhöhe von 2 m gewonnen. Die Versenkungen sind wasserdicht ausgemauert und zementiert, so daß sie auch als Wasserbassins benutzt werden können. Es wird ferner ein Winkeleisenrost mit Prismenglasplatten in einer Ausdehnung von 2 mal 4 m hergestellt, zum Abdecken eines Teils der Versenkung, um auf dieser Glasplatte von unten beleuchtete Szenen darzustellen. Die farblose Verglasung des Daches in ganzer Ausdehnung erzielt eine große Tageslichtfülle; außerdem ist eine große Anzahl von Jupiter- und Weinertlampen, Scheinwerfern, Handlampen, Diebeslaternen, Nachttischleuchtern, Sonnen, Projektions- und Schreibtischlampen u. a. vorhanden.

In der unmittelbar neben der eigentlichen Atelierhalle liegenden Halle B sind die Betriebsräume jeder Art untergebracht. Zur Herstellung von Dekorationsstücken sind modern eingerichtete Werkstätten, wie Tischlerei, Malerei, plastische Anstalt, Tapeziererei und Zimmerei vorhanden. Vor allen Dingen fällt die Fülle an allen Materialien auf, es ist ja noch alles vorhanden, was früher zur Flugzeugfabrikation verwendet wurde. Die Jofa kann daher beim Bau von Dekorationsstücken den weitestgehenden Anforderungen der Filmgesellschaften genügen. Ferner enthält die Halle für jedes Atelier ein guteingerichtetes Regiezimmer mit Telephon

Dreharbeiten im »größten Filmatelier der Welt« Berlin-Johannisthal

nebst Zimmer für die Mitarbeiter. Der Hilfsregisseur findet hier einen besonderen Kassenraum mit Auszahlschalter, der Operateur eine Dunkelkammer. Dann gehört zu jedem Atelier ein Möbel- und Requisitenraum mit verschließbaren Schränken zur Aufnahme von Wertobjekten. Das Erdgeschoß dieser Halle B enthält einen Frisier-Salon, ein Sanitätszimmer, zwei große Kulissenhäuser mit 5 Meter hohen Sperrholzwänden; auch ist ein zu großer Fundus an solide gebauten Praktikabeln, Säulen, Bögen, Kaminen, Treppen, Fenstern, Türen, Blenden und sonstigen Dekorationsstücken vorhanden oder im Entstehen. Dieser Fundus ist nach neuen Gesichtspunkten normalisiert, so daß die Dekorationsstücke zu allen möglichen Aufbauten verwendet werden können, und wird nach den Entwürfen des Innenarchitekten Robert Neppach hergestellt.

Ganz besonderer Wert wurde auf die Einrichtung eines großen Restaurations- und Konditoreibetriebes gelegt, hier findet man das allen Johannisthaler Fliegern bekannte »Café Senftleben« wieder. Auch ein Sommergarten ist da.

Joe May (rechts) bei Dreharbeiten zu »Das indische Grabmal«

Das Obergeschoß der Halle B enthält drei Theaterfriseur-Räume, einen Raum für die Garderobiere, 24 geräumige Sologarderoben und sechs große Komparseriegarderoben. Alle diese Räume sind mit Zentralheizung, einem Fenster, Wasserleitungsanschluß und elektrischer Beleuchtung ausgestattet, haben verschließbare Garderobenschränke und sind feuerfest, schall- und diebessicher gebaut. Zwei eiserne Nottreppen führen vom Obergeschoß nach außen. Eine Signalanlage ermöglicht eine Verbindung der einzelnen Ateliers mit den Garderoben- und Restaurationsräumen.

Auf dem Gelände liegt ein modern eingerichtetes Maschinen- und Kesselhaus, das ebenfalls für Innenaufnahmen verwendet werden kann, sowie eine Autogarage.[191]

Schließlich wurde sogar eine eigene Autobuslinie eingerichtet, die vom Leipziger Platz aus dem Stadtzentrum hinaus direkt zum Flugplatz Johannisthal, zur Jofa, führte. Mithin waren also alle Bedingungen für neue »gewaltige Kolossal-Monumentalfilme« gegeben. Innerhalb nur zweier Jahrzehnte – welch eine Entwicklung hatte sich im Film vollzogen: vom bescheidenen Continental-Atelier in der Chausseestraße bis hin zum »größten Filmatelier der Welt« in Johannisthal!

Doch auch in den kleineren Studios – ob in der Chausseestraße oder in Weißensee – wurden 1919/20 noch weiter Filme gedreht. Die Decla nutzte vor allem das Lixie-Atelier in der Franz-Joseph-Straße 9–12. Mitte Oktober 1919 gab die Gesellschaft ihr Programm für die neue Spielzeit bekannt: Otto Rripperts »Pest in Florenz«

Szenenfoto aus »Das indische Grabmal«

war fertiggestellt und stand unmittelbar vor der Aufführung. Für die Musikbegleitung bot die Decla den interessierten Theaterbesitzern eine Originalkomposition von Bruno Gellert an, deren Klavierauszug 200 Seiten umfaßte! Abgeschlossen waren auch die Dreharbeiten zu Fritz Langs »Harakiri« – also nicht nur Florenz, sondern auch Japan in Weißensee! Schließlich verkündete die Decla noch weitere Neuerwerbungen:

Die Gesellschaft hat vom Ullstein-Verlag das Georg Hirschfeldsche Buch »Die Hände der Thea Sigrüner« zur Verfilmung erworben. Von dem Romanschriftsteller Dr. Alfred Schirokauer erwarb die Decla den zurzeit in der »Woche« erscheinenden Roman »Frauenruhm«, der als Film den Namen »Zwischen Ruhm und Frauenglück« führt. Aus der Feder von Rudolf Strauss stammt eine neue Decla-Erwerbung, der Film »Der falsche Schein«. Von Carl Meyer (sic!) wurden die demnächst bei der Decla erscheinenden Filme »Das Kabinett des Dr. Caligari« und »Das lachende Grauen«, sowie »Die große Lüge« angekauft. – Die Aufnahmen zu dem dritten Film der Decla-Frauenklasse »Die Ehe der Frau Mary« (Manuskript von Emile Goerck, Regie Joseph Coenen) sind beendet. Neben Carola Toelle wirken Erika Unruh vom Decla-Ensemble, Gertrud Wollen und die Herren Carl de Vogt, F. W. Katsch, Reiner Steiner und Goebel mit.[192]

Werbung für eine Decla-Produktion im Kinematograph vom 9.10.1918

Auch »Das Cabinet des Dr. Caligari«, ein Werk, dessen Entstehung von Legenden überwuchert wurde, entstand im Weißenseer Lixie-Atelier. Im Oktober 1919 konnte

Mia May in »Das indische Grabmal«

natürlich noch niemand ahnen, welcher Stellenwert diesem Filmprojekt einmal in der Geschichte der deutschen Kinematographie zukommen würde. Damals war es ein Projekt genauso wie Schirokauers »Frauenruhm« oder »Die Ehe der Frau Mary«. Später dann wollten viele am Ruhm des »Caligari« partizipieren, auch jene, die dem Vorhaben von Carl Mayer zuerst ziemlich ablehnend oder desinteressiert gegenübergestanden hatten. So kamen in den folgenden Jahren Berichte über die Produktion dieses Klassikers in Umlauf, deren Wahrheitsgehalt mehr als zweifelhaft erscheint. Das gilt auch für Erich Pommer, der sich im Nachhinein gern als Produzent, als »Vater« des »Caligari«-Films feiern ließ. Mehrere seiner Mitarbeiter behaupten dagegen, er sei während der Zeit, als »Caligari« gedreht wurde, gar nicht Produktionsleiter der Decla gewesen. Andere sind der Meinung, Pommer habe dieses Unternehmen von Anfang an mehr als skeptisch betrachtet; er solle nichts von einem »Expressionismus im Film« gehalten haben. Für den »Caligari« eingesetzt habe sich jedoch der zeitweilige Produktionsleiter der Decla, Rudolf Meinert. Als Regisseur war ursprünglich Fritz Lang vorgesehen, doch der arbeitete bereits in Hamburg-Stellingen am »Brillantenschiff«, dem zweiten Teil der »Spinnen«. Diese Abenteuergeschichte schien der Decla ein weit sicherer Erfolgsgarant als ein »expressionistischer« Versuch.

Viel ist um den »Caligari« gestritten worden, alle möglichen Leute hoben seine Verdienste hervor, machten andere für Verfälschungen des Stoffes verantwortlich. Filmhistoriker in aller Welt füllten zahllose Seiten sowohl mit Analysen als auch mit Berichten über die Hintergründe der Auseinandersetzungen. An dieser Stelle ist allein die Produktion im Weißenseer Lixie-Atelier von Interesse. Doch selbst da bin ich auf viele Fragezeichen gestoßen. Bis heute ist nicht einmal zu klären, wann der Film eigentlich gedreht worden ist. Eine der glaubwürdigsten Aussagen stammt von Hermann Warm, einem der Architekten. Er nennt als Drehzeit den Spätsommer 1919, aber noch im Januar 1920 erschienen Meldungen über die Fertigstellung des Films in der Fachpresse. Dieser Widerspruch ist verwunderlich, denn einen fertigen Film mehrere Wochen lang liegenzulassen wäre damals sehr ungewöhnlich gewesen. Auch gab es seit der Novemberrevolution keine Zensur mehr, die die Aufführung des Werkes hätte behindern können. Möglich jedoch wäre, daß Pommer, ohnehin kein Enthusiast des »Caligari«, ihn deshalb zurückhielt, weil er wollte, daß noch daran gearbeitet würde.

Später, nach dem zweiten Weltkrieg, erzählte Pommer in Amerika über die »Caligari«-Produktion:

Es war etwa ein Jahr nach dem Ersten Weltkrieg. Während dieses Jahres hatte ich in Berlin ein kleines Filmstudio eingerichtet, Decla, und ich war ganz zufrieden mit der Art, wie die Dinge liefen – trotz der Beschränkungen der Nachkriegszeit, was Geld, Materialien und elektrischen Strom betraf. Unsere wertvollsten Aktiva waren Begeisterung und Einfallsreichtum. (...) Das Studio hatte ein sehr beschränktes Kontingent an Strom und Licht. Und an dem Tage, als uns mitgeteilt wurde, daß wir das Monatskontingent erschöpft hatten (einige Tage

Szenenfoto aus »Das Cabinet des Dr. Caligari«

vor Monatsende), brachten meine drei Künstler einen Vorschlag vor, der mir absurd, ja sogar reaktionär erschien – »Warum nicht Lichter und Schatten auf die Kulissen für diesen ›Caligari‹-Film malen?«

Als ich gegen diese Rückkehr zu primitivem Filmmachen protestierte, erklärte Herlth: »Sehen Sie mal, Herr Pommer, wir leben in einer Zeit des Expressionismus, und wenn wir die Kulissen in diesem Stil machen, können wir die wichtigen Elemente der Story noch stärker herausheben.« »Menschenskinder, Ihr seid alle verrückt geworden. Es ist unmöglich, phantastische, unwirkliche, flache Kulissen hinter wirkliche, massive Menschen zu setzen.«

Am nächsten Tage brachten sie mir eine Reihe von Zeichnungen, die sie wahrscheinlich schon die ganze Zeit gehabt hatten, aber sie wollten mich am Tage vorher nicht damit erschrecken. Als ich mich nicht überzeugen ließ, beschwatzten sie mich dazu, Wiene eine Probeszene drehen zu lassen. Bei der Vorführung dieser Probeszene waren Mayer und Janowitz anwesend. Wir wurden alle überzeugt.[193]

Erich Pommer verwechselte in diesem Bericht wohl den Architekten Robert Herlth, der erst nach dem »Caligari« fürs Kino zu arbeiten begann, mit dem Maler Walter Reimann – einer der drei Szenenbildner des Films. Es waren – wie sie der Produzent nannte – junge Enthusiasten, die in Weißensee einen expressionistischen Film kurbelten, während die Berliner hungerten und froren und während in den Ufa-Kinos »Die Herrin der Welt« ihr Unwesen trieb.

Wieder wurden die Reporter von der Decla nach Weißensee eingeladen. Der Mitarbeiter des FILM-KURIER machte sich einleitend zu seinem Artikel Gedanken über »Die neue Kunst im Film«, über »Expressionismus im Film«:

Im Decla-Atelier in Weißensee reift der erste erfolgversprechende Versuch seiner Vollendung entgegen.

Das Abrücken vom billigen Tageserfolg, das Streben nach künstlerischen und kulturellen Werten war bei diesem ernst und ruhig arbeitenden Konzern seit jeher das Grundprinzip. Nun ist zu den Herren Pommer und Sternheim, die mit zielbewußter Energie die bisherigen Grundlagen erreicht haben, ein neuer Mann getreten, Rudolf Meinert, dem hier Gelegenheit gegeben

Dekor-Skizze von Hermann Warm für »Das Cabinet des Dr. Caligari«

Szenenfoto aus »Das Cabinet des Dr. Caligari«

wird, seine bisherigen praktischen Erfahrungen mit großzügigen Mitteln in die Tat umzusetzen.

Es war eine Tat, unbekümmert um den späteren materiellen Erfolg oder Mißerfolg, der Anregung Robert Wienes zu folgen und ihm als Regisseur freie Hand für den künstlerisch hoch bedeutsamen Versuch des Expressionismus im Film zu lassen. Man mag über das geschäftliche Ergebnis prophezeien, wie man will, eines ist sicher: eine große künstlerische Absicht ist hier im Werden, und letzten Endes hat noch immer der ernste, unbeugsame Kunstwille seinen verdienten Lohn gefunden.

Der neue Decla-Film »Das Kabinett des Dr. Caligaris« von Hans Yanow (sic!) und Karl Mayer bot dem Regisseur Robert Wiene die willkommene Gelegenheit für einen lange gehegten Plan. Die spukhaft-skurrile Wahnsinnsphantasie, die Geschichte dieses seltsamen Dr. Caligaris und der somnambulen Wachspuppe kam diesen Absichten ganz außerordentlich entgegen. In den Malern Warm, Reimann und Röhrich fand er schaffensfrohe, reich begabte Mitarbeiter, und die einzelnen Szenen, die ich jüngst sehen konnte, lassen Ueberzeugendes von der Vollendung erwarten.

Bevor man einen Blick in diese neue Welt getan hat, ist man skeptisch. Man kann sich die schiefen Linien, die Dreieck- und Viereckfiguren der modernen Malerei nicht plastisch im Raume vorstellen, vermutet eine Verdoppelung des Unwahrscheinlichen. Besonders befremdend in der Realität der Filmphotographie. Aber der Eindruck verscheucht alle Zweifel. Ich sah zu-

Werner Krauss in »Das Cabinet des Dr. Caligari«

Werner Krauss, Conrad Veidt und Lil Dagover in »Das Cabinet des Dr. Caligari«

erst eine Dachstube. Ein tief überhängendes Dach. Ganz im Hintergrund ein Fenster mit willkürlich schräge gekreuzten Fensterstangen, in der Ferne die Silhouette eines Daches mit schiefen Rauchfängen. In der Stube ein ärmliches Bett und zwei Stühle mit unendlich hohen Lehnen. Breitflächige Malerei liegt an der Wand, greift über auf das Bettgestell. Die Einzelheiten sind absonderlich, aber niemals habe ich in einer Dekoration den Eindruck der beklemmenden Öde, der quälenden Einsamkeit so tief und unmittelbar empfunden wie hier.

Noch überwältigender in seiner Eigenart wirkte die winkelige Jahrmarktsbude mit ihren tief hereingebauschten Sofitten und diesem Publikum, dessen spitze, an das Biedermeier erinnernde Hüte seltsam aus der Masse herausragen. Niemand kann sich diesem starken Eindruck entziehen, nicht einmal die unkompliziert fühlenden Komparsen und Arbeiter, die doch solch neuer Kunst sicherlich fremd gegenüberstehen.

In diese phantasiegeborene, unwirkliche Umwelt mußten nun die handelnden Personen des Dramas gestellt, mußten diesem neuartigen Milieu erst angepaßt und in ihm lebendig werden. Dabei war eine gefährliche Klippe zu umsegeln. Denn die Dekorationen hätten sonst leicht den Eindruck erwecken können, als wolle man dadurch die Wahnsinnsideen deutlich machen. Aber dieses Problem ist mit künstlerischem Geschmack glücklich gelöst, indem auch die tatsächliche Rahmengeschichte in ständiger Beziehung zu der szenischen Gestaltung bleibt.

Es ist geradezu verblüffend, wie die Darsteller sich in diese Stimmungswelt eingefühlt haben, wie sie aus dem Empfinden einer wahrhaft künstlerischen Atmosphäre heraus sich ganz dem Grundstil gefangen geben.

Faszinierend die untersetzte Gestalt von Werner Krauß. Halb Striese und halb E. T. A. Hoffmannsche Spukfigur. Alle seine Bewegungen, die seltsamen Gesten der Arme und Hände, der schlurfende Gang, der Timbre seiner Stimme, entkeimen dem Stil der Szene. Er ist nicht mehr Krauß, er ist Dr. Caligaris, wie er leibt und lebt, nicht nur in den kurzen Zeiträumen der Aufnahme, sondern in seinem ganzen Wesen, auch während der Pausen, im Gespräch.

Conrad Veidt, unheimlich grotesk, lang und hager in dem schwarzen Trikot, grell geschminkt mit gespenstig tiefliegenden Augen, die Doppelfigur der Jahrmarktswachspuppe und des Somnambulen, der nun als Werkzeug des Verbrechens gilt. Friedrich Fehér wirkt trotz der Realität der von ihm dargestellten Rolle dennoch mystisch umdämmert in dem schwarzen Radmantel, mit dem Glühen des Wahnsinns in den Augen. Lil Dagover mit künstlich gedrehten Hängelocken, ein lebend gewordenes Bild von Gainsborough, H. H. von Twardowsky, abgezehrt und traumverloren, der Leidende in einsamer Dachkammer.

Die Maler sind eifrig bei der Sache. In allem, was sie gestalten, in den großen Umrissen wie in den kleinsten Einzelheiten, liegt ein bewußter künstlerischer Wille. Selbst bei den befremdendsten Motiven hat man niemals den Eindruck des Erklügelten, Konstruierten, sondern eines warmblütigen Schaffens aus dem innersten Empfinden heraus.

Kaum jemals war ein Atelierbesuch so interessant, so neuartig und so anregend wie dieser. Man darf auf das Ergebnis dieses Films wirklich gespannt sein; denn er ist ein neuer Weg, ein Fortschreiten mit dem Blick nach aufwärts, ist Pionierarbeit im Neuland und als solche eine Tat.[194]

Seite 393
Modell des Weißenseer Lixie-Ateliers – 1965 von Hermann Warm angefertigt

Werner Krauss hat in seinen 1958 erschienenen Memoiren, »Das Schauspiel mei-

Produktion der DECLA, 1919, im Lixl Film Atelier,
Berlin Weissensee, Rennbahnstrasse (erbaut 1913)
Modell von Hermann Warm, Filmbildner, 1965
DEKORATIONEN von H. Warm, W. Reimann u. W. Röhrig.
Im Vordergrund der Rathauseingang mit Blick auf
den Marktplatz und Strassen in Holstenwall
FUNDUS-MAGAZIN

nes Lebens«, lediglich acht Sätze für diesen Film übrig. Er spricht zwar davon, daß das Werk überall in der Welt lief und man in New York sagte, die Deutschen seien nun nach dem verlorenen Krieg verrückt geworden, aber rückblickend betrachtet scheint der »Caligari« auch für ihn weiter nichts als ein Kuriosum zu sein. Höchstens zehn Tage habe die Arbeit an dieser Produktion für ihn gedauert.

Wesentlich besser und genauer kann sich der bedeutende Szenenbildner Hermann Warm an jene Zeit in Weißensee erinnern. Warm hatte 1913 als 24jähriger im Vitascope-Atelier in der Lindenstraße für das Kino zu arbeiten begonnen, er schuf dort die Bauten für Albert Bassermann, Harry Piel und Max Mack. So entwarf er die Dekorationen für Macks Erfolgskomödie »Die blaue Maus« und für den ungewöhnlichen Kriminalfilm »Wo ist Coletti?« Nach dem Krieg gehörte er im Lixie-Atelier zu den vielbeschäftigten Architekten. Er war nicht nur für »Das Cabinet des Dr. Caligari« tätig, sondern auch für Otto Ripperts »Pest in Florenz« und »Totentanz« sowie für Fritz Langs »Spinnen«. Später arbeitete er vor allem im Bioscop-Atelier in Neubabelsberg, war bei Langs »Der müde Tod«, Murnaus »Phantom« und G.W. Pabsts »Die Liebe der Jeanne Ney« dabei. An der Schwelle vom Stumm- zum Tonfilm wirkte er mit dem großen dänischen Regisseur Carl Theodor Dreyer bei dessen Filmen »La passion de Jeanne d'Arc« (Johanna von Orleans) und »Vampyr« zusammen. Hermann Warm, der seine letzten Filmdekorationen Anfang der sechziger Jahre entwarf, verkörpert mit seinem jahrzehntelangen Schaffen und seinen Erfahrungen ein großes Stück Filmgeschichte. 1970, als der »Caligari«-Uraufführung vor 50 Jahren gedacht wurde, schrieb Warm einen Beitrag, dem er den Titel »Gegen die Caligari-Legenden« gab:

In ca. 4½ Wochen wurde »Caligari« gebaut und gedreht, dreimal durch je einen Bautag unterbrochen. Meines Wissens war dieser Film der erste, in dem alle Aufnahmen in gebauten Atelierdekorationen gedreht wurden.

Mit Furore ging es an die Arbeit; selbst die Bühnenarbeiter hatten Vergnügen daran. Wir drei Maler schafften immer bis in die Nacht hinein, wie in einem Taumel. Es war die damalige neue Welle, die alle Mitwirkenden umspülte und trug.

Ich, als der im Filmbau Erfahrene, übernahm in erster Linie das Konstruktive der Bauten, Röhrig mit der Malertruppe das Ausmalen der Dekors (diese wurden behandelt wie große Kohlezeichnungen, leicht farbig ausgetuscht), von Reimann unterstützt, sobald dieser mit dem Improvisieren der Kostüme fertig war, und am Ende half auch ich noch beim Ausmalen und Einrichten mit Möbeln und Stoffen.

Es war eine ideale Zusammenarbeit, kannten wir drei uns doch seit Jahren durch unsere Arbeit am Theater und in Theatermaler-Ateliers.

Aus den benachbarten Joe May gehörenden Filmateliers schlichen sich manchmal Beauftragte ein: man wollte voller Spannung und Wißbegier erfahren, was die Verrückten da anstellten. Weißensee bei Berlin war ja damals Klein-Hollywood.[195]

Legenden ranken sich auch um die Aufführung des Films. Erich Pommer hat später berichtet, daß er den »Caligari« in einem Berliner Kino gezeigt, das Publikum

Der Kinematograph vom 4.2.1920

aber dagegen protestiert habe, worauf er ihn nach zwei Vorstellungen wieder absetzen mußte. Abschließend habe er in Berlin eine sechsmonatige Werbekampagne veranstaltet; in der ganzen Stadt hätten expressionistische Plakate gehangen mit der Aufforderung: »Du mußt Caligari sehen!«, »Du mußt Caligari werden!« Dann habe er wieder mit demselben Theater verhandelt, 30 000 Mark aus eigener Tasche geboten, und schließlich sei der Film ein großer Erfolg geworden.[196] Aber weder über die mißglückte Vor-Aufführung noch über die Werbekampagne konnte ich etwas in der zeitgenössischen Presse finden. Tatsache ist jedoch, daß der Film am Donnerstag, dem 26. Februar 1920, im Marmorhaus am Kurfürstendamm seine Premiere erlebte. In jenen Tagen erholte sich Berlin langsam vom Winter. Es wurde vor einer Grippe-Epidemie gewarnt, und die Zeitungen meldeten, der in Genf tagende Kongreß für die Kinderhilfswerke habe festgestellt, daß in Deutschland eine Million Kinder hungerten.

Doch es gab natürlich auch Berliner, die ganz andere »Sorgen« hatten als Hunger und Kälte. Sie sorgten sich zum Beispiel um die besten Plätze für die sensationellen Reinhardt-Inszenierungen im Großen Schauspielhaus, dem späteren Friedrichstadt-Palast. Dort zeigte man Romain Rollands »Danton« – mit Paul Wegener in der Titelrolle, mit Werner Krauss als Robespierre und Ernst Deutsch als Saint-Just. Die Eintrittspreise lagen zwischen 3,20 Mark (3. Rang) und 24,60 Mark (Loge), dennoch reichten die Plätze nicht aus, und so gab es Proteste gegen Reinhardts Kartenvergabe.

Am 26. Februar wurde in der Lindenoper »Tiefland« gespielt, in den Kammerspielen »Frühlings Erwachen« und im Deutschen Theater »Die Sendung Semaels« – das Stück eines noch nicht allzu bekannten Schriftstellers namens Arnold Zweig. Das Große Schauspielhaus bot »Hamlet« und das Residenz-Theater »Evchen Humbrecht«, mit Käthe Dorsch, Paul Bildt und Rosa Valetti. Und im Possen-Theater Linienstraße, das nun, nach dem Kriege, wieder Folies Caprice heißen durfte, erfreute sich das Publikum an »Oh, dieser Nowack«, »Zwangseinquartierung« und »Die abgetretene Frau«.

Die Presse befaßte sich auch mit dem anwachsenden Vandalismus gegenüber den ehemaligen königlichen Schlössern und Gärten. In der Nacht vom 25. zum 26. Februar war zum Beispiel einer der Figuren auf der Kaiser-Wilhelm-Brücke eine Bronze-Trompete abgebrochen und geraubt worden. Von den Berlinern heftig debattiert wurde im Februar 1920 auch noch der Zweckverband Groß-Berlin, gegen den sich alle möglichen Gemeinden, Politiker und Geschäftsleute sträubten. Interessante Neuigkeiten fanden sich bisweilen unter der Rubrik Familien-Nachrichten. So konnte man am 29. Februar lesen, daß sich die Schwestern Käthe und Lotte Joseph vom Kaiserdamm 113 mit den Herren Siegfried Jacobsohn und Kurt Hiller verloben werden!

Die großen Kinos waren noch immer von der »Herrin der Welt« beherrscht, doch wurde auch von einem Film gesprochen, den allerdings keiner kannte. Der einst sehr

Berliner Tageblatt vom 26.2.1920

populäre Schauspieler Ferdinand Bonn, der – so scheint es – zeit seines Lebens an einer unglücklichen, unerwiderten Liebe zum Kino litt, hatte einen Film über Wilhelm II. und dessen unrühmliches Ende gedreht. Trotz fehlender Zensur-Instanz wurde das Werk aber verboten. Die Gerichte stellten den Persönlichkeitsschutz des getürmten Monarchen höher als die Freiheit der Kunst und entschieden, alle Kopien sowie sämtliche Filmfotos seien zu vernichten. Seit Dezember 1919 lag bereits der Entwurf eines neuen Reichs-Kinogesetzes vor, das die Nationalversammlung am 15. April 1920 verabschiedete und womit die Filmzensur in Deutschland wieder eingeführt wurde.[197]

»Das Cabinet des Dr. Caligari« kam also in den letzten zensurfreien Wochen in die Kinos. Das Marmorhaus gehörte damals Siegbert Goldschmidt, einem Unternehmer, der am 26. Februar auch die Kant-Lichtspiele in der Charlottenburger Kantstraße übernommen hatte. Dieses Kino war renoviert worden und sollte jetzt als repräsentatives Uraufführungs-Theater betrieben werden. Doch »Das Cabinet des Dr. Caligari« schien Goldschmidt wohl nicht der geeignete Premierenbeitrag für dieses Haus zu sein. Eröffnet wurde mit dem Erna-Morena-Film »Die 999. Nacht« von Fred Sauer, mit der Morena in einer Doppelrolle sowie mit Hans Albers, Paul Morgan und Bernhard Goetzke. Des weiteren lief das Lustspiel »Hoppla, Herr Lehrer« von und mit Curt Wolfram Kiesslich – eine Produktion der Decla-Bioscop. »Hoppla, Herr Lehrer« muß so hervorragend gewesen sein, daß er auch im Beiprogramm zum »Caligari«-Film gezeigt wurde! Als »wichtigste« Berliner Filmpremieren jenes Wochenendes galten jedoch die Uraufführungen (am Donnerstag, dem 26. Februar 1920) von Richard Eichbergs Zweiteiler »Der Tanz auf dem Vulkan«, mit der »Schönheit« Lee Parry und mit Violette Napierska, im Ufa-Palast am Zoo; sowie am Tag darauf Richard Oswalds »Der Reigen«, mit Asta Nielsen, Conrad Veidt und Eduard von Winterstein, in den Richard-Oswald-Lichtspielen. Von all diesen Filmen, die an besagtem Wochenende Premiere hatten, sind uns heute nur noch »Der Reigen« und »Das Cabinet des Dr. Caligari« bekannt.

Der Erfolg des »Caligari« war beachtlich. Einige Rezensenten reagierten enthusiastisch, andere ignorierten den Film. Immerhin zählte er zu den wenigen Kino-Produkten, denen sich auch sogenannte seriöse Kritiker widmeten, jene, die nur selten ein Kino betraten und die als ihre Domäne eigentlich das Theater betrachteten. Offensichtlich erkannte aber die Mehrzahl der Rezensenten das Außergewöhnliche dieses Films; Dr. Wilhelm Meyer, der Theaterkritiker der Vossischen Zeitung, überschrieb seinen Beitrag mit den Worten: »Filmkunst des Malers«, und sein erster Satz lautete: »Es gilt eine neue Seite in der Geschichte des Films zu beginnen.« Im Berliner Börsen-Courier begrüßte Herbert Jhering den Film, und er sah die Regie hier als ein Versprechen an. Kurt Tucholsky, der dem Kino extrem kritisch gegenüberstand, betonte in der Weltbühne, daß »Caligari« ein guter Film sei und daß er sich mehr solcher Art wünsche.

Von anderen Zeitungen wurde das Werk einfach übersehen. Das angesehene

Berliner Tageblatt besprach am 29. Februar zwar den im Sportpalast aufgeführten Film »Tot oder scheintot« mit Erich Kaiser-Titz, es beachtete ebenso »Die 999. Nacht« und »Die Gespenster von Gardenhall«, nicht aber den »Caligari«. Dafür jedoch ging die Literarische Rundschau des Berliner Tageblatts an jenem Sonntag, dem 29. Februar 1920, ausführlich auf Oswald Spenglers Buch »Der Untergang des Abendlandes« ein.

Selbst wenn damals manche den »Caligari« nicht zur Kenntnis nehmen wollten, Robert Wienes Film – das ist unbestreitbar – hat im Kino eine neue Epoche eingeleitet, die der Filmhistoriker Siegfried Kracauer später »Von Caligari zu Hitler« nannte …

Ein ähnliches Meisterstück wie der »Caligari« – mit derart weitreichenden Wirkungen – ist in Weißensee nicht mehr entstanden, wenngleich die Filmproduktion im Berliner »Klein-Hollywood« noch einige Jahre andauerte. Im Winter 1919/20 arbeitete der Bruder Robert Wienes, Conrad Wiene – ein populärer Schauspieler –, im Lixie-Atelier. Dort drehte er nach Balzacs »Glanz und Elend der Kurtisanen« den zweiteiligen Film »Morel, der Meister der Kette«, mit Rudolf Forster in einer der Hauptrollen. 1920 inszenierte im Lixie-Atelier auch der junge Regisseur F. W. Murnau die Detektivgeschichte »Abend – Nacht – Morgen« mit Conrad Veidt in der Hauptrolle. Für Murnau war es ein banales Werk, und der Regisseur wollte dann nicht dafür verantwortlich zeichnen.

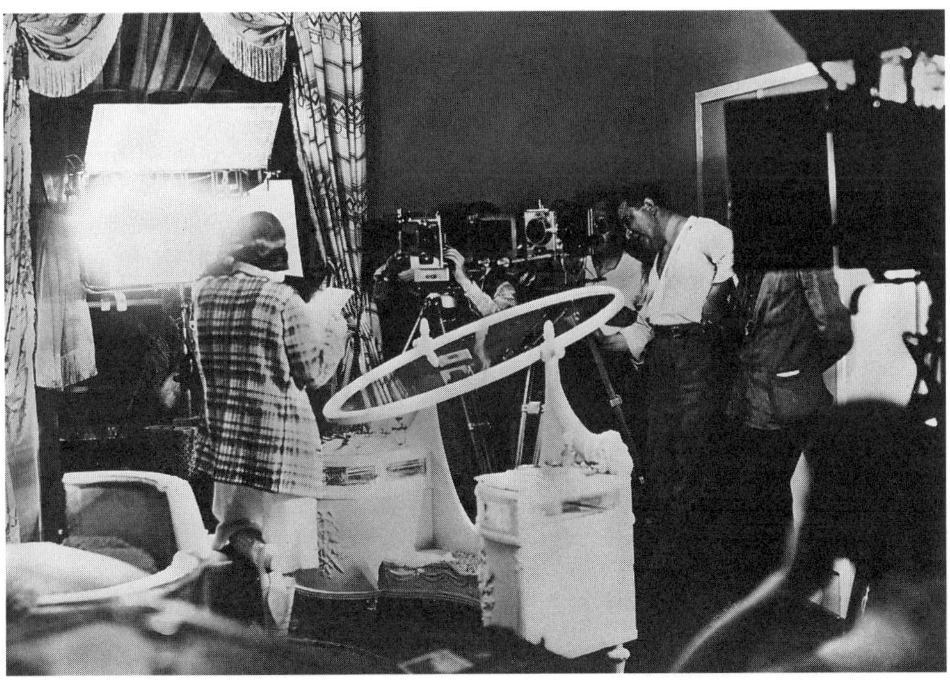

G.W. Pabst und Guido Seeber drehen in Weißensee »Geheimnisse einer Seele«

Seite 401
Harry Piel (rechts) dreht 1927 in Weißensee »Panik«

Die Decla-Bioscop hatte 1920 ihre Hauptaktivität bereits nach Babelsberg verlegt, doch für einige Produktionen kehrte sie gelegentlich nach Weißensee zurück. Auf diese Weise wurde zum Beispiel 1921 der Fern-Andra-Film »Treibende Kraft«, unter der Regie von Zoltan Nagy, hergestellt. Auch andere Gesellschaften nutzten weiterhin das Weißenseer Atelier. 1922 realisierte Gerhard Lamprecht in der Franz-Joseph-Straße die Innenaufnahmen für »Die Geheimnisse einer Kammerzofe«. Im Winter 1925/26 kurbelte Max Mack im Lixie-Atelier die Komödie »Die Fahrt ins Abenteuer« mit Ossi Oswalda.

Eines der letzten bedeutenden Werke, das in diesem Studio entstand, war »Die Geheimnisse einer Seele« – ein »psychoanalytischer Film«, den G.W. Pabst im Oktober und November 1925 zum Teil in Weißensee produzierte. Werner Krauss, der die Hauptrolle spielte, kehrte noch einmal an jenen Ort zurück, von dem sein internationaler Ruhm einst ausgegangen war.

Auch die Konkurrenz der Decla-Bioscop, die May-Film A. G., produzierte in der ersten Hälfte der zwanziger Jahre noch in der Weißenseer Franz-Joseph-Straße 5–7. 1927 war die Fema-Film-Atelier Gesellschaft Eigentümer der Grundstücke; nebenan hatten sich die May-Film A. G., die Filmstadt Woltersdorf Grundstücksges. m. b. H. und die May-Kopieranstalt G.m.b.H. niedergelassen. Joe May drehte die Außenaufnahmen seiner Filme in Woltersdorf und die Atelierszenen in der Franz-Joseph-Straße. Dort entstand 1923 der Vierteiler »Tragödie der Liebe« mit Mia May, Emil Jannings, Rudolf Forster und Marlene Dietrich. Für Joe Mays Adaption von Georg Kaisers Lustspiel »Kolportage«, der Film hieß »Der Farmer aus Texas«, schuf 1925 Paul Leni im Lixie-Atelier die Dekorationen. (Zeitweise residierte in der Franz-Joseph-Straße auch die Paul-Leni-Ges. m. b. H.) Schließlich produzierte May noch »Dagfin« mit Paul Wegener und Ernst Deutsch.

Im Winter 1927/28 arbeitete Harry Piel im May-Film-Atelier an »Panik«. Der

Harry Piel in »Panik«

Hausherr selbst, Joe May, war bereits in Babelsberg beschäftigt, wo ihm 1928 seine wahrscheinlich besten Filme gelangen: »Heimkehr«, nach Leonhard Franks Erzählung »Karl und Anna«, und »Asphalt« mit Gustav Fröhlich. Zwei für Joe May sehr ungewöhnliche Werke, die außerordentlich beeindruckten: beide im äußeren Aufwand bescheiden, fast Kammerspiele. Es waren Filme der Erich-Pommer-Produktion, gedreht in den Ufa-Ateliers Neubabelsberg. Einst hatten Pommer und May in derselben Straße gearbeitet, lediglich das Grundstück Franz-Joseph-Straße 8 lag zwischen den Terrains der beiden Gesellschaften. Jetzt vereinte sie ein riesiger Filmkonzern, die Ufa, und May war nun für den früheren Konkurrenten und Nachbarn tätig.

1928 galten die verschiedenen Bereiche von Joe Mays Imperium zwar noch als Eigentümer in der Franz-Joseph-Straße 5–7, aber die späteren Besitzer schoben schon einen Fuß in die Tür. Als richtige Nachfolger lassen sie sich schwerlich bezeichnen, handelte es sich doch um die Färberei H. Ide. 1928 gab es dann in der Franz-Joseph-Straße bereits keine Filmgesellschaft mehr. In Nummer 9–12, vorn an der Berliner Allee (heute Klement-Gottwald-Allee), wo sich einst das Lixie-Atelier befand, wurden nun Wohnhäuser errichtet. Als neue Eigentümer von Nummer 5–7 trugen sich die Groß-Dampffärberei und chem. Waschanstalt Ilse O. Kaiser sowie die Plauener Gardinen-Wäscherei ein. Die bekannte Berliner Großwäscherei Ide hatte das Terrain gänzlich übernommen. Florenz, Klein-Hollywood in Weißensee, diese Zeiten waren – nach einem reichlichen Dutzend Jahre – endgültig vorüber. Die Wäscherei ist erhalten geblieben; in der Liebermannstraße 24–28 arbeitet heute der Betriebsteil Wäscherei Ide der Rewatex AG, Berlin …

Joe May und Erich Pommer, die mit dem Film in Weißensee maßgeblich verbunden sind, mußten Deutschland 1933 verlassen, ebenso wie Fritz Lang. Sie alle gingen nach Hollywood. Joe May starb 1954 in den USA; Erich Pommer kam 1945 als Offizier der US Army nach Deutschland zurück, produzierte später einige Filme in der Bundesrepublik und starb 1966 in Hollywood, Kalifornien.

Dank

Auch dieses Buch entstand mit Hilfe und Unterstützung vieler Freunde und Kollegen, Institutionen und Archive. Zahlreiche Berliner, sei es von Geburt oder aus Überzeugung, gaben mir Hinweise und halfen, einige dunkle Punkte in der Berliner Filmlandschaft aufzuhellen. Geduldig holten die Mitarbeiter der Deutschen Staatsbibliothek, der Berliner Stadt- sowie der Ratsbibliothek immer wieder die schweren Zeitungsbände und Adreßbücher aus den Archiven ans Tageslicht. Das Märkische Museum sowie ADN-Zentralbild stellten mir einige hervorragende Fotos zur Verfügung; gleichermaßen hilfreich waren die Mitarbeiter der Landesbildstelle Berlin. Heinz Rieckehr überließ mir freundlicherweise zahlreiche Fotodokumente aus seiner umfangreichen Privatsammlung. Zu besonderem Dank bin ich auch der Kunstbibliothek Berlin und dem Leiter ihrer Plakatsammlung, Bernd Meier, verpflichtet. Einige der wenigen erhalten gebliebenen Filme aus der Zeit vor 1920 konnte ich im Staatlichen Filmarchiv der DDR sehen. Die Mitarbeiter der Dokumentensammlung des Filmarchivs, vor allem Helmut Morsbach, steuerten Fotos und andere wichtige Dokumente bei. Die »Stiftung Deutsche Kinemathek«, Berlin, überließ mir gleichfalls sehr großzügig viele Fotos, Programmhefte und Zensurkarten aus jener Zeit zur Ansicht. Herzlichen Dank schulde ich den Mitarbeitern der Stiftung – Gero Gandert, Wolfgang Jacobsen, Hans Helmut Prinzler, Christa Schahbaz, Wolfgang Theis und Oskar Törne – für ihre sehr freundliche, kollegiale Unterstützung meiner Arbeit. Für aktive Kooperation habe ich auch den Kollegen von Cinegraph Hamburg, vor allem Hans-Michael Bock, zu danken. Ohne die vielfältige Hilfe der »Freunde der Deutschen Kinemathek« Berlin, insbesondere von Erika und Ulrich Gregor, hätte das Buch in vorliegender Form nicht entstehen können. Schließlich möchte ich Günter Linke danken, der mit großem Interesse und Enthusiasmus an diesem Buch mitgearbeitet hat.

m.h.

Quellennachweis

1 Isidor Kastan: Berlin wie es war. Berlin o.J. (1919), S. 104f.
2 Erich Skladanowsky: Vom bunten Nebelbild zum weltumspannenden Zelluloid (Manuskript). S. 24f.
3 Berliner Lokal-Anzeiger. 13. Jg., Nr. 541 vom 17. 11. 1895.
4 National-Zeitung. 48. Jg., Nr. 618 vom 27. 10. 1895.
5 Erich Skladanowsky: a. a. O., S. 34f.
6 Berliner Lokal-Anzeiger. 13. Jg., Nr. 519 vom 5. 11. 1895.
7 ebenda. Nr. 517 vom 3. 11. 1895.
8 Volks-Zeitung. 43. Jg., Nr. 518 vom 4. 11. 1895.
9 Staatsbürger-Zeitung. XXI. Jg., Nr. 519 vom 5. 11. 1895.
10 Erich Skladanowsky: a. a. O., S. 39f.
11 ebenda. S. 53f.
12 ebenda. S. 55f.
13 Der Kinematograph. 21. Jg., Nr. 1076 vom 2. 10. 1927.
14 ebenda. 12. Jg., Nr. 592 vom 8. 5. 1918.
15 ebenda. 1. Jg., Nr. 5/1907. Zitiert nach: Hätte ich das Kino! Die Schriftsteller und der Stummfilm. Marbach a. N. 1976, S. 15f.
16 Berliner Morgenpost. Vom 28. Oktober 1939.
17 Das Theater. 1. Jg., Heft 8/1909. Zitiert nach: Anton Kaes (Hg.): Kino-Debatte. Texte zum Verhältnis von Literatur und Film 1909–1929. Tübingen 1978, S. 37f.
18 Frankfurter Zeitung und Handelsblatt. 56. Jg., Nr. 362 vom 31. 12. 1912. Zitiert nach: Hätte ich das Kino! a. a. O., S. 31f.
19 Eulenspiegel vom 3. 11. 1959.
20 Licht Bild Bühne. 27. Jg., Nr. 95 vom 24. 4. 1934.
21 ebenda.
22 Berliner Zeitung. 20. Jg., Nr. 98 vom 26. 4. 1896.
23 Der Kinematograph. 10. Jg., Nr. 489 vom 10. 5. 1916.
24 Oskar Messter: Mein Weg mit dem Film. Berlin-Schöneberg 1936, S. 10.
25 Der Kinematograph. 10. Jg., Nr. 489 vom 10. 5. 1916.
26 Oskar Messter: a. a. O., S. 90.
27 ebenda. S. 92.
28 Berliner Börsen-Courier. 30. Jg., Nr. 5 vom 5. 1. 1897.
29 Berliner Zeitung. 27. Jg., Nr. 407 vom 1. 9. 1903.
30 Berliner Lokal-Anzeiger. 21. Jg., Nr. 408 vom 2. 9. 1903.
31 Oskar Messter: a. a. O., S. 57f.
32 ebenda. S. 113f.
33 Vossische Zeitung. Nr. 217 vom 5. 5. 1911.
34 Berliner Lokal-Anzeiger. 31. Jg., Nr. 136 vom 15. 3. 1913.
35 Oskar Messter: a. a. O., S. 58.
36 Berliner Tageblatt und Handelszeitung. 39. Jg., Nr. 284 vom 8. 6. 1910.

37 Oskar Messter: a. a. O., S. 128.
38 Siehe: Berliner Tageblatt und Handelszeitung. 43. Jg., Nr. 398 vom 8. 8. 1914, Nr. 610 vom 1. 12. 1914 sowie Nr. 664 vom 31. 12. 1914.
39 Berliner Tageblatt und Handelszeitung. 43. Jg., Nr. 398 vom 8. 8. 1914.
40 Licht Bild Bühne. 7. Jg., Nr. 50 vom 8. 8. 1914.
41 Jerzy Toeplitz: Geschichte des Films. Band: 1 1895–1928. Berlin 1972, S. 138.
42 Berliner Tageblatt und Handelszeitung. 44. Jg., Nr. 14 vom 8. 1. 1915.
43 Siehe: Licht Bild Bühne. 7. Jg., Nr. 74 vom 31. 10. 1914 sowie Nr. 78 vom 14. 11. 1914.
44 Oskar Messter: a. a. O., S. 129 f.
45 Siehe: Licht Bild Bühne. 7. Jg., Nr. 13 vom 28. 3. 1914.
46 Oskar Messter: a. a. O., S. 85.
47 Der Kinematograph. 10. Jg., Nr. 472 vom 12. 1. 1916.
48 ebenda. Nr. 475 vom 2. 2. 1916.
49 ebenda. 11. Jg., Nr. 532 vom 7. 3. 1917.
50 ebenda. Nr. 523 vom 3. 1. 1917.
51 Berliner Tageblatt und Handelszeitung. 45. Jg., Nr. 98 vom 23. 2. 1916.
52 Der Kinematograph. 11. Jg., Nr. 561 vom 26. 9. 1917.
53 Berliner Tageblatt und Handelszeitung. 47. Jg., Nr. 538 vom 21. 10. 1918.
54 Der Kinematograph. 11. Jg., Nr. 542 vom 16. 5. 1917.
55 ebenda. Nr. 561 vom 26. 9. 1917.
56 ebenda.
57 Georges Sadoul: Louis Lumière. Paris 1964, S. 161.
58 Guido Seeber: Der Seeberograph und das Seeberophon (Manuskript). Zitiert nach: Das wandernde Bild. Der Filmpionier Guido Seeber. Berlin (West) 1979, S. 36.
59 ebenda. S. 192.
60 ebenda. S. 41.
61 ebenda. S. 58.
62 B. Z. am Mittag vom 26. 9. 1928. Zitiert nach: Renate Seydel / Allan Hagedorf: Asta Nielsen. Ihr Leben in Fotodokumenten, Selbstzeugnissen und zeitgenössischen Betrachtungen. Berlin 1981, S. 54.
63 H. E. Weinschenk: Schauspieler erzählen. Berlin 1938. Zitiert nach: Renate Seydel (Hg.): Verweile doch … Erinnerungen von Schauspielern des Deutschen Theaters Berlin. Berlin 1984, S. 342.
64 ebenda.
65 Vossische Zeitung. Nr. 552 vom 4. 11. 1911.
66 Licht Bild Bühne. 6. Jg., Nr. 23 vom Juni 1913. Zitiert nach: Anton Kaes (Hg.): Kino-Debatte. a. a. O., S. 101.
67 Berliner Tageblatt und Handelszeitung. 41. Jg., Nr. 288 vom 8. 6. 1912.
68 ebenda. 42. Jg., Nr. 375 vom 26. 7. 1913.
69 ebenda. Nr. 70 vom 8. 2. 1913.
70 Phoebus-Magazin, Nr. 27/1926. Zitiert nach: Hätte ich das Kino! a. a. O., S. 314.
71 Licht Bild Bühne. 7. Jg., Nr. 5 vom 31. 1. 1914.
72 ebenda. Nr. 7 vom 14. 2. 1914.
73 ebenda. Nr. 12 vom 21. 3. 1914.
74 Der Kinematograph. 13. Jg., Nr. 664 vom 24. 9. 1919.
75 Licht Bild Bühne. 30. Jg., Nr. 262 vom 10. 11. 1937.
76 Stiftung Deutsche Kinemathek (Hg.): Curt Bois. Berlin (West) 1983, S. 6 f.
77 Der Kinematograph. 13. Jg., Nr. 650 vom 18. 6. 1919.
78 B. Z. am Mittag. 37. Jg., Nr. 23 vom 28. 1. 1913.
79 Berliner Tageblatt und Handelszeitung. 42. Jg., Nr. 38 vom 22. 1. 1913.
80 Die Schaubühne. 8. Jg., Nr. 5 vom 30. 1. 1913.

81 Berliner Tageblatt und Handelszeitung. 42. Jg., Nr. 27 vom 16. 1. 1913.
82 Franz Kafka: Tagebücher 1910–1923. New York / Frankfurt / M. 1951, S. 295, 330.
83 Berliner Tageblatt und Handelszeitung. 42. Jg., Nr. 542 vom 24. 10. 1913.
84 Fritz Kortner: Aller Tage Abend. München 1976, S. 171.
85 Der Kinematograph. 10. Jg., Nr. 490 vom 17. 5. 1916.
86 Gerhard Lamprecht: Deutsche Stummfilme 1903–1912. Berlin (West) 1969.
87 Kurt Mühsam / Egon Jacobsohn: Lexikon des Films. Berlin 1926. Zitiert nach: Hans Helmut Prinzler / Enno Patalas (Hg.): Lubitsch. München und Luzern 1984, S. 32.
88 Siehe: Annemarie Lange: Das Wilhelminische Berlin. Berlin 1984, S. 92, 810.
89 Berliner Tageblatt und Handelszeitung. 39. Jg., Nr. 229 vom 8. 5. 1910.
90 ebenda. Nr. 131 vom 13. 3. 1910.
91 ebenda. Nr. 192 vom 17. 4. 1910.
92 ebenda. 38. Jg., Nr. 596 vom 24. 11. 1909.
93 ebenda. 39. Jg., Nr. 209 vom 26. 4. 1910.
94 ebenda. Nr. 403 vom 11. 8. 1910.
95 ebenda. Nr. 425 vom 23. 8. 1910.
96 ebenda. Nr. 130 vom 12. 3. 1910.
97 ebenda. Nr. 449 vom 5. 9. 1910.
98 Der Kinematograph. 19. Jg., Nr. 18 vom 2. 5. 1925.
99 Berliner Tageblatt und Handelszeitung. 39. Jg., Nr. 594 vom 23. 11. 1910.
100 Das Geheimleben des Berliner Hofes. Das Privatleben Kaiser Wilhelms II. und seiner Gemahlin. Aus den Papieren und Aufzeichnungen einer Hofdame der Kaiserin. London 1904, Berlin 1918. Zitiert nach: Berlin um 1900. Katalog der Ausstellung der Berlinischen Galerie in Verbindung mit der Akademie der Künste zu den Berliner Festwochen 1984. Berlin (West) 1984, S. 51.
101 Berliner Tageblatt und Handelszeitung. 39. Jg., Nr. 585 vom 18. 11. 1910.
102 Berliner Lokal-Anzeiger. 29. Jg., Nr. 526 vom 15. 10. 1911.
103 Vossische Zeitung. Nr. 528 vom 22. 10. 1911.
104 ebenda. Nr. 187 vom 19. 4. 1911.
105 ebenda. Nr. 545 vom 31. 10. 1911.
106 Berliner Tageblatt und Handelszeitung. 41. Jg., Nr. 346 vom 10. 7. 1912.
107 Berliner Lokal-Anzeiger. 31. Jg., Nr. 147 vom 22. 3. 1913.
108 Berliner Tageblatt und Handelszeitung. 39. Jg., Nr. 340 vom 8. 7. 1910.
109 ebenda. 47. Jg., Nr. 313 vom 21. 6. 1918.
110 Berliner Lokal-Anzeiger. 31. Jg., Nr. 144 vom 20. 3. 1913.
111 Berliner Tageblatt und Handelszeitung. 42. Jg., Nr. 418 vom 19. 8. 1913.
112 Berliner Lokal-Anzeiger. 31. Jg., Nr. 124 vom 9. 3. 1913.
113 Berliner Tageblatt und Handelszeitung. 42. Jg., Nr. 272 vom 1. 6. 1913.
114 Frankfurter Zeitung und Handelsblatt. 57. Jg., Nr. 244 vom 3. 9. 1913.
115 Berliner Tageblatt und Handelszeitung. 42. Jg., Nr. 502 vom 3. 10. 1913.
116 ebenda. Nr. 46 vom 26. 1. 1913.
117 ebenda. Nr. 504 vom 4. 10. 1913.
118 Der Kinematograph. 10. Jg., Nr. 495 vom 21. 6. 1916.
119 ebenda. 11. Jg., Nr. 559 vom 12. 9. 1917.
120 ebenda. 12. Jg., Nr. 586 vom 27. 3. 1918.
121 ebenda. 13. Jg., Nr. 672 vom 19. 11. 1919.
122 Berliner Tageblatt und Handelszeitung. 48. Jg., Nr. 483 vom 11. 10. 1919.
123 Der Kinematograph. 19. Jg., Nr. 8 vom 21. 2. 1925.
124 ebenda. Nr. 9 vom 28. 2. 1925.
125 ebenda. Nr. 28 vom 11. 7. 1925.

126 Die Bau- und Kunstdenkmale in der DDR. Hauptstadt Berlin I. Berlin 1983, S. 368.
127 Mischket Liebermann: Aus dem Ghetto in die Welt. Berlin 1977, S. 5.
128 Eduard von Winterstein: Mein Leben und meine Zeit. Berlin 1982, S. 9.
129 Heinz Knobloch: Herr Moses in Berlin. Berlin 1977.
130 Vossische Zeitung. Nr. 323 vom 4. 7. 1911.
131 Berliner Tageblatt und Handelszeitung. 39. Jg., Nr. 587 vom 19. 11. 1910.
132 ebenda. 49. Jg., Nr. 89 vom 18. 2. 1920.
133 ebenda.
134 ebenda.
135 Der Kinematograph. 10. Jg., Nr. 505 vom 30. 8. 1916.
136 Sophien-Gymnasium in Berlin: XXXX. Jahresbericht. Berlin 1905.
137 Heinrich Fraenkel: Unsterblicher Film. München 1956, S. 73.
138 Wir über uns selbst. Berlin 1928.
139 Der Tagesspiegel. 29. 1. 1967. Zitiert nach: Hans Helmut Prinzler/Enno Patalas (Hg.): Lubitsch. a. a. O., S. 10.
140 Curt Riess: Das gab's nur einmal. Hamburg 1956, S. 82.
141 Der Tag. 19. Januar 1918. Zitiert nach: Alfred Kerr: Mit Schleuder und Harfe. Herausgegeben von Hugo Fetting, Berlin 1981, S. 138.
142 Berliner Tageblatt und Handelszeitung. 42. Jg., Nr. 582 vom 15. 11. 1913.
143 Licht Bild Bühne. 7. Jg., Nr. 4 vom 24. 1. 1914.
144 Berliner Tageblatt und Handelszeitung. 43. Jg., Nr. 40 vom 23. 1. 1914.
145 Eduard von Winterstein: a. a. O., S. 114f.
146 ebenda.
147 Berliner Tageblatt und Handelszeitung. 43. Jg., Nr. 497 vom 30. 9. 1914.
148 ebenda. Nr. 393 vom 5. 8. 1914.
149 ebenda. Nr. 442 vom 1. 9. 1914.
150 ebenda. Nr. 489 vom 26. 9. 1914.
151 ebenda. Nr. 472 vom 17. 9. 1914.
152 Ernst Stern: Bühnenbildner bei Max Reinhardt. Berlin 1983, S. 122f.
153 Berliner Tageblatt und Handelszeitung. 44. Jg., Nr. 473 vom 16. 9. 1915.
154 Zitiert nach: Retrospektive. Filmhistorische Vorführungen der Internationalen Filmfestspiele Berlin 1967. S. 11.
155 Berliner Tageblatt und Handelszeitung. 44. Jg., Nr. 408 vom 12. 8. 1915.
156 ebenda. Nr. 404 vom 10. 8. 1915.
157 Der Kinematograph. 10. Jg., Nr. 480 vom 8. 3. 1916.
158 Der Film. Nr. 26 vom 22. 6. 1916. Zitiert nach: Hans Helmut Prinzler/Enno Patalas (Hg.): Lubitsch, a. a. O., S. 203.
159 Der Kinematograph. 10. Jg., Nr. 518 vom 29. 11. 1916.
160 ebenda. Nr. 521/522 vom 27. 12. 1916.
161 Berliner Tageblatt und Handelszeitung. 45. Jg., Nr. 516 vom 8. 10. 1916.
162 Der Kinematograph. 11. Jg., Nr. 567 vom 7. 11. 1917.
163 Welt-Spiegel. Illustrierte Beilage des Berliner Tageblatts. Nr. 84 vom 4. 11. 1917.
164 Der Kinematograph. 11. Jg., Nr. 569 vom 21. 11. 1917.
165 ebenda. 12. Jg., Nr. 582 vom 27. 2. 1918.
166 ebenda. Nr. 590 vom 24. 4. 1918.
167 Berliner Tageblatt und Handelszeitung. 47. Jg., Nr. 568 vom 6. 11. 1918.
168 ebenda. 47. Jg., Nr. 574 vom 9. 11. 1918.
169 Pola Negri: Memoirs of a Star. Garden City, New York 1970, S. 137–143. Zitiert nach: Hans Helmut Prinzler/Enno Patalas (Hg.): Lubitsch. a. a. O., S. 114f.

170 Berliner Tageblatt und Handelszeitung. 48. Jg., Nr. 60 vom 9. 2. 1919.
171 Reichsfilmblatt. Jg. 1925, Nr. 8 vom 21. 2. 1925.
172 ebenda. Nr. 28 vom 11. 7. 1925.
173 ebenda. Nr. 9 vom 28. 2. 1925.
174 Berliner Tageblatt und Handelszeitung. 39. Jg., Nr. 349 vom 13. 7. 1910.
175 Der Kinematograph. 10. Jg., Nr. 492 vom 31. 5. 1916.
176 Berliner Tageblatt und Handelszeitung. 44. Jg., Nr. 388 vom 1. 8. 1915.
177 Der Kinematograph. 10. Jg., Nr. 521/522 vom 27. 12. 1916.
178 ebenda.
179 Der Kinematograph. 11. Jg., Nr. 540 vom 2. 5. 1917.
180 ebenda. Nr. 558 vom 5. 9. 1917.
181 Berliner Tageblatt und Handelszeitung. 48. Jg., Nr. 516 vom 31. 10. 1919.
182 Der Kinematograph. 13. Jg., Nr. 666 vom 8. 10. 1919.
183 ebenda. Nr. 665 vom 1. 10. 1919.
184 Licht Bild Bühne. 12. Jg., Nr. 38 vom 20. 9. 1919.
185 Film-Kurier. 1. Jg., Nr. 96 vom 26. 9. 1919.
186 ebenda. Nr. 108 vom 13. 10. 1919.
187 Berliner Tageblatt und Handelszeitung. 48. Jg., Nr. 520 vom 2. 11. 1919.
188 Film-Kurier. Nr. 89 vom 18. 9. 1919.
189 ebenda. 2. Jg., Nr. 186 vom 23. 8. 1920.
190 ebenda.
191 ebenda. Nr. 98 vom 11. 5. 1920.
192 Der Kinematograph. 13. Jg., Nr. 667 vom 15. 10. 1919.
193 Erich Pommer: A Tribute to Carl Mayer 1894–1944. Zitiert nach: Walter Kaul (Red.): Caligari und Caligarismus. Berlin (West) 1970.
194 Film-Kurier. 2. Jg., Nr. 4 vom 6. 1. 1920.
195 Hermann Warm: Gegen die Caligari-Legenden. Zitiert nach: Walter Kaul (Red.): Caligari und Caligarismus. a. a. O.
196 George A. Huaco: The Sociology of Film Art. New York/London 1965. Zitiert nach: Rolf Hempel: Carl Mayer. Ein Autor schreibt mit der Kamera. Berlin 1968, S. 53 f.
197 Siehe: Michael Hanisch: Die Novemberrevolution und das Kino. In: Prisma. Kino- und Fernsehalmanach 8. Berlin 1977.

Titelregister

Personenregister

Fotonachweis

ADN-Zentralbild: Seite 15 oben, 32, 36, 55, 69, 71, 78, 79 rechts, 93, 116 oben, 139 oben, 160, 165 unten, 181, 205, 226, 229, 230 links, 232 unten, 243, 262, 265, 272, 273, 276, 279, 280, 293, 295, 308, 327 unten, 329, 330, 341

Archiv des Autors: Seite 27, 33, 45, 57, 65, 75, 77, 80, 81, 85, 90, 95 unten, 97, 98, 100, 101, 102, 103, 105, 106 oben, 107, 109, 110, 112, 114, 116 unten, 117, 136 links, 137, 147, 149, 151 rechts, 152 links, 153, 155 rechts, 167, 176, 183, 184, 185, 188, 189, 190, 191, 192 links, 206, 209, 210, 214, 215 rechts, 221, 222, 224, 225, 228, 230 links, 231, 233 unten, 234, 236, 237, 241, 242, 244 links, 246, 247 rechts, 248, 249, 250, 251, 259, 275, 282, 283, 284, 286, 287, 289, 297, 300 oben, 301, 302 links, 303, 304, 305, 315 rechts, 320 oben, 335, 336, 339, 340, 346, 348, 356, 358, 360 links, 368, 378, 380, 381, 382, 385 rechts, 395, 397

Archiv Gero Gandert: Seite 320 unten

Archiv Heinz Rieckehr: Seite 83, 113, 145, 146 unten, 163, 311, 314, 318, 347 unten, 353, 357, 379

Foto: Günter Linke: Seite 19, 39 rechts, 59, 118, 266, 267, 268, 298

Landesbildstelle Berlin: Seite 12, 21, 28, 41, 48, 50, 53, 72, 79 links, 201, 207, 220, 232 oben, 244 rechts, 292, 300 unten

Märkisches Museum: Frontispiz, Seite 15 unten, 17, 60, 63, 96, 115, 141, 165 oben, 171, 202, 211, 215 links, 216, 219, 227, 261, 263, 290, 291, 327 oben

Staatliche Museen Preußischer Kulturbesitz (SMBK) Kunstbibliothek: Seite 67, 87, 94, 143, 217, 281, 338

Staatliches Filmarchiv der DDR: Seite 42, 43, 44, 49, 58, 84, 135 unten, 136 rechts, 152 rechts, 157, 158, 186, 197 oben, 198, 199, 274, 288, 307, 315 links, 322, 355, 359, 360 rechts, 366, 370 unten, 384, 385 links, 386, 388, 390, 391

Stadt-Archiv Chemnitz, Bildstelle: Seite 123

Stadt- und Bergbaumuseum Freiberg/Sa.: Seite 126

Stiftung Deutsche Kinemathek Berlin: Seite 14, 30, 31, 35, 37, 39 links, 40, 46, 95 oben, 99, 106 unten, 111, 122, 124, 128, 129, 131, 133, 134/135, 138, 139 unten, 140, 146 oben, 148, 151 links, 155 links, 169, 170, 173, 174, 177, 179, 180, 182, 187, 192 rechts, 193, 195 oben, 196, 197 unten, 233 oben, 239, 247 links, 256, 285, 296, 302 rechts, 313, 317, 319, 323, 324, 326, 332, 337, 343, 344, 345, 347 oben, 349, 350, 352, 354, 361, 362, 363, 364, 370 oben, 373, 375, 376, 383, 389, 393, 399, 400, 401

Ullstein-Bilderdienst: Seite 23, 54, 56, 213

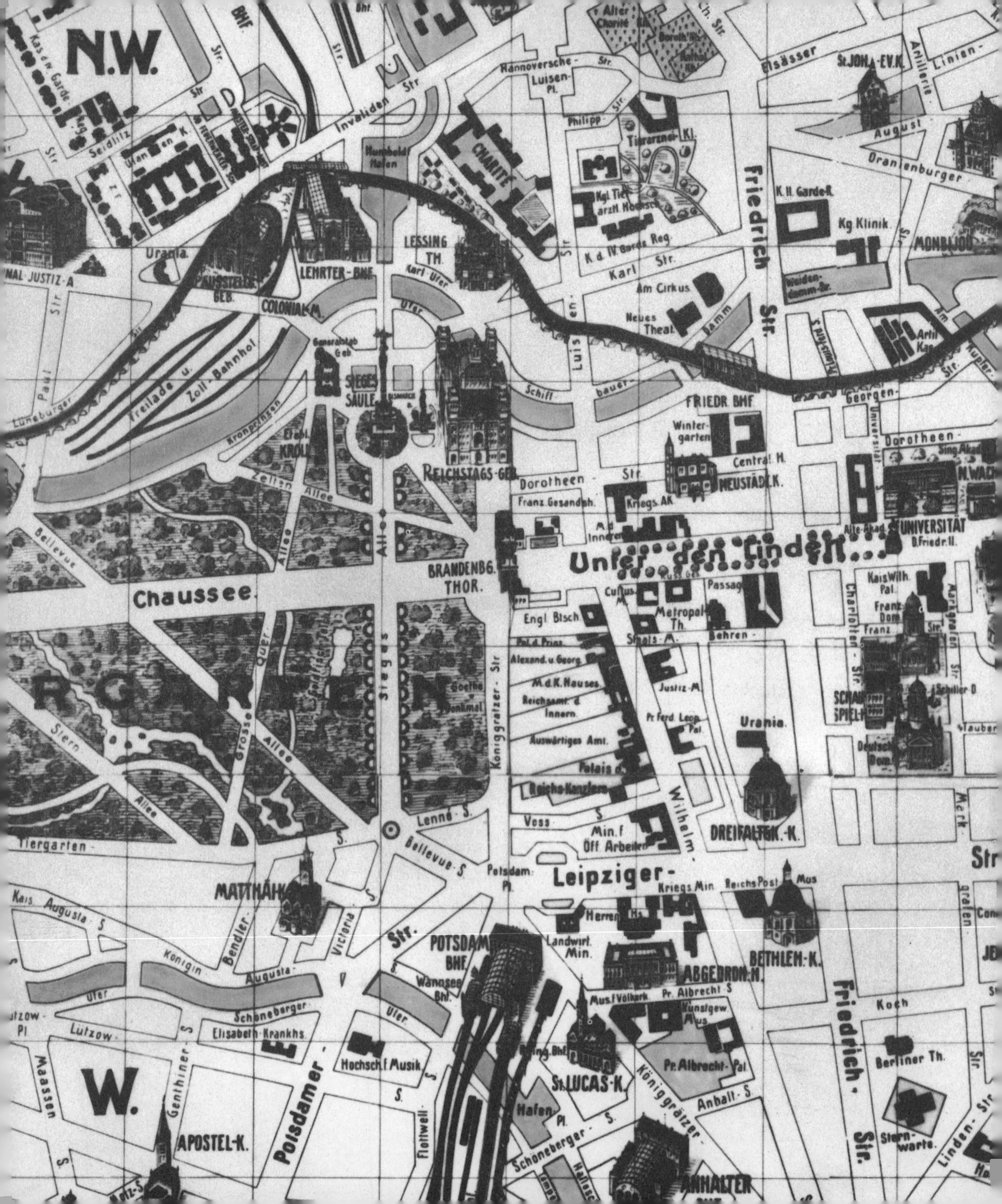
N.W.
Invaliden Str.
Hannoversche Str.
Luisen-Pl.
Alter Charité
Elsässer
St. JOH. EV. K.
Artillerie
Linien-
Philipp
Tierarznei-Kl.
August
Oranienburger
Seidlitz
Humboldt Hafen
CHARITÉ
Friedrich Str.
K. II. Garde-R.
Kg. Klinik.
MONBIJOU
Kgl. Tierarztl. Hochsch.
K. d. IV. Garde Reg.
Karl Str.
LESSING TH.
Urania.
LEHRTER BHF.
Karl-Ufer
Am Cirkus
Neues Theat.
Weidendamm-Br.
Artil. Kas.
COLONIAL-M.
Ufer
Generalstab Geb.
SIEGES SÄULE
Freilade u. Zoll-Bahnhof
Kronprinzen
Lüneburger
Paul Str.
Schiff bauer
Luisen
Damm
FRIEDR. BHF.
Georgen-
Universität
Wintergarten
Central H.
Dorotheen-
Sing. Akad.
KROLL
REICHSTAGS-GEB.
Dorotheen Str.
NEUSTÄDT. K.
Zelten Allee
Franz. Gesandtsch.
Kriegs. AK.
Bellevue
Alte Akad.
UNIVERSITÄT
Unter den Linden
BRANDENBG. THOR.
Chaussee.
Passage
Kais. Wilh. Pal.
Engl. Botsch.
Metropol Th.
Behren-
Franz. Dom
Charlotten Str.
Markgrafen Str.
Alexand. u. Georg.
M. d. K. Hauses.
Reichsamt. d. Innern.
Auswärtiges Amt.
Justiz-M.
Urania.
Goethe Denkmal
Sieges Allee
Königgrätzer Str.
Grosse Quer Allee
Stern Allee
Pr. Ferd. Leop. Pal.
SCHAUSPIEL-H.
Schiller D.
Deutsch. Dom.
Reichs Kanzlers
Tiergarten
Lenné S.
Voss S.
Min. f. Öff. Arbeiten
Wilhelm.
DREIFALTGK.-K.
Bellevue S.
Potsdam Pl.
Leipziger-
MATTHÄI-K.
Kriegs Min.
Reichs Post Mus.
Kais. Augusta S.
Herren Hs.
Bendler
Victoria
Str.
POTSDAM BHF.
Landwirt. Min.
ABGEORDN. H.
BETHLEM.-K.
Königin Augusta
Wannsee Bhf.
Ufer
Schöneberger
Lützow Pl.
Lützow
Elisabeth Krankhs.
Mus. f. Völkerk.
Pr. Albrecht S.
Kunstgew. Mus.
Friedrich Str.
Koch
Hochsch. f. Musik.
Pr. Albrecht-Pal.
Berliner Th.
W.
Maassen
Genthiner S.
Potsdamer S.
St. LUCAS-K.
Königgrätzer
Anhalt-S.
Hafen Pl.
Flottwell
Sternwarte.
APOSTEL-K.
Schöneberger
ANHALTER
Linden-